Русское Зарубежье:
Антология современной философской мысли

Составитель — Михаил Сергеев

Бостон · **2018** · BOSTON

Русское Зарубежье:
Антология современной философской мысли

Составление и подготовка к печати — М. Сергеева

Copyright © 2018 by Authors
Copyright © 2018 by M·Graphics

All rights reserved. No part of this book may be reproduced or utilized in any form or by any means, electronic or mechanical, including photocopying, recording, or by any information storage and retrieval system, without the written permission of the copyright holder except for the brief quotations in a book review.

ISBN 978-1940220932

Library of Congress Control Number 2018960477

Published by M·Graphics, Boston, MA
  www.mgraphics-publishing.com
  info@mgraphics-publishing.com
  mgraphics.books@gmail.com

Модуль переносов русского языка ВаН™: И.В. Батов (www.batov.ru)

Отпечатано в США

Мыслителям русского зарубежья — прошлым и будущим — посвящается

СОДЕРЖАНИЕ

ПРЕДИСЛОВИЕ
    Философский пароход – 2 9

АЛЕКСАНДР ЯНОВ (США)
    Про «вечное» самодержавие, про спор,
    про книги и про жизнь 15

ИГОРЬ ЕФИМОВ (США)
    Скрытые гроздья гнева 29

АНАТОЛИЙ АХУТИН (УКРАИНА)
    Культура и культуры 45

ИГОРЬ СМИРНОВ (ГЕРМАНИЯ)
    В буре страсти 65

ВЛАДИМИР ЗЕЛИНСКИЙ (ИТАЛИЯ)
    П. Я. Чаадаеву. Частное письмо 91

БОРИС ГРОЙС (ГЕРМАНИЯ — США)
    Романтическая бюрократия:
    постисторическая мудрость Александра Кожева . . . 105

КАРЕН СВАСЬЯН (ШВЕЙЦАРИЯ)
    О конце истории философии 129

МИХАИЛ БЛЮМЕНКРАНЦ (ГЕРМАНИЯ)
    Проснувшиеся в Армагеддоне 151

МИХАИЛ ЭПШТЕЙН (США)
    От анализа к синтезу.
    Призвание философии в XXI-м веке 167

АЛЕКСАНДР ГЕНИС (США)
Лук и капуста.
Парадигмы современной культуры 199

НАТАЛЬЯ ШЕЛКОВАЯ (УКРАИНА)
Культуры Запада и Востока: смена парадигмы . . . 223

ВАЛЕРИЙ СЛУЦКИЙ (ИЗРАИЛЬ)
Азы достоверного смысла в шести беседах 239

МИХАИЛ АРКАДЬЕВ (КИТАЙ)
Беспочвенность и ускользание,
или что такое философия? 269

ЕВГЕНИЙ СМОТРИЦКИЙ (ГЕРМАНИЯ)
Глобализация: этюды пессимизма 287

РУСЛАН ЛОШАКОВ (ШВЕЦИЯ)
«Первая философия» Михаила Бахтина 307

МИХАИЛ СЕРГЕЕВ (США)
Религия и государство:
о соотношении веры и народовластия 327

НИКОЛАЙ ПЛОТНИКОВ (ГЕРМАНИЯ)
Понятия «государства» и «личности»
в русской интеллектуальной истории 347

ВЛАДИСЛАВ ЗЛАТОГОРОВ (ГЕРМАНИЯ)
Философия религии 369

Философский пароход—2

В сентябре и ноябре 1922 года два «философских парохода» — «Обербургомистр Хакен» и «Пруссия» — увезли из советского Петрограда в германский город Штеттин около 160 человек. В вынужденную эмиграцию были отправлены «выдающиеся деятели отечественной философии, культуры и науки», в их числе Николай Бердяев, Семён Франк, Иван Ильин, Лев Карсавин, Николай Лосский, и многие другие.[1] В Википедии читаем:

> Пароходные рейсы из Петрограда были не единственными: высылки осуществлялись также на пароходах из Одессы и Севастополя и поездами из Москвы в Латвию и Германию. Высылка носила грубый, насильственно унизительный характер: всем высылаемым разрешалось взять с собой лишь две пары кальсон, две пары носков, пиджак, брюки, пальто, шляпу и две пары обуви на человека; все деньги и остальное имущество высылаемых подвергались конфискации.[2]

Предпринятое по инициативе Ленина насильственное выдворение из страны ее интеллектуальной элиты, спасло этим людям жизнь, но надолго прервало традицию свободного философствования в России. Депортированные мыслители продолжали свое творчество за пределами отчизны, составив впоследствии славу русского зарубежья.

В Советском Союзе об этой спецоперации ничего не писали, и только после развала СССР в начале девяностых, подробные сведения о высылке российской интеллектуальной элиты стали просачиваться в СМИ и доходить до населения. За прошедшие с тех пор четверть века информация об этих событиях, получивших название «философский пароход», стала предметом многочисленных публичных обсуждений и специальных исследований. Сама эта акция получила столь широкий

---

[1] *Максимов М. В.* К 90-летию «Философского парохода» // Соловьёвские исследования. Выпуск 1(37) 2013, с. 185, http://ispu.ru/files/str._184-190.pdf.

[2] «Философский пароход», Википедия, https://ru.wikipedia.org/wiki/Философский_пароход.

резонанс, что была признана знаковой для истории России и Советского Союза.³

В 2003 году Российское философское общество провело ответное мероприятие, которое призвано было показать, что российские интеллектуалы возвращаются в Россию. Отправляясь на XXI Всемирный философский конгресс в Стамбуле (Турция, 2003 г.),

> российские философы… арендовали в Новороссийском морском пароходстве… самый большой на Черном море российский теплоход «Мария Ермолова», на котором 152 участника этой акции (из 38 городов России, а также Украины, Белоруссии и Киргизии) прибыли на конгресс, где корабль стал для них гостиницей на воде, а затем вернулись в Новороссийск, символизируя возвращение на Родину «Философского парохода», высланного из России в 1922 г.⁴

Однако, философский пароход, как оказалось, вовсе не собирался бросать якорь в родной гавани, а вместо этого ушел в дальнее — более того, кругосветное — путешествие.

Дело в том, что одним из долгосрочных последствий советских репрессий стала массовая эмиграция населения и формирование устойчивых русскоязычных общин по всему миру. Советский Союз, как известно, породил четыре волны эмиграции. Первая — это волна «белой эмиграции», которая «началась сразу же после революции 1917 года и продолжалась в течение 1920–1930-х гг. За этот период из страны выехало от 2,4 до 4,5 млн. чел.»⁵ Вторая, как пишет российский исследователь А. В. Скутнев,

> тесно связана с периодом Второй мировой войны и ее хронологическими границами можно считать 1939 — середину 1950-х гг. Более 5 млн. советских военнослужащих и мирных граждан оказались в немецких концлагерях, а после окончания войны в лагерях «для перемещенных лиц» (ди-пи)… Опасаясь сталинских лагерей или по идеологическим причинам многие предпочли остаться на Западе.⁶

---

³ Подробный разбор событий, приведших к высылке российских интеллектуалов, дан в книге С. С. Хоружего После перерыва. Пути русской философии, в главе «Философский пароход», https://fil.wiki reading.ru/68869.

⁴ Фильм «Философский пароход» (XXI Всемирный философский конгресс, Стамбул, 2003), Российское философское общество, http://rfo1971.ru/film-filosofskiy-parohod-xxi-vsemirnyiy-filosofskogo-kongress-stambul-2003/.

⁵ *А. В. Скутнев.* Волны российской/советской эмиграции // Новые российские гуманитарные исследования, 29.06.2009; http://www.nrgumis.ru/articles/155/.

⁶ Там же.

Однако, бо́льшую часть эмигрантов из СССР в этот период, — продолжает Скутнев, — «составили не перемещенные лица, а население тех территорий, которые вошли в состав страны с 1939 по 1945 гг. [Поэтому] общие масштабы второй волны эмиграции можно оценивать от 5,5 до 10 млн. чел.»[7]

Третья волна 1970–1980-х гг. была связана с тем, что в 1972 году гражданам еврейской и немецкой этнической принадлежности было официально разрешено покинуть СССР и уехать на историческую родину. Скутнев отмечает, что в те годы из СССР смогло уехать сравнительно немного народа, «порядка 1,1–2 млн. чел.». Тем не менее, и эта волна обернулась «потерей интеллектуальной элиты [поскольку в] основном выезжали люди с высшим образованием».[8]

Наконец, четвертая волна русского рассеяния началась после того, как в 1988 году был разрешен свободный выезд из Советского Союза. Этот процесс миграции продолжается и поныне, поэтому тут рано еще подводить итоги. Однако, предварительные цифры, опубликованные в аналитическом докладе «Эмиграция из России в конце XX — начале XXI века», позволяют оценить его масштабы. Согласно авторам этого доклада — экспертам Комитета гражданских инициатив профессору, д.э.н. Ольги Воробьевой и к.э.н. Александру Гребенюку,

> Российская статистика эмиграции охватывает только незначительную часть граждан, выезжающих на постоянное место жительства. С 1989 по 2015 год, по данным Росстата, Российскую Федерацию покинуло около 4,5 млн. человек, граждан России. Это без учета уже получивших новое гражданство, нелегальных мигрантов и тех, кто фактически живет «на две страны», имея российское гражданство, въезжая по визам… Также можно констатировать: для получения реального представления о масштабах эмиграции из России ежегодные данные Росстата необходимо корректировать в 3–4 раза в сторону увеличения. Например, согласно данным немецкой статистической службы за период 2011–2014 года в Германию иммигрировало немногим менее 97 тысяч человек, а по данным Росстата — 16,3 тысячи человек.[9]

---

[7] Там же.

[8] Там же.

[9] «В КГИ представили доклад «Эмиграция из России в конце XX — начале XXI века»» // Конгресс гражданских инициатив, 06.10.2016, https://komitetgi.ru/analytics/2977/.

Одной из характернейших черт эмиграции четвертой волны стало то, что она не является окончательной. Уехавшие россияне, как правило, сохраняют российское гражданство, часто приезжают на родину навестить родных и близких, и в любой момент могут вернуться. По существу, это сугубо географическая миграция населения, приводящая к созданию русскоязычных общин по всему миру — так называемого «Русского зарубежья».

На сегодняшний день русских можно встретить во всех странах и на всех континентах планеты. Русскоязычное население проживает также во всех без исключения штатах США, включая Пуэрто-Рико. В одном только Нью-Йорке в начале нынешнего столетия по разным подсчетам жило от 300 тысяч до миллиона русскоговорящих выходцев из СНГ.[10] Причем в некоторых городах есть целые русскоязычные районы со своими магазинами, газетами, радиостанциями, юридической и медицинской помощью, туристическими бизнесами и даже домами отдыха. В Нью-Йорке — это знаменитый Брайтон Бич, а в Филадельфии — район Норд-Иста.

В странах нового места жительства русскоязычное население сохраняет связи с родной культурой, создает творческие объединения, организует конкурсы и фестивали на русском языке. В Греции (Афины — о. Тинос) литературный журнал «9 Муз» проводит ежегодный Международный творческий фестиваль «Визит к Музам». В Испании действует Международная Ассоциация Граждан Искусства, Мадрид (МАГИ). В Англии на Трафальгарской площади Лондона проходит ежегодный русский зимний фестиваль. В Германии приглашает к участию фестиваль-конкурс литературы и искусства «Russkij Stil». В Австралии старейшая русскоязычная газета «Единение», выходящая с 1950 года, провела в 2015 году всеавстралийский литературный конкурс «На дальних берегах» и издает сетевой портал «Русская литература Австралии». В Канаде русскоязычное издательство «Литсвет» и литературно-художественный журнал «В Новом Свете» учредили ежегодную литературную премию им. Эрнеста Хемингуэя. Вообще, обилие русскоязычных зарубежных газет, журналов и интернет-изданий просто поражает.[11]

---

[10] *А. Ракитин.* «Так сколько же «русских» в Нью-Йорке?» // Американский еврейский комитет (AJC), 7/28/2003; www.ajcrussian.org/site/apps/nlnet/content2.aspx?c=chLMK3PKLsF&b=7718799 &ct=11203793.

[11] См. «Сводный каталог периодики русского зарубежья» на сайте «Эмигрантика», http://emigrantica.ru/vault/item/drz-2.

Не обошел этот всплеск российского творческого духа за пределами отечества и философов — неизменных пассажиров «Философского парохода» русской культуры зарубежья. Скажу лишь несколько слов об авторах тома, который уважаемый читатель держит в руках. Среди участников данной антологии — представители русскоязычных общин, расположенных на трех континентах и в восьми странах мира: Соединенных Штатах, Германии, Италии, Швеции, Швейцарии, Украине, Китае и Израиле. Мыслители, включенные в антологию, представляют также две последние по времени волны русской эмиграции — третью и четвертую.

Что касается жизненных судеб, гуманитарной специализации и исследовательских тем, то тут разброс еще более внушительный. Профессора университетов соседствуют на страницах книги с профессиональными безработными, литературный критик с православным священником, телеведущий и литератор с издателем и музыкантом. Поднимаемые в статьях вопросы охватывают весь спектр современной философской проблематики — от эпистемологии, онтологии и философской антропологии, до философии культуры, религии, а также социальной и политической философии.

В отличие от стандартов, принятых в словарях и энциклопедиях, авторы антологии расположены не по алфавиту, а по старшинству. Открывает книгу статья одного из старейшин русского зарубежья, «легенды русской историософии» Александра Янова. Далее следуют материалы таких известных мыслителей, как Игорь Ефимов и Игорь Смирнов, Анатолий Ахутин и о. Владимир Зелинский, Борис Гройс и Карен Свасьян, Михаил Эпштейн и Александр Генис, а также многих других замечательных философов. Заключает сборник мини-трактат самого молодого его участника, русско-немецкого философа Владислава Златогорова.

Давайте же пожелаем авторам «Философского парохода-2», представленным в этой книге, счастливого и долгого плавания по безбрежным просторам мировой философской мысли.

Михаил Сергеев, доктор философии,
Университет искусств (Филадельфия, США)

Александр Янов (США)

Родился 18 апреля 1930 года в Одессе. Поздний ребенок в большой семье взрослых, мизинчик, мои братья были женаты, когда я родился. Избаловали бы непременно. Но не успели. Война, голод, эвакуация. Немцы шли по пятам до самой Махачкалы.

Школу окончил в 1948 с золотой медалью. Это важно, потому что давало возможность выбора. Выбрал истфак. Выпустили из МГУ на волю вместе со страной — в год смерти Сталина. Распределили, тем не менее, в г. Сталинск в Сибири. В 23 года оказался директором средней школы. Больше в СССР не служил. В партии не состоял.

Вернулся в Москву. Здесь главное событие в жизни: в апреле 1956 женился. С Лидией Николаевной Нечаевой (Яновой) суждено было прожить 54 года. Первые пять лет — искал себя — были ужасные, голодные. Без Лиды пропал бы. Она поставила меня на ноги.

Потом поднялся быстро. Перепробовал многое. Был разъездным спецкором «Литературной газеты», «Комсомолки», «Молодого коммуниста», даже «Известий» (при Аджубее). Объехал полстраны. Печатал длинные еретические статьи в «Новом мире», в «Вопросах литературы», в «Вопросах философии». Затевал дискусии. Был нарасхват, богат и знаменит. В 1970 защитил откровенно крамольную диссертацию «Славянофилы и Константин Леонтьев. Вырождение русского национализма. 1839–1890». И задохнулся (буквально, физически). Сел писать самиздат. Чем это должно было кончиться?

Кончилось Америкой. Опять начал с нуля, lecturer. Дослужился до полного профессора. Преподавал Русскую историю, внешнюю политику СССР, в этом роде. В Техасском университете в Остине, в Калифорнийском в Беркли, в Мичиганском в Анн Арборе, в Нью Йоркском городском. Опубликовал 27 книг в США, в Англии, в Италии, в Японии, в России. Пытался спасти Россию. Не получилось.

В 2010 потерял Лиду. В 2015 родился правнук Ной.

Остальное в интервью Михаилу Аркадьеву, которое следует.

Про «вечное» самодержавие, про спор, про книги и про жизнь
Разговор Михаила Аркадьева с Александром Яновым[1]

М.А.: Александр Львович, как вам удается в вашем «Споре о «вечном» самодержавии» оставаться оптимистом, когда практически вся близкая вам культурно и политически среда — русские европейцы — пронизана (за редкими исключениями) унынием?

А.Я.: Причина, думаю, проста. Мы смотрим на один и тот же мир — и видим не одну и ту же картину.

М.А.: А именно?

А.Я.: Видите ли, мир моих единомышленников вертится исключительно вокруг Путина или, лучше сказать, «путинизма». До такой степени, что они полностью упустили из виду свою *историческую традицию*. И в результате, естественно, растерялись, «под собою не чуя страны». Особенно это обидно потому, что традиция-то у нас есть, древняя, гордая европейская традиция России. Вот я и пытаюсь вслед за В. О. Ключевским и В. С. Соловьевым о ней напомнить. И поэтому исхожу не из неполных двух десятилетий «путинизма», но из опыта русской государственности в целом, из того, что пережила она за все ее пять с лишним столетий.

М.А.: И что же вы там, Александр Львович, в этих столетиях, обнаружили?

А.Я.: Ну, хотя бы то, что таких «путинизмов», т.е. диктатур, оборвавших очередной порыв России в Европу, было много. И потому мне нет надобности гадать, что с ним — и с нами — будет. Я знаю, чем он кончится. Тем же, чем кончались все без исключения такие диктатуры в России: оттепелью, еще одним порывом в Европу. В «Споре» таких оттепелей, таких порывов и прорывов в Европу перечислено *одиннадцать*. Исключений не было.

М.А.: То есть не было диктатур, которые не сопровождались бы оттепелью?

А.Я.: Документировано, начиная с 1606 года. Достаточно надежный pattern, если за ним четыре столетия самодержавной государственности?

М.А.: Похоже на детерминизм, Александр Львович, что, на мой взгляд, противоречит вашей собственной установке на альтернативность исторического выбора.

---

[1] Впервые напечатано в журнале «Сноб» 13 января 2018 года, https://snob.ru/selected/entry/133237.

А.Я.: Нет, не похоже. Оттепель будет просто потому, что такова природа русской государственности: двойственная, гибридная, европейско-«ордынская». Оттепель всего лишь функция гибридной государственности. Но исход этой оттепели зависит от человеческого выбора: она может перерасти в прорыв, меняющий жизнь общества на десятилетия, как Великая реформа 1860-х, или даже на столетия, как при Петре в 1700-е, но может закончиться и пшиком, реставрацией диктатуры, чем большая их часть и закончилась.

М.А.: Да, Саша, ваша схема оригинальна и тем (и не только тем) привлекательна. Но вы переносите выбор, нужный сегодняшней России, на «после Путина»? Это все, что нам остается?

А.Я.: Даже не половина всего. Потому что переношу я ее также в ситуацию оттепели. И это в корне меняет дело. Что такое оттепель и что она означает для гниющей заживо страны и, в частности, для разбушевавшегося при Путине мракобесия? Возьмите хоть конец 80-х. Гласность, массы вырвались на улицу. С одной стороны стояла мракобесная, но грозная, казалось, «Память», с другой — гигантская освободительная волна, припомнившая советской власти все, что накопилось за десятилетия. И она, эта оттепельная волна, буквально раздавила черносотенную реакцию.

И разве не то же самое предшествовало Февралю 1917-го? Вот впечатление Георгия Петровича Федотова: «Читая Блока, мы чувствуем, что России грозит не просто революция, а революция черносотенная. Здесь, на пороге катастрофы, стоит вглядеться в эту последнюю антилиберальную реакцию Москвы, которая сама себя назвала по-московски Черной сотней. В ней собрано было самое дикое и некультурное в старой России, но ведь с ним было связано большинство епископата, его благословил Иоанн Кронштадтский. Царь Николай доверял ему больше, чем своим министрам». И куда все это делось, когда и впрямь грянула оттепель?

М.А.: Примеры сильные. Но следует ли из всего этого, что эпоха самодержавия, начавшаяся в России около 1560-х и на века отрезавшая ее от Европы, закончится именно в 2020-х или рядом? Действительно ли гибридное правление Путина — это *последний бастион и агония русского самодержавия*? Если б вы могли это доказать — это было бы самым важным и актуальным выводом, в том числе из вашей последней книги.

А.Я.: В принципе могу. В принципе, поскольку это логически вытекает из сравнения того, что достигнуто за века нашими предшественниками во всех их порывах и прорывах в Европу, с тем, что останется на нашу долю после Путина. Но не ловите меня на слове. Я говорил, что оттепель — время человеческого выбора и тут логика истории бессильна. Я не детерминист.

М.А.: Детерминист, Александр Львович, детерминист, в той части, где вы полагаете оттепель неизбежной. Этот частичный детерминизм убедителен для меня потому, что напоминает логику неравновесных систем. И Пригожина. Но за то, что послепутинская оттепель непременно перерастет в финальный прорыв в Европу, вы поручиться не можете?

А.Я.: Я могу поручиться только за то, что можно считать в книге доказанным. Во-первых, доказано, что Россия — Европа. А я, в отличие, скажем, от Ходорковского или Собчак, исхожу из того, что это *требовало доказательства*. Требовало, поскольку оспаривалось — и оспаривается — как внутри страны, так и на Западе. А также потому, что речь не просто о геополитическом, но о цивилизационном выборе. О том, оставаться ли России архаическим «островом» в море европейской цивилизации, как пророчил ей самый блестящий из интеллектуалов нашего «ордынства» покойный Вадим Цымбурский, или «присоединиться к человечеству», как завещал Петр Чаадаев?

Провозгласить, подобно лидерам либеральной оппозиции, европейство России нетрудно. Но на поверку — а «Спор», по сути, и есть развернутая поверка этой сложнейшей из теорем — *доказать* его непросто. Тем более что совершенно очевидно: Россия — Европа с изъяном, дефектная, «испорченная» Европа (чем и как «испорченная» — в книге подробно, нет надобности комкать это в коротком интервью).

Доказано в книге, во-вторых, что одна за другой, медленнее, чем нам хотелось бы, столетиями, «порчи» эти нашими предшественниками снимались (в гегелевском смысле). А были они, как мы сейчас увидим, не только изначально громадными, но со временем и нарастали.

Доказано, в-третьих, — и это главное, — что поколения русских европейцев уже сделали за нас *главную работу по уборке «порчи»* и на нашу долю осталось сравнительно немного. Достаточно, во всяком случае, одного, финального, «прорыва» в Европу, чтобы эту работу завершить. Отсюда, из этих доказательств, и моя уверенность, что Путин символизирует именно *агонию* четырехсотлетнего самодержавия. Потому, собственно, его правление, подобно правлению аятолл в Иране, и гибридное, как точно заметили Андрей Колесников и Екатерина Шульман. Дальше отступать некуда.

А теперь своего рода таблица: какие «порчи» убраны с нашего пути в Европу предшественниками и что осталось нам убрать после Путина.

В 1700-м покончено с православным фундаментализмом как государственной идеологией (не все, я думаю, помнят, что было в истории России целое «Московитское столетие» (XVII век), когда то, что выглядит сейчас смехотворными всплесками мракобесия, было *официальным законом* страны, заведшим ее в такой же исторический тупик, как и коммунизм XX века. По сути, Россия потеряла XVII век, как и XX. И бессмертная заслуга Петра состоит именно в разрушении — пусть варварскими, как заметил Маркс, методами — этого старинного тупика, отнимавшего у России европейское будущее).

В 1762-м покончено со всеобщим холопством, обязательной службой государству (да, большевикам удалось ее в конце 1920-х возродить, но, как мы увидим, в 1992-м покончено было с ней, извините за тавтологию, окончательно).

В 1861-м покончено с трехсотлетним крестьянским рабством.

В 1917-м (в сентябре, когда провозглашена была республика) покончено с «сакральным» самодержавием.

В 1956-м покончено с политическим идолопоклонством (чтобы лучше понять разницу между кремлевским идолом и ординарным диктатором, попробуйте представить себе полубога Сталина обнажающим публично, перед телевизионными камерами, свой торс или ныряющим на дно за амфорами).

В 1991-м покончено с трехсотлетней империей.

В 1992-м, наконец, покончено с тупиковой госплановской экономикой, запрещавшей частную собственность.

А теперь сравните эти неподъемные, казалось, глыбы «порчи», убранные с нашего пути в Европу предшественниками, с такими, допустим, как ликвидация крестьянского рабства или госплановской экономики, с тем, что осталось убрать последнему «прорыву» после Путина.

Остались преклонение перед ореолом верховной власти, проще говоря, рейтинг первого лица, и связанный с ним имперский синдром, последние, если хотите, ниточки военно-имперского самодержавия, отрезавшего в 1560-е Россию от Европы. Соизмеримы ли эти ниточки с тем, что безвозвратно уже потонуло в исторической Лете?

М.А.: Похоже, Саша, несоизмеримы. Но есть ведь и другие возражения против вашей картины. Прежде всего, не все думают, что именно Европа является для России конечной, так сказать, станцией назначения. Например, вы прекрасно знаете, что при обсуждении проекта «Основ государственной культурной политики» в начале 2014 года на полном серьезе фигурировал тезис «Россия — не Европа».

А.Я.: Да, но что предлагали в качестве альтернативной «станции назначения» сторонники этого тезиса? Азию? Африку? Если нет, то с чем мы останемся, если исключить еще и Европу? С архаикой «Острова Россия» Цымбурского? Или с вовсе уж неприличной дугинской Евразией? Откуда в таком случае возьмутся современные технологии, без которых в XXI веке не прожить? Из Таджикистана? Из других «станов»?

Но давайте серьезно. Двести лет назад без малого Чаадаев предвидел: «Скоро мы душой и телом будем вовлечены в мировой поток и, наверное, нам нельзя будет больше оставаться в нашем одиночестве. Это ставит нашу будущую судьбу в зависимость от судеб европейского сообщества. И чем больше мы будем стараться слиться с ним, тем лучше для нас». Пушкин соглашался: «Горе стране, находящейся вне европейской системы». Не думают же авторы тезиса «Россия — не Европа», что они понимают ситуацию своей страны лучше этих, лучших из лучших русских мыслителей. Или думают?

М.А.: Но сказано это было давно, Саша, как вы сами заметили, почти 200 лет назад.

А.Я.: Верно. Но подумайте, *почему* уже тогда выбрали классики в качестве «станции назначения» для России Европу, а не, например, неведомую «российскую цивилизацию», которую в конечном счете выбрали сегодняшние составители «Основ»?

М.А.: Почему же, по-вашему?

А.Я.: Потому, я думаю, что, говоря современным языком, выбирали классики *постоянно действующий* источник политической модернизации. В отличие от других модернизаций (экономической, культурной, церковной), политическая, если отвлечься от всех ее институциональных сложностей, вроде реального разделения властей или независимого суда, означает нечто вполне элементарное, понятное любому, включая составителей «Основ». А именно гарантии от произвола власти. Другими словами, то, чего не было — и нет — в самодержавной России, но было — и есть — в Европе. И время ровно ничего изменить в этом не может. Они, эти гарантии, и еще через 200 лет будут для России актуальны.

М.А.: Я бы только уточнил, что речь идет не о стопроцентных «гарантиях», а о способности системы институтов распределения власти к саморегуляции, в отличие от систем, неизбежно скатывающихся к диктатуре. Но вернемся к «ниточкам», Александр Львович. Что бы вы возразили тем, кто, как ваши, между прочим, друзья и единомышленники, несомненные русские европейцы Дмитрий Тренин или Дмитрий Быков, утверждают, что сегодняшняя страна уже не просто Россия Путина, это «путинская Россия». То есть они полагают, что метаморфозы, произошедшие в ней за неполные два десятилетия, сделали эти «последние ниточки» неразрывными. Опоздали, мол. Навсегда опоздали.

А.Я.: Ну, эта хроническая слабость русских европейцев, нетерпение сердца, неизменно переходящее в смертный грех уныния, — одна из основных тем моей трилогии «*Россия и Европа. 1462–1921*», а в «*Споре*» и просто главная. Надеюсь, мы еще поговорим о ней подробно. Точно то же самое, что «крышка захлопнулась и выхода больше нет», говорили они и во времена московитского столетия в XVII веке, и во времена николаевского тридцатилетия в XIX. Есть же свидетельства, как не раз преждевременно хоронили европейское будущее России очень серьезные и уважаемые люди.

Возражают: никогда еще не был народ зомбирован великодержавной пропагандой, как сейчас. Отвечаю: несопоставимо больше зомбирован был народ в «сталинской России», в разы превосходившей по реальному рейтингу вождя путинскую. Я это видел, сам был зомбирован. Давили друг друга соотечественники на похоронах «отца и учителя», чтобы в последний раз взглянуть на уходящего в небытие полубога. Миллионы людей во всем мире вдруг почувствовали себя осиротевшими. Искреннейший из советских поэтов Михаил Исаковский записал вырвавшиеся из сердца слова: «Мы так вам верили, товарищ Сталин, как, может быть, не верили себе». Ну, многие ли, скажите, сегодня так верят Путину? Кто почувствует себя после его ухода сиротою?

М.А.: И что из этого следует?

А.Я.: Живой пример ответит на этот вопрос лучше иных томов. Простой мужик Никита Хрущев не испугался заоблачного рейтинга Сталина и уже три года спустя после всеобщего рыдания развенчал «отца и учителя» как палача и подонка. И через пять лет после этого выбросил его из Мавзолея. В моих терминах, сам того не подозревая, похоронил Хрущев одну из серьезнейших «порч» самодержавной государственности. Еще полстолетия назад понял мужик то, чего и сегодня не понимает большинство просвещенных моих единомышленников: стоит изменить на 180 градусов вектор пропаганды — и, как дым, развеется обожание масс.

Забыла сегодняшняя либеральная оппозиция и другой важнейший урок Хрущева, первым делом отменившего конфронтацию с Западом, заменив ее мирным сосуществованием, развязав себе тем самым руки для демилитаризации страны и немедленного подъема народного благосостояния. А сегодняшние мои единомышленники задвигают внешнюю политику подальше в тыл своих программ, словно нечто третьестепенное.

Тем более странно это потому, что ближайший их предшественник Горбачев блестяще усвоил оба главных уроки хрущевской «оттепели»: и первоочередность овладения пропагандистской машиной, и приоритет внешней политики. Именно так, превратив с помощью СМИ тотально, казалось, советизированные массы в антисоветские и немедленно положив конец конфронтации с Западом, и одержал он первые свои победы. Да, воспользоваться ими ни Хрущев, ни Горбачев не сумели. Но это уже, согласитесь, из совсем другой оперы.

М.А.: Вот именно. Далеко мы оторвались от основной нашей темы. Мы говорим о вашей заключительной книге и о вашей жизни, а докатились уже до обсуждения внешней политики и программ оппозиции. Отдаете ли вы себе отчет, что книга ваша выглядит белой вороной на фоне того, о чем пишут сейчас даже ваши единомышленники и чем озабочены читатели? Они-то думают о том, что требует немедленного решения, а вы — о том, почему судьба нашего бедного отечества решаться будет когда-нибудь, может быть в 2020-х. Не боитесь, что сегодняшний читатель просто проигнорирует вашу книгу как нерелевантную? И ваш отложенный, так сказать, оптимизм сочтет неуместным — дожить бы еще до «после Путина», который вообще, похоже, планирует сидеть до скончания веков?

А.Я.: Боюсь. Но что поделаешь? В моей жизни так было всегда. Известный историк И. В. Кондаков озаглавил послесловие к «Спору» «Легенда русской историософии». Похоже, это просто гротескный комплимент. На самом деле мало кто меня знает и читает. Мое время, я думаю, настанет после Путина, когда вопрос о судьбе России, не «путинской», а реальной, в которой жить детям и внукам, опять станет жгучим, повседневным. А сегодня что ж? Мне Путин интересен лишь в одном качестве: он застит будущее. Пустое время. Жаль только, что у меня его, этого времени, остается все меньше. Я и так уже доживаю, можно сказать, третью свою жизнь.

М.А.: Дорогой Саша, где третья, там, надеюсь, и четвертая. Но, так или иначе, пока время есть. И нам, вашим читателям, а я свидетельствую, что их у вас больше, чем вы можете себе представить, ваши первые жизни и книги дали не только новое понимание русской истории, но и конкретно в вашем лице чуть ли не единственного авторитетного русского европейца-оптимиста, помогающего пережить это «пустое время». Тем более что оптимизм свой вы не просто провозглашаете, но и аргументируете.

А.Я.: Это долгая история, однако. Я ведь еще Сталина на Мавзолее видел и во времена хрущевской оттепели активничал, и дерзкие статьи писал в ЛГ и в «Новом мире», и диссертацию защитил о «вырождении русского национализма» (в 1839–1890 гг.) и главное — с чего, собственно, и началась моя разумная жизнь — сочинил громадную двухтысячестраничную в один интервал на «Эрике» самиздатскую рукопись об истории политической оппозиции в России, за что и был в конце 1974 года «выдворен» из СССР.

На этом моя жизнь, собственно, и должна была закончиться. Вышвырнутый из страны, как щенок на улицу — без знания иностранного языка, без пригодной к употреблению специальности (писать по-русски дерзкие статьи — кому на чужой улице нужна такая специальность?) нищий, для того и вышвырнутый, чтобы пропал. Такой, я думаю, был замысел. Конечно, была еще самиздатская рукопись, и читали ее за моим столом американские профессора, и, как выяснилось, не забыли, и признали во мне равного. Но кто мог знать это заранее?

М.А.: То есть вторая жизнь, не менее драматическая, как я понимаю, началась именно в Америке?

А.Я.: Я бы сказал, что драмы в ней было еще больше, чем в первой. И связана она была на этот раз с моими книгами (в СССР я и мечтать не мог увидеть когда-нибудь собственную, напечатанную, как у людей, в типографии, с моим именем на обложке книгу). А здесь... Приехал я под Рождество 75-го. И уже в 76-м вышла первая моя книга. В 77-м за ней последовала вторая, в 78-м — третья (пусть на чужом еще тогда языке, но то были — книги. Мои книги!). В 81-м под названием The Origins of Autocracy академическое изд-во Калифорнийского университета опубликовало первый том самиздатской рукописи, в 87-м под названием The Russian Challenge and the Year 2000 солидное британское изд-во Basil Blackwell опубликовало то, что впоследствии станет моей первой книгой по-русски (здесь почему-то принято было думать, что книга, изданная в Англии, стоит трех, изданных в Америке). И много еще чего опубликовано было по-английски.

М.А.: И чем объясняете вы этот неожиданный для вас самого успех?

А.Я.: Секрет был несложен. Грубо говоря, я объяснял западной публике (приученной за годы холодной войны думать о России как о «стране рабов, стране господ», всегда, мол, была и всегда будет), что все куда сложнее. Да, тянется и тянется в Москве нескончаемое, казалось, брежневское самовластье. Но это пустое время, брежневизм — не более чем «щит меж двух враждебных рас», употребляя выражение Александра Блока, то есть между действительными силами, противостояние которых столетиями определяло историю России, между русскими европейцами и «ордынцами», присвоившими себе имя патриотов. И «щит» этот трещит. Да, сегодняшняя наша обязанность доломать его, уничтожить. Но еще важнее задуматься о том, что будет после победы. Императивно выиграть холодную войну, но не проиграть бы мир.

М.А.: То есть, Саша, говорили вы о брежневизме практически то же, что сейчас о путинизме?

А.Я.: В общих чертах, конечно, с поправкой на полвека. Говорил, что русская история вновь наполнится смыслом и опасностями, едва кончится пустое время. Снова, как после Сталина, будет оттепель. И принесет она конец конфронтации. Но если Запад не поддержит своих союзников в России в этот судьбоносный момент, победить могут и его враги в России — и конфронтация возобновится, если не ужесточится. Не упустите «окно возможностей», говорил я, оно не продлится долго.

Сходство оттого, что, как вы, разумеется, заметили, по сути, я повторял Герцена. Помните: «Долгое рабство, конечно, не случайная вещь. Оно соответствует какому-то элементу национального характера. Этот элемент может быть поглощен, побежден другими его элементами, но он может и победить»? Я лишь дал имена анонимным герценовским элементам и проследил вековое противоборство «ордынства» и «европейства» во всей истории России. Но для западного читателя все это было ново, чтоб не сказать сенсационно. И потому публиковались мои книги, как говорится, с колес.

М.А.: Аргумент с Герценом, по-моему, весьма силен. Но откуда в таком случае драма?

А.Я.: Я был отрезан от России, но не от русской эмиграции. Всех трех ее волн причем. А для нее мои книги звучали дикой ересью, предательством. Она жила сегодняшним днем, борьбой с коммунизмом. Какое «долгое рабство»? Какое «ордынство»? Разве не коммунистический режим привнес их в русскую жизнь? Разве не с ним, а с каким-то мифическим «ордынством» должен бороться Запад?

Разве мифических «русских европейцев» должен он поддерживать, а не свободолюбивый русский народ? Его звать к революции против сегодняшнего коммунистического рабства? Короче, в представлении этих людей призывал я к разоружению в борьбе с коммунизмом.

М.А.: Кто мог помешать вам возразить, объяснить свою позицию, ведь жили вы в свободной стране?

А.Я.: Вы говорите об Америке, а я о соотечественниках на Западе, об эмигрантском гетто. А в нем СМИ были под жестким контролем неограниченного самодержца Александра IV (Солженицына), императора эмиграции, который, к величайшему моему разочарованию, оказался «ордынцем». Все несогласные с ним подлежали уничтожению, и я, засланный Брежневым казачок, — в первую очередь. Не верите — посмотрите цитату из интервью Солженицына 1979 года (полный текст в моем файле в Википедии).

> «Вот — Янов. Был он коммунистический журналист, 17 лет подряд никому не известный. А тут — с профессорской кафедры, напечатал уже две книги с самым враждебным отношением ко всему русскому. В «Вашингтон пост» на целую полосу статью, что Брежнев — миролюбец. Смысл его книг: держитесь, мол, за Брежнева, поддерживайте коммунистический режим».

Критика в том же духе, как видите, в каком несли «Солженицера» в СССР. Конечно, у меня были союзники, Андрей Синявский в Париже («Синтаксис»), Сергей Довлатов в Нью-Йорке («Новый американец»), Кронид Любарский в Мюнхене («Страна и мир»), журнал «22» в Израиле. Но против солженицынских ресурсов (и тучи нанятых им перьев) голос их был слаб. И долгих пятнадцать лет не затихала эта жестокая эпопея, под знаком которой прошла моя вторая жизнь. Окончилась она лишь с падением Берлинской стены, когда выяснилось, что прав я был всю дорогу: в Москве и впрямь победили русские европейцы. Начинался очередной порыв в Европу, навстречу знаменитой пушкинской «заре пленительного счастья». Так, во всяком случае, на первых порах думали мои единомышленники в Москве, когда я смог, наконец, под новый, 1990 год в нее приехать.

М.А.: Вернулись вы, Александр Львович, как я понимаю, с чувством победителя. Одно уже то, что пригласили вас преподавать в МГИМО, куда вас и за версту не подпустили бы в прежней жизни, правда, только по-английски, чтобы лишнего ажиотажа не было, но все-таки…

А.Я.: Вы правы, конечно, третья моя жизнь начиналась торжественно. Много старых друзей и просто знакомых встречали с цветами в Шереметьево. Помнили еще мою самиздатскую рукопись. Оказалось, что я и впрямь стал в своем роде легендой. И вообще влиятельным человеком, с Травкиным встречался, с Гайдаром, с Ельциным. Но очень скоро почуял я в воздухе неладное.

Тому, что распался СССР, я не мог, конечно, не сочувствовать. В конце концов, я вырос на заповедях Г. П. Федотова, что «для России продолжение ее имперского бытия означало бы потерю надежды на ее собственную свободу», что «потеря империи есть нравственное очищение, освобождение русской культуры от страшного бремени, искажение ее духовного облика».

Но когда на развал империи наложился гайдаровский «прорыв» к частной собственности, что в условиях совершенно неготового к такому перевороту общества означало и развал советской экономики, сопротивление «ордынской» оппозиции достигло максимума. Ельцин пожертвовал Гайдаром, реформа не была доведена до ума, и Россия оказалась в ситуации Германии 1920-х. Нарыв прорвался в октябре 93-го, когда «ордынцы» попытались развязать гражданскую войну — и потерпели поражение. Но надолго ли?

Я как ученик Герцена не мог не откликнуться на этот роковой вопрос книгой-предупреждением. Называлась она *После Ельцина: Веймарская Россия?*. Предупреждала: герценовский «элемент долгого рабства» может и победить.

М.А.: Но впоследствии опубликовали вы и другую книгу *Почему в России не будет фашизма?*. Крутой поворот, не правда ли?

А.Я.: Да, публично и честно признал ошибку: не понял в 90-е, что русское «ордынство» принципиально отличается от немецкого. Ошибся, однако, по форме, не по сути. Фашизма не будет, но авторитарный поворот, о котором я предупреждал, состоялся, «ордынцы»-то и впрямь победили. И конфронтация возобновилась. В моих терминах, означает это, что очередной порыв в Европу опять не стал «прорывом».

М.А.: А разве то, что мы сейчас наблюдаем в России не есть некая quasi-муссолиниевская форма государственности, если не хуже? Но неудача этого порыва в Европу все же произвела громадный сдвиг в сознании русских европейцев, судя по вашей последней книге.

А.Я.: Муссолини, я думаю, тут ни при чем. Попробовали бы при нем опубликовать такой текст! А с единомышленниками иначе, наверное, и не могло быть. Судите сами. Первый восход пушкинской зари в XX веке начался в феврале 1917-го. И окончился девять месяцев (!) спустя сокрушительным поражением. Подозрение, что пушкинская заря — обманщица, должно было закрасться в умы русских европейцев уже тогда. Тем более что нового ее восхода пришлось ждать долго, три поколения. Да ее уже практически и не ждали, поднимали бокалы за «*наше безнадежное дело*». Но она взошла! И продолжалась на этот раз не 9 месяцев, но 15 лет. «Иного не дано» стало лозунгом дня. А потом — какое разочарование! — вернулось «ордынство».

Какое же еще могло это жестокое повторение Февраля 17-го вызвать в массовом сознании русских европейцев, кроме глубокой непреходящей травмы? Очень точно, хотя и хамовато, выразил это комментатор в ФБ, бросив мне в лицо: «Ванька-встанька эта ваша «европейская» Россия, подразнит и опять за свое ордынское дело принимается».

У элитной публики, впрочем, выражается отношение к Европе по-разному. Равнодушным к истории потенциальным избирателям Собчак или Ходорковского и читать нет нужды их программы дальше первого параграфа: «Россия — страна европейская, следовательно...» Мировоззрение избирателей Явлинского граничит, напротив, с отчаянием советских диссидентов. А элита элит, мыслители европейского лагеря, либо вообще больше не верят в свое европейство, либо сводят гордую европейскую традицию России, не уступающую в своей изначальности ордынству, к некой «тенденции», чем практически сводят ее политический смысл на нет.

И это особенно опасно потому, что именно они и должны, казалось бы, стать вдохновителями финального, быть может, «прорыва» в Европу после Путина. Если не они, то кто?

М.А.: Да, я думаю, в заключение нашего разговора нам стоит поговорить именно об этом, Саша. Ведь в непрекращающемся споре с этой элитой элит и состоит смысл вашей последней книги — в соответствии с ее названием. И с пращой Давида на обложке.

А.Я.: Все, что мне остается, — это, чтоб не быть голословным, привести какие-то примеры. Нет, мы не станем обсуждать бессодержательные клише вроде формулы Владимира Пастухова: «Современная Россия — это страна победившего люмпенства». Я имею в виду позиции серьезных людей. О Быкове и Тренине мы уже упоминали. Но вот мой однокурсник по университету, бывший зав. кафедрой истории в НИУ-ВШЭ недавно ушедший Леонид Васильев, много раз колол мне глаза парадоксом Ферми об инопланетянах: «Если они есть, то где они?» По мнению Л. В., то же самое относится и к инопланетной, он был уверен, европейской России: «Если она есть, то где она?» Не знаю, что думал он об этом во времена гласности, я спрашивал лишь: сам-то ты, Леня, с головы до пят европеец, откуда в ордынской России взялся? И еще миллионы таких, как ты? Все инопланетяне? То есть всех нас как бы и нет?

А вот полувековой давности друг, ныне вице-президент «Либеральной миссии» Игорь Клямкин. Как ни бейся, не признает, что европейство не привнесено к нам извне. Что изначально Россия — Европа. Что как между небом и землей очевидна разница между процветавшим и кипевшим идейными спорами «Европейским столетием России» (сокращенно ЕС), как назвал я первый том своей трилогии, т.е. Московским государством 1480–1560, и Московией, фундаменталистской, снулой, «в оцепенении духовной деятельности», по признанию даже Ивана Киреевского, славянофила.

М.А.: Да, еще бы, я прекрасно помню эту вашу полемику с Клямкиным, сам в ней участвовал. Вы убеждаете Игоря, что в Московии крестьянство было наглухо закрепощено, «мертво в законе», а в ЕС оно было свободно. А Игорь все же продолжает именовать Московское государство Московией.

Вы настаиваете, что в ЕС был сильный крестьянин-собственник, тот самый, которого четыре столетия спустя безуспешно пытался возродить в России Столыпин, а в Московии и воспоминания о крестьянской собственности не осталось. Игорь молчит.

Вы задаете вопрос: не будь в начале России герценовского «другого элемента, способного победить» в ней «ордынство», — откуда тогда *гибридность самодержавия*, откуда одиннадцать «порывов» и «прорывов» в Европу? Откуда надежда? No comments.

А.Я.: Вот я и спрашиваю, удивляться ли после этого, что последняя моя книга — непрекращающийся спор? Это все, что я мог еще сделать для нового поколения русских европейцев: снять последствия травмы, убрать с их пути все возражения отчаявшихся, аргументировать новую парадигму прошлого России, чтобы подготовить их к новому, европейскому ее будущему. Мое завещание, если хотите.

И все-таки это грустная книга. И грустная жизнь…

М.А.: Великолепная книга, и блестящая жизнь, Александр Львович. Вас читают сейчас и будут читать намного больше, когда сгинет «пустое время» и наступит очередной неизбежный порыв в Европу. Россия, как всегда, вспрянет ото сна, куда она денется. И нет ничего невероятного в том, что вы это увидите своими глазами.

Игорь Ефимов (США)

Ефимов Игорь Маркович (1937 г.р., Москва) — писатель, философ, издатель. Эмигрировал в 1978 году, живёт с семьёй в Америке, в Пенсильвании. Автор пятнадцати романов, среди которых «Зрелища», «Архивы Страшного суда», «Седьмая жена», «Пелагий Британец», «Суд да дело», «Новгородский толмач», «Неверная», «Обвиняемый», а также философских трудов «Практическая метафизика», «Метаполитика», «Стыдная тайна неравенства», «Грядущий Аттила» и книг о русских писателях: «Бремя добра» и «Двойные портреты».

В 1981 году основал издательство «Эрмитаж», которое за 27 лет существования выпустило 250 книг на русском и английском. Ефимов много раз выступал с лекциями на различные темы в американских и европейских университетах и дважды читал курсы по русской литературе: в Хантер Колледже (Нью-Йорк, 1995) и в Университете штата Орегон (Юджин, 2001). Почти все книги Ефимова, написанные в эмиграции, были переизданы в России после падения коммунизма. В 2012 году в Москве были опубликованы его воспоминания в двух томах: «Связь времён». В 2015 — два исторических романа: «Джефферсон» и «Ясная Поляна», в 2017 — историко-политический трактат «Сумерки Америки».

Более подробную информацию можно получить в **www.igor-efimov.com**. С 2005 года Игорь Маркович Ефимов живёт с семьёй в Пенсильвании (США), его e-mail: yefimovim@aol.com

СКРЫТЫЕ ГРОЗДЬЯ ГНЕВА[1]

Размышляя о причинах войн, историки обычно пытаются отыскать какой-нибудь понятный мотив: стремление народа расширить свою территорию, тщеславное властолюбие лидера, желание нанести опережающий удар набирающему силу соседу, религиозный или политический фанатизм. Пока есть понятный мотив, в умах миротворцев возникает надежда на возможность устранения конфликта ненасильственными средствами: свергнуть воинственного властолюбца, купить приглянувшуюся территорию (Луизиану у Франции, 1803, Аляску у России, 1860-е), уступить агрессору Эльзас или Судеты (1930-е), гарантировать нерушимость границ, призвать к веротерпимости.

Однако внимательное исследование военных конфликтов последних тысячелетий подталкивает нас к тревожному и неутешительному умозаключению:

Война может начаться необъяснимо, просто потому что какое-то племя или какой-то народ увидит в ней возможность разом утолить все три главных устремления человека: к самоутверждению, к сплочению, к бессмертию.

Перед нашими глазами всплывёт слишком много таких «беспричинных» конфликтов, в которых сражающиеся не испытывали настоящей ненависти друг к другу. С другой стороны, мы будем сталкиваться и с примерами многовековой бурлящей враждебности, направленной в одну сторону, от одного противника на другого, которую не удавалось погасить никакими уступками, аргументами, дарами.

На сегодняшний день в исторических анналах хорошо описана вражда племён в разные эпохи и на разных континентах. Превосходно изучена взаимная ненависть людей разных вероисповеданий. То же самое — политические бури, взрывавшиеся гражданскими войнами. Вражда и противоборство между классами в марксистской историографии выступает как главная разгадка всех военных конфликтов.

Однако есть два вида вражды, которые до сих пор не были выделены в отдельную категорию. Представляется важным вглядеться

---

[1] Данная статья представляет собой главу из новой книги «Феномен войны», готовящейся к выходу из печати в 2018 году.

в природу этого «скрытого гнева», многократно вспыхивавшего большими и малыми пожарами в мировой истории.[2]

Вражда между народами, находящимися на разных ступенях цивилизации

Отложим на время подзорную трубу, через которую мы оглядываем поля сражений между народами, классами, вероисповеданиями. Вернёмся к микрочастице истории, используя некий психологический микроскоп. И положим под него душу иудея, входящего под водительством Моисея в цветущую долину Ханаана. Скифского всадника, идущего в очередной набег на Персидскую империю. Гунна, приближающегося к границам Древнего Рима. Нормана, поднимающегося в своей ладье к стенам Парижа. Монгола у Великой китайской стены. Татарского, башкирского, калмыцкого конника, замышляющего очередной грабёж русских селений. Ирокеза, гурона, делавера, нацеливающего свой лук на идущего за плугом американского поселенца.

Все эти кочевники и мигранты уже имели долгие контакты с осёдлыми земледельцами, бывали в каменных городах, привозили меха, шкуры, лошадей на продажу. Они видели изобилие городских базаров, роскошь дворцов и вилл, комфортабельные дома с застеклёнными окнами, величественные храмы. Счастливые обитатели земледельческих стран, казалось, забыли о том, что такое голод, их боги помогают им держать житницы всегда полными зерна. От врагов они умеют защищаться неприступными стенами крепостей, превосходным оружием, железными латами и колесницами. Нельзя не позавидовать им!

«А что если попытаться подражать им? Научиться сеять и убирать урожай, обжигать кирпичи, строить дома, выплавлять железо, медь, бронзу? Ведь они, кажется, готовы помогать нам, обучать всем своим умениям и ремёслам.» Такие мысли-соблазны не могли не всплывать в головах кочевников. И в истории многих племён мы находим попытки заняться земледелием, основывать поселения, даже овладевать письменностью. Однако эти перемены невозможно было осуществить единодушным скачком, укладывающимся в срок жизни одного человека. Нужно было здесь и сейчас отказаться от многих

---

[2] Я попытался это сделать в своих книгах: *Игорь Ефимов*. «Метаполитика», С.-Петербург: Лениздат, 1991: «Грядущий Аттила». СПб: Азбука-классика, 2008.

дорогих или даже священных обычаев и традиций ради каких-то далёких и умозрительных улучшений в жизни потомков.

Переходя к оседлому существованию, ты утрачивал главное военное преимущество — мобильность, неуловимость. Враг всегда будет знать, где найти тебя и напасть в удобный момент.

Главный источник твоей гордости, твоя надежда на бессмертие — роль бесстрашного воина — отнимется у тебя. Война сделается уделом привелигированного меньшинства, военной касты, и большинству достанется роль тружеников на полях, в мастерских, на стройках.

Зная обычаи своего племени, ты получал почётную роль судьи, следящего за их соблюдением, выносил приговоры нарушителям, даже приводил их в исполнение, используя традицию кровной мести. Переход от племенной структуры к государственной лишал тебя этой важной роли, превращал в послушного исполнителя воли правительства, назначенных судей, жрецов.

Приволье кочевой жизни на просторах степей, пустынь, океана придётся сменить на тесноту и вонь поселений, где каждый сосед легко может превратиться из дружелюбного соплеменника в завистливого и опасного врага.

История всех племён, переходивших от кочевого состояния к оседлому, демонстрирует нам глубочайший внутренний раскол и свирепое противоборство по этому судьбоносному вопросу: держаться привычного уклада или решиться на радикальные перемены?

Когда часть иудеев, пересекавших пустыню, стала выражать сожаление об утраченном сытном комфорте египетского «рабства» и попыталась приносить жертвы золотому тельцу, Моисей приказал убивать «отступников» и «пало в тот день три тысяч человек» (Исход, 32:27, 28).

Цезарь сообщает, что в Галлии не только «проримские» племена воевали с «прогерманскими», но партийная рознь раскалывала даже отдельные семьи.

У германцев победа «партии войны» отразилась в том, что было запрещено владение земельными участками, «чтобы в увлечении оседлой жизнью люди не променяли интереса к войне на занятия земледелием, чтобы они не стремились к приобретению обширных имений».[3]

---

[3] *Юлий Цезарь*. «Галльская война». Москва: Наука, 1948, с. 123.

Когда «партия войны» взяла вверх среди хельветов (территория нынешней Швейцарии, I век до Р.Х.), она постановила сжечь все уже имевшиеся городки и поселения, чтобы у людей не осталось соблазна увернуться от очередного похода на Рим.[4]

Кочевая империя гуннов, веками угрожавшая Китаю с севера, раскололась на Южных хунну и Северных. Южные постепенно ассимилировались в Китае, а северные ушли в далёкий поход на Запад и два века спустя обрушились на Европу.[5]

У некоторых арабских племён, кочевавших на Аравийском полуострове, были приняты законы, строго каравшие за попытку построить дом или посадить дерево.

Когда часть крымских татар отделилась от Орды и основала Казанское ханство, построила деревянный город на берегах Волги и занялась земледелием, татары-кочевники сделали её объектом таких же нападений, которым до тех пор подвергались Московия и Литва.

Эту цепь примеров можно продолжать и далее. Но думается, что и перечисленного достаточно, чтобы выделить несколько моментов, неизбежно присутствующих в любом переходе от кочевого состояния к оседлому земледелию.

1. Контакт кочевого племени с земледельческим государством.
2. Попытки наладить торговлю и выработать правила сосуществования.
3. Возникновение среди кочевников раскола между теми, кто стремится перейти к земледелию, и теми, кто яростно держится за святыни старинных обычаев.
4. Военное противоборство внутри племён, разгорающееся до иррациональной ненависти ко всему, что являет собой или символизирует земледельческий уклад.
5. В случае победы «партии войны» — опустошительные нашествия кочевников на земледельческие государства.

Внутренним импульсом многих нашествий было: «победить, чтобы управлять покорёнными народами». Таков был характер вторжений гиксосов в Египет (XVII век до Р.Х.), персов в Вавилон (VI век), македонцев в Грецию и Персию (IV век), готов в Римскую империю (V–VI век по Р.Х.), арабов в Северную Африку и на Ближний восток

---

[4] Там же, с. 125.
[5] *Гумилёв Л. Н.* «Хунну». Москва: Издательство восточной литературы, 1960.

(VII–VIII века), варягов в Киевскую Русь (IX–X века), турок в Малую Азию (XI–XII века). Но во многих вторжениях поначалу господствовал другой прицел: «победить, чтобы уничтожить, стереть с лица земли». Таковы были вторжения иудеев в Ханаан (XII век до Р.Х.), кельтов в Италию (IV век до Р.Х.), вандалов в Рим (V век по Р.Х.), норманов в Европу (IX век), монголов в Китай, Халифат и Русь (XIII век), все походы Тамерлана (XIV–XV века).

Конечно, начатки земледелия применялись многими племенами на кочевой и даже на охотничьей стадии. Но существовала огромная разница между разными способами использования воды. Охотник или кочевник, обрабатывавший несколько грядок рядом со своей хижиной, довольствовался для полива дождём или соседним ручьём. Земледельческая цивилизация не могла возникнуть путём простого увеличения площади огородов. Чтобы появились великие империи, базирующиеся на ирригационном орошении, требующем строительства огромной сети каналов, дамб и крепостей, охраняющих государство от врагов, требовалось гигантское усложнение структуры социума.

Это усложнение неизбежно включало в себя ограничение свободы отдельного человека. Большинство должно было смириться с тем, что из вольного и равноправного члена племени каждый превратится в труженика, обязанного в назначенные дни, недели, месяцы трудиться на полях, стройках, в каменоломнях, на изготовлении кирпичей. Воля-вольная или подневольный труд — этот выбор и раскалывал племена, оказавшиеся на пороге подъёма на следующую ступень цивилизации. Насколько серьёзна была дилемма, видно хотя бы на примере истории иудеев, уже обжившихся в благополучном Египте, но решившихся броситься навстречу неизвестной судьбе в Земле Обетованной, когда фараон увеличил им нормы изготовления кирпичей (Исход, 5:7–8).

Моя гипотеза, которую нелегко будет принять традиционной историографии, сводится к следующему:

Все пять этапов перехода от кочевого племени к земледельческому государству будут иметь место и при переходе от земледельческой ступени цивилизации к индустриальной.

Новая история уже дала обильный материал, иллюстрирующий правомочность подобной гипотезы.

Начало индустриальной эры логичнее связывать не с паровой машиной Джеймса Уатта (18 век), а с целым пучком великих открытий и изобретений 15-го и 16 веков. Немец Гуттенберг построил первый печатный станок, итальянец Колумб доплыл до Америки, чех Ян Гус, немец Лютер и француз Кальвин отняли у церкви монополию на истолкование Библии, португалец Магеллан открыл Тихий океан, поляк Коперник создал гелиоцентрическую систему вселенной, вся Европа наперегонки совершенствовала огнестрельное оружие и навигационные приборы для дальних плаваний. С этого момента народы начинают состязаться в расширении открывшихся горизонтов, обгонять друг друга и вступать в противоборство, повторяющее все пять этапов предыдущего скачка.

1. Первый этап: земледельцы сталкиваются с новой ступенью цивилизации, существующей пока только в умозрительной сфере, в виде новых идей, верований, открытий.

2. Попытки найти общие точки между нарождающимся новым и священной стариной: Вормсский рейхстаг, обсуждающий тезисы Лютера (1521), Триентский собор (1545–1563), пересматривавший догматы христианства, перемирие между гугенотами и католиками во Франции, ознаменованное Нантским эдиктом Генриха Четвёртого (1598) и т.д.

3. Разгорание гражданских религиозных войн в XVI–XVII веках, образование протестантских государств — Швейцарии, Англии, Шотландии, Голландии, Швеции, которые становятся пионерами индустриальной эры.

4. Попытки задавить ростки новой эпохи военными средствами: поход герцога Альбы против Нидерландов (1567), Варфоломеевская ночь в Париже (1572), поход испанской Великой армады на Англию (1588), Тридцатилетняя война на территории центральной Европы (1618–1648).

5. Тотальное противостояние индустриальной протестантской Европы со странами, застрявшими на земледельческой стадии: Турцией, Испанией, Россией (XVIII–XIX века).

Переход в индустриальную эру у народов Европы и США проходил разными темпами и занял от 200 до 300 лет. После Второй мировой войны настала очередь совершить этот скачок странам Азии, Африки, Южной Америки. В их новейшей истории мы наблюдаем процессы, которые можно рассортировать на те же пять этапов. И наиболее наглядно проступают 4-й и 5-й: внутренние раздоры и завистливая враждебность к странам, уже совершившим переход на новую ступень.

В своё время Китайская империя построила Великую стену (начало в III веке до Р.Х), Римская империя — Адрианову стену в Британии для защиты от кочевников, нападавших с севера (II век по Р.Х.). Сегодня похожие попытки пытается делать индустриальный мир: США строят стену на границе с Мексикой, Южная Корея отделилась стеной от Северной, Израиль вынужден строить защитные ограждения по всей границе с враждебным миром ислама.

В индустриальном мире нет единой стратегии противостояния миру земледельцев. Страны Европы постоянно давят на Израиль, осуждая его за оккупацию палестинских земель, за отказ прекратить заселение занятых территорий, за блокаду сектора Газы. Конфликт интерпретируется как справедливая борьба палестинского народа против захватчиков. На самом же деле единственным способом для израильтян улучшить отношение палестинцев к себе было бы исчезнуть с лица земли. До тех пор, пока их успехи в развитии индустриального государства будут наглядно демонстрировать отсталость соседей, завистливая ненависть будет полыхать неудержимо и прорываться вспышками интифады — хоть бомбами, хоть пулями, хоть ножами.

Важнейший урок, который мы можем извлечь из прошлого:
Никакие технические чудеса, никакая новейшая информационная сеть не могут ускорить процесс перехода с одной ступени на другую. Он будет длиться для народов Третьего мира те же сто, двести, может быть, триста лет, и всё это время враждебность отставших к ушедшим вперёд будет сохраняться, а порой и нарастать.

Борьба будет долгой и потребует отказа от многих гуманно-возвышенных идей, которые ослабляют волю к противостоянию, толкают индустриальные страны распахивать ворота для новых волн иммигрантов.

Вражда между низковольтными и высоковольтными

Как я могу относиться к человеку, который обгоняет меня в любых начинаниях, видит будущее дальше меня, демонстрирует энергию, хватку, умелость, талантливость, прозорливость, готовность вступать в противоборство и побеждать? В лучшем случае я буду тайно завидовать ему, в худшем — постараюсь вредить, тормозить, публично осуждать. Это и есть суть вечно тлеющей вражды низковольтного к высоковольтному.

Впервые я использовал эти термины в книге «Стыдная тайна неравенства».[6] Некоторые читатели, хотя и соглашавшиеся с главными тезисами, выражали пожелание изменить эту диаду, найти слова, лишённые оценочного оттенка. Ведь в книге неоднократно указывалось на то, что высоковольтный вовсе не лучше низковольтного, что его избыточная энергия может толкнуть его на преступления, на жестокость, на немыслимое тиранство. Но есть ли в русском языке слова, которые могли бы адекватно отразить разницу энергетических потенциалов, заложенных в людях от рождения?

Пассивные против предприимчивых?

Терпеливые против неуёмных?

Тихоходные против быстроходных?

Тугодумы против догадливых?

Миролюбивые против агрессивных?

Увы, оценочный элемент просачивался во все эти противоположности. Соотнося врождённое неравенство с главными человеческими страстями, можно было бы сказать:

Высоковольтные — это те, в ком жажда самоутверждения полыхает сильнее, чем жажда сплочения.

Но как это выразить одним словом? Ненасытимые? Напористые? Пробивные? Необузданные?

Русская литература уже на первых своих шагах вглядывалась в это противостояние. Именно оно отражено Фонвизиным в коллизии Простаковы и Скотинины против Стародума и Правдина, Грибоедовым — в образе Фамусовской Москвы, объявляющей высоковольтного петербуржца Чацкого сумасшедшим.

Устав ломать голову, я решил оставить первоначальные обозначения, иногда дублируя их понятиями «близорукие против дальнозорких». Всё же и дальнозоркость, и близорукость представляют собой дефекты зрения, и в том, и в другом случае необходимы некие «очки мудрости». Ведь дальнозоркий порой не видит того, что у него под ногами. Например, Стародум, Чацкий и их наследники в сегодняшней России неспособны разглядеть, что Простаковым, Скотининым, Фамусовым просто не по силам смотреть так далеко вперёд, как они, что у них нет ни знаний, ни культуры, ни волевого импульса, чтобы

---

[6] По-русски издана впервые в 1999 году, переиздана в России: Москва: Захаров, 2006.

строить свою жизнь в соответствии с высокими идеалами прогресса и гуманизма.

В сегодняшнем интеллектуальном мире догматы равноправия, недопустимости дискриминации, равенства всех перед законом настолько сильны, что очевидный факт врождённого неравенства людей по энергии, талантам, умственным и художественным способностям упорно затушёвывается, отодвигается на задний план, замалчивается. Между тем именно врождённое неравенство порождает многие социальные разногласия, конфликты, катаклизмы.

На заре цивилизации одним из важнейших шагов прогресса был тот момент, когда человек научился запасать пропитание на завтрашний день. До этого вся еда, которую удавалась добыть, поедалась немедленно. Американцы ещё застали индейские племена охотников, которые вели себя именно таким образом. Если среди них и появлялись «дальнозоркие», оставлявшие недоеденную оленью ногу «про запас», остальные должны были смотреть на них как на опасных нарушителей установленных обычаев. Правомочно предположить, что судьба таких была нелегкой, что близорукое большинство соплеменников предпочитало отнять у дальнозорких их запасы и отбросить заботу о завтрашнем дне.

Земледелие великих цивилизаций древности — Египта, Индии, Китая — было ирригационным. Совместные труды по строительству каналов требовали невероятных познаний, прозорливости, чёткого планирования, которое могло быть осуществлено только дальнозоркими, то есть высоковольтными. Недаром Библейская легенда об Иосифе приписывает ему — мудрому иудею — предложение заполнять житницы заранее на семь грядущих неурожайных лет. (Вопрос о том, как бедные египтяне просуществовали полторы тысячи лет до прихода в их страну оголодавших кочевников-иудеев, тактично опускается.)

Пока государство устроено более или менее стабильно, высоковольтные имеют возможность проявлять свою энергию и прозорливость, проникать в верхние слои управления хозяйством, торговлей, административными учреждениями, храмами и университетами. Происходит социальное расслоение, в значительной мере отражающее врождённое неравенство людей по заложенному в них потенциалу. Но там, где есть расслоение, неизбежно поднимет голову вражда.

Ненависть бедных к богатым, простолюдинов к аристократам, крепостных к помещикам, управляемых к правителям, проявляла себя так много раз бунтами и мятежами, что историки имели возможность досконально изучить её. Но цепь революций начала 20-го века, сломавших государственные постройки многих многонациональных империй (Испанской, Китайской, Турецкой, Российской, Австрийской, Германской), разрушила сословные перегородки, перемешала все слои населения, обнажила «гроздья гнева», ранее остававшиеся скрытыми под другими обличьями.

С особой наглядностью лозунг «кто был ничем, тот станет всем» воплотился в Сталинской России. Уже десятилетним я недоумевал, за что в нашей коммунальной квартире соседка Носикова, переселившаяся в Ленинград из деревни, так ненавидит и изводит бранью соседку Надежду Михайловну Черняеву — добрейшую тихую старушку «из бывших», вся вина которой состояла в правильной русской речи и вежливых манерах.

С началом взрослой жизни я начал и на себе ощущать такую же непонятную враждебность. Иррациональная ненависть порой опаляла и меня, и многих моих друзей в самых неожиданных ситуациях. Каким-то образом вахтёр в институте, гардеробщица в библиотеке, кондуктор в трамвае, проводник в вагоне, банщик в общественных банях, официант в столовой опознавали в нас «чужаков» и не пытались скрыть своего отвращения к «антылигэнтам». Мы были одеты так же бедно, как остальные, послушно стояли во всех очередях, жили в коммуналках, давились в трамваях и автобусах, не пытались выделяться или требовать привилегий. По каким же приметам меня и мне подобных вычисляли те, «кто был раньше ничем»?

Историкам и социологам нелегко было выделить этот феномен в бурлящем потоке повседневной жизни, так насыщенной переменами. Зато на него вскоре откликнулись самые чуткие писатели. Один за другим начали выходить в свет романы-антиутопии, описывающие некое государство, в котором необоснованным преследованиям и казням подвергаются люди виноватые лишь в том, что они чем-то отличаются от остальных сограждан.

У Кафки в «Процессе» (опубликован в 1925) отличительным свойством оказывается открытость чувству вины, которая и заставляет главного героя снова и снова являться на заседания трибунала. («Суду от тебя ничего не нужно. Он принимает тебя, когда ты приходишь, и отпускает, когда уходишь.»)

У Набокова в «Приглашении на казнь» (1935) осуждённого Цинцинната Ц. отличает от остальных «непрозрачность», то есть наличие чего-то твёрдого и существенного, чего недодано его соплеменникам.

У Орвелла в «1984» (1949) под арест и пытки попадают те, кто сохранил способность любить.

У Брэдбери в «451° по Фаренгейту» (1953) преследованиям подвергаются люди, продолжающие хранить и читать книги.

У братьев Стругацких в «Обитаемом острове» (1969) охотятся за «выродками», которые неспособны впадать в радостное ликование от радиопропаганды, реагирующие на неё, наоборот, головной болью.

Вскоре художественные прозрения писателей получили страшные подтверждения в волнах террора, прокатившихся по коммунистическим странам. Палачи, осуществлявшие раскулачивание, сталинские чистки, ГУЛАГ, китайскую «культурную революцию», уничтожение горожан в Камбодже, пытавшие заключённых в тюрьмах на Кубе, во Вьетнаме, Северной Корее даже не утруждали себя доказательствами «вины» своих жертв, настолько она была им очевидна. Лишённые всех преимуществ богатства, знатности, сословных привилегий жертвы коммунистического террора расплачивались за своё врождённое преимущество: дальнозоркость, высоковольтность. Свидетель и жертва сталинского террора, Осип Мандельштам, дал поэтически исчерпывающую формулу отбора жертв: «У нас убивают правильно: тех, кто не до конца обезумел».

Обвинения, предъявлявшиеся жертвам террора — в шпионаже, заговорах, саботаже, измене, — были вздором и ложью от начала и до конца. Но это только в критериях логики и формальной юстиции. На более глубоком мистическом уровне они имели свой страшный смысл: высоковольтный, дальнозоркий всегда изменяет своим современникам, становясь на сторону будущих поколений. За это современники и преследуют его, а потомки будут восхвалять и почитать.

Моему поколению повезло войти в жизнь в те годы, когда пик террора уже миновал. Но озлобление и подозрительность близоруких по отношению к дальнозорким доводилось ощущать на себе миллионы раз. Опыт новейшей истории и повседневной жизни я и попытался обобщить в книге «Стыдная тайна неравенства». Она выдержала уже три издания, я получил на неё множество выражений горячего согласия с изложенными в ней идеями. Но так как она обращена только к высоковольтному меньшинству, массового успеха у неё быть не могло.

Однако и высоковольтным нелегко принять строй мыслей, который возрождает лозунг *noblesse oblige* (благородство обязывает). Им легче придерживаться привычной и утешительной схемы: «В обсуждении планирования совместной жизни моего народа я вижу дальше, поэтому принятие моих планов должно принести всеобщее процветание и успех. Нужно только донести эти планы до народной массы. А мешают этому злые правители, обманом прокравшиеся к рычагам управления государством».

Пока ты веришь, что тебе противостоит лишь кучка злых и нечестных людей, у тебя остаётся надежда на победу, которая и питает ниспровергательный запал интеллектуальной элиты во все времена во всех странах. Для этой элиты допустить мысль, что в глазах народной массы она сама является опасной нарушительницей покоя и сплочённости, означало бы оказаться лицом к лицу с экзистенциональной безысходностью конфликта между дальнозорким и близоруким. А кому же охота упереться носом в безнадёжность?

Как объяснил уже Томас Гоббс в своём «Левиафане» правительство в государстве берёт на себя обязанность быть арбитром между противоборствующими силами. Высоковольтные тираны Сталин, Мао, Ким Ир Сен, Кастро, Пол Пот и прочие смогли достичь абсолютной власти, именно нарушив эту обязанность, приняв целиком сторону близорукого большинства, пойдя навстречу его уравнительным страстям, его вечно тлеющей вражде к дальнозорким, отдав их полностью на растерзание инстинктам толпы.

В своей слепой ненависти к дальнозорким Сталин доходил до арестов тех, кто пытался предупредить его о готовящемся вторжении Гитлера или что-то делал для укрепления западной границы. В ночь с 21 на 22 июня 1941 года бомбы уже падали на приграничные районы, командиры запрашивали Москву, но из Кремля им отвечали: «Не открывать ответный огонь! Не поддаваться на провокации!». Я был знаком с человеком, которого арестовали за «антигерманские настроения» в мае 1941, а судили и отправили в лагерь *в июле*!

Но после войны разгулявшаяся тирания столкнулась с неожиданным препятствием. Оказалось, что в условиях военного противостояния с миром капитализма обойтись совсем без дальнозорких просто невозможно. Ведь только они умеют двигать вперёд научно-технический прогресс, только они способны разрабатывать всё новые и новые модели бомбардировщиков, ракет, танков, подводных лодок. Что же делать? Неужели снова давать им руководящие посты в управлении индустриальным государством?

«Нэ дождётэс, — сказал кремлёвский кормчий. — Расстрэлыват болше нэ будэм, но посадым работат за колучей проволокой.»

Создание специальных лагерей для научно-технических работников, «шарашек», описанных Солженицыным в романе «В круге первом», было, конечно, изуверским решением проблемы, вполне достойным изворотливого ума «лучшего друга учёных всего мира». И у нас нет никакой гарантии, что в будущем новые тираны не попробуют возродить подобную практику. Это же так удобно! Посаженный за решётку умник больше не представляет угрозы для коммунистического или мусульманского единодушия, а работу свою делает исправно, потому только, что не может существовать без творческой деятельности, без утоления жажды самоутверждения.

Границы послевоенного мира в огромной степени формировались тем, куда успели дойти танки победителей. Но внутренний импульс душевного настроя отдельно взятого человека играл немаловажную роль в том, как и куда разбегалось население разорённых стран. Жажда самоутверждения сильнее горит в душах высоковольтных, поэтому они прилагали все силы к тому, чтобы перебежать, просочиться из Восточной Германии в Западную, из Северной Кореи — в Южную, из материкового Китая — на Тайвань и в Гонгконг, из Северного Вьетнама — в Южный. Низковольтный больше ценит сплочённость, поэтому он охотнее поддавался обещаниям «справедливого коммунистического рая» и оставался там, где жил. Это различие и предопределило сгущение дальнозорких в антикоммунистическом лагере, и, как следствие, — разницу политических режимов в расколовшихся странах в период холодной войны.

Думается, «скрытые гроздья гнева» будут играть большую роль и в том, что происходит сегодня. В десятках народов, находящихся в процессе перехода от земледельческой стадии к индустриальной, неизбежно возникнет раскол между дальнозорким меньшинством, созревшим для перемен, и близоруким большинством, сплочённым ненавистью к индустриальному миру. Именно из рядов этого большинства выпрыгивают десятки, сотни, тысячи воинов-террористов, для которых взорвать себя вместе с «врагами» — верный путь к доступному ему бессмертию. И страшен будет момент, когда какой-нибудь новый Бин Ладен сумеет сплотить их в миллионную армию.

Скрытые гроздья гнева, описанные в этой статье, имеют одинаковую природу и в микрокосме человеческой души, и в макрокосме мировой истории: и там, и там бушует жажда мести за собственную обделённость, неполноценность. Именно с этим связана огромная миротворческая и цивилизующая роль христианства, которое провозгласило, что перед Богом все равны. «Что высоко у людей, то мерзость перед Богом», говорит Христос и этим отменяет все человеческие шкалы неравенства, дарует каждому надежду стать «сыном в доме Отца Небесного».

Близорукость может проявляться не только в том, что человек отказывается или не может заглянуть далеко вперёд. Взгляд назад тоже может быть искажён и затуманен различными миражами. Даже учёный, искренне интересующийся прошлым своего народа, других племён, всего человечества, вглядывается в открывающиеся ему картины как в музейные экспонаты, как в статичные диковины, как во фрагменты развлекательных зрелищ. Допущение, что из этих картин можно узнать о том, что ждёт мир в ближайшие годы, будет, скорее всего, объявлено антинаучной мистикой.

Или поэтической вольностью. Как у Пастернака, который во всех поэмах о российских революциях 1905 и 1917 годов сопоставляет их с образами и катаклизмами далёкого прошлого:

> Тяжёлый строй, ты стоишь Трои.
> Что будет, то давно в былом.[7]

> В неземной новизне этих суток,
> Революция, вся ты, как есть.
> Жанна д'Арк из сибирских колодниц…[8]

> И вечно делается шаг
> От римских цирков к римской церкви,
> И мы живём по той же мерке,
> Мы, люди катакомб и шахт.[9]

---

[7] *Борис Пастернак*. Высокая болезнь. В сборнике «Стихотворения и поэмы» (Москва-Ленинград: Советский писатель, 1965), с. 654.

[8] *Пастернак*, «Девятьсот пятый год», ук. соч, с. 245.

[9] *Пастернак*, «Лейтенант Шмидт», ук. соч, с. 278.

Иосиф Бродский тоже со страстью погружался в образы далёкого прошлого, учил нас бродить среди иудейских шатров, древнеримских памятников, по берегам Евфрата, беседовать с царицей Дидоной на развалинах Карфагена, с шотландской королевой в Люксембургском саду. И трогательно извинялся за своё увлечение: «С другой стороны, пусть поймёт народ, ищущий грань меж добром и злом: в какой-то мере бредёт вперёд тот, кто, по виду, кружит в былом».

Думается, понять природу вражды, бушующей вокруг нас, будет невозможно без вдумчивого «кружения в былом».

Анатолий Ахутин (Украина)

Родился 11 сентября 1940 г. в г. Ленинграде. С 1945 г. проживаю в г. Москве.

Окончил химический факультет МГУ, а затем аспирантуру того же факультета по специальности физическая химия. В 1965 г. защитил диссертацию на звание кандидата химических наук. С того же года вплоть до 1988 г. работал в Институте истории естествознания и техники АН СССР. В 1988 г. вместе с группой коллег перешел в Институт философии АН СССР, где работал до 1991 г. С 1991 г. по 2014 г. работал в Российском государственном гуманитарном университете в качестве ведущего научного сотрудника в творческой группе «Диалог культур» под руководством В. С. Библера, затем в качестве ведущего научного сотрудника в Институте высших гуманитарных исследований, и наконец, в качестве доцента на философском факультете РГГУ.

В 2014 г. вместе с женой переехал на жительство в г. Киев (Украина) Теперь на пенсии. Ассоциированный член европейского центра гуманитарных исследований при Киево-Могилянской Академии

Со студенческих лет занимался философией, сначала самостоятельно, затем в различных кружках и семинарах, работавших на физическом факультете МГУ, в Институте философии АН СССР и при секторе «Общих проблем» Института истории и естествознания АН СССР. С 1967 г. член и сотрудник группы «Диалог культур», которая долгое время работала в качестве домашнего семинара В. С. Библера. С 1991 г. стала самостоятельной группой при философском факультете РГГУ, объединявшей философов, психологов, историков и культурологов, ведущих исследования по общей программе. Ррезультаты исследований представлены в сборниках «Архэ» — вып. 1, Кемерово, 1993; вып. 2, М. 1996; вып. 3, М. 1998; вып. 4, М. 2005; вып.6, М. 2009; вып. 7, М. 2014.

Сфера, которой были посвящены исследования во время работы в ИИЕТ, может быть названа философской историей науки.

Сравнительное изучение форм *мысленного экспериментирования*, понятого как элемент теоретической мысли вообще, а не только экспериментальных наук Нового времени, представлено в работе «История принципов физического эксперимента. От Античности до XVII века». М. «Наука». 1976 г. В книге «Понятие «природа» в Античности и в Новое время», М., «Наука». 1988, показано фундаментальное — логическое и онтологическое — различие древнегреческого понятия «фюсис» (сущее в сути его бытия) и новоевропейского понятия «натура» (предмет естественнонаучного исследования). Обе книги переизданы в 2012 г. под одной обложкой («Эксперимент и природа». СПБ «Наука». Серия «Слово о сущем»). В дальнейшем исследования сосредоточиваются в большей мере на проблемах философии культуры и собственно философии, понимаемой в духе концепции диалога культур.

С 1991 года занимался преподавательской деятельностью сначала на философском факультете МГУ (при кафедре «Теории и истории культуры») — курсы «Логическое введение в философию (II Аналитики Аристотеля)», «Чтение „Теэтета"», а с 1996 г. на философском факультете РГГУ. Здесь за время работы вел следующие курсы: «Введение в философию» (для I курса), «Чтение „Теэтета"» (для I курса), «Чтение „Парменида"» (для II курса), «Философия культуры» (для III–IV курсов), «Логическое введение в философию (II Аналитики Аристотеля)», «Идея Университета как философская проблема» (для магистров IV курса), «Философия как логика» (для III курса).

Помимо серии статей в разных изданиях, автор двух капитальных монографий. Тексты, составляющие книгу «Поворотные времена. Статьи и наброски» (СПБ «Наука», 2005. Серия «Слово о сущем». 46,5 печ. л.), появились в разные времена, но оказались тематически связанными. Это попытки уловить философский смысл поворотных времен, эпохальных рубежей европейской культуры: между греческим мифом и «логосом», между античным и средневековым миром, между «старым» и «новым» в эпоху коперниканской революции, наконец, между бывшим и наступающем ныне (модерно-постмодерн).

Книга «Античные начала философии» (СПБ «Наука», 2007. Серия «Слово о сущем». 49 печ. л.) представляет собой оригинальное исследование философий Парменида и Гераклита. Античная философия рассматривается в монографии как целостная культура философской мысли, связанная особым началом-принципом. Речь идет об онтологическом основании истинности, то есть о том, как взаимоопределены ответы на вопросы: «Что значит (поистине) быть?» и «Что значит (истинно) понять?». Античная философия выявляет и ставит под вопрос эти ответы, то есть начала, определяющие строение греческого образа мысли («логос») и соответствующий образ мира («космос»). Ставя свои первоначала под вопрос, античная философия словно выдвигает эти исторические и культурно особые ответы на всеобщее — всемирное — обсуждение. В этом смысле мы и говорим об «античных (особых) началах (всеобщей) философии».

Подготовил к изданию и снабдил обширными комментариями (10 а.л.) сочинения Л. Шестова (Л. Шестов. Соч. в 2-х томах. М. «Наука» 1993 и Л. Шестов. Киркегард и экзистенциальная философия. «Прогресс–Гнозис». М. 1992).

В настоящее время работаю над двумя монографиями, в которых подытоживается опыт многолетнего преподавания соответствующих курсов: «Философия как логика» и «Homo europaeus или Философское существо европейской культуры».

КУЛЬТУРА И КУЛЬТУРЫ[1]

«*Das wir in mehr als einer Welt leben,* ist die Formel für Entdeckungen, die die Philosophische Erregung dieses Jahrhunderts ausmachen»

Hans Blumenberg

«Формула, указывающая на открытия, которые вызывают философское брожение нашего столетия такова: мы живем более чем в одном мире».

Ханс Блуменберг[2]

Среди множества значений слова «культура» в современном обиходе выделяются два, занимающие противоположные полюсы всего семантического диапазона. На одном полюсе имеются в виду *особые* культуры (во множественном числе) разных народностей, эпох, слоев населения и пр. На другом — культура (в единственном числе) — в таких выражениях, как «культура музыкального или поэтического слуха», «культура речи», «культура философской мысли» или просто «современная культура». В первом смысле слово «культура» означает особый объект научного — исторического, этнографического, социопсихологического, семиотического — культурологического — исследования и в этом качестве соседствует с понятиями «цивилизации», «ментальности», «семиотической системы». Во втором оно характеризует внутреннее качество — культивированность — человека (*субъекта*) в его универсальной человечности. Мой тезис в том, что сегодня существенно увидеть в полярности этих значений *термина* коренную — даже роковую — двусмысленность (правильнее сказать много-смысленность) положения человека в современном мире: дело далеко не только в том, что современный мир многокультурен, дело в *человеке* этого мира: его *внутренняя* культура, его собственная *личная человечность*, так

---

[1] В основе статьи доклад, прочитанный автором 11.10.2007 г. на русско-французском коллоквиуме «Европейские судьбы концепта культуры».

[2] *Blumenberg H.* Wirklichkeiten in denen wir leben. Stuttgart. 2009, S. 3.

сказать, мультикультивируется. Между человеком и (его) миром помещается некая призма, миропонимание, встроенное в жизненный мир «моей» культуры и устраивающее его, расщепляется на разные смыслы, разные культуры миропонимания. Человек современной культуры (возможный человек возможной культуры) вырастает словно на перекрестке «столбовых дорог», в «промежутке», в «междумирии».

В. С. Библер, сосредоточивший строгое философское внимание именно на этом *событии* современности, — на бытии современного человека как бытии в мире *культуры*, пишет: «Человек Европы <…> оказывается где-то в промежутке различных встречных и пересекающихся смысловых кривых, и ни одна «кривая не вывезет…», ни к одной человек не прирастает, он все время остается (оказывается) наедине с собой».[3] Ясно, что «Европа» здесь название сказанного «перекрестка», среди-земля, места встречи, каковой историческая Европа, по существу, всегда и была.

Поставленную эпиграфом фразу Ханса Блуменберга я поэтому заострил бы таким образом: среди всего, чем современный мир озадачивает человека, та озадаченность (то удивительное), что нуждается в наиболее радикальном, то есть философском осмыслении (а потому и пробуждает его), заключается не столько в том, что «мы живем более чем в одном мире», сколько в том, что многомирный мир поселяется в *каждом*, кто вовлекается в *культуру*, современную этому миру. Вопрос не политический, а экзистенциальный. Даже — онтологический.

Здесь я ограничусь только своего рода исторической справкой, чтобы пояснить, как эта философская задача современности связана с философской традицией и вырастает из нее.

1. Понятие — и само слово — «культура» исходно связано с идеей *культивирования*, сама возможность такого, например, словосочетания, как «культуры народов» немыслима вплоть до XIX века (когда Дж. Вико в начале XVIII века задумал свою «Науку об основаниях культуры наций», он понимал «культуру» как общий для всех «наций» процесс очеловечивания и потому назвал свой труд «Новая наука об *общей природе* наций»). Поначалу слово «культура» означало нечто единственное и универсальное. Общеизвестно: Цицерон

---

[3] *Библер В. С.* От наукоучения к логике культуры. Два философских введения в двадцать первый век. М. 1991. С. 262.

сочинил метафору «возделывание души» (cultura animi). В 45 г., «на старости лет» (ему 51 г.), пережив крах республики, развод с женой, смерть любимой дочери, он обращается к жанру, едва ли не им впервые и созданному, — «утешение философией» (ср. утраченный трактат «Consolatio» и сохранившийся во фрагментах «Гортензий»). Утешиться философией значило найти в себе, в человеке, то, что не зависит от жизненных обстоятельств, на что всегда можно опереться, осознать себя гражданином «духовного космоса» (Г. Кнабе). Для римских интеллектуалов времен Цицерона философия — это прежде всего платонизированный стоицизм (Цицерон учился у платоников и, говорят, слушал стоика Посидония). В написанных в те же годы и в том же жанре «Тускуланских беседах» Цицерон специально останавливается на особом значении греческой философии. В природных дарах, замечает он тут (Туск. 2, 1),[4] мы сильнее греков, но в «учености и словесности всякого рода Греция всегда нас превосходила». Первым делом мы овладели красноречием. «Философия же, напротив, до сих пор была в пренебрежении, так ничем и не блеснув в латинской словесности, — и это нам предстоит дать ей жизнь и блеск...» «...(6) Вот я и стараюсь возбудить таких мужей, у которых общее образование и изящество речи сочеталось бы с умением философствовать разумно и последовательно».[5] Чуть далее следует знаменитое сравнение: «(13) ... Как плодородное поле без возделывания не даст урожая, так и душа <без учения>, а возделывание души — это и есть философия[6]: она выпалывает в душе пороки, приготовляет души к приятию посева и вверяет ей — сеет,

---

[4] См. *М. Цицерон.* Тускуланские беседы (пер. М. Л. Гаспарова) / *М. Цицерон.* Избранные сочинения. М., 1975, с. 248–252.

[5] Sed eos, si possumus, excitemus, qui liberaliter eruditi adhibita etiam disserendi elegantia ratione et via philosophantur (лат. текст дается по сайту: http://www.thelatinlibrary.com/cicero/tusc2.shtml). Liberaliter eruditio, образованность, подобающая свободному человеку это греческая paideia koinōs, например, *Платон*, «Протагор» 312b), такого рода образованность, образующая человека в его свободном достоинстве и подразумевается словом humanitas. «...Когда Варрону и Цицерону придется переводить слово παιδεία, они изберут humanitas как латинский эквивалент». А.-И. Марру. История воспитания в античности. М. 1998. С. 142. Не трудно проследить смысловую связь этих трех терминов: παιδεία = humanitas = cultura (см. там же, с. 357). См. подробнее: Асоян Ю., Малафеев А. Открытие идеи культуры. Опыт русской культурологии середины XIX — начала XX веков. М. 2000, с. 29–61.

[6] Ср. псевдоплатоновы определения: Παιδεία — δύναμις θεραπευτική ψυχῆς («*Образование* — способность души заботиться о себе»). Ср. рус. пер. в изд. *Платон.* Диалоги. М. 1986, с. 436.

так сказать — только те семена, которые, вызрев, приносят обильнейший урожай».[7]

Важно заметить: культура как *возделывание души* это (1) сфера, связанная с иным, греческим миром, оставшимся только в виде литературы, словесности, тут и расположен «духовный космос», где соприсутствуют поэты и философы разных времен; (2) сфера, не просто связанная со словесностью, но ближе всего соотносящаяся с философствованием, что предполагает умение видеть вещи в горизонте общего смысла, внимательность и широту образованного ума; (3) сфера, обособленная в общественной (civilis) жизни, требующая особого места и времени, предполагающая особый круг и особый стиль занятий; (4) забота о себе как особая практика, попечение о душе, о человеке в себе, о человечности (подобное медицинскому попечению о теле).[8] Словом, это культивирование humanitas. Это слово несет в себе значение *человечности* в знакомом и нам смысле мягкости нрава, *гуманности*,[9] но имеет и более значимый смысл: образование человека в его человечности, в его собственном существе,[10] *становление человеком* — homo humanus.

---

[7] Atque … ut ager quamvis fertilis sine cultura fructuosus esse non potest, sic sine doctrina animus; ita est utraque res sine altera debilis. Cultura autem animi philosophia est; haec extrahit vitia radicitus et praeparat animos ad satus accipiendos eaque mandat eis et, ut ita dicam, serit, quae adulta fructus uberrimos ferant.

[8] Понимание философской *пайдейи* как *гигиены* — заботы о здоровье души (то есть средоточия человека) восходит к Платону, а в эллинистическую эпоху это понимание стало общим. «…У стоиков, начиная с Посидония, связь между медициной и философией — а точнее, превращение философской практики в разновидность практики медицинской — ясна как день. Мусоний говорит: философа, как и врача, зовут в случае болезни. И что философ делает с душой, в точности то же самое врач делает с телом». — *Фуко М.* Герменевтика субъекта. СПБ. 2007, с. 114.

[9] Например: «…Запрещать чужеземцам жить в Городе поистине бесчеловечно (inhumanum est)». — *М. Цицерон*. Об обязанностях. Кн. III, 47 (пер. В. О. Горенштейн) // *М. Цицерон*. О старости. О дружбе. Об обязанностях. М. 1974, с. 135–136.

[10] «Те, кто говорили по-латински, и те, кто правильно использовали латинские слова, вкладывали в слово *humanitas* иной смысл, чем обычно думают, что по-гречески называется φιλανθρωπία (человеколюбие) и обозначает своего рода обходительность (dexteritas) и благоволение ко всем людям без различия. Однако они называют *humanitas* примерно то, что греки называют παιδεία, а мы именуем образованностью и просвещенностью в благих науках. Именно те, кто этого искренне хотят и к этому стремятся, и есть *maxime humanissime*. Ведь из всех живых существ только человеку дано это стремление к знанию и науке, потому оно и называется *humanitas*». — *Авл Геллий*. Аттические ночи. XIII, 17

2. Ясно, что в средние века особое место попечения человека о себе, *культивирования* человека в его человечности занимает христианство. Греческая paideia становится делом Церкви, а Христос — всеобщим педагогом-детоводителем, возводящим человека в его божественное достоинство. Наш педагог, — пишет Климент Александрийский, — «божественный Иисус, Логос, руководитель всего человечества; Сам Он, человеколюбивый Бог, есть наш Воспитатель (αὐτὸς ὁ φιλάνθρωπος θεός ἐστι παιδαγωγός)».[11] Не кто иной, как Августин использует в этом смысле метафору Цицерона. Бог, — говорит он — «возделывает нас, как земледелец поле. Что он возделывает в нас, то улучшает, поскольку и земледелец, возделывая поле, улучшает его. А в каче-стве плода он хочет, чтобы мы возделывали его <в себе>. Его *культура* (возделывание) в нас в том, что он своим словом непрестанно вырывает дурные зерна из нашего сердца, распахивает наше сердце плугом своих речей и сеет там семена своих заповедей, чтобы они принесли плод благочестия. И если мы воспримем сердцем попечение этой культуры и в свою очередь позаботимся о нем, мы не будем стоять перед ним, как неблагодарные перед хозяином угодий, а принесем ему плод, которому он порадуется».[12] Культура, возделывание человека в его существенной человечности — это cultura Christi, ибо о Христе и сказано: «Се человек!».

Нетрудно заметить существенные различия, они касаются не только содержания, не только понимания того, что такое человечность человека и как она культивируется, дело также не сводится к противопоставлению двух «мудростей» — а друг для друга они

// *Авл Геллий*. Аттические ночи. Кн. XI–XX. (Пер. А. Г. Грушевой) СПБ. 2008, с. 103–104.

[11] Климент Александрийский. Педагог. Учебно-информационный центр ап. Павла. N.Y.-М.1996, с. 71

[12] Ille autem colit nos tamquam agricola agrum. Quod ergo nos ille colit, meliores nos reddit; quia et agricola agrum colendo facit meliorem: et ipsum fructum in nobis quaerit, ut eum colamus. Cultura ipsius est in nos, quod non cessat verbo suo exstirpare semina mala de cordibus notris, aperire cor nostrum tamquam aratro sermonis, plantare semina praeceptorum, exspectare fructum pietatis. Cum enim istam culturam in cor nostrum sic acceperimus, ut eum bene colamus, non existimus ingrati agricolae nostro, sed fructum reddimus quo gaudeat. Et fructus noster non illum ditiorem facit, sed nos beatiores. — Augustinus. Sermones (87. I,1). Цит. по: *P. Wilhelm*: Zur Wortbedeutung von «Kultur» //Brackert, H.; Wefelmeyer A. (Hg.): Naturplan und Verfallskritik — Zu Begriff und Geschichte der Kultur. Frankfurt/Main 1984. (См. www.mediaevistik.com/Dokumente/Kultur%20Definition1%20Perpeet.doc).

«глупости»[13] — эллинской философии и христианской веры. Сам способ существования, сами практики и институты «возделывания человека в его человечности» предельно расходились. Для Цицерона — это сфера частная, обособленная от дел государства, это уединенные беседы с друзьями или с самим собой, и размышления над книгами древних авторов, принадлежащих погибшей цивилизации, словом, — знакомая и нам сфера *культуры*. В христианстве же это сама религия, Церковь, словом — *культ*. Жанр разговора с собой (Soliloqia), исповеди перед лицом Бога не только сохраняется, но становится одним из главных (ср. «Исповедь» Августина), однако он органично и строго включен в строй *культа*, пронизывающего всю практику человека и замыкающего ее в единое «домостроительство» спасения. В этом отношении смысл культуры как культа сопоставим разве что с римским cultus civilis, но никак не с cultura animi Цицерона. Августин противопоставляет культ истинного Бога, культу ложных богов града земного, а вовсе не уединенным занятиям римских гуманистов.[14]

3. Отличительная черта эпохи, которую мы называем Возрождением, в столкно-вении двух этих смыслов — мало того — двух *практик* культуры (культивирования человека в его *всеобщей* человечности). Теперь — впервые — возникают *две культуры* человечности человека, трудно друг с другом совместимые: cultura humanitatis в смысле Цицерона и Варрона и *та же* cultura humanitatis в смысле cultura Christi. Эрмолао Барбаро в XV веке писал: «Я знаю только двух Богов: Христа и словесность».[15] Тут важно не только то, что Писание, условно говоря, ставится на полку рядом с «Энеидой», что Августин читается в контексте римских классиков, — значительней то, что studia humanitatis оспаривают у Церкви место попечительства о душе, причем, душе, так сказать, иной, новой, прямо сейчас с тревогой узнаваемой. Ранний итальянский гуманизм не просто увлечен классической словесностью, риторикой

---

[13] «А мы проповедуем Христа распятого, для Иудеев соблазн, а для Еллинов безумие, для самих же призванных, Иудеев и Еллинов, Христа, Божию силу и Божию премудрость» (1 Кор. 1,23–24)

[14] Правда, в поисках слова, подходящего для истинного богопочитания, Августин отклоняет cultus (равно как и religio) и предпочитает servitus, но и тут вынужден уточнить: «... servitus, sed ea qua colimus Deum (...служение, но как почитание Бога)» (De civitate Dei. X, 1).

[15] *Л. Баткин.* Итальянское возрождение. Проблемы и люди. М 1995. С. 116

и философией, это своего рода культ Цицероновой humanitas[16] со своими храмами-виллами, ритуалами и понятием о совершенствовании души. Острый спор с «варварским» *стилем* схоластической учености показывает, что дело идет вовсе не о риторической элегантности, тут сказывается иной *строй* — иная культура — вкуса, воображения, ума — всего человека. Но теперь словно две души поселяются в груди этого человека, и граница между ними, внутренний спор двух равно универсальных попечительств о душе впервые открывает особое положение человека относительно этих «культур». Их нельзя разделить на сферы официальной занятости (negotium) и свободного досуга (otium), внешнего благочестия и домашних занятий, обе заботы сталкиваются в споре о душе, о человечности человека.

Франческо Петрарку можно было бы назвать монахом и подвижником новой гуманистической культуры. В «Книге об уединенной жизни», посвященной кардиналу (и давнему другу) Филиппу де Кабассоль и написанной по примеру аналогичного сочинения Василия Великого, он рассказывает, как начинает свое затворническое бдение в молитвах, «всей душой вбирая в себя <…> Господа Бога нашего», а потом обращается «к достойному и приятному чтению». Привычная метафора культивирования души описывает, кажется, равно и поиски Бога и усердные занятия класической словесностью вдали от людских скопищ и городов.[17] Исповедальная беседа, которую Петрарка (Франциск) ведет с Августином в сочинении с традиционным названием «О презрении к миру», отнюдь не традиционное покаяние души, запутавшейся в страстях и «похотениях» мира сего, это спор двух праведных воль, двух идей того, в чем человек *должен быть уверен*, чтобы сознательная воля могла стать живым желанием души.[18] Петрарка избирает тут Августина наставником, но Августин наставляет Франциска цитатами из Цицерона, Вергилия и Горация.

---

[16] «…Французский ренессанс XII в. увидел в классическом тексте "образ всех искусств" "синод", созванный ad cultum humanitatis…» *Бибихин В. В.* Слово Петрарки // *Ф. Петрарка.* Эстетические фрагменты. М. 1982, с. 29.

[17] *Петрарка Ф.* Об уединенной жизни. I, 1 // *Петрарка Ф.* Сочинения философские и полемические. М. 1998, с. 66–67, 70.

[18] *Петрарка Ф.* Автобиография. Исповедь. Сонеты. М. 1915, с. 95 (курсив мой). «…Здесь лежит исток той разорванности его духовного Я, той болезни души, которую он описал в самом личностном и проникновенном произведении — диалоге «De secreto conflictu curarum suarum» («О сокровенном борении моих забот»)». Кассирер Э. Избранное: индивид и космос. М.-СПБ. 2000, с. 38.

Такое противоборство и взаимоотстранение двух форм культивирования человечности человека открывает нечто новое в человеке, некое *пустое, свободное пространство* — animi vacuitas[19] — открытую восприимчивость к возможному, отрешенную разомкнутость. В этом открытии гуманизм треченто перкликается с современной ему немецкой мистикой. В трактате «О человеке благого рода» (между 1308 и 1314 гг.) Майстер Экхарт, ссылаясь тут на Цицерона и Сенеку, говорит о божественном семени, посеянном в человека и нуждающемся в добром, мудром и прилежном земледельце. Чтобы возделать в себе это семя, образ Божий, «человек должен выйти из всех образов и из самого себя, стать далеким всему и всему неравным...».[20] На путях такого отрешения, в традиции христианского апофатического богословия, по-своему сводя во внутренний разговор — уже не душ, а умов — античный (неоплатонистский) ум, схоластический интеллект христианского богословия и «простоту» умной мистики, Николай Кузанский в XV веке создает искусство «ученого незнания» и совершает — на кончике спекулятивного пера — интеллектуальный переворот, относительно которого коперниканский переворот будет всего лишь отдаленным и частным следствием.

4. В XVI–XVII веках своего рода коперниканский переворот происходит не только в астрономии, но и в мире людей, в обитаемой вселенной. То, что казалось — и было — целым миром, оказалось всего лишь местной *точкой* зрения. Как за небесной твердью (за последней, 8-й сферой неподвижных звезд) «открылась бездна, звезд полна / Звездам числа нет, бездне дна», так и за единой «идеей блага» открылось множество идейных звезд, множество местных, «субъективных» миров, существующих в горизонте единой беспредельной и совсем еще неведомой Вселенной-Природы — не только природы «внешней», но и природы человеческой. Единая humanitas рассыпалась вдруг на множество народов-»наций», и европейский человек заметил их совсем в другой перспективе, чем

---

[19] «Свободное пространство души», одно из пяти условий ученых занятий, согласно Лоренцо Валле (см. *Баткин Л.М.* Цит. соч., с. 72). Гуманисты противопоставляли эту культивированную свободу души «опустошенности, запущенности» (vastitas) дикой (inculta) души (там же, с. 120).

[20] *Meister Eckehart*. Deutsce Predigten und Traktaten. München. 1963, S. 142, 145. См. рус. пер. Н.О. Гучинской в изд.: *Мастер Экхарт*. Избранные проповеди и трактаты. СПБ. 2001, с. 227, 233

эллины варваров или христиане язычников.[21] Народы жили и живут в своих местных мирах и только коперниканский разум нового человека способен окинуть общим взором их многообразие. М. Монтень приводит примеры обычаев чужестранных народов, в частности из Новой Индии (недавно открытой Америки), «которая есть целый мир».[22] Он перечисляет около шестидесяти различных обычаев, чудовищных, с точки зрения европейца, которые тем не менее составляют «естественную» норму жизни этих народов. Но не надо и далеко ходить: по подсчетам Варрона существует 288 школ, учащих о высшем благе[23] (а это ведь и есть регулятивная идея культивирования души). «Ты видишь, — пишет М. Монтень, — в лучшем случае только устройство и порядок того крохотного мирка, в котором живешь; но божественное могущество простирается бесконечно дальше его пределов; эта частица — ничто по сравнению с целым… Ты ссылаешься на местный закон, но не знаешь, каков закон всеобщий».[24] Народы, обычаи, религии, эпохи, — все, что вскоре назовут цивилизациями или культурами (во множественном числе) — это такие же духовные Вселенные, как и та, что мы считаем своим божественным мироустройством. Для обитателей каждой Вселенной она и есть мир, но сам мир — это мир таких Вселенных, *мир возможных миров*. Впрочем, это уже не Монтень, мы забежали далеко вперед.

Новый горизонт открывается за стенами наших городов, не только земных, но и небесных, как беспредельность неведомого, несоразмерного человеку и как бы ничего о человеке не знающего мира. Мы же, обитатели разных мест и времен, каждый раз наспех замыкаем это беспредельно-неведомое нашим умом, торопливо, по местным меркам воображающим целое. В те же годы, что и Монтень, Френсис Бэкон, задумывая великое восстановление наук, рассматривает происхождение разного рода умственных идолов, заслоняющих человеку безграничный мир, еще только подлежащий методическому познанию. Среди них он называет Idola tribus, племенные («этнические», «ментальные» как сказали бы сегодня)

---

[21] Если трактат Тертуллиана Ad Nationes правильно переводят «К язычникам», то в названии сочинения Вико «natura delle nazione» означает уже только «природа наций (народов)».

[22] *Монтень М.* Опыты. М. 1960. Кн. I., с. 137.

[23] Там же. Кн. II, с. 290.

[24] Там же. Кн. II, с. 226.

идолы. «Идолы Рода находят основание в самой природе человека, в племени или самом роде людей <…> Все восприятия как чувства, так и ума покоятся на аналогии человека, а не на аналогии мира. Ум человека уподобляется неровному зеркалу, кот. примешивая к природе вещей свою природу, отражает вещи в искривленном и обезображенном виде».[25] Так от неведомого и подлежащего познанию мира отстраняются его человекомерные — племенные — образы. «Итак, — заканчивает Бэкон, — мы сказали об отдельных видах Идолов и об их проявлениях. Все они должны быть опровергнуты и отброшены твердым и торжественным решением, и разум должен быть совершенно освобожден и очищен от них. Пусть вход в *царство человека, основанное на науках*, будет почти таким же, как вход в царство небесное, куда никому не дано войти, не уподобившись детям».[26] Мы у порога нового Царства, нового Человека с новой технологией культивирования своей универсальной человечности, новым методом освобождения от своих родовых недостатков, от разного рода ментальных «субъективностей» перед лицом «объективной» истины, неведомой и подлежащего познанию.

Важно, что человеческая субъективность понимается Бэконом отнюдь не как индивидуальная «чувственность», не в обманчивости ощущений дело, речь о субъективности сообществ, о целостных системах «представлений о мире», об особых ментальных «космосах» (обычаи, нравы, законы, искусства, верования). Этим этническим или национальным «космосам» противостоит «точка зрения самой природы», то есть мир нововременной экспериментирующей, математизирующей науки, метафизические основы которой продумают и утвердят философы XVII века. Вот тут впервые и возникает разделение о котором я говорю: множество культур («идолов»), подлежащих специальному изучению, и одна универсально значимая, разумная культура.

Ведь дело, повторю, касается далеко не просто познания природы. Среди предметов, оказавшихся вдруг неведомыми, подлежащими методическому познанию, находится и сам человек, скрытый «идолами» своих выдумок о себе (точно так же, как и природа), — его «человечность», «благо», «ценности», «традиции»,

---

[25] *Бэкон Ф.* Новый органон. Аф. XLI // *Бэкон Ф.* Соч. в двух томах. М. 1972. Т. 2, с. 19.
[26] Там же. Аф. LXVIII (с. 34).

«языки» тоже — *предметы* познания. Новое царство, в которое вступает человек, вовсе не только царство естественных наук, в XVII веке создается проект именно новой культуры в традиционном смысле слова, новой идеи культивирования человека в его человечности.[27] Новый мир понимался именно как новое царство культуры в традиционном смысле слова: cultura humanitatis. Бэкон уверен: прежние не исследовали «самих корней добра и зла» даже более того «внутреннее строение самих этих корней». *Великое восстановление наук* завершается тем, что он называет «георгики духа». «...Мы разделим этику на два основных учения: первое — об идеале (exemplar) или образе блага, и второе — об управлении и cultura animi; это второе учение мы <в подражание Вергилию> назовем «Георгики души»».[28] Декарт говорит в предисловии к «Началам философии»: Вся мудрость представляет собой как бы дерево, корни которого метафизика, ствол — физика, а ветви все прочие науки, среди которых этика. «Под последней, — говорит Декарт, — я разумею высочайшую и совершеннейшую науку о нравах; она предполагает полное знание других наук и есть последняя ступень к высшей мудрости».[29] Речь, несомненно, идет об идее новой целостной культуры, в смысле — новой *универсальной* идее *человечности* человека, которая теперь противостоит (и противоборствует) множеству *разных* и *частных*, случившихся в истории и на земле цивилизаций. В открывшейся перспективе как греко-римская, так и христианская — теперь схоластическая, средневековая — cultura animi оказываются только скороспелыми, призрачными постройками ума, стящими в ряду таких же времянок других народов. Именно эта новая идея культуры надолго определит смысл *европейской* культуры и будет соперничать в этом с христианством.[30]

6. В дальнейшем осмысление культуры (множественной и единой) развертывается двумя путями: один условно назовем картезианским, другой антикартезианским. В начале второго

---

[27] См. *Спекторский Е.* Проблема социальной физики в XVII столетии. В двух томах. СПБ. 2006.

[28] *Бэкон Ф.* Великое восстановление наук. Кн. VII, гл. 1. //Соч. Т. 1, с. 405)

[29] *Декарт Р.* Начала философии. Письмо автора к французскому переводчику. Цит. по изд.: *Декарт Р.* Избранные произведения. М. 1950. С. 421.

[30] Ср. «Христианство, или Европа» Новалиса (1799 г.)

пути — странный труд «миланского затворника» Джаммбатисты Вико «Начала Новой науки об общей природе Наций».

6.1. Первый путь ведет к идее универсального прогресса человеческого рода. Универсальное культивирующее начало — научный разум, методически развертывающийся на путях познания мира и со-ответствущего самопознания. Как правило, понятие «культура» замещается при этом понятием «цивилизация», истолкованной как процесс, как прогрессирующее очеловечивание человека.[31]

В 1750 г. 23-летний Анн Тюрго, пожалуй, впервые софрмулировал идею всеобщего прогресса в речи при избрании его приором Сорбонны, названной «Последовательные успехи человеческого разума». Бэкон, говорит он здесь, начертал путь, а «мы попытаемся только показать беспрерывность прогресса человеческого разума». «Нынешнее состояние вселенной (человеческой. — *А. А.*), представляя одновременно все оттенки варварства и цивилизации, <…> показывает нам <…> следы и памятники всех шагов человеческого разума, картину всех ступеней, через которые он прошел, и историю всех эпох».[32] Так все многообразие цивилизаций от древности до новооткрытых «туземцев Америки» заранее встраивается в единую историю *человечества*, шествующего извилистыми путями к самому себе. В 1793 г., младший друг и сотрудник Тюрго Жан Кондорсе, прячась от якобинцев, написал труд «Эскиз исторической картины прогресса человеческого разума», считающийся основоположным в этой системе идей. В 1808 г. в «Общей истории цивилизации в Европе» Франсуа Гизо пишет: «Человеческая история может рассматриваться как собрание материалов, подобранных для великой истории цивилизации рода человеческого <…> Я убежден, что у человечества — общая судьба, что передача накопленного человечеством действительно происходит и, следовательно, всеобщая история цивилизации должна быть написана <…> Идея прогресса, развития, представляется мне основной идеей, содержащейся в слове „цивилизация"». И в 1890 г. в «Полном словаре французского языка от начала XVII века до наших дней» слово *Цивилизация* разъясняется так: «Неологизм; в широком смысле — продвижение

---

[31] См. *Л. Февр.* Цивилизация: эволюция слова и понятия (1930) // *Февр Л.* Бои за историю. М. 1991, с. 239–281.

[32] См. Родоначальники позитивизма. Вып. первый. Кант. Тюрго. Д'Аламбер. СПБ. 1910, с. 32.

человечества вперед в моральном, интеллектуальном и других аспектах».[33] Историческая логика именно так понятого пути человечества — идущего через народы и эпохи к самому себе, проходящего в саморазвитии долговременные стадии и вбирающего в себя («снимающего») разные самобытные формации — продумана и возведена в единую философию Г.Гегелем. Гегелевский «дух» — это сама человечность человека, понятая как работа самокультивации. Недаром его «Феноменология духа» (1807 г.) открывается знаменитым образом роста растения, развивающегося путем самоотрицания.

6.2. Антикартезианский путь намечен Дж. Вико. В его фантастическом и по форме, и, по сути, сочинении[34] содержатся по меньшей мере три идеи, которые решающим образом меняют (могли бы изменить) не только направление научной мысли, но и историческое самосознание новоевропейского человека.

Во-первых, он радикально переосмысливает саму идею знания. Человек способен понять только то, что сам сделал, то есть отнюдь не божественно *бесконечную натуру*, а только собственную *культуру*. Каждая культура — а среди прочих и та, в которой случилось проживать нам, — есть лишь определенный, особый опыт человеческого бытия и в качестве такового доступен нашему постижению. «Мир Наций, — пишет он, — был, безусловно, сделан Людьми <…> и потому способ его возникновения нужно найти в модификациях нашего собственного Человеческого Сознания».[35] Для человека «ясно и отчетливо» постижимо только человеческое, не страсти людей следует изучать так, как если бы они были геометрические фигуры (проект Декарта-Спинозы), а напротив, геометрию и физику можно понять как элементарные фигуры человеческой деятельности, представленные для созерцания.

Вторая идея. Разные «нации-культуры» образуют не стадии на едином пути совершенствующегося человечества, напротив, человечество в истории существовало как «Мир Наций». В развитии

---

[33] Цит. по статье *Л. Февра*. Указ. изд., с. 273, 245.

[34] *G. Vico.* Principi di scienza nuova d'intorno alla comune natura delle nazione (1725). См. пер. А.А. Губера: *Дж. Вико.* Основания новой науки об общей природе наций. Л. 1940, с. 118.

[35] Тезис этот известен в знаменитой формуле: «Verum et factum convertuntur» из раннего сочинеия De antiquissima Italorum sapientia (1710). Здесь же он звучит иначе: «...ведь в Боге знать и делать одно и то же». Цит. соч., с. 118 (ср. с. 108)

каждой Нации действуют аналогичные законы, так что сравнительное изучение религий, языков, обычаев, законов… позволит создать единую «Науку о Культуре» или «О Началах и Происхождении Культуры»,[36] которая, в свою очередь, раскроет всеобщую форму как «естественного разума», так и «естественноого права», то есть общую «Природу» человека.

Третья идея. «Язык Древней Нации, сохранившийся господствующим до сих пор, когда нация достигла своего завершения, должен быть великим свидетелем обычаев первых времен Мира».[37] А эти «первые времена» имеют решающее значение для понимания «события» человека вообще. Возникновение культуры — это чудесное событие, в котором совершается, так сказать, трехстороннее, трехмерное открытие: открытие *божественного, естественного* и *человеческого*. Каждая культура и есть место, форма и история этого открытия. Такое первособытие-первооткрытие, лежащее в основе каждой особой культуры, схватывается и запечатлевается неким первословом, иероглифом или мифическим сказанием. Это первослово толкуется затем в великих поэтических произведениях народа и, наконец, в его философии и науке. Вместе с тем, оно сохраняется в архаических — этимологических — пластах языка. Задача открытия универсалий заключается поэтому в том, чтобы путем сравнительноого изучения словесности Наций, сравнительного языкознания и своего рода филологической археологии составить «Этимологию всяких Языков» или «Универсальный словарь», в котором будет раскрыт изначальный опыт бежественного плана и порядка вещей, раскрываемых человеческой культурой. Если бы такое понимание было взято за основу, возможно, именно гуманитаристика, а не естествознание, стала бы основой нововременноего «чистого разума», а в виде его философской рефлексии мы имели бы тогда сразу нечто вроде «Критики исторического разума». Переиначив тезис Декарта, можно было бы сказать: вся философия есть как бы древо, корни которого философия, ствол *филология*, а ветви все другие науки.

7. Единственное, в чем можно усмотреть перекличку философии культуры XIX века с идеями Вико, — осмысление языка как первотолкователя мира. Здесь получило основание такое понимание,

---

[36] Там же, с. 72, 73.
[37] Там же, с. 77.

которое плохо встраивалось в схему единого прогрессивного развития. Естественный язык культур противостоит универсальному — математическому — языку Природы, мир и человек раскрываются в нем каждый раз особым, но — поскольку это раскрытие происходит в стихии языка и в произведениях слова — сообщимым и общезначимым смыслом. Этот путь отмечен именами И. Гамана, И. Гердера, братьев Шлегелей и Гриммов, В. фон Гумбольдта, В. Дильтея, О. Шпенглера, М. Бахтина. Ведет этот путь к идее интеркультурности, принципальной полифоничности культуры (причем, культуру здесь надо понять и в исходном, цицероновском смысле слова: культивирование человека в его универсальной человечности). В. Гумбольдт отмечает: ошибка предшествующей философии истории «в том, что завершение истории человеческого рода усматривается в достижении всеобщего, абстрактно мыслимого совершенства, а не в развитии *возможностей великих индивидуальных форм*».[38] Отсюда уже недалеко до патетической риторики О. Шпенглера: «Вместо безрадостной картины линеарной всемирной истории <…> я вижу настоящий спектакль множества мощных культур <…>, чеканящих каждая на своем материале — человечестве — *собственную* форму и имеющих каждая *собственную* идею, *собственные* страсти, *собственную* жизнь, воления, чувствования, *собственную* смерть».[39]

8. В начале XX века, философия истории и культуры, выросшая на почве немецкой классической философии, пыталась обосновать особый характер понимаемого и, соответственно, понимания в сфере «наук о культуре (или духе)», где человек, сам живущий в истории, имеет дело не с «посторонней» природой, а с самим собой в своем историческом бытии. Как возможно «формирование понятий» в сфере наук о культуре, имеющих дело с уникальным, неповторимым (а «о единичном науки нет»), выясняли неокантианцы, прежде всего Г. Риккерт и Э. Кассирер. В. Дильтей рассматривал проблему иначе и, можно сказать, радикальней: что значит понимание исторического как элемент самого исторического бытия, что оно значит, как форма сопереживания и соучастия

---

[38] «Размышления о всемирной истории» (1814 г.) // *Гумбольдт В. фон.* Язык и философия культуры. М. 1985, с. 285.

[39] *Шпенглер О.* Закат Европы. Очерки морфологии мировой истории. Т. 1. Гештальт и действительность. М. 1993, с. 151.

в этом бытии. Речь шла не об особенностях *применения* научного разума в гуманитарной сфере, а о философском переосмыслении самой идеи *чистого* разума, базируясь не на естествознании, а на гуманитаристике. Проблема индивидуации исторического события и вещи культуры (поэма, теорема, собор) была поставлена, вопрос же о том, как историческое бытие складывается в формы культурных универсумов (если не считать воображаемых миров Шпенглера), остался без внимательного продумывания. Сегодня, напротив, гуманитарные науки, забыв об этом замешательстве начала прошлого века, успешно продолжают существовать как науки и даже готовы стать точными.

В культуре (в смысле регулятивной идеи культивирования человека в его человечности) современной Европы культурные миры ее собственной истории словно выходят из прошлого и вторгаются в сознание культурного человека как неисчерпаемые смыслы, формы и силы такого *культивирования* (наряду с нововременным научно-техническим человеком, человек «нового средневековья», человек «греческого опыта бытия»). В окончательно со-общенном мире сказываются и захватывают человека еще и другие культурные вселенные. В этом новом мире миров требуется новое понимание самой универсальности, всеобщности, то есть новая архитектоника разума.[40] Острота проблемы далеко не только в том, что цивилизации современного мира сталкиваются друг с другом, что все его конфессии, традиции, стили, манеры ворвались в современные мегаполисы. Дело в том, что, когда сознание современного человека, его душа, художественная восприимчивость, воображение, ум попадают в свет культивирующей их регулятивной идеи, она, эта идея культуры оказывается пучком идей, различных онтологически, коренящихся в различных смыслах самого бытия. Только зрение, культивированнное, культурно сформированное многообразием живописных стилей разных времен и народов, будет зрением современной живописной культуры. То же мы скажем о музыкальной культуре слуха, поэтической культуре, наконец философской культуре. Философствование это движется не в одном онтологическом универсуме, а *на границах* разных универсумов, архитектонически разных «чистых» разумов, в разных горизонтах всеобщности. Оно, осмелюсь сказать, — многоразумно (в идее, конечно,

---

[40] См. об этом *Библер В. С.* От наукоучения к логике культуры. Два философских введения в двадцать первый век. М. 1991. Часть вторая.

к тому же регулятивной). Словом, — мультикультурен не только современный мир, мультикультурными становятся слух, зрение, воображение, сознание, мышление — личность — современного человека, когда он входит в культивирующие устройства своего исторического места и времени. Более того, именно рост их мультикультурности и есть нынче форма возделывания, культивирования человечности человека.

Игорь Смирнов (Германия)

Я родился в Ленинграде 19 мая 1941 г. и провел раннее детство на Урале, эвакуированный из города, готовившегося к осаде. После возвращения семьи из эвакуации я учился в разных ленинградских школах, а в 1958 г. поступил на русское отделение Филологического факультета ЛГУ, которое закончил в 1963 г. В том же году я был принят в аспирантуру Института русской литературы (Пушкинский Дом) АН СССР. После защиты диссертации на звание кандидата филологических наук в 1966 г. я проработал в Пушкинском Доме до 1979 г., среди прочего, в Секторе древнерусской литературы под руководством Д. С. Лихачева, которого считаю своим учителем. В мае 1979 г. был издан автореферат моей докторской диссертации «Вопросы художественной преемственности», однако защита диссертации, назначенная в ИМЛИ АН СССР (Москва), не состоялась по моей просьбе. В 1981 г. я выехал на постоянное место жительства в Германию, где получил профессуру по славистике в Университете г. Констанц (1981–2006). В настоящее время в отставке. Соредактор журнала «Die Welt der Slaven» (Мюнхен), член редколлегии ряда журналов в России и зарубежом.

Мои основные исследовательские интересы сосредоточены на истории русской литературы, культурологии, киноведении, теории литературы, а также на философии истории и философской антропологии.

Помимо многочисленных статей, я издал 25 монографий, первой из которых явилась книга «Художественный смысл и эволюция поэтических систем» (М., Главная редакция Восточной литературы, 1977). Мои взгляды на специфику словесного творчества изложены в книгах «На пути к теории литературы» — Studies in Slavic Literature and Poetics, Vol. X (Amsterdam, 1987) и «Олитературенное время» (СПб, РХГА, 2008). Работы по диахронической культурологии и теории истории собраны в книгах «Психодиахронологика. Психоистория русской литературы от романтизма до наших дней»

(М., НЛО, 1994), «Мегаистория. К исторической типологии культуры» (М., «Аграф», 2000). Поэтика фильма трактуется в работе «Видеоряд. Историческая семантика кино» (СПб, «Петрополис», 2009). Философской антропологии посвящены монографии «Homo homini philosophus…» (СПб, «Алетейя», 1999), «Социософия революции» (СПб, «Алетейя», 2004), «Генезис. Философские очерки по социокультурной начинательности» (СПб, «Алетейя», 2006). В самое последнее время в издательстве НЛО были опубликованы монографии «Превращения смысла» (М., 2015), «Об ограниченности ума» (М., 2017), «От противного» (М., 2018).

В БУРЕ СТРАСТИ

Успехи нейрологии нанесли непоправимый ущерб мифопоэтической анатомии, считавшей сердце тем органом, в котором зарождаются эмоции. За вспышки чувств отвечает, по нынешним представлениям, амигдала (миндалина) вместе с тесно сотрудничающими с ней иными внутренними участками головного мозга, получившими название лимбической системы. Но, хотя мы — благодаря открытиям Джозефа ЛеДу (LeDoux), Антонио Дамасио и других ученых — понимаем теперь, какие нейромеханизмы управляют эмоциональной жизнью, о том, что она такое, нет солидарного мнения, как его не было всегда. Многовековый философский спор о соотношении аффекта и разума не прекращается по сию пору (разбегающиеся в разные стороны идеи наших современников на этот счет были недавно собраны под одной обложкой профессором из Тюбингена Сабиной Дёринг: «Philosophie der Gefühle», hrsg. von S. A. Döring, Frankfurt am Main, 2009). Амигдала дает для толкования страстей человеческих не более того, что давало сердце. Пусть локализация аффективных центров верна, экспериментирующий в лаборатории нейролог поневоле отчуждает от себя и объективирует происхождение эмоций. Между тем они не просто свойственны нам от природы, но и содержательны для нас. Испытывающий чувства знает, что именно вызвало его гнев или веселье. Эмоции обладают смыслом для того, кто их переживает, — для конкретного «я» и — mutatis mutandis — для «я» как такового, для субъекта. Со своей стороны, естествоиспытатель видит субъекта извне, даже если он и проникает с помощью новейших приборов в тайны церебральной деятельности. Эмоции в качестве объективно присущих людям получают объяснение по месту их образования и по результатам биохимических процессов, протекающих в организме. Но путь вовнутрь самих эмоций — туда, где расположен их субъект, прочно заперт для нейрологии и биохимии. Этот путь открыт лишь для мыслительного эксперимента, т.е. для спекуляций, с каковыми имеет дело философия.

1

Проблематичность того мыслительного эксперимента, который проводит философия, занимаясь эмоциями, состоит, однако, в том, что она по-своему субъективна — в виде дискурса, одной из многих речесмысловых формаций. Соблюдение правил игры этого, как и любого прочего, дискурса принуждает авторов участвовать в некоем негласном сговоре в пользу избранного ими способа думать и говорить. Чтобы вынести всезначимое суждение, лежащее в основе философского подхода к действительности, необходимо нейтрализовать то, что может исключить предпринимаемое обобщение. Умозрение склонно членить мир дизъюнктивно и объявлять тот или иной элемент получаемого противопоставления несущественным, несмотря на его существование. Следуя такой дискурсивной логике, философ либо уничижает и даже вовсе зачеркивает, либо абсолютизирует эмоциональность в ее отличие от разума (рационального или религиозного). Если естествоиспытатели не обнаруживают в чувствах смысла, то философы субъективируют его себе в угоду, наделяют его ценностным признаком, отрицательным или положительным — в зависимости от идеологической позиции, с необходимостью намечающейся там, где дискурс требует предпочтений, снимающих дизъюнктивность.

К подавлению пассионарности одинаково призывали и античные стоики, провозгласившие апатию благим условием для безраздельного господства Логоса, и сменившие их христианские богословы: по Блаженному Августину («О Граде Божием», кн. XIV–XV), верующие, если и пребывают в скорби и радости, то не применительно к бренной плоти, а в своем влечении к вечной истине, явленной по ту сторону земного устроения. В Новое время, в эпоху барокко, эту линию продолжил на свой лад Спиноза. Главной добродетелью он назвал в «Этике» (1677) самосохранение, вписывающее человека в бессмертную природу. Аффект же придает телу избыточность или недостаточность, что нарушает соответствие, в котором обязаны находиться natura naturans и natura naturata. От колебания настроений тело освобождают ясные идеи, успокаивающие Дух, устремляющие его к Богу. Amor Dei intellectualis Спинозы предвосхищает «сублимацию» Фрейда, творчески преобразующую темную пассионарную энергию бессознательного. Но психоанализ обожествляет не природу, а себя самого — в лице врача, борющегося с ней, исцеляющего пациента от слепого подчинения инстинктам, которые обуздываются сознанием.

Философствование об эмоциях бывает и менее аскетичным, чем в перечисленных учениях, признавая неистребимость чувств, но, тем не менее, ограничивая их самостоятельность. И страсти, и мысли, рассуждал Декарт в середине XVII в., равно принадлежат душе, а не «машине тела». Душа имеет, впрочем, материальный субстрат: ее очаг размещен, согласно Декарту, опередившему нейрологию наших дней, в глубине мозга, в специальной железе. От страстей нельзя, таким образом, избавиться, однако следует различать те из них, которые вредят телу, и те, что способствуют удержанию мыслей, т.е. работают на ratio. Предпринятое Кантом в «Антропологии с прагматической точки зрения» (1798) разделение аффектов на очищающе-здоровые (смех, слезы) и страсти, болезнено расстраивающие «практический разум», было картезианским по дальним истокам. К абстрактному рационализму Декарта Кант прибавляет социогуманный компонент: страсти, неизвестные животным, индивидуалистичны и отсюда несправедливы, почему не заслуживают ничего иного, кроме изгнания из упорядоченного сожительства людей.

Я не собираюсь перебирать все те доктрины, в которых философия самоутверждается в качестве умственного акта, делая эмоции так или иначе подвластными ему. Но, не гонясь за эмпирической полнотой, нужно все же указать на теоретические границы этой дискурсивной стратегии. Философия достигает их тогда, когда она, настаивая на тщете аффектов, в то же самое время сомневается в силах интеллекта. Для Шопенгауэра, как и для Канта, аффекты индивидуалистичны. В них проявляется, считал Шопенгауэр, воля отдельного организма к жизни, неизбежно вступающей в соперничество с чужой волей. Поскольку воля составляет содержание мира, постольку интеллект не способен обусловить и преодолеть ее. Единственное, чего может добиться познание, заключено в отрицании мира, в приобщении Великому Ничто, в переходе от частноопределенной негативности (nihil privativum) к генерализованной (nihil negativum). Principium individuationis генитален, по определению Шопенгауэра; отвергая воление, он оскоплял род людской.

В той мере, в какой умозрение позитивирует приливы чувств, оно подтачивает собственное рассудочное основание и становится в такой попытке превзойти самое себя революционным началом, возмущающим социокультурный контекст. Один из ярких примеров тому — возрожденческий трактат «О героической ярости» (1585), где Джордано Бруно требовал от человека совершения титанических деяний. Чтобы они осуществились, необходимо привести в переменчивость и беспредельно расширить интеллект за счет восторженной одержимости, ничем не сдерживаемого эмоционального порыва, который приблизит людей к богам. Рассмотрение аффектов

Юмом в «Трактате о человеческой природе» (1739–1740) не столь радикально, как у Ноланца. Но и здесь их легитимирование в качестве первичной реальности, истинной безотносительно к вердиктам разума, сопровождается выпадами, направленными против государства, и разработкой модели такого общества, которое самоорганизуется по взаимному соглашению его граждан.

Начиная с Руссо прогрессизм оправдательных воззрений на аффекты оборачивается их архаизацией. Эмоциональность оказывается тем вечным — как будущим, так и прошлым — достоянием человечества, которое позволяет превозмочь фатальную линейность истории, поступательной благодаря вытеснению одних идей другими. Первочеловек исчерпывается у Руссо в его размышлениях о «происхождении неравенства среди людей» (1755) эмоциональным отношением к действительности и сочувствием к себе подобным (позднее симпатию поставит в центр своих антропологических штудий Макс Шелер,[1] а Джакомо Ридзолатти найдет для нее уже в наше время физиологический базис в открытых им «зеркальных нейронах»). Чтобы восстановить утраченную по ходу цивилизационного развития «абсолютную целостность», каковой обладал homo naturalis, Руссо предлагает в «Эмиле» систему психоинженерных (педагогических) мер по удержанию в ребенке его естественной эмоциональности. В «Теории четырех движений...» (1808) Шарль Фурье противопоставит консервативной революционности Руссо как будто сугубую инновативность в представлении о том, как можно манипулировать аффектами и вместе с тем не переводить их в рациональную сферу. Страсть («attraction passionée») будет служить общественной выгоде, если разбить социум на «пассионарные» группы («серии»), соревнующиеся между собой на трудовом поприще. В работу должны быть вовлечены и дети; их задание — утилизовать отбросы, к которым они испытывают органическое притяжение: в пику Руссо, идеализировавшему ребенка, Фурье буквально смешал его с грязью, обрек на скатологичность.

В XX в. психоинженерия была решительно переосмыслена Норбертом Элиасом («О процессе цивилизации», 1939) и полемически нацелена им диахронно против руссоистского «естественного человека», а синхронно против его возвращения на социокультурную сцену в нацистском культе расы. Общество поднимается, по Элиасу, от нижних ступеней к высшим, совершенствуя воспитательную

---

[1] *Max Scheler.* Wesen und Formen der Sympathie (1913, 1923), Bonn, 1999.

технику, производящую отбор социально приемлемых чувств, что дает в результате экономию аффективной энергии. В споре с Руссо Элиас возрождал кантианство, придавая превозносившейся там эмоциональной дисциплинированности исторически-постепенный характер и инструментализуя ее нарастание (использование орудий подразумевает мастерство, а не волнения души). Совсем иначе ревизовал руссоизм Сергей Эйзенштейн. В своей теории пафоса (1946–1947) он эстетизировал возможность регресса в первобытность. Усиливая воздействие на воспринимающее сознание, искусство то и дело вырывается за свой предел и в этой экстатичности снимает непримиримость культуры и природы, отступает к архаической аффективности, к стихийному выбросу чувств. Осовременивая Руссо, Эйзенштейн заставляет его утопию войти в диалог с концепцией дионисийского исступления в «Рождении трагедии…» и у наследовавших Ницше поздних символистов (прежде всего у Вяч. Иванова).

Подытожу сказанное. Из сравнения двух умозрительных парадигм с очевидностью вытекает, что в обеих человек рисуется двойственным существом, обязываемым к самопреобразованию — то ли к духовно-разумному просветлению (вплоть до изживания) своих чувств, то ли, напротив, к их раскрепощению, которое, однако, означает не наступление хаоса, а возникновение некоего трансрационального порядка (будь тот социальным или художественным). Смысл чувств (неважно: негативен он или позитивен) добывается философией из того, что они втягиваются в субституирование, выступая либо замещаемым, либо замещающим компонентом этой логической операции. Следует подчеркнуть, что без подмен не существовало бы вообще никакого смысла. Он рождается только там, где одно занимает место другого. Что касается спекуляций об эмоциях, все дело в том, что мы производим quid pro quo, т.е. смысл, сами — и без посредничества философов. Чтобы реконструировать семантику эмоций, требуется понять, как субъект сам по себе переживает ту ситуацию, в которой он попадает в превращенное состояние. Epoché Гуссерля заслуживает приложения не к тем или иным предубеждениям, а много более того — к дискурсивности, которая приносит себе в жертву мыслителя.

Перед тем как отрешиться от субъективности, свойственной философскому дискурсу, и попытаться взять ее в рассмотрение как таковую, вне дискурсивных коннотаций, придется договориться о словоупотреблении. Естественный язык непозволительно двузначен, имея в виду под «чувствами» и сенсорное восприятие действительности (включая сюда также действительность наших тел, подверженных, допустим, болевым ощущениям), и эмоциональные подъемы и спады. Разумеется, сенсорный контакт с материальным миром часто (хотя и не всегда) бывает предпосылкой сильных чувств, охватывающих нас. Тем не менее аффектология единодушна в том, что то и другое подлежит расподоблению: как справедливо замечает Дамасио, боль и вызываемый ею аффект не одно и то же (Antonio R. Damasio, «The Feeling of What Happens», New York, 1999). Иногда аффектология разграничивает направленные чувства («feeling towards») и чувства телесные («bodily feeling») (Peter Goldie, «The Emotions: A Philosophical Exploration», Oxford, 2000, 50–72). В дальнейшем речь пойдет только о первых из них.

О самом составе наших эмоций исследователи не могут договориться вот уже более трехсот лет. Декарт перечисляет шесть основоположных страстей: удивление, любовь, ненависть, желание, радость и печаль. Пол Экман расширил их число до пятнадцати (Paul Ekman, «Basic Emotions». — In: «Handbook of Cognition and Emotion», ed. by T. Dagleish, M. J. Power, Wiley, Chichester e.a., 1999, 45–60). Пол Гриффитс вернулся к шестиэлементной схеме, изложенной Декартом в «Страстях души», несколько обновив ее слагаемые, которыми явились у него: страх, гнев, отвращение, печаль, радость и изумление (Paul E. Griffiths, «Basic Emotions, Complex Emotions, Machiavellian Emotions». — In: «Philosophy and the Emotions», ed. by A. Hatzimoysis, Cambridge, 2003, 43 (39–67)). В первом приближении я довольствуюсь самым грубым разграничением положительных и отрицательных чувств — эйфории и дисфории.

2

Превращения, которые мы постоянно претерпеваем в нашей жизнедеятельности, подразделяются на два класса. В одном случае индивид меняет свои установки в процессе авторефлексии. Чем бы она ни вызывалась (внешними обстоятельствами или внутренним развитием личности), она не отрывает самость полностью от прежнего опыта: ведь «я» перестраивает себя же, сохраняя тем самым соотнесенность с тем, что становится объектным «я», осознаваемым (с разной степенью отчетливости) и трансформируемым (глубоко ли, поверхностно ли). Субъект такого рода операций, названный Кантом трансцендентальным, владеет собой и в силу этого самоконтроля может рассчитывать свои действия — видеть их цель и составлять алгоритм ее достижения. Скажем так: целеположенность, внутренне характеризующая авторефлексивный акт, служит необходимым условием для рационального (знающего свои шаги) решения всяческих экзистенциальных и прочих проблем. Чем пластичнее ориентированная в себе самость (чем богаче репертуар самозамещений, находящихся в ее распоряжении), тем лучше она справляется с покорением своего контекста. Рациональность растет в тех обществах, которые предоставляют своим членам возможность исполнять множество ролей, переходить из одной в другую, не затвердевая навсегда в рамках статуса, касты или семейной традиции.

К второму классу превращений, случающихся с нами, принадлежат такие, которые нарушают связность «я»-образа. Так называемое «автобиографическое я», интегративное постольку, поскольку помнит, по знаменитому определению Джона Локка, о своем прошлом, оказывается в положении, исключающем возможность быть равным себе. Идентичность субъекта ввергается в кризис. Именно некогерентная самость и становится аффективной. Эмоция — симптом, отсылающий к расстройству самотождественности. Чувства владеют нами, не мы — ими. Смеясь и плача, человек перестает господствовать над своим телом, что показал Хельмут Плесснер (Helmuth Plessner, «Lachen und Weinen. Eine Untersuchung nach den Grenzen menschlichen Verhaltens», Bern, 1941). «Я» рационально в той мере, в какой подвергает себя отрицанию, выдерживая, тем не менее, это испытание на прочность. Эмоционально же не-«я», пробуждающееся в нас по тем или иным причинам. Аффект, выводящий индивида из себя, всегда несколько неожиданен, незапланирован (за исключением разыгрываемых чувств, являемых на театральной сцене и — нередко — в политическом красноречии). В этом плане нельзя считать изумление (ekplexis Аристотеля) особым аффектом — оно сопричастно любому интенсивному чувству, зачинает его. В свой черед, генезис — в качестве присутствия-из-отсутствия, становления определенности из неопределенности — нагружается в человеческом воображении крайней эмоциональностью: кто как ни прародители наши, Адам и Ева, были первооткрывателями страсти? Мифы Творения безудержно фантастичны, потому что складывались в результате подавления трезвого рассудка аффектированностью, неизбежной при созерцании начал.

Отрицательно заряженные чувства прямиком указывают на свое происхождение из поколебленной персональной идентичности. Отвращение питают к отходам тела, кадаврам, разлагающейся материи и т.п., короче, к тому, что нам непотребно, что не есть ни (желанный) объект, ни (другой) субъект, как о том писала Юлия Кристева в книге «Силы омерзения» («Pouvoirs de l'horreur», 1980). В гнев впадают либо тогда, когда ранят наше достоинство, искажают «я»-образ, который создает для себя индивид, либо тогда, когда сопряженное лицо не выполняет наше задание, делегированное ему. Обида — интровертированный и сдержанный гнев. Один из вариантов злой ярости — массово-протестное недовольство подданных правителем, которому они доверили власть. Отчаяние (когда-то проанализированное Кьеркегором) контрастирует с гневом на том основании, что посещает субъекта (единичного или коллективного) после того, как он сам терпит неудачу в преследовании поставленной им цели, роняет себя в собственных глазах. В ослабленно-превентивной форме фрустрация выражается в смущении — в боязни ошибиться, сковывающей поведение. К человеку подступает страх, если он чует смертельную угрозу, и ему делается не по себе (он тревожится, ощущает «Unheimlichkeit», в терминах Фрейда и иже с ним) при столкновении с тем, кто покушается на его роль (социальную, профессиональную, половую), кто навязывается ему в двойники. Тоска по родному дому или по невозвратному прошлому адресует ностальгика к тому, чего недостает ему здесь и сейчас. Понятно, что в эмоциональный сдвиг нас ввергает и несовпадение с собой (в негативном максимуме — уход из жизни) дорогих нам лиц, с которыми мы себя ассоциируем.

На первый взгляд, эйфория не вяжется с кризисом идентичности. Но не-«я» — ценностно нейтральная категория. Ее наполнение приемлемым или неприемлемым для субъекта аксиологическим содержанием зависит от того, что именно получает он в результате утраты психического равновесия. Ведь эта потеря может означать для самости не только прикосновение к небытности, но и растворение в Другом, пребывание вне себя (что как бы обещает жизнь вечную). Реальность, позволяющая нам присутствовать за нашим собственным пределом, повышается в ранге до сакрально-праздничной, поступает в распоряжение коллектива и ритуализуется, коль скоро в ней превозмогается линейность личного времени-к-смерти. Секрет взаимоподражания, столь очевидно свойственного смертным и делающего их легковерными, в том, что имитация чужого «я» наделена значительным эйфорическим потенциалом. Ликование толпы, приветствующей вождя или поощряющей звезд зрелищного рынка, опустошает индивидов и относительно их идола, и в их общем подобии друг другу. Исполнение намеченного приносит наслаждение — «я», справившееся с работой, замирает, чтобы дать волю эйфории. Устойчивое соответствие себе закабаляет личность, которая освобождается от себя, приподнимая свой эмоциональный тонус, то в восторженном слиянии с природой, то в радостном служении семье и ближайшему дружескому окружению. Влюбленность (до самой любви мне еще предстоит добраться) отменяет себялюбие. Прием галлюциногенных и психотропных веществ разбивает панцырь самотождественности и без партиципирования индивидом реального Другого. Сопровождающие восприятие художественного произведения эстетические эмоции также не имеют опоры в фактической действительности и близки поэтому наркотическому самозабвению, как их представил Владимир Сорокин в пьесе «Dostoevsky-trip».

Аффекты то более, то менее удалены от рассудочности. Ностальгик, вздыхающий по своему прошлому, близок тому лицу, которое подвергает себя рациональному преобразованию в опоре на авторемининсценции. Несовпадение между тем и другим, однако, достаточно очевидно: для ностальгика его прежний опыт не восстанавливаем в современности и потому не поддается никакому развитию. Со своей стороны, ratio может идти навстречу эмоциональности, но и в этом случае обе ипостаси человеческой психики не теряют самостоятельности. Усматривая в аффекте нечто чуждое себе, интеллект склонен провоцировать его в других — с помощью эмоционально заразительной рекламы товаров, пафосной пропаганды политических идей или, скажем, расчетливого сексуального соблазнения, как его описал в «Опасных связях» Шодерло де Лакло.

Исходящая от не-«я» эмоциональность истероидна (что уже давно было констатировано: James R. Averill, «Emotion and Anxiety: Sociocultural, Biological, and Psychological Determinants» (1976). — In: «Explaining Emotions», ed. by A. Oksenberg Rorty, Berkeley e.a., 1980, 37–72). Но аффектированный человек лишь похож на настоящего истерика, затрудняющегося — по свойству своего характера — рассортировывать «я» и не-»я». Большинству людей (т.е. прочим психотипам) не так уж сложно размежевать ratio и emotio — пусть даже приблизительно, интуитивно. Набор основных чувств не закреплен за каким-то определенным психотипом. Можно спорить об их репертуаре, но нет никаких сомнений в том, что хотя бы в самом обобщенном виде — как эйфория и дисфория — они образуют всечеловеческое достояние. Эта универсальность чувств и открывает доступ к проникновению в их смысл для исследователя, такого же, в принципе, эмоционального существа, как и остальные люди. Между изучающим чувства и испытывающим их нет дистанции. Более того: мыслительному эксперименту, призванному рассекретить загадку чувств, пресуществует на оси персонального психогенеза эксперимент, организуемый самой человеческой природой. Каждому из нас приходится стать эмоционально возбудимым в крайней степени на подростковой фазе развития. Половое созревание приводит в смятение детское «я», в которое вторгается соматика, нуждающаяся для самоподтверждения в чужом (сексуальном) теле, ломающая автономию юного субъекта. Чтобы опознать в не-»я» инстанцию, ответственную за аффекты, достаточно вспомнить о себе в переходном возрасте.

Разумеется, разные характеры отдают предпочтение неодинаковым эмоциям: нарциссы склонны считать себя незаслуженно обиженными (что психологи обозначают термином «narzißtische Kränkungen»); циклотимическим личностям присущи резкие перепады настроения, то меланхолического, то безудержно активного; эдипальность выливается в приступы гнева; мазохисты обращают дисфорию в эйфорию; истерики часто предаются смешанным чувствам (вроде тех, которые преобладали у символистских поэтов: «Сердцу закон непреложен... Радость-страданье...»). Аналогично: эмоции, обычные (хабитуализованные) в одних социокультурах, вовсе не значимы либо переиначенно значимы в других. Расточительное пренебрежение собственностью, являющее себя в потлаче индейцев или в клубном быту российских олигархов, конечно же, непримиримо противоречит бережливой протестантской этике. В число обратимых аффектов в первую очередь входит отвращение (ибо абсолютно непотребного для человека в его бытийности, причастности чему угодно не существует). В 1881 году капитана североамериканской армии Джона Грегори Бурке настолько ошеломило небрезгливое отношение индейцев Зуни (Пуэбло) к извергаемому телом (они пили мочу, пародируя евхаристию мексиканцев-христиан), что он посвятил остаток своих лет составлению подробнейшего (до сих пор лучшего) компендиума, посвященного скатологическим ритуалам, которые обнаружил у многих народов мира (John Gregory Bourke, «Scatological Rites of All Nations», Washington, 1891). Впрочем, как бы ни была важна для психологии и социокультурологии разноголосица чувств, эмоциональные особенности отдельных характеров и отдельных обществ производны от того фундаментального обстоятельства, что эмоции не просто заданы людям (устройством их мозга), но и участвуют в сотворении человеком самого себя, варьирующимся от личности к личности и от коллектива к коллективу. Мозг создает нас, мы — его.

Человек креативен и рационально, и эмоционально. Самосознание, в котором конституируется разум, ставит индивида в метапозицию, откуда тот осмысляет свои действия и их среду. Творческий продукт, порождаемый из такой посторонности сознания самому себе, неизбежно входит в конкуренцию с тем, что есть. Инженерные, научные, философские и тому подобные достижения интеллекта вместе с его социально-политическими инициативами соревнуются с действительностью, расподобляют ее на отбрасываемую в прошлое и наступающую, изготавливаемую. Аффект, ослабляющий суверенность субъекта, отнимает у него и способность к метапозиционированию. Не-«я», пробуждающее чувства, — творческая (обновительная) сила, но она не состязается с тем, что налично, а прилагает себя к тому, чего нет: заполняет ниши, зияющие в действительности, являет собой добавку к ней. Прежде всего эмоции заняты переводом потенциального в актуальное. Применительно к телу они мобилизуют его ресурсы, воплощаясь (в буквальном значении этого слова) в повышении голоса и кровяного давления, в учащении пульса и дыхания, в потоотделении, напряжении мускулов, в гримасах и жестикуляции и т. п. Аффекты формируют дополнительное — экспрессивное — тело человека, которое первым постарался описать Чарлз Дарвин в позднем труде «Expressions of the Emotions in Man and Animals» (1873). Дамасио убежден, что чувства поступают в мозг из тела и что сознание отражает связь организма с объектным окружением. В этом подходе к эмоциям Дамасио подхватывает идею Уильяма Джеймса («What is an Emotion?», 1884), думавшего, что они представляют собой побочные продукты физиологических процессов, реакции на телесное возбуждение. Джеймс, в свой черед, повторил Фому Аквинского, который постулировал в «Сумме теологии» (1265–1273), что страсть зарождается там, где происходит телесное изменение. Как реакции на определенные экзистенциальные обстоятельства, эмоции отнюдь не только соматичны, но и психичны — руководят телом, а не просто подвластны ему. Мало того, что оно со всей своей внутренней жизнью образует микрокосм и что оно отзывчиво воспринимает макрокосм. Оно еще и творится чувствами, если понимать под ними не только перцепцию, но и игру аффектов, к чему призывает сам

Дамасио.² Эта игра сообщает соматике выразительность и тем самым театрализует ее, ориентируя изнутри наружу, т.е. прямо противоположным образом в сравнении с сенсорным восприятием. Мобилизуя резервы тела, активизируя работу его гормонального хозяйства и так называемых нейромедиаторов (серотонин, допамин и проч.), эмоции становятся подспорьем разума, особенно когда тот управляет нерутинными физическими действиями, при производстве которых самость не может довольствоваться прежним опытом (допустим, при совершении автомобилистом внезапного, ранее не известного ему маневра). Чем менее предсказуем исход ситуации, тем в большей степени в разумное развязывание проблемы включаются эмоции. Раз творческая функция аффекта заключена в формировании придач к существующему, он сотрудничает с рациональностью на правах ее подсобного средства, ее катализатора.³ Собственное креативное назначение аффекта,

---

² Как утверждал в «Философии зоологии» (1809) Жан-Баптист Ламарк, во многом антропологизировавший животное царство, именно «внутренние чувства» позволяют организмам совершенствовать свои органы, откликаясь на требования среды. Едва ли приложимый к биоэволюции, ламаркизм не утратил ценности для науки о человеке.

³ Согласно прославленному эксперименту Бенджамина Либета (Libet), проведенному в начале 1970-х гг., мозг отдает приказ движению руки раньше, чем испытуемые рефлексируют принятие такого решения. Факт отставания сознания от действия обычно трактуется в научно-популярной философии, процветающей ныне, как доказательство того, что гипотезы о существовании бессознательного вовсе не беспочвенны (см., например: *Gerhard Roth, Fühlen, Denken, Handeln. Wie das Gehirn unser Verhalten steuert*, Frankfurt am Main, 2001, 208 ff; Richard David Precht, *Wer bin ich und wenn ja, wie viele?*, 151 ff). При интерпретации этого эксперимента забывают о том, что подопытные персоны получают задание (пошевелить рукой) от экспериментатора. Испытуемые действуют, стало быть, не по собственной воле, а как каузированные извне, как теряющие самость. Закономерно предположить, что мы встречаемся здесь с работой не бессознательного, а эмоционального аппарата, жизнедеятельная функция которого в том, чтобы руководить субъектом тогда, когда активность «я» по каким-либо причинам приторможена, чтобы ускорять реакции. Сказанное не означает, что идея бессознательного неверна. Под воздействием детских травматических переживаний та или иная аффективная ориентированность самости становится фиксированной (допустим, ранний отрыв ребенка от материнской груди будет направлять повзрослевшего индивида на мстительно-садистское разрушение любого притягивающего его к себе объекта). Такого рода затвердевшие аффекты замыкают субъекта на себе, мешают ему занять по отношению к ним метапозицию, перевести их в отчетливые представления (если, конечно, ему не оказывается разъяснительно-понятийная помощь) и образуют внутренний эмоциональный контекст личности, или бессознательное.

однако, равновелико тому заданию, которое принимает на себя интеллект, и отнюдь не сводится к преобразованию соматики.

Зиждительные там, где перед человеком предстает отсутствие, эмоции тесно сопряжены с желанием — с установкой субъекта на восполнение (мнимой или фактической) недостачи. Состоит ли максимум желания в погоне за признанием себя другими, как это предполагал Гегель? Ведь и Другой хочет признания. Во что упирается эта всечеловеческая жажда гармонического бытия-с-Другим? Иными словами: как не-»я», распоряжающееся в нас эмоциями, генерализует желание, отцепляет его от частноопределенного объекта, совпадает с чужим не-»я» (в тем более обязательном порядке, что негативность, господствующая здесь, имеет тенденцию стирать индивидуальное разнообразие)? В своей последней полноте желание созидает второй мир, который сополагается здешней действительности, остающейся самой собой (по крайней мере, пока не грянет Страшный суд). Говоря попросту, не будь мы данниками чувств, у нас не имелось бы представления об инобытии. Не-»я» творит предмет веры, который, хотя и не поддается подтверждению эмпирическим путем, тем не менее, удовлетворяет нашему эмоциональному опыту. Философы, занятые аффектологией, ведут споры о познавательной нагрузке, приходящейся на чувства. В трактовке покойного Роберта Соломона, чувства содержат в себе суждения в силу того, что побуждают тело к «ангажированности» — к ценностно-активной сопричастности миру (Robert C. Solomon, «Thinking about Feeling», Oxford, 2004, 76 ff). Дифференцируя фальшь/истину, рациональность оценочна, как и эмоциональность. Вряд ли стоит усматривать в этом пункте главное расхождение двух познавательных модусов.[4] Когнитивное содержание эмоций много шире, нежели оценивание ситуаций под соматическим углом зрения. Интеллекту, постигающему действительность по мере ее перекройки и историзации, эмоции противопоставляют сверхпознание — религиозную пытливость, моделирующую никому непосредственно не данный универсум, который, если и имеет идентичность, то только в качестве отрицания той среды, что дана

---

[4] Но, конечно же, оценки, раздаваемые умом и чувствами, не одно и то же. Они релевантны для всех — как логические и проверяемые доводы — в первом случае и экземплярны, субъективны — во втором. Игнорируя это несходство, Рональд де Соуса опрометчиво представил эмоции сплошь рациональными актами: *Ronald De Sousa*.. The Rationality of Emotions, Cambridge, London, Massachusetts Institute of Technology, 1987.

разуму и ощущениям.⁵ Тогда как сознание постороннее себе в качестве рационального механизма, взорванное чувствами, оно себе потусторонне. Человек (в отличие от животного) автотеличен, сам себе ставит цель и упорно преследует ее, так как он располагается за чертой внешней необходимости, диктуемой социофизическим контекстом. Переходные ситуации ритуализуются по той причине, что трансцендирующе-созидательная функция аффекта схватывается коллективной интуицией (достигающей общечеловеческого объема).

Трансцендируя сознание, эмоции вносят свой вклад в работу воображения. Ясно, что она бывает и рациональной, если сознание разыгрывает сценарии, по которым затем будут протекать действия субъекта. В отличие от этого калькулирующего воображения, то, которое приводится в движение чувствами, не обязательно подлежит утилизации, выступает как греза, в пределе — как чистое фантазирование. Становясь под влиянием аффектов внутренне инаковым, самозапредельным, сознание фабрикует призраки, впадает то в чрезмерную подозрительность (например, в бред ревности), то в излишнюю доверчивость (скажем, тогда, когда индивиду в мании величия мнится, что он окружен всеобщим почетом и обожанием).

Вместе с тем человек умеет конструктивно обращаться с мечтательностью, которая чревата опасностью дезориентировать его, сбить с толку. Так, он ставит себе на службу эмоционально насыщенное воображение в произведениях литературы и прочих искусств. Если религия, указывая путь в инобытие, скрывает свое происхождение из эмоций и выдает себя за сверхпознание, то искусства (весьма позднее — с антропогенетической точки зрения — изобретение) аффективны в открытую. Художественное творчество помещает реципиентов в заведомо воображаемую реальность, в которой ratio и emotio, будучи персонифицированными (школьная память услужливо подсказывает имена Штольца и Обломова), конфликтуют между собой, состязаются на равных. Именно присуждая победу то первому, то второму из этих начал, искусства в конечном счете и поднимают один и тот же вопрос (пусть ответы на него до чрезвычайности многообразны) о том, в чем заключена персональная идентичность и какова цена ее дестабилизации. Эстетический и философский взгляды на оппозицию разум/чувства не совпадают

---

⁵ Уже Пьер Бейль писал в «Историческом и критическом словаре» (1697) о том, что религиозность эмоциональна в своих недрах, а не рассудочна.

между собой, среди прочего, в том, что искусства, какой бы из двух полюсов они ни предпочитали, сами насыщены, вразрез с умозрением, эмоциональностью, представляя собой аналог взволнованного, патетического тела, руководствуясь тем, что формалисты именовали «установкой на выражение».

Разуму доступны разные временные зоны — аффектированная самость, напротив, присутствует прежде всего здесь и сейчас (на что указал уже Френсис Бэкон[6]). Возникновение искусств с их интересом к стихии чувств и вовлеченностью в нее знаменовало собой первый подступ человека к освоению настоящего как времени существования-в-истории. Сколь ни важен Логос для эволюции социокультуры, человек не смог бы стать историчным вне выпадения из твердой роли, т.е. помимо эмоционально обусловленного отбрасывания «я»-образа, нарушения гомеостаза. Искусства распахнули перед людьми возможность вообразить себя нетождественными себе, но и не обрекаемыми в этом аффективном состоянии только на патологические отступления от нормы. Вообще говоря, человек — существо, извлекающее творческую выгоду из психических аномалий.

Кажется не случайным, что Жан-Поль Сартр одинаково отнял конструктивные признаки и у имагинативности, которую дискредитировал в «Воображаемом» (1940) как отрицание бытия-в-мире, и у аффективности, низведенной им в «Очерке теории эмоций» (1939) до неадекватно-магических реакций тела на неуступчивые или шокирующие объекты. Было бы странно, если бы этот рассудочный нигилизм не затронул и художественное творчество. В книге «Что такое литература?» (1948) оно было объявлено Сартром значимым не само по себе, но лишь в той мере, в какой оно, выполняя социальный заказ, политизировано и идеологизировано. Между тем весь трехсоставный комплекс греза — эмоции — искусство подчинен человеком той диалектике, что позволяет ему выстроить из не-»я» резервное «я», присовокупить alter ego к ego и стать созидательным и жизнеспособным вопреки постоянному сознанию своей смертности.

---

[6] Сочинение Бэкона «On the Dignity and Advance of Learning», где идет речь о прикрепленности аффектов к вещам в настоящем, разбирается в: *Jon Elster*, Alchemies of the Mind. Rationality and the Emotions, Cambridge, Cambridge University Press, 1999, 298.

3

В своей совокупности эмоции — это сложно устроенная нейрофизиологическая машина, которую человек запускает в ход, чтобы выбраться из тупика, куда его загоняет осведомленность о собственной конечности, о тщете намерения оставаться собой по мере связного развертывания «автобиографического я», о неизбежном поражении разума, сталкивающегося с ненадежной хрупкостью плоти. Предвосхищая смерть, человек инструментализует свое эмоциональное не-»я», чтобы работать с ней, и извлекает отсюда импульс к творческому дерзанию. Курсируя между «я» и не-»я», то будучи аффектированным, то возвращаясь к самотождественности, человек не может примириться со своим полным исчезновением, воображает его себе отменяемым. Чем богаче наша эмоциональность, тем меньше страха смерти и тем больше готовности пускаться на риск — воевать, выказывать гражданское мужество, устраивать революции, мыслить in extremis.

Преодоление смерти обещает не только эйфория, совмещающая индивида с тем, что ему внеположно, в дальней перспективе — со «всеединым» бытием. Власть Танатоса оспаривает и дисфория, коль скоро она диагностирует явления и обстоятельства, опасные для нас либо хотя бы не согласующиеся с нашей суверенностью. Даже отчаяние, если принять идеи Кьеркегора, мобилизует индивида на пересмотр жизненной программы, потерпевшей крах. Если же оно — развилка судьбы — переходит в полную безнадежность, то порабощающая субъекта таким путем депрессия вовсе гасит его чувственность, его эмоциональную отзывчивость на мир. Знаменательно, что депрессия включает в действие иной механизм мозга, нежели лимбическая система, заведующая эмоциями, а именно: церебральную асимметрию. Как установил Ричард Дэвидсон, у депрессантов наблюдается повышенная активность правого полушария и, соответственно, пониженная — левого, решающего в норме по преимуществу логические проблемы (Richard J. Davidson, «Neuropsychological Perspectives on Affektive Styles and their Cognitive Consequences». — In: «Handbook of Cognition and Emotion», 103–124). Массово распространившаяся ныне «болезнь века», получившая название «burn-out» (= сгорание на работе, вызывающее депрессию), опричинена тем, что социокультура потеряла историческую перспективу, влечение в запредельность — в царство аффектов. Постисторический индивид лишается автоличности и воспринимает свою трудовую деятельность как принудительную — как стресс, бегство из-под власти которого ведет в аэмоциональность, в тупое безразличие ко всему на свете.

В функции спасительных средств, выручающих из гибельной нужды, как эйфория, так и дисфория стимулируют субъекта к длительному удержанию захватывающих его чувств. Вообще говоря, аффекты эксцессивны. С процессуальностью же имеет дело трансцендентальное «я», меняющееся постепенно и памятующее о своем прошлом. Если угодно: эмоциональность революционна, а рациональность эволюционна. Фиксация на аффекте противоположна процессуальности как застывающая одержимость им, как полная отданность ему субъекта, как страсть. Аффекты разряжаются в поступках: гнев — в агрессии, страх — в бегстве, влюбленность — в половой близости, сочувствие — в оказании помощи тем, кому она требуется, печаль по ушедшим из жизни — в траурных церемониях и т.п. Страсть, со свой стороны, не изживаема в акции. Пассионарный субъект повторяет и усиливает действия, но так и не утоляет свое желание. Обсессия делает действие самоценным, совершаемым в-себе и для-себя, а его производителя — собственником. Неважно, на чем замыкается страсть, всегда собственническая, — на ее носителе (как гордыня) или на объекте ненасытного вожделения. В любом своем изводе она необменна, столь высока по себестоимости, что не имеет рыночной цены, не уступается никому, что бы ни предлагалось в компенсацию за уступку. Из обменных операций выпадает не только алчный накопитель (на это его свойство справедливо обратили внимание Альгирдас-Жюльен Греймас и Жак Фонтаний в «Семиотике страстей», Москва, 2007 (1991), 148, перевод И. Г. Меркуловой), но и всякий, для кого не-»я» оказывается не вторым «я», а первым. Ведь и гордящийся собой человек видит себя как бы чужими глазами. В себялюбии он овнутривает почести, которые ему якобы полагаются. Каменеет ли страх-испуг в постоянно преследующей индивида фобии того или иного рода, пленит ли нас любовь, перерастает ли восторженное поклонение поп-идолу в навязчивый сталкинг, субъект не в силах превозмочь страсть, которая тем самым отрицает его волю, свободу в выборе поведенческой стратегии (Аристотель применял к этим случаям термин «akrasia»). Аффект, достигающий степени страсти, заступает место разума, вытесняет «автобиографическое я» с его позиции, не снимается в рационально-эмоциональном синтезе, в катарсисе, примиряющем крайности нашей психики.

И аффекты, и страсти одинаково заразительны, коль скоро утверждают нас в жизни тем основательнее, чем более совместимы мы с иными индивидами, чем «соборнее» протест против рассудочного мышления, натыкающегося в своем видении будущего на бренную плоть. Второе — эмоционально-экспрессивное — тело предрасполагает субъекта к тому, чтобы не оставаться наедине с собой, чтобы включаться в коллектив. Даже и раздутое самомнение нуждается в социальной сцене, преувеличивая признанность субъекта другими. Однако аффективные коллективы существенно отличны от пассионарных.

Первые из них суть общество, участники которого более или менее солидарны друг с другом в своих положительных и отрицательных чувствах. Габриэль де Тард уже давно (1882) постарался вывести образование общества из взаимоподражательности людей, из их приспособления к среде обитания и — как следствие этого — друг к другу. Но сочувствие, которое обусловливает имитацию и скрепляет социум круговой порукой его членов, не просто адаптивно по своей функции. Оно выходит за рамки биоэволюции, борьбы за выживание, ибо человек, черпая из экстатического пребывания в группе, из коллективной обороны против Танатоса витальную энергию, получает отсюда — в порядке обратной связи — эмоциональное обеспечение персональной идентичности, поддержку для самоуглубления и возвращается к себе на новом уровне, на котором телесная финальность, если и не исчезает из виду, то все же выглядит небезысходной. Эмоционально фундированный социум позволяет выжить не столько организму, приспосабливающемуся к окружающему миру (ведь природа покоряется человеком, а не наоборот), сколько рациональной особи, программирующей себя без того, чтобы быть парализованной знанием о том, что всякий личный план, вынашиваемый разумом, обречен в конце концов на поражение. Общество, эмоциональное в последней глубине, вместе с тем хочет руководствоваться разумом, бюрократизируется в сети учреждений, которые управляют им (начиная с домов для посвящаемых и кончая союзами государств). Эмоции конституируют общество in abstracto — in concreto общество варьируется в зависимости от того, как оно в данном (геополитическом) месте и в данное (историческое) время толкует свои конституенты, осознавая себя.

Разделяя радостные и горестные чувства с партнерами по социальной организации, а с другой стороны, сохраняя самотождественность, способность быть рациональными, мы принципиально не можем монополизировать какие-либо переживания. Общество не выступает собственником эмоций, как и все сопринадлежащие ему индивиды, которые не только проникнуты взаимной симпатией и антипатией, но и отдают себе авторефлексивный отчет в том, каковы цели их действий. Иначе обстоит дело в пассионарном коллективе, будь то: толпа, учиняющая самосуд; клан, впутанный в кровную месть; подростковая банда, терроризирующая округу; сектанты, собирающиеся на мистическом радении; манифестанты на параде любви или футбольные фанаты. У людей, сплоченных страстью, нет применительно к ней рассудочного противовеса. Она безальтернативна — и становится чем-то вроде неотчуждаемого имущества группы, которая тем самым фетишизирует себя. Членство в группе-фетише обязывает включенных в нее лиц к большему, нежели подражание друг другу, а именно: к сопричастности коллективному телу (что Элиас Канетти проинтерпретировал в книге «Масса и власть» (1960) как явление, обратное страху касания). В пассионарных объединениях кооперативность превращается в корпоративность, сочувствие — в чувство локтя; чье-либо поползновение выйти из таких кругов чаще всего строго наказуемо, карается как святотатство. Психогенетически к корпоративизму склонны личности, не сумевшие вполне разлучиться с материнским телом, продолжающие партиципировать его в желании вопреки отсутствию в реальности. К вящему возмущению феминисток следует сказать, что вожди пассионарных коллективов, как правило, мужчины, на самом деле не патриархальны, а матриархальны. Воистину патриархальны монархи, не нуждающиеся — в силу трононаследования — в том, чтобы разжигать страсти среди подданных. Пассионарные же общества, вроде гитлеровского или сталинского, отнюдь не случайно героизировали материнство и идеализировали родовое — народное — тело. Вождь в подобных людских множествах — местоблюститель материнской власти, ее временный выразитель (от Энгельса и Фердинанда Тённиса до Горького она завораживала умы верующих в осуществимость коммунистической мечты).

Отношение между обществом и пассионарными сообществами (в смысле: communities) асимметрично. Социальная эмоциональность то и дело перерождается в страсть, когда массы ввергаются в панику, испытывают приступы шовинистического угара, ослепляются в доверии, оказываемом ими харизматическим лидерам, поднимаются на революцию. Пассионарность, напротив, самостийна. Не терпящая обмена страсть изолирует коллектив, который она подчиняет себе, и отгораживает его от сотрудничества с социальным целым. Социуму приходится, таким образом, выбирать, будет ли он искоренять противостоящие ему пассионарные группы или интегрировать их в качестве своих подсистем. Я не буду прослеживать за тем, в каких формах решается эта дилемма. Они чрезвычайно многолики и подлежат ведению не философии, а социологии и истории права. Скажу только, что в архаических обществах нет конфликта между чувствами и страстями как силами, мобилизующими людей на сожительство, на совместное бытие-в-мире. Родо-племенной союз пассионарен, одержимый ритуальным самовоспроизведением, но, хотя партиципирование обрядового тела должно соблюдаться всеми и каждым, все же участникам такого коллектива открыта возможность для обмена ценностями — и внутригруппового, и межгруппового, как это описал, изучая тробриандцев, Бронислав Малиновский в пионерском исследовании «Аргонавты западной части Тихого океана» (1922). Намерение Фурье положить страсть в основу социального устройства было — при всей своей претензии на новаторство — консервативной (как и у Руссо) утопией, отбрасывающей человека в далекое прошлое. Чаяние вернуть (эмоционально-интеллектуальный) социум к пассионарности попытались реализовать тоталитарные режимы разных мастей, принуждавшие общество во всех его звеньях к воодушевлению во что бы то ни стало, помещавшие его, по выражению Михаила Рыклина, в «пространство ликования». Сталинизм даже прямо апеллировал к утопии Фурье, внедряя пассионарную соревновательность (между псевдофратриями) в трудовую повседневность.

Что до давно прошедших времен, то страсть делается помехой в социостазе тогда, когда индивид заявляет свое право на автономию. Можно утверждать, что он заинтересован в сколачивании пассионарных коллективов, отламывающихся от общества (допустим, молодежных ватаг, пускающихся в грабительские походы, как это было принято у викингов и новгородцев), потому что так ему легче начать постепенное преодоление архаического порядка поведения. Сугубо же личная сосредоточенность на страстях дисконтинуальна относительно родо-племенной жизни и продолжает быть отклонением от нормы также для исторически становящейся социальности, коль скоро ускользает из-под ее контроля — хоть в какой-то мере, да рационализованного. Страсти враждебны христианскому социуму (как до того уже они были неприемлемы для философии стоиков) и предназначены к вычищению из людского обихода. На русской почве учение о борьбе со страстями («помыслами») было в деталях разработано Нилом Сорским в «Монастырском Уставе» (конец XV—начало XVI вв.), где он перечислил пять ступеней их нарастания: «прилог», «сочетание», «приложение души к явльшемуся образу», «пленение», вхождение пагубы «во нрав» человека. Осуждаемые западным и восточным христианством семь смертных грехов — гордыня (superbia), алчность (avaritia), похоть и погоня за наслаждениями (luxuria), гневная мстительность (ira), неумеренность в еде и питье (gula), зависть (invidia), уныние (acedia) — не что иное, как разные результаты, вытекающие из отказа личности от рационального погружения в себя ради планомерного выхода отсюда в действие, из ее прикованности к объектам либо высокомерной и тоскливой отторгнутости от таковых. Одним словом, грех заключен в расстройстве субъектно-объектного баланса. Этот баланс, на котором держится гармоническая сопряженность индивида и общества, может быть восстановлен взятием страстей назад. Страсть необменна, но в качестве максимума, которого достигает в нас эмоциональное не-«я», она допускает обращение содержащейся в ней негативности на себя. Раскаяние (в виде стыда и чувства вины) — неотъемлемое свойство человека, готового осуществлять negatio negationis, раз он и равен себе, и — в эмоциональной ипостаси — несамотождествен, колеблясь между этими полюсами. Христианство не столько навязывает верующим исповедальную дисциплину, сколько использует имманентную людям совестливость (которая отсутствует лишь при патологическом бесчувствии, связанном с повреждением амигдалы).

В брошюре о смертных грехах («Saligia», 1919) Лев Карсавин изобразил их злом, возникающим из отделения Всеблагого Творца от самого себя в акте Творения. Избывание страстей влечет нас в этой трактовке к Богу. С социоантропологической точки зрения оно сужает содержание индивида до самосознания, что не было скрыто и от религиозного мышления, в частности, в его исихастской редакции: Григорий Палама (первая половина XIV в.) советовал монашеской братии «сосредоточивать ум в себе». Раскол происходит внутри креативной человеческой индивидуальности, у которой есть свобода выбора между доведением эмоций до пассионарного их избытка и экономно-аскетическим отвержением собственной инаковости, своего Другого. Подавляя страсти, личность извлекает нужную для этого негативную энергию из не-«я», т.е. из них же. Отрешение от пассионарности есть ее оборотная сторона, антиаффект.

Двойное отрицание, потенцируемое нашим негативным «я»-образом, собственно, и позволяет нам рефлексировать чувства, слагать представления о них, распоряжаться ими, налаживать взаимодействие между ratio и emotio и собирать таким способом наши разные ипостаси в единство, имя которому — «субъект». У этого имени есть синоним — «совесть». Заговорив о «смерти субъекта», постмодернизм вовсе неспроста прекратил употреблять слово «совесть». Во всяком случае мне оно при чтении постмодернистской философии не попалось на глаза.

Пассионарность — «вечный спутник» человека на протяжении всей его истории, берущей исток в ритуале. Было бы ошибкой безоговорочно согласиться с Никласом Луманном в том, что любовь — «не чувство», а только «коммуникативный код», «изделие социокультурной эволюции» (Niklas Luhmann, «Liebe als Passion. Zur Codierung von Intimität» (1982), Frankfurt am Main, 1994, 24, 47). Даже и обрядовое канализирование страстей не избавляет человека от того, что принято называть «романтической любовью». Малиновский рассказывает историю тробриандского юноши, влюбившегося — вразрез с табу — в дочь сестры своей матери и подвергнутого сородичами остракизму, который заставил нарушителя запрета совершить самоубийство (Bronislaw Malinowski, «Crime and Custom in Savage Society» (1926), Totowa, New Jersey, 1985, 76–83).[7] Любовь, как и прочие страсти, диалектична: тиранически властвуя над индивидом, она в то же время эмансипирует его от родового (позднее — чисто социального) гнета, от необходимости соблюдать правила хабитуализованного поведения. Эмоции освобождают нас от закрепощения самостью, личные страсти — от социального рабства. Любящие — исключительны в высшей степени и тем самым занимают в зрело-историческом обществе престижные позиции, помимо каких бы то ни было заслуг и преимуществ перед ним. Исключительность половых партнеров кульминирует в перверсии. Любовь,

---

[7] Рихард Давид Прехт рисует любовь, заставляющую забыть о всем остальном на свете, выдумкой далеких от мирских забот йенских романтиков (*Richard David Precht*. Liebe. Ein unordentliches Gefühl, München, 2009, 268 ff). Понятие «романтической любви» не следует, однако, воспринимать буквально в историко-культурном смысле — оно terminus technicus и не сцеплено накрепко ни с какой определенной эпохой. Вся книга Прехта кажется мне бьющей мимо цели. Прехт выводит любовь из уз, которые объединяют ребенка и мать, банализируя тем самым Эдипов комплекс классического фрейдизма. Между тем у любовной страсти есть протестный потенциал, направляющий ее против рода, который как раз мать и персонифицирует.

если разобраться, крайне парадоксальна. Любящий — собственник, отдающий себя в собственность получателю страсти. Любовь снимает своекорыстие, присущее пассионарности, и поэтому она самая скоротечная из всех страстей.

Холодно-бесстрастная модель Луманна плохо согласуется со своим пассионарным предметом, и все же в ней есть не только неадекватность, но и доля правды. По мере принятия обществом эротическая любовь — вместе с рядом иных страстей — превращается из персонального произвола в текстуализованное (философски и эстетически) явление, которое, таким образом, обретает концептуализацию (кодируется), становится читабельным, впускается в систему социальной коммуникации, не теряя при этом своей эксклюзивности. В христианской Европе переворот общественного настроения в отношении страстей подготавливался уже в средневековье (достаточно вспомнить автобиографию Абеляра (1135), поведовавшего читателям о своей несчастной любви),[8] но во всей полноте наступил в период Ренессанса, легитимировавшего, как говорилось, исключительность, — в те времена, когда Макиавелли оправдал властолюбие, Бруно восславил энтузиазм как таковой, а Монтень отказался от однозначности при рассмотрении аффектов (так, вспыльчивость для него — недостаток, но она и полезна в военном деле). Наряду с философией свой очень значительный вклад в кодифицирование страстей, в наполнение их значениями (вместо простой воляризации) внес возрожденческий театр. Как бы ни оценивала шекспировская драматургия ревность, алчность, расточительную щедрость, любовь, мстительность, властолюбие, эти страсти, будучи выставлены напоказ на сцене, делались из запретных участвующими в социальном общении, в диалоге, разыгрывающемся как на театральных подмостках, так и между актерами и зрителями.

Без признания обществом права личности на пассионарность не сформировался бы капитализм, базировавшийся (согласимся

---

[8] У меня нет возможности в короткой работе задерживаться на том, как средневековье вырабатывало код любви. Но, хотя бы и бегло, стоит сказать, что он, во-первых, был продуктом коллективного творчества (чем облегчался переход от общества, преследующего страсти, к обществу XV–XVI вв., разрешающему их персонализацию) и, во-вторых, изымал из любви ее плотскую составляющую (т.е. не уходил вовсе прочь от религиозного представления об одухотворенном любовном чувстве — agape). Я имею в виду, разумеется, куртуазную элиту средневекового социума — см. о ней, например: *М. Б. Мейлах*. К вопросу о структуре «куртуазного универсума» трубадуров. — В: Труды по знаковым системам, VI, Tartu, 1973, 344–264.

с Вернером Зомбартом) в раннюю — предвозрожденческую и ренессансную — пору на взаимодействии жадного до наживы ростовщика и потребителя товаров, наслаждающегося роскошью, на двух смертных грехах (avaritia и luxuria). С другой стороны, капитализм и трезво-расчетлив до аскетичности (что подчеркивал Макс Вебер), отчего обречен на противоречивость, на ничем не снимаемое внутреннее напряжение между рискованным азартом и продуманным прагматизмом. Капиталист (поначалу ростовщик) коррумпирует обмен, вожделея извлекать из него только барыши. Страсть, питающая частное предпринимательство, обеспечивает рациональности до того небывалую динамику, ускоряет экспансию разума и насыщает его своим духом собственничества. Но чем сильнее заражен разум пассионарностью, тем чаще он отменяет сам себя, срываясь — вместе с капиталистическим обществом — в кризис, разочаровываясь в своих моделях будущего. Революции суть выведение наружу иррациональности, разъедающей капитализм, его сугубо эмоциональные двойники, его множащиеся негативные идентичности.

Владимир Зелинский (Италия)

Я, Зелинский Владимир Корнельевич, должен написать, что родился 23 сентября 1942 года в Ташкенте, но никогда не видел этого города, который всю жизнь следует за мной по пятам во всех официальных бумагах. После рождения во время эвакуации родители увезли меня в Москву, где я прожил до 1991 года и гражданином которой остаюсь и сегодня. В последних классах советской школы, я понял, что советская идеология, не более, чем наваждение, и это открытие стало для меня настоящим освобождением. После окончания филологического факультета Московского Университета в 1966 году, некоторое время я работал на радио, потом поступил в Институт Философии Академии Наук. В этом институте я начал было делать некое подобие академической карьеры, принялся писать диссертацию о философии искусства Мартина Хайдеггера, но все это тотчас забросил, как только христианская вера требовательно и внезапно вошла в мою жизнь. Те слова и понятия, которыми она пользовалась, никак не вязались с языком и образом мысли всеобъемлющей, всеприсутствующей системы. Надо было выбирать. Я выбрал путь отщепенца, спиной повернувшегося к идеологии, но это было только начало.

От незаконченной диссертации я обратился к самиздату, печатался в Париже сначала под псевдонимами, потом и без, за что меня быстро из Института Философии выгнали. Диссидентская моя карьера привела к обыску, допросам, шантажу, угрозам, причем неминуемым, от осуществления которых меня спасла перестройка. И в те времена я стал работать московским корреспондентом французской газеты *Ouest France*, уже 30 лет пишу в качестве «опиониста» в *La Croix*. В 1991 году я получил приглашение преподавать русский язык и литературу в Католическом Университете Святого Сердца в Брешии и Милане, на севере Италии, где я работал до 2012 и живу с семьей до сих пор. В 1997 году был рукоположен в Париже в дьякона, а в 1999 года в священника в лоне Русского Экзархата

Константинопольского Патриархата. В 2000 году в Брешии я основал приход в честь иконы «Всех скорбящих радость», настоятелем которой остаюсь и по сей день. В Италии я стал писать и выступать по-итальянски, сотрудничая со многими журналами и газетами. Опубликовал 13 книг на четырех языках, ок. 500 статей, прочел прибл. двести докладов (в Италии, России, Зап. Европе, Украине, трижды в Соединенных Штатах), перевел ок. 20 томов богословской литературы. В 2016 году Духовная Академии гор. Черновцы присвоила мне звание доктора богословия.

Основные публикации: Приходящие в Церковь, Париж, 1983, Afin que le monde croie… (Дабы уверовал мир… фр.), Париж 1989, Открытие Слова, Москва 1993, (La Découverte de la Parole, Parole et Silence, 2004), Révèle-moi Ta face; Parole et Silence, 2006, Взыскуя Лица Твоего, Киев, 2007, Тюмень 2012, Наречение имени, Киев, 2008. 2 изд. СПБ, 2017; Mistero, Cuore, Speranza (Тайна, сердце, упование. ит.) Milano, 2010, Come un mosaico restaurato (Как отреставрированная мозаика), Torino, 2011, Ребенок на пороге Царства (Москва, 2012, Тюмень, 2014; франц. Пер. L'enfant au seuil du Royaume, Parole et Silence, 2018)); Quand tu présentes ton offrande… (Croix du salut, 2013); Священное ремесло, СПБ. 2017 и др.

Основные темы размышлений: русская религиозная философия, духовная жизнь, человек перед Богом.

П. Я. ЧААДАЕВУ. ЧАСТНОЕ ПИСЬМО

Monsieur,

Jadis vous avez écrit une lettre à une dame que vous avez simplement oublié d'envoyer. La lettre, devenue célèbre de manière inattendue après sa publication sept ans plus tard, est restée sans réponse jusqu'à nos jours, car, comme on pouvait le soupçonner dès le début, votre vraie intention était de prêcher vos idées à tous, à commencer par vous-même, plutôt qu'à une femme quelconque. Et pourtant, le choix d'une lettre privée (ou au moins qui parait l'être), n'était pas une pure formalité, mais une sorte d'invitation à la discussion ouverte non seulement à celle qui aurait pu devenir à l'époque votre interlocutrice, mais aussi à vos contemporains et à leurs descendants. Surtout à eux qui s'engageront avec flamme dans cette controverse passionnelle et inépuisable. Votre pensée, en fait, ne voulait s'exprimer qu'en échange d'idées ou en affrontements d'opinions. Permettez-moi donc, d'y participer de cette manière directe et personnelle que vous-mêmes avez choisie pour exposer vos pensées et les rendre publiques.[1]

Однако позвольте все же перейти с чужого, хотя и обязательного в Вашем кругу средства общения и взаимопочтения, на наш туземный, но отнюдь не менее прекрасный язык, хотя европейский Вам, по Вашему признанию,[2] и роднее. Но мысль, которая таится за Вашим французским, все же очень русская, и в ней, позвольте процитировать неизвестного Вам поэта, «кончается искусство, и дышит почва и судьба». Все же нельзя не подивиться судьбе той почвы, на которой философы, бившиеся над ее загадкой, включая того, кого

---

[1] Сударь! Однажды Вы написали письмо даме, которое попросту забыли отправить. Неожиданно ставшее знаменитым после публикации семью годами позднее, оно так и осталось без ответа, ибо, как с самого начала можно было подозревать, Вы намеревались проповедовать всему миру, начиная с самого себя, а не просто некой женщине. И все же форма частного письма (или, по крайней мере, частным казавшегося) не была чистой формальностью, но приглашением к спору, открытому не только для той, которая могла бы стать Вашей собеседницей, но и для Ваших современников, как и их потомков. Прежде всего для тех, кто горячо ввяжется в эту бесконечную и неисчерпаемую дискуссию. Ваша мысль, по сути, не могла выразить себя иначе, как в обмене или столкновении идей. Разрешите же принять участие в этом разговоре лично и непосредственно, в той манере, которую Вы избрали, чтобы изложить Ваши идеи и сделать их общим достоянием.

[2] Письмо Бенкендорфу от 15 июля 1833.

в России теперь называют «наше все»,³ чувствовали себя более дома в европейском языковом платье, чем в своем, природном, почвенном. Именно в таком одеянии, случайном ли, промыслительном, даре Французской Революции с ее изгнанниками, Вы бросили Ваше послание в реку времен, и всякий, кто впредь захочет его выловить, вправе решить, что оно отправлено лично ему. Автор сих строк не решился бы прибегнуть к столь странной форме отклика, если бы однажды его не навела на эту мысль небольшая книжица католического патриарха Венеции Альбино Лучиани *Illustrissimi*,⁴ в вольном переводе «Досточтимейшие», составленная из писем к известным покойникам, с коими, будь они живы, будущий папа Иоанн Павел I хотел бы общаться. Простите за дерзость, досточтимейший Петр Яковлевич, но живи мы с Вами в одном времени, я почел бы за великую честь стать одним из многих Ваших корреспондентов.

Милостивый Государь!
Вы тоже оказались среди Illustrissimi, и парадокс колючей Вашей славы не перестает поражать меня. Весьма нечуждый честолюбия, Вы ничуть не добивались столь видной позиции в Пантеоне русской мысли; кроме писем и афоризмов для себя, почти ничего не писали и едва ли заботились об архиве. После первого травматического опыта Вы уже не пробивались в печать, сохранив себя для потомства лишь благодаря усилиям чьего-то самоотверженного гусиного пера, не познавшего чуда пишущей машинки. Но достаточно было Вам на совсем немногих страницах Первого Философического Письма вызвать на очную ставку Россию и Европу, чтобы оказаться на вершине пирамиды, у подножия которой осталось столько интересных умов, ныне известных лишь специалистам.⁵ Помню, в Московском Университете на заре туманной нашей юности профессор В. Н. Турбин, из тех, кого назовут потом «шестидесятниками», читавший лекции по литературоведению, слегка ошарашил нас, первокурсников, дерзкой фразой о том, что нельзя, мол, называться образованным человеком в России, не прочтя письма Вашего, мало кому в то время

---

³ См. *А.С. Пушкин*. Письмо Чаадаеву от 6 июля 1831 года: «Mon ami, je vous parlerai la langue de l'Europe, elle m'est plus familière que la nôtre...» (Мой друг, я буду говорить с вами на языке Европы, он мне привычнее нашего...»).

⁴ *Illustrissimi. Lettere del Patriarca* di Albino Luciani, 1978.

⁵ Первым приходит на ум имя Николая Ивановича Тургенева (1789–1871), автора *Записок о крепостном праве* и многих других книг, одного из первых русских либералов.

доступного. Годы спустя, Иоанн Павел II с высоты своей кафедры поставил Вас в ряд первых наших мыслителей, наряду с Соловьевым, Флоренским и Лосским (не философом, а богословом) Владимиром.[6] Никакой путь русской мысли уже не минует ни Вас, ни письмо Ваше.

Перечитал его вновь, не помню уж в какой раз. Признаться, нашел его чрезмерно страстным, хотя и прикрытым маской холодности, а для читателя *Истории Государства Российского*, Вашего старшего друга Карамзина, несколько даже провокационным. Это скорее увещевание к миру, безусловно умное, жесткое, цельное, но отнюдь не беспристрастный подход рассудительного аналитика. Но дело было не столько в упреках Ваших, бывали они и погорше и поядовитей, дело в нашей ими раненности, непреходящей оскорбленности ими, в нашей возобновляющейся от тех ран лихорадке. Мы с нею как бы уже рождаемся и передаем по наследству. Разбираясь с Россией в себе, уничижив ее при сравнении со столь осмысленным, иконописным обликом Запада, Вы, сударь, невзначай проникли в ее коллективное бессознательное, сумев разбудить в современниках Ваших то, что и в потомках уже не заснет никогда. И потому читатели Вашего письма ощутили себя задетыми лично и сочли нужным публично о том заявить. Высочайшей волей Вы были объявлены сумасшедшим, что, несомненно, было мягкой репликой в споре: «что ж, мол, с юродивого взять?» — ибо царский гнев сорвался тогда на горемычном издателе Вашем.[7] Так Вы оказались в роли зачитывающего приговор России, причем тогда, когда уже переменили обличительное течение своих мыслей. Но главным итогом Вашего письма было появление первого поколения славянофилов. Оно еще годы, наверное, сидело бы по своим родовым усадьбам, ездило бы друг ко другу на охоты, на свадьбы, на хлебосольные тезоименитства, кабы Вы, не прицеливаясь, не попали в них разом своим, как скажет Герцен, «выстрелом, раздавшимся в темную ночь». С тех пор и до сего дня мыслящая часть России стала мучительно рефлектировать о самой себе, то влюбленно — над сиянием славы своей, то язвительно — над темной неизбывной бедой. Ваш выстрел отозвался горько-жалобным эхом у нее внутри, но всякому эху положено слабеть, а Ваше с тех пор все нарастает. Его бросились заглушать, тем самым только усиливая.

---

[6] Энциклика *Fides et Ratio* 1998 года.

[7] Речь идет об издателе журнала *Телескоп* Н. И. Надеждине, отправленном в ссылку.

Вы не просто разбудили, Вы невзначай раскололи Россию на «наших» и «ненаших», часовых, стоящих на страже незыблемых устоев, и радетелей о неслыханных вольностях, устои шатающих, ревностных патриотов и национал-предателей во множестве их вариаций. В России, как говорит писатель Борис Акунин,[8] живут два разных народа, люто враждующих между собой, но разделение это пошло, можно сказать, от Вас. Отсюда и беспощадная известность Ваша; столько лет не печатавшийся, целиком не очень и прочитанный, Вы разожгли смертный спор, ставший той самой «почвой и судьбой». Само имя «Чаадаев» вобрало в себя память о прицельном ударе, о ссадине, которая не зарубцевалась, о трещине, которая пошла вглубь и вызвала боль, которую все не унять.

«Окиньте взором все прожитые нами века, все занятые пространства — и вы не найдете ни одного приковывающего к себе воспоминания, ни одного почтенного памятника, который бы говорил о прошедшем с силою и рисовал его живо и картинно»,[9] проповедуете Вы. Однако «ночь», которую Вы потревожили выстрелом, сомкнулась с русским рассветом, оповестившим о себе столь разными голосами: то петушиными рифмами Языкова про плешивого аббатика с набатиком, целующего туфлю пап, то теорией сердечно-восточного познания Ивана Киреевского вместе с первым собранием русских песен его брата Петра, потоком стихов, богословских этюдов и записок о русской истории Восточной Церкви её рыцаря Хомякова, курсом русской словесности Шевырева, публицистикой Самарина, обоих Аксаковых, Тютчева, *Дневником писателя* Достоевского, вплоть до чудесной *Поэтики древнерусской литературы* академика Лихачева, яростной полемики Солженицына с западниками-плюралистами и плодом их — мартом 17-го, ими порожденным. Вплоть до статьи моего покойного друга Вадима Борисова[10] о нации как личности, более 40 лет назад вышедшей в сборнике *Из-под глыб*.[11] Вплоть до «Изборского клуба», на весь честной Русский мир исповедующего «простую как мычание» антиевропейскую свою державность. Столь разные по уровню, стилю и запросам, которые вызвали их к жизни, они возражали и тем и другим, но держали в уме, в сущности, Вас, Петр Яковлевич, хотя имя Ваше и редко мелькало в их

---

[8] Беседа с писателем Мих.Шишкиным.
[9] *Первое философическое Письмо.*
[10] Вадим Михайлович Борисов (1945–1997), историк, публицист.
[11] Париж, YMCA-PRESS, 1974.

полемике. Но в них занозой сидела мысль, Вами вынесенная как диагноз: «Мы живем в самом ограниченном настоящем, без прошедшего и без будущего, среди плоского застоя».[12] «Мы живем под собою не чуя страны…», — откликнется через сто лет один из великих Ваших читателей. Жизнь была, конечно, не та, и страна несравнимо другая, но «русская боль» звучала в прежней непреходящей тональности. «Надежда и вера борются с отчаянием, — цитирую Вадима Борисова, — или глухим злорадством; в завязавшемся споре о России все явственно слышится подлинно апокалиптическая тревога. Кто мы — проклятое и развратное племя или великий народ?».[13] За этим вопросом — весь немыслимый, жуткий контекст XX века, но задается он в упор Вам, дорогой г-н Чаадаев, потому что от хлопка Вашего выстрела в частном письме некой сударыне обрушилась давно нависшая лавина слов и идей. И грохот от ее падения все еще катится по нашей земле.

И вот что примечательно: ледяная глыба известности Вашей, которую Вы сдвинули бесстрастным своим голосом, в первую очередь Вас и накрыла, утопив на целый век все прочие Ваши построения и прозрения. Не нашлись бы они вообще никогда, Вы бы остались тем же прославленным судией и невостребованным религиозным метафизиком. Но на процессе против России, как бы выпавшей из истории, который Вы затеяли, Вы не исключили и себя из числа анонимных обвиняемых. «Эти рабы, которые вам прислуживают, разве не они составляют окружающий вас воздух? — кого, собственно, допрашиваете Вы столь пристрастно во Втором Философическом письме? Одну лишь даму, которую уже успели забыть? «Эти борозды, которые в поте лица взрыли другие рабы, разве не та почва, которая вас носит? И сколько различных сторон, сколько ужасов заключает в себе одно слово «раб»!» Оно, это полное стыдоб и насилий слово, было постоянным вызовом и лично Вашему образу жизни, немым вопросом, повисшим над самой Вашей, как сегодня говорят, идентичностью. По мнению друга Вашего С. А. Соболевского, Вы не подали бы руки самому Пушкину, если бы он пожал руку Ивану Яковлеву, домашнему человеку,[14] и, разумеется, никакой проблемы для Вас не составляло раскланиваться, приятельски улыбаясь, с любезными друзьями из Английского клоба, платившими за

---

[12] Там же.
[13] *Из-под глыб*, Париж, 1974. С. 199.
[14] См. *Борис Тарасов,* Чаадаев, М.1990. С. 277.

свои ужины собственными людьми, продавая, нередко и в розницу, мужа одному, жену другому, а девчонку их пятилетнюю ценой в полтину — в подарок третьему. Той, «игом рабства клейменной»[15] России, кажется, и в помине нет, только клеймо ее въелось и все никак не сотрется. «В один прекрасный день, — как пишете Вы,[16] — одна часть народа очутилась в рабстве у другой просто в силу вещей..., вследствие непреложного хода общественного развития...». И что особенно уязвляло Вас — и справедливо — то, что в России «рабство родилось на глазах христианского мира».[17] С молчаливого его согласия, если не гласного одобрения. Рабовладельческий мир, как и христианский, был растоптан в XX-ом веке, но внес ли этот урок радикальные перемены в тот «непреложный ход», проложенный когда-то в России? А едва начавшийся XXI-ый с его возродившимся православием? Стал ли существенно иным наш быт, образ мыслей, стиль общения очень важных, высших персон с неважными, низшими? Повлияло ли как-то на наше отношение к ближнему — спросим от себя — святоотеческое богословие личности, столь замечательно описанное Лосским?

Украсив своим именем «обломки самовластья», Вы, однако, колко прошлись по бывшим армейским коллегам, тем, кто между трубкой и стаканом лафита вознамерился, с самовластьем покончив, перевернуть Россию. Как благословили Вы и удушение Польши, восхитились растоптанием Венгрии, и в то же время у себя во флигельке на Басманной, в том же французском, в том же венгерском 48 году Вы сочинили буйно-забавное воззвание к братьям православным и горемычным: «Дошла ли до вас весточка, — взываете Вы к людям русским, — весточка громогласная, что народы вступили, народы крестьянские взволновались, всколебались, аки волны окиана-моря, моря синего!.. Не хотим, говорят, своих царей, государей. Долго они нас угнетали... не хотим царя другого, окромя Царя Небесного». Впрочем, попадись эта заложенная в книжку бумажка графу Бенкендорфу, он едва ли принял бы ее за покушение на бунт, скорее за упражнение в фольклоре.

Две любви оспаривали Ваше сердце; отсюда одна, обращенная к Западу, упрекает Россию в неисторичности и немоте, другая, как бы противоположная, — исповедует патриотизм крутого раствора

---

[15] Из стихотворения А. Хомякова
[16] *Письмо графу Сиркуру*, 1846 год.
[17] *Письмо А. И. Тургеневу*, 1843 год.

имперского. Взывая к социальной мистике, коей открыты пути Промысла Божия, Вы овеяли каким-то холодком само слово «Бог», которое то и дело попадается в Ваших строках. Сухими слезами оплакав историческое небытие России, в *Апологии сумасшедшего* Вы обещали ей невиданное будущее, что возникнет из исторической пустоты; поклонник средневекового католичества, Вы никогда не порывали и с православием на Вашей улице и уж ни при каких обстоятельствах не ссорились с властью. Говорят, было два Чаадаева: один выдуманный, а другой настоящий.[18] Но, может быть, дело проще: скорее всего, чаадаевская любовь к родине избегала на людях конфликтов с чаадаевской же любовью к свободе?

Весь облик Ваш отмечен резко очерченным нарциссизмом[19] и гордым несением своего «я», пафосом дистанции по отношению к другим, как людям, так и религиям (оттого, думаю, Вы и не перешли в католичество, что Гершензон считал Вашей непоследовательностью). При этом философия Ваша всегда настаивает на том, что мысль отдельного человека есть мысль всего рода человеческого, что отдельное сознание лишь часть мирового, которое есть некий «океан идей», вплоть до заявления, что идеология индивидуализма ложна и что цель человека — уничтожение личного бытия и замена его бытием вполне социальным или безличным».[20] Не приблизились ли Вы здесь, идя по возвышенной Вашей тропе, к толпе пророков Ваала, тех строителей тоталитарных систем, от одного вида, запаха, языка которых у Вас развилась бы не только чудовищная хандра, но и желудочные колики? Нет, Вас не заключить в капсулу лишь одной идеи, но репутация не спрашивала Вас, куда Вы хотели быть заключенным, Петром Чаадаевым она распорядилась по-своему.

Но давайте все же вырвемся из того плена «Запад и мы», «мы и они», «Россия и Европа», куда невзначай Вы заманили нас гневно-прогремевшим Вашим письмом и прочими отосланными вослед ему частными письмами[21]; все об этом уже было сказано и будет сказано еще все. Оставим в покое пророчества, комплексы, приговоры; нечто подлинно философическое возникает в прожилках *Первого* и разрастается во *Втором* и всех последующих, на сто лет потерявшихся *Философических письмах*, опубликованных Дм. Шаховским

---

[18] См. *П. Я. Чаадаев*, Pro et contra, СПБ, 1998, статья Е. В. Спекторского. С. 458.
[19] Там же, статья П. Кузнецова
[20] Там же, статья о. Василия Зеньковского. С. 485.
[21] А. И. Тургеневу, И. Д. Якушкину, Сиркуру и др.

в *Литературном Наследстве* 1935 года (Но кто их тогда читал и мог обсудить?). Согласен с о. Василием Зеньковским: «его (Чаадаева) взгляд на Россию *совсем не стоит в центре его учения*, а, наоборот, является логическим выводом из общих его идей в философии христианства».[22] Но это подлинно философическое начало непросто вычленить; еще Пушкин[23] отметил у Вас отсутствие плана и системы в Вашем изложении, что, впрочем, вполне допускается эпистолярным жанром, не предполагающим системы и плана. «Мы являемся в мир "со смутным инстинктом нравственного блага",[24] утверждаете Вы, отсылая нас к отпечатку Высшего Разума или Слова. Слово Божие обращается к нам в говорящей ошеломительной прямоте Нагорной Проповеди, но перекликающейся, как Вы утверждаете, в данном случае, с *мудростью Ветхого Завета*: *поступайте с другими так, как вы хотите, чтобы поступали с вами*. «Божественный Разум, — гласит Четвертое письмо, — есть причина всему, разум человека есть лишь следствие, что же может быть общего между тем и другим? Разве что, — прибавляет Ваше письмо, — что между Созвездием Пса, сияющим на небе, и тем псом, который бежит по улице, — одно и то же имя».[25]

Эту аналогию от Спинозы изберет потом излюбленной своей мишенью Лев Шестов, ибо тема противостояния или гармонии Бога и разума как бы изначально заложены в русской философии. Установки Ваши и Шестова противоположны, но при этом находятся в общем поле, они, если бы и не договорились, то поняли бы главную мысль другого. Это мысль о безусловном первенстве и превосходстве Божественного начала над человеческим. «В человеческом духе нет никакой другой истины, кроме той, которую Своей рукой вложил в него Бог, когда извлекал его из небытия, и человек творит, исходя из этой истины, с которой взаимодействует наш разум». О, если бы Вы могли это доказать, философ с Басманной, развить, подтвердить живым, собственным опытом! Но достаточно и такого удивительного прозрения. Истина дана изначально; это одно из тех малых семян, которое потом принесет много плода в системах последующей русской философии. *Ибо Господь дает мудрость, и от уст Его — знание и разум*, — сказано в Притчах (2,6). Мудрость

---

[22] См. его *Историю русской философии*.
[23] Письмо от 6 июля 1831 года.
[24] *Второе письмо*.
[25] *Четвертое письмо*.

заключена в истинах, усваиваемых человеком, в них-то и открывает себя Разум, который Вы называете Высшим. У Вас нет разрыва между разумом Божиим и человеческим, как у Шестова, напротив. «Истины Откровения доступны всякому разумному существу»,[26] и этот тезис вполне католической теории познания протягивает руку к другому, настаивающему на единстве двух миров, материального и духовного. Вы верите в единый закон, который незримо управляет тем и другим, и Ваше черно-белое полотно под названием «Россия и Европа» родилось из созревавшей в Вас, но так и не сложившейся теории познания. Познание единого закона, управляющего небом и землей, историей и природой, говорите Вы, требует «логического самоотречения», аналогичного с отречением нравственным.[27] Здесь, если развивать эту мысль, она укажет дорогу напрямую к возможной чаадаевской этике, в сторону которой Вы делаете первые шаги, чтобы провозгласить нашу ответственность за всякую мысль или движение души или для того, чтобы «с презрением и отвращением» осудить Гомера почти со всей цивилизацией греков.[28]

Но отречение должно быть свободным, свобода же неотъемлема от образа Божия,[29] однако сама суть свободы для Вас — послушание тому же закону, внушенному Высшим Разумом. Т.е. Логосом или Словом, *бывшим в начале у Бога*. «В день создания человека Бог с ним беседовал и человек слушал и понимал», — эта удивительная интуиция словно вырастает из откровения 138-го Псалма, в котором Давид «вспоминает» о своем утробном предсуществовании и благодарит за то, что Бог создал его, — «таково истинное происхождение человеческого разума; психология не отыщет объяснения более глубокого».[30] «Даже утратив этот дар восприятия голоса Божия, человек не потерял воспоминания о нем. Глагол Бога, обращенный к первому человеку, передаваемый от поколения к поколению, посещает человека в колыбели, он-то и вводит человека в мир сознаний и превращает его в мыслящее существо».[31] Таков закон воздействия Бога на человека, проявляющийся в творении. И потому Вы утверждаете,

---

[26] *Второе письмо.*
[27] *Третье письмо.*
[28] См. *Седьмое письмо.*
[29] *Четвертое письмо.*
[30] *Пятое письмо.*
[31] *Пятое письмо.*

что в человеческом духе нет истины, помимо собственноручно вложенной в него Богом, «когда Он извлек человека из небытия».[32]

«Ты от небытия в бытие приведый всяческая…», — гласит, исповедуя нашу веру, крещальная молитва. Ваша теория врожденных истин, идущая еще от Платона и часто оспариваемая, находит свои корни в Благой Вести. Она дарована нам в образе Божием, который мы в себе носим, и сама истина живет в нас как оттиск или отсвет этого образа, как икона, которой благословили нас при творении. Но на этой глубине изначальной связи человека с Творцом истина молчит; затем, когда наше сознание начинает осваивать ее на уровне рационального, она выражает себя определением, ограничением в знании, существующем только в языке.

Здесь я не излагаю всей Вашей философии, Петр Яковлевич, лишь пытаюсь идти по едва намеченным Вами следам: от внешнего, от конструкции Высшего Разума, который нисходит свыше, вкладывая в нас свои истины, к истине как таковой, заключенной в образе Божием, изначально живущем в нас, и этот дар возобновляется в каждом человеческом существе. *Был свет истинный, который просвещает всякого человека, приходящего в мир*, — вспоминаете Вы евангельские слова, и они, собственно, составляют неделимое ядро глубинной «философичности» Ваших мыслей. Роль Откровения подобна благословению, проливающему свет разума и той работе, которая совершается в нем. Вы вплотную подступаете к философии Откровения, оставшейся у Вас в загадочном наброске, но великолепно развитой затем в 40-х годах в Берлинском университете Вашим великим другом Шеллингом; у Вас же, кроме московских гостиных и друзей, коим Вы дарили свои письма, не было кафедр, где бы Вы могли уложить свои интуиции в тот порядок, коего Вы же и были всегда поклонником. Вера и знание, Откровение и разум, Бог и человек — все это рассыпано удивительной россыпью в потерявшихся на сто лет Ваших письмах, из которых Вы так и не успели, не захотели, не смогли собрать законченную византийскую мозаику или сложить готический витраж. Кто знает, какой путь Вы могли бы еще пройти, если бы не оборвали его Вашим Первым диссидентским письмом; после Вас до Соловьева, кажется, никто не начинал философии с Откровения.

---

[32] *Шестое письмо.*

Итак, главные нравственные истины вложены в нас изнутри и извне, и они требуют повиновения себе; здесь философское ухо различает мотив учения о категорическом императиве, а богословское *Послание к Римлянам*, провозглашавшее действие закона в сердцах язычников независимо от веры. Но сама вера почему-то не привлекает Ваш пытливый ум, она воспринимается скорее как нечто само собой разумеющееся, Вы как бы полагаетесь на «естественное Откровение», которое дается извне как закон «из отдаленной и неведомой области».[33] Отдаленной ли? *Весьма близко к тебе Слово Мое, оно в устах твоих и в сердце твоем,* — говорит Господь Моисею (Втор. 30,14). Внимание Слову Божию и есть исток веры. Но для Вас она — не столько то, что открывают в сердце и обретают в общине, сколько то, что находят в вольном полете философского ума. Впрочем, никто не осудил бы Вас за такое смешение сердца и разума, ведь вера может строить себе разные жилища: в пении хора или молчании алтарей, шелесте трав или незыблемом храме греческих терминов. Религия Чаадаева совсем не похожа на исповедание митрополита Филарета или служение доктора Гааза, Ваших святых современников, это не та вера, которая рождается на войне, где Вы побывали, или в каторжной больнице, которая Вас миновала, и не та, которая находит себя в храме, если только храмом не считать Вашу богатейшую библиотеку. Однако и философская вера, как ее назовет потом Ясперс, и по сей день не очень-то востребована обществом, которое в религиозных делах доверяет больше почве и крови, обряду и быту, приходскому батюшке и умилению, чем попытке рефлексии над ними.

Много тугих мысленных волокон пронизывают Ваши письма, но нигде они не связываются в узлы, остаются разобщенными, пребывая в каком-то уникальном, беспорядочном и все же по-своему гармоничном переплетении. Причем не в идеях только, но и в мыслях, интуициях, в Ваших, только Вам ведомых, «беседах» с Богом. Этот и по сей день нераспутанный клубок, где Россия и Европа ведут свой спор не только в истории, но и в теории познания, где западное начало (познание Бога разумом) и восточное (внимание Слову, данному при творении) противостоят друг другу и сливаются в одно неделимое целое. Такова судьба всей мыслящей послепетровской России, в которой Запад, как напишет Мандельштам, иногда становится

---

[33] *Пятое письмо.*

«сгущеннее, конкретней самого исторического Запада».³⁴ Две любви сотворили два града, припомним слова бл. Августина, у Вас же тот град, который сотворила любовь к родине, то и дело ссорится с градом любви к истине, и почти вся последующая русская мысль с той поры окажется вовлеченной в этот конфликт. Но для Вас оба эти града суть предместья Божьего Царства, мерцающего за их стенами.

Да приидет Царствие Твое, — часто, даже в письмах к друзьям Вы цитируете слова молитвы Господней. И останавливаетесь на их пороге. Но откуда оно приидет? В каком облике явится? Станет ли оно завершением земной истории, которая пролагает путь в людях, повинующихся Промыслу и Божественному закону, как полагали Вы? А что если люди вдруг возьмут и изобретут свой собственный промысел и в манифесте о том объявят, и массами овладеют, и погонят их штурмовать само Небо? Идея Царства Божия на земле всегда скользит по краю пропасти, а в России однажды — Бог сохранит Вас увидеть это — она сорвется в багровый мираж. «Есть великая славянская мечта о прекращении истории», — писал Мандельштам в статье *Чаадаев*, и, возможно, симулякр Царства Божия на земле со слиянием (принудительным) всех душ человеческих в одну,³⁵ и явился у нас еще одной попыткой ее, истории, прекращения. Мечта воплотится в утопию, подожжет полмира, но потом сдуется, осядет, рухнет, рассыпется, уступив место видению ушедшего на дно царства, откуда нас когда-то изгнали, но куда мы вернемся под расписными парусами плывущих вспять истории кораблей.

«Мое пламеннейшее желание, — писали Вы Пушкину в 1831 году, — видеть Вас посвященным в тайну времени». Откройте же нам Вы, тайнозритель, где спрятана эта тайна? В том, что «река времен в своем теченьи»³⁶ впадает в Божие Царство, и русло ее проложено не где-нибудь, а в России? Вы лишь едва коснулись ее, но, коснувшись, задели струну, которая надсадным пением своим зовет, молит, требует эту тайну разгадывать. Не умом, не статьями разгадывать, а Востоком и Западом, спорящими внутри нас. И уже два века почти, как разгадывать, Петр Яковлевич, вместе с Вами, коль скоро вольно или невольно, Вы первый и начали тот разговор.

---

³⁴ *О. Мандельштам. Петр Чаадаев*, ПСС т. 2. С. 32.
³⁵ *Восьмое письмо.*
³⁶ Из последнего стихотворения Г. Державина.

Борис Гройс (Германия–США)

Борис Гройс родился в 1947 году в Берлине в семье советского специалиста по энергосистемам. В послевоенном Берлине его отец участвовал в восстановлении энергосистемы города. В 1949 году семья вернулась в Советский Союз, в Ленинград (сейчас Санкт-Петербург). В 1971 году Гройс закончил математико-механический факультет Ленинградского Государственного Университета по специальности математическая логика. Затем он работал в различных научных учреждениях Ленинграда.

В 1976 году Борис Гройс женился на Наталии Никитиной и переехал в Москву. С 1976-го по 1980-й годы он работал на кафедре структурной и прикладной лингвистики Московского Государственного Университета. Все эти годы Борис Гройс печатался в различных самиздатских («37», «Часы») и тамиздатских журналах («Вестник РСХД», «Эхо», «Ковчег»), парижском журнале «А-Я» и швейцарском — «DU».

В 1981 году Гройс эмигрировал в Германию. С 1982-го по 1988-й работал как свободный автор, выступал с докладами и публиковался в Германии и других европейских странах. С 1988-го года преподавал в различных немецких и американских университетах. В 1992 году защитил докторскую диссертацию по философии в Мюнстерском Университете.

С 2009 года Борис Гройс живет постоянно в Нью-Йорке. Преподает в Нью-Йоркском Университете (Professor of Russian and Slavic Studies, NYU) и в EGS (European Graduate School, Saas Fee, Switzerland).

В эти годы Борис Гройс занимался также кураторской работой. В частности, он куратировал следующие выставки: «Фабрика мечты: коммунизм», Ширнкунстхалле, Франкфурт-на-Майне, 2003; «Тотальное просвещение: Московский концептуализм 1960–1990», Ширнкунстхалле, Франкфурт-на-Майне и Fondacion March, Мадрид, 2008–2009; Российский Павильон на Биеннале в Венеции, 2011;

«Александр Кожев как фотограф», БАК, Утрехт; Биеннале Гванджу, Южная Корея; ОКАТ, Шенжен, Китай; Palais Tokyo, Париж и James Gallery, Нью-Йорк, 2012.

Избранные книги Бориса Гройса на русском и английском языках:

1.
Утопия и обмен. Москва. 1993
Искусство утопии. ХЖ. Москва. 2003
Комментарии к искусству. ХЖ. Москва. 2003
Под подозрением. ХЖ. Москва. 2006
Коммунистический постскриптум. Ad Marginem. Москва. 2007
Политика поэтики. Ад Маргинем Пресс. Москва. 2012
Гезамткунстверк Сталин. Ад Маргинем Пресс. Москва. 2013
Русский космизм (Составитель). Ад Маргинем Пресс. Москва. 2015
О Новом. Опыт экономики культуры. Ад Маргинем Пресс. Москва. 2015
Ранние тексты 1976 / 1990. Ад Маргинем Пресс. Москва. 2017
В потоке. Ад Маргинем Пресс. Москва. 2018

2.
The Total Art of Stalinism. Russian Avant-Garde, Aesthetic Dictatorship, and Beyond. Princeton Univ. Press 1992.
Art Power. MIT Press. Cambridge Ma. 2008.
The Communist Postscript. Verso. London — New York. 2010.
History Becomes Form: Moscow Conceptualism. MIT Press, Cambridge Ma. 2010.
An Introduction to Antiphilosophy. Verso. London — New York. 2012.
Under Suspicion. A Phenomenology of Media. Columbia University Press. 2012.
On the New. Verso. London — New York. 2014
In the Flow. Verso. London — New York. 2016
Russian Cosmism (Ed.), MIT Press, Cambridge Ma. 2018

РОМАНТИЧЕСКАЯ БЮРОКРАТИЯ: ПОСТИСТОРИЧЕСКАЯ МУДРОСТЬ АЛЕКСАНДРА КОЖЕВА[1]

Александр Кожев получил известность главным образом благодаря своим концепциям конца истории и постисторических условий существования, которые он сформулировал на своих семинарах по «Феноменологии духа» Гегеля в парижской Ecole Pratique des Hautes Étude в 1933–1939 годах. Эти семинары регулярно посещали ведущие французские интеллектуалы того времени — такие, как Жорж Батай, Жак Лакан, Андре Бретон, Морис Мерло-Понти и Раймон Арон. Записи лекций Кожева распространялись в парижских интеллектуальных кругах, и среди их читателей были, среди прочих, Сартр и Камю.[2]

Конец истории в понимании Кожева, разумеется, не означает прекращения исторических процессов и событий. Философ рассматривал историю не просто как цепь событий, а скорее, как движение, направленное к достижению определенной цели — в принципе достижимой и по существу уже достигнутой. Согласно платоновско-гегелевской традиции, которую продолжает Кожев, этой целью является мудрость. Кожев понимает мудрость как полное самопознание, абсолютную прозрачность сознания. Мудрец знает причины всех своих действий, он может объяснить их, перевести в рациональный язык. Цель истории — появление Мудреца. В момент его появления история завершается. Тут можно спросить: зачем для возникновения Мудреца нужна история? Можно ведь допустить, что Мудрецом можно стать в любой момент истории — достаточно принять решение перейти к самоанализу, самонаблюдению, рефлексии вместо того, чтобы интересоваться исключительно внешним миром. С древнейших времен до наших дней не раз говорилось о необходимости инициировать метанойю — переключить внимание с повседневной жизни на интроспекцию.

---

[1] Данная статья — опубликованный в 2016 году в журнале «Radical Philosophy» Nr. 196 (London) текст доклада Бориса Гройса на конференции «Romantic Transdisciplinarity: Art and the New» (Centre for Research in Modern European Philosophy, Kingston University, London, 2013).

[2] *Кожев, Александр.* Введение в чтение Гегеля. Лекции по «Феноменологии духа», читавшиеся с 1933 по 1939 г. в высшей практической школе / Подборка и публикация Р. Кено / Пер. с фр. А. Погоняйло. — СПб.: Наука, 2003.

Однако Кожев, вслед за Гегелем, не верит, что такое переключение возможно в обычных условиях, что оно может быть реализовано как результат простого решения перейти от созерцания внешнего мира к самосозерцанию. Такое волюнтаристское решение было бы возможно лишь в том случае, если бы «субъект» онтологически отличался от мира и был ему противоположен, как полагали Платон или Декарт. Но Кожев развивает свою философию в постметафизическом, пострелигиозном мире. Он стремится к радикальному атеизму, а это означает, что для него человек в «обычных условиях» является частью мира и что человеческое сознание полностью этим миром определяется. «Субъект» лишен онтологического статуса и энергетических ресурсов, которые необходимы для перехода от существования внутри мира к его созерцанию — для осуществления феноменологического «эпохе» в гуссерлианском смысле. Самосознание может появиться лишь тогда, когда человек оказывается в оппозиции к миру. А это происходит лишь в тех случаях, когда его жизнь подвергается риску и мир угрожает ей. Должна иметься некая сила, которая ставит «человека как животное» в оппозицию к миру и обращает его против мира, посредством того, что она обращает мир против человека. Именно эта сила осуществляет переход от природы к истории. История противопоставляет человека природе. Поэтому необходима история, чтобы конституировать Я и в то же время обратить внимание человека на это Я. Только исторический человек может обладать самосознанием и, следовательно, называться человеком в полном смысле этого слова.

Недаром Кожев начинает свое «Введение в чтение Гегеля» следующей фразой: «Человек — это Самосознание», и затем добавляет, «что этим-то он и отличается от животного, которому выше простого Самоощущения не подняться».[3] Однако это животное самоощущение принципиально для развития человеческого самосознания, поскольку именно оно первоначально противопоставляет человека миру и конституирует его как объект созерцания и знания: «Созерцающий человек „поглощен" тем, что он созерцает, „познающий субъект" „утратил себя" в познаваемом объекте. <...> Человек, „поглощенный" созерцанием объекта, „вспоминает о себе" только тогда, когда у него возникает Желание, например желание поесть. <...> И только Желание превращает Бытие, само себе раскрывшееся в познании (истинном), в некий „объект", который открылся некоему

---

[3] Там же. — С. 9.

«субъекту» <...> Я (человеческое) — это Я Желания, то ли „какого-то", то ли Желания как такового".[4]

Желание переключает человека от созерцания к действию. Это действие всегда представляет собой «отрицание». Субъект Желания есть пустота, которая отрицает и уничтожает все «внешнее», все «данное». Но Самоощущение — это еще не Самосознание. Самосознание порождается желанием особого типа: «антропогенным» желанием, предметом которого являются не конкретные вещи, а желание другого. «Так, например, в отношениях между мужчиной и женщиной Желание человечно в той мере, в которой хотят овладеть не телом, но Желанием другого», — поясняет он. Как раз это антропогенное желание дает начало истории и движет ею: «человеческая история — это история желаемых Желаний»; «всякое человеческое, антропогенное, порождающее Самосознание и человечность Желание сводится в конечном счете к желанию „признания"».[5]

Здесь Кожев ссылается на описанную Гегелем исходную борьбу Самосознаний. Два Самосознания сталкиваются в борьбе (которая, собственно, и конституирует их как Самосознания), которую одно из них выигрывает. После этого второе Самосознание оказывается перед выбором: либо умереть, либо выжить и трудиться, удовлетворяя желание победителя. Так появляются два типа людей: господа и рабы. Господа предпочитают смерть работе на других господ; рабы принимают труд как свою участь. На первый взгляд, Кожев предпочитает (в ницшеанском духе) умирающего господина, который жертвует своей жизнью ради славы, трудящемуся рабу. В его описании история приводится в действие героями, готовыми жертвовать собой под действием этого единственного подлинно человеческого желания — желания признания.

Кожев пишет: «Без этой борьбы не на жизнь, а на смерть, которую ведут из чисто престижных соображений, человек на земле так никогда бы и не появился».[6] Животное самоощущение обнаруживает себя как ничто, пустоту, но это ничто остается инфицированным бытием, поскольку желает чего-то «реального». Однако желание, которое добивается признания от другого желания, полностью свободно от чего бы то ни было «реального»: здесь пустота желает другую пустоту, ничто желает другое ничто. Так конституируется «субъект».

---

[4] Там же. — С. 11–12.
[5] Там же. — С. 14, 15, 16.
[6] Там же. — С. 16.

Он не является «естественным», поскольку готов пожертвовать всеми естественными потребностями и даже своим «естественным» существованием ради абстрактной идеи признания. Но, не будучи естественным, этот субъект остается историческим. Он остается таковым до тех пор, пока конституируется желанием исторического признания, что делает его зависимым от исторических условий этого признания. Это значит, что проект Мудрости становится историческим проектом: чтобы познать себя, необходимо познать историю и ее движущие силы, необходимо сделать прозрачной тотальность общества, в котором живешь — в противном случае познать себя невозможно, потому что объектом этого знания является желание признания (конституирующее мое истинное Я), а это желание неизбежно структурируется обществом, в котором субъект желает быть желаемым.

Соловьев и Сталин

Часто говорится о влиянии, которое оказал на Кожева Хайдеггер с его идеей о том, что человеческое самосознание определяется «бытием к смерти». В «Бытии и времени» Хайдеггер связывает подлинную экзистенцию (то есть, по сути, самосознание, поскольку в этом модусе человек не теряет себя во внешнем мире) с предчувствием смерти: возможностью исчезновения всего, чистым ничто. Однако в рукописи под названием «София, философия и феноменология» Кожев критикует Хайдеггера за то, что тот не замечает, как в действительности происходит открытие бытия к смерти.[7] Кожев называет Хайдеггера единственным достойным буржуазным философом настоящего времени, поскольку он тематизировал смерть

---

[7] Эта работа, представляющая собой рукопись (на русском языке) объемом около 1000 страниц, была написана Кожевом в 1940–1941 годах в оккупированном Париже. Рукопись была передана им Жоржу Батаю перед тем, как ее автор покинул Париж после вторжения Германии в СССР. Ныне она хранится в Национальной библиотеке в Париже. Другая (возможно, машинописная) копия была передана Кожевом советскому послу во Франции для пересылки в Москву вместе с личным письмом Сталину (возможно, Кожев рассматривал в это время возможность возвращения в СССР). Две основные части рукописи называются (1) «Нечеловеческие предпосылки человеческого существования» и (2) «Человеческое существование». Вторая часть повторяет в основных чертах содержание лекций Кожева о «Феноменологии духа» Гегеля, хотя и в более развернутом виде, и включает крайне интересный раздел, посвященный феноменологии буржуазной формы существования.

и конечность человеческого существования.⁸ Однако, по словам Кожева, Хайдеггер игнорирует феноменологический горизонт, в котором субъекту открывается возможность собственной смерти, понимаемой как полное исчезновение всего. Конечно, Хайдеггер занимался феноменологическим анализом открытия возможности полного ничто в опыте тревоги или позднее — тягостной скуки.⁹ Но, говоря о феноменологии, Кожев имеет в виду гегельянский, а не гуссерлианский тип феноменологического анализа. Соответственно, он считает, что смерть обнаруживает себя как возможность человеческого существования исключительно в опыте революционной борьбы — борьбы не на жизнь, а на смерть. С типичной для него иронией Кожев пишет, что Хайдеггер взял у Гегеля смерть без революционной борьбы, тогда как западный марксизм взял идею борьбы без смерти.

Гораздо большее влияние на Кожева оказал другой мыслитель — Владимир Соловьев. Собственно, философская карьера Кожева началась с диссертации о трудах Соловьева — самого влиятельного русского религиозного философа конца XIX века. Кожев написал эту работу на немецком языке в Гейдельбергском университете в 1926 году под своим настоящим именем Александр Кожевников, а его научным руководителем выступил Карл Ясперс. В 1930-е годы диссертация была опубликована в Германии очень небольшим тиражом, а в 1934 году с небольшими изменениями вышла в переводе на французский в «Историческом и религиозно-философском журнале» (*Revue d'Histoire et de Philosophie Religieuse*). Оригинальная версия диссертации хранится в библиотеке Гейдельбергского университета (и содержит пометки, сделанные Ясперсом или кем-то из его ассистентов). В своих трудах Соловьев тематизировал эротическое измерение философии, понимаемой им как любовь к «Софии» — Мудрости. Соловьев полагал, что цель философа состоит в том, чтобы добиться признания и любви Софии, и считал себя достигшим этой цели: он говорит о трех свиданиях с Софией и любовных письмах от нее.¹⁰ Здесь обнаруживается источник идеи

---

⁸ *Кожев, Александр.* София. Философия и феноменология. Рукопись. — С. 500ff.

⁹ *Хайдеггер, Мартин.* Основные понятия метафизики: мир, конечность, одиночество / Пер. с нем. В. Бибихина, А. Ахутина, А. Шурбелева. — СПб.: Владимир Даль, 2013. — С. 133ff.

¹⁰ Соловьев описал свои встречи с Софией в поэме «Три свидания». См.: *Соловьев, Владимир.* Стихотворения и шуточные пьесы. — Л.: Советский писатель, 1974 («Библиотека поэта»). — С. 125–132.

Кожева об антропогенном желании как желании желания, желании признания. Название его рукописи 1940–1941 годов, «София, философия и феноменология», ясно указывает на «софиологические» размышления Соловьева.

Наиболее важный тезис софиологии следующий: человечество в целом трактуется Соловьевым как тело Софии.[11] Стало быть, признание со стороны Софии — то же самое, что признание со стороны всего человечества. Философ, который овладевает социальным телом, трансформирует его в тело любви. Другими словами, его желание Софии удовлетворяется только в том случае, когда все и каждый получают признание всех остальных. Общество, возникающее из этого всеобщего взаимного признания, Соловьев называет «свободной и всеобщей теократией». Нетрудно различить в ней источник представления Кожева о «всеобщем и однородном государстве». Однако Кожев предлагает атеистическое, секулярное прочтение Соловьева. Универсальное признание — это не результат божественной милости, а цель исторического процесса. Она достигается не благодаря даруемой Софией благодати, а через насильственное, революционное действие — борьбу не на жизнь, а на смерть. История освобождения — это история борьбы рабов за признание и в то же время растущей рационализации общества: социальные иерархии, исток которых лежит в иррациональном прошлом, постепенно преодолевались, и общество становилось все более рациональным, эгалитарным и прозрачным. В этом пункте философия Кожева совпадает с гегельянско-марксистской философией, хотя борьба за всеобщее признание, разумеется, не то же самое, что классовая борьба. Кожев стремится к синтезу господина и раба — синтезу, который производит гражданина. Кожев описывает этот синтез посредством фигуры «вооруженного рабочего», который, хотя и работает как раб, готов бороться и умереть как господин.

В своем «Введении» Кожев напоминает читателю, что, согласно Гегелю, конец истории возвещен появлением фигуры Наполеона. Наполеон — индивидуум, обязанный всем самому себе, но одновременно пользующийся всеобщим признанием. А наполеоновское государство уже является всеобщим и однородным.[12] Однако

---

[11] *Соловьев, Владимир.* Чтения о богочеловечестве // Соловьев, Владимир. Полное собрание сочинений и писем в двадцати тт. / Т. 4: 1878–1882. — М.: Наука, 2011. — С. 113ff.

[12] *Кожев, Александр.* Введение в чтение Гегеля. — С. 186–187.

Наполеон — не философ: его борьба за признание не совпадает с любовью к знанию, к Мудрости. Скорее на эту роль подходит Гегель, чья любовь к знанию находит удовлетворение, когда он смотрит на Наполеона. Мудрец появляется здесь как дуальность (Наполеона и Гегеля) и в силу этого остается несовершенным. Поэтому Кожев связывает свои ожидания конца и осуществления истории с Советским Союзом и, в частности, с фигурой Сталина.

Сталин, с точки зрения Кожева, не только стремится к всеобщему признанию, но также работает над осуществлением определенной философской идеи. Он — господин или, скорее, тиран, который, однако, использует свою власть не столько для удовлетворения своих личных желаний, сколько ради идеи.[13] Следовательно, чтобы лучше понять эволюцию идеи конца истории у Кожева, стоит обратиться к его интерпретации СССР эпохи сталинизма. Подробнее всего Кожев рассматривает тему советского общества и его идеологии в той части «Софии, философии и феноменологии», которая носит название «Совершенное (абсолютное) знание, или Идеал сознательности».[14] Он начинает свой анализ советской идеологии с утверждения, что прилагательное «сознательный» появилось и получило широкое распространение как непосредственный результат социалистической революции в России. Кожев цитирует такие популярные формулы, как «сознательные пролетарии» и «сознательные граждане», и пишет, что, с точки зрения марксизма-ленинизма-сталинизма, сознательность есть идеал всего человечества. В качестве примера он приводит рабочего, который покупает бутылку водки, а когда его спрашивают, зачем он это сделал, отвечает: чтобы напиться. Другими словами, несознательный рабочий рассматривает свое непосредственное желание выпить как первопричину своего действия, тогда как сознательный может проанализировать общественный контекст этого действия: производство и распространение водки, роль денег,

---

[13] Интерпретация фигуры Сталина и сталинизма у Кожева была развита Жоржем Батаем. В работе «Проклятая часть» Батай, анализируя понятие суверенности, пишет: «В наши дни суверенность остается живой только в перспективах коммунизма» (*Батай, Жорж.* Проклятая часть. Сакральная социология / Пер. с фр. / Сост. С. Зенкин. — М.: Ладомир, 2006. — С. 359. Согласно Батаю, при коммунизме суверенность принимает форму суверенного отказа от суверенности (там же. — С. 408). Сталин служит парадигматическим воплощением этого нового вида суверенности, поскольку отказывает себе в удовольствиях, развлечениях и удовлетворении личных желаний ради служения идее коммунизма (там же. — С. 406ff).

[14] *Кожев, Александр.* София. — С. 4ff.

социокультурные конвенции, регулирующие потребление водки и т.д. Переход от несознательности к сознательности — это переход от животного желания к логосу, социальной манифестацией которого служат диалог и дискуссия. Вот почему социализм базируется на дискуссии и диалоге: на перманентном дискурсивном анализе всех аспектов общественного бытия. Кожев пишет, что сознательный рабочий, в формировании которого видит свою задачу советская идеология, фактически является философом. Всеобщее и однородное государство, где возможно появление и существование Мудреца, есть не что иное, как коммунизм. По словам Кожева, научный коммунизм Маркса, Ленина и Сталина — это попытка расширить философский проект до его крайних исторических и социальных границ.[15] Он также подчеркивает атеистический характер марксизма-ленинизма-сталинизма, который не ждет второго пришествия Христа в конце исторического развития и не признает так называемые «священные права человека». Другими словами, Кожев видит конец истории как момент распространения мудрости на все человечество — демократизацию мудрости, обретение ею всеобщности и, как следствие, однородности. Он верит, что СССР движется в сторону общества мудрых, каждый член которого сознателен.

Но даже если советское общество еще не стало обществом философов, оно в любом случае управляется философами. По мнению Кожева, гегельянско-марксистско-сталинистский проект является истинной интерпретацией и осуществлением политической цели философии, сформулированной еще Платоном: философ должен управлять обществом как царь. Кожев подписывается под этим платоновским требованием, но при этом скептически относится к предложенному Платоном способу его реализации, согласно которому философ должен практиковать созерцание Бога и наставлять Царя, ведя его к истинному знанию. В одном из писем Лео Штраусу Кожев пишет:

> Эта подлинная платоновская концепция на протяжении тысячелетий апробировалась «монахами» (как христианами, так и мусульманами) и выродилась в «литературную республику» Бейля, которая «жива» по сей день. Настоящие политики (государственные умы) всегда этому противились… их не заботило, что там на самом деле имел в виду Платон, и они (недо)понимали его идею как «утопическую» (поскольку она

---

[15] Там же. — С. 21.

> могла быть осуществлена лишь «сверхчеловеческой» тиранией). Так это понималось до Гегеля и Маркса: они не стремились к тому, чтобы разрушить Академию (= «монастыри») или лишить ее действенности и влияния, а, напротив, хотели превратить ее в «полис». Для Гегеля и Маркса (но не для Платона) философы действительно должны (и, следовательно, могут) стать «царями» [а, разумеется, не наоборот: такой вариант «утопичен», тогда как становление царем философа вовсе не утопично — поскольку революция и есть такое «становление»].[16]

Таким образом, философ может и должен стать тираном — революционным лидером и самопровозглашенным царем. Вот почему Кожева так интересовали фигуры тиранов Нового времени — Наполеона, Сталина, Салазара и Мао (он написал пространный комментарий к книге Лео Штрауса о тирании[17]). Конец истории для него есть не что иное как революция, которая приводит к власти философа — тирана, создающего всеобщее и однородное государство.

Неэффективность убедительной речи

Для Кожева необходимость революционного насилия проистекает из неэффективности убедительной речи. Уже в своем анализе «Энциклопедии» Бейля (на который он косвенно ссылается в письме Штраусу) Кожев демонстрирует, что философ не может преодолеть множественность отдельных мнений с помощью одной лишь убедительной речи — речи, претендующей на «истинность».[18] Действительно, на протяжении всей своей истории философия пыталась действовать убеждением. Она оценивала свою эффективность в зависимости от влияния, оказанного ею на читателей и слушателей. Но нет доказательств достаточно убедительных, чтобы заставить читателей отказаться от собственных мнений и признать «убедительную речь» «истинной». Надежда, веками воодушевлявшая

---

[16] *Kojève, Alexandre.* The Strauss–Kojève Correspondence // *Strauss, Leo.* On Tyranny. Corrected and Expanded Edition, Including the Strauss–Kojève Correspondence / Ed. Victor Gourevitch and Michael S. Roth. — Chicago: University of Chicago Press, 2013. — P. 302–303.

[17] *Kojève, Alexandre.* Tyranny and Wisdom // *Strauss, Leo.* On Tyranny.

[18] Kojève, Alexandre. Identité et Réalité dans le ‚Dictionnaire' de Pierre Bayle. — Paris: Gallimard, 2010. — P. 101ff.

философию, — надежда произвести столь интенсивный свет очевидности, что никто не сможет ему противиться, повернуться спиной к этому свету и остаться при своем мнении, — показала свою тщетность и гибельность для философии. В итоге философия выродилась в литературу: стала воспроизводить множественность мнений вместо того, чтобы преодолевать ее.

Конец истории означает конец убедительной речи или, скорее, конец веры в способность речи убеждать. Но если философ отказался от надежды убедить, значит ли это, что он отказался также от всякой надежды повлиять на ход вещей? Кожев отвечает «нет». Философия — это не только литература, но и определенного рода технология. Она может производить вещи, которые функционируют помимо всякого убеждения. Автомобилю, к примеру, не требуется быть убедительным — он просто движется.[19] И люди вынуждены приспосабливаться к миру, где ездят автомобили — независимо от того, убедили ли их философские и научные теории, на которых основана конструкция автомобиля. Можно сказать, что переход от истории к постистории представляет собой переход от убеждения к приспособлению. Философы-тираны создают государственные машины, к которым люди должны приспосабливаться просто потому, что эти машины существуют и функционируют. Убеждение становится нерелевантным. Традиционная философия превращается в литературу. Однако постисторическое государство, созданное философом-тираном, отнюдь не молчаливо — напротив, оно по-прежнему основано на языке. Как мы уже видели, в своей интерпретации сталинского Советского Союза Кожев настаивает на ключевой роли языка.

Кожев считает, что «человеческие существа действуют по сути для того, чтобы иметь возможность *говорить* об этом (или слышать, как об этом говорят) … и наоборот: мы *говорим* только о действии; о природе нам остается… [математически, эстетически и т.д.] только *молчать*».[20] Постисторическое, всеобщее и однородное государство не является исключением. Это государство говорит. Более того, впервые в истории оно говорит на языке истины, языке знания. Но это не значит, что оно говорит «убедительным языком». Кожев настаивает, что истину речи нельзя определять как отношение этой речи к внешней «реальности», будь то временной

---

[19] Ibid. — P. 107.
[20] *Kojève, Alexandre.* The Strauss–Kojève Correspondence. — P. 255.

(тогда любая речь есть лишь мнение) или вечной (тогда эта истина «нерелевантна для практики»). Скорее, если следовать Гегелю, истина речи гарантируется ее целостностью, а целостность определяется ее движением по кругу: «тот, кто сказал все, может лишь повторить себя, и никто не сможет ему возразить».[21] Другими словами, постисторическая речь верна потому, что движется по кругу. Она всегда проходит полный круг и тем самым повторяет круг, впервые описанный гегелевской философией. Это круговое движение делает любое конкретное утверждение неопровержимым и в то же время нерелевантным. Оно неопровержимо, поскольку заведомо включено в полный круг, и нерелевантно, поскольку релевантен только полный круг. Следовательно, язык постисторического государства является не убедительным, а разубеждающим.

Гегелевский полный круг философской речи включает любую индивидуальную речь, но исключает всякую претензию такой речи на автономную очевидность или партикулярную истину, противоположную тотальности круга. Если современное государство представляет собой своего рода автомобиль, то циркуляция речи функционирует как его мотор. Индивидуальная философская позиция становится невозможна, поскольку уже включена в круг философской рефлексии. Единственная возможная позиция — это позиция поддержания этого мотора в действии, поддержания циркуляции речи, позиция, повторяющая позицию Гегеля. Это позиция уже не философа, а Мудреца. И Кожев понимает свою теорию всего лишь как повторение теории Гегеля, позиционируя тем самым себя как Мудреца. Мудрец имеет дело с истиной. Стало быть, он занимает позицию, которую ранее занимал философ. Но Мудрец не продуцирует собственную разновидность убедительной речи. Вместо этого он занят поддержанием плавного хода циркулирующей, разубеждающей речи. В этом смысле Мудрец является скорее рабочим или технологом речи, нежели «оригинальным мыслителем». Языковое мастерство принадлежит прошлому: после конца истории это мастерство переходит в разряд литературного развлечения.

Появление Мудреца и формирование всеобщего и однородного государства — вещи взаимосвязанные. Самосознание Мудреца циркулирует, поскольку включает всех прочих граждан государства как возможности его собственного существования и мышления. Но возможность включения всех в кругообразное движение

---

[21] Ibid. — P. 281.

его самосознания дана Мудрецу лишь при условии, что он является гражданином всеобщего и однородного государства, в котором желания каждого его члена уже признаны. Только в этом случае Мудрец может рассматривать себя как одного из многих, включенных в общую циркуляцию желания и речи.[22] Мудрость представляет собой сочетание гражданства во всеобщем и однородном государстве и кругообразного движения знания.[23] Кожев видит самого себя как уже вступившего в мир воплощенной Мудрости, в мир, в котором философ-тиран уже преуспел. Остается, однако, вопрос, который тревожит постисторического Мудреца: каков модус существования постисторического человечества? И, в частности, каков модус существования самого Мудреца?

Недостаточно сказать, что человеческая речь начала циркулировать. Встает проблема материальных, телесных аспектов постисторического модуса существования. Исторический человек движим желанием: он желает признания, желает желание другого. Это желание признания объединяет философа с остальным человечеством. Кожев не стыдится признать, что невозможно провести различие между «подлинной» любовью к Мудрости и желанием признания и славы. Для этого потребовалось бы заглянуть философу в душу, но это может сделать только Бог.[24] С атеистической, материалистической точки зрения невозможно отличить жажду знания от честолюбивых устремлений. Собственно, именно эта невозможность связывает философа с народом. В классовом обществе господа борются с другими господами за власть, а рабы борются с господами за свободу. Следовательно, в классовом обществе все движимы желанием признания и честолюбием. В этом отношении философ не отличается от остальных: даже если его любовь к Мудрости делает его исключением из правила, эта любовь не обязательно взаимна.

Однако после конца истории, и, стало быть, окончания борьбы за признание, люди лишаются своего честолюбия: они возвращаются к природе и вновь становятся человеко-животными. По сути, Кожев понимает революцию в руссоистском духе, как возвращение к природе. Руссо считал, что историческое насилие вызывается борьбой за престиж: честолюбие делает людей несчастными и агрессивными. Поэтому возвращение к природе должно положить конец эпохе

---

[22] *Кожев, Александр.* Введение в чтение Гегеля. — С. 360.

[23] Там же. — С. 361.

[24] *Kojève, Alexandre.* Tyranny and Wisdom // *Strauss, Leo.* On Tyranny. — P. 161.

насилия и сделать людей снова счастливыми. Кажется, в какой-то момент Кожев разделял эту надежду на счастье, пусть даже он как истинный гегельянец полагал, что человеческие амбиции не следует просто по-руссоистски отринуть — скорее, они должны получить историческое удовлетворение. Однако конечный результат остается тем же: будучи удовлетворенным, желание признания исчезает.

Отголосок руссоистского оптимизма слышен в знаменитом примечании № 6 в первом издании «Введения в чтение Гегеля». В этом примечании Кожев утверждает, что после конца истории сохраняется Природа. «Человек» перестанет противостоять «Природе», поскольку желание признания, противопоставлявшее людей Природе, будет удовлетворено. Кожев ссылается на Маркса, предсказавшего, что на смену историческому «Царству необходимости», противопоставляющему людей природе и один общественный класс другому, придет «Царство свободы», где человечество сможет наслаждаться «искусством, любовью, игрой и т.д.» в гармонии с природой.[25] Однако позднее Кожев понял, что эта идиллическая картина исключает подлинную цель исторического развития: Мудрость. Жизнь в гармонии с природой не оставляет места Мудрецу. В дополнении к этому примечанию, написанном для второго издания книги, Кожев признает свою ошибку и заключает, что исчезновение исторического человека сделает невозможными традиционные представления об искусстве, любви и игре, «так что следует допустить, что после конца Истории люди строили бы здания и создавали произведения искусства точно так же, как птицы вьют гнезда, а пауки ткут паутину, они исполняли бы музыку по примеру лягушек и кузнечиков, играли бы, как играют щенки, и занимались любовью так, как это делают взрослые звери».[26] Но, что особенно важно, человек лишился бы языка (Логоса) — единственного медиума Мудрости: «Животные вида *Homo sapiens* реагировали бы посредством условных рефлексов на звуковые или зрительные сигналы <...> Тогда исчезли бы не только Философия или поиски дискурсивной Мудрости, но и сама Мудрость, ибо пост-исторические животные не могли бы «познавать [дискурсивно] Мир и самих себя».[27]

---

[25] *Кожев, Александр.* Введение в чтение Гегеля. — С. 539.

[26] Там же.

[27] Там же.

Кожевская концепция постисторического человеко-животного получила широкое распространение и вызвала массу споров.[28] В этом отношении полезно обратиться к главе «Софии», посвященной «Обсуждению марксистской „критики идеологии" и „психоанализу" Фрейда».[29] В ней Кожев утверждает, что и Маркс, и Фрейд критикуют общество и идеологию во имя животных желаний — таких, как голод и половое влечение, которые имеют приватный, «интимный» характер. Они помещают человеко-животное с его биологическими потребностями в центр человеческого существования и анализируют политические и культурные формации как манифестации животного в человеке. На первый взгляд, эта стратегия заключает в себе программу возвращения из человеческого состояния в животное, победы биологических потребностей над человеческими устремлениями. Но, заявляет Кожев, такой анализ упускает из виду нетрадиционную трактовку, которую получает человеко-животное в теориях Маркса и Фрейда. В них полностью распадается единство человека как биологического вида. Отдельное человеко-животное перестает быть представителем вида. Марксизм понимает экономические «классовые интересы» как крайне специфические — и конфликтующие. В конечном счете, можно сказать, что каждая человеческая группа и даже отдельные индивидуумы имеют свои специфические и взаимно несовместимые экономические интересы. Для Фрейда половое влечение так же крайне индивидуально и зависит от конкретной биографии анализируемого субъекта. Так что для Кожева марксизм и психоанализ ведут к радикальной фрагментации общества и, в конечном итоге, к индивидуализации людей на самом фундаментальном, животном уровне их бытия. Этот анализ животного начала в человеке важен для правильного понимания знаменитой теории Кожева о возвращении людей к животному уровню их существования в конце истории. Человечество становится массой животных, не представляющих один вид или, скорее, животных, каждое из которых представляет особый вид. Индивидуальные потребности этих животных признаются, но они не претендуют ни на какую мудрость или даже на язык в традиционном смысле слова.

Однако если речь постоянно не воспроизводится, то начинает воспроизводиться история. Вместо языка, описывающего полный круг,

---

[28] См., например: *Агамбен, Джорджо*. Открытое. Человек и животное / Пер. с ит. и нем. Б. Скуратова. — М.: РГГУ, 2012. — С. 12–21.

[29] *Кожев, Александр*. София. — С. 500ff.

кругообразной становится история: забвение прошлого круга будет продуцировать новый, — что означало бы провал гегельянско-марксистского проекта. Чтобы удержать постисторическое состояние, необходим Мудрец, который будет поддерживать работу машины циркулирующей «истинной» речи. Следовательно, фигура Мудреца имеет решающее значение для существования всеобщего и однородного государства — так же, как появление этого государства принципиально для появления Мудреца. Но, чтобы поддерживать функционирование машины циркулирующей речи, Мудрец должен быть «внеположен» постисторическому порядку. Другими словами, Мудрец не может быть постисторическим животным, следующим своим личным, партикулярным желаниям. Возможна ли такая «внеположность»? Философ движим желанием признания, которое противопоставляет его миру. Но постисторическое человеко-животное вновь погружается в природу, в мир. Таким образом, Кожеву нужно найти возможность для человеческого существа противостоять природе даже после конца истории — иначе конец истории перестанет совпадать с появлением Мудреца. Кожеву нужно найти не просто логические, но материальные, «реальные» условия, при которых может быть конституирована фигура Мудреца.

Так поиск Мудреца как бесконечно повторяемой речи приводит Кожева к более точному анализу повторения как такового. Что есть истинная, бесконечно воспроизводимая речь? Это, очевидно, «пустая» речь — ведь она не относится ни к какому-либо событию, ни к вечной (математически определяемой) сущности. Референт такой речи — сама речь. Но, согласно Кожеву, носителем такой речи является «тело», действия которого являются если не референтом, то по крайней мере опорой этой речи. В случае пустой речи эти действия также должны быть пусты. Другими словами, постисторическое действие, противопоставляющее Мудреца миру, должно быть пустым действием — постисторическим воспроизведением исторического действия. Только воспроизведение действия, воссоздающее его форму отдельно от содержания, определяемого конкретным историческим контекстом (Вальтер Беньямин говорит в этой связи об «утрате ауры»), способно привести к действительно пустому действию. Постисторическое желание, способное противопоставить нас миру, установлено: это желание воспроизведения, повторения пустой формы. Это желание открывает путь Мудрецу — путь, который преграждают природные или животные желания, — поскольку желание повторения пустой формы подобно желанию признания:

это «неестественное» желание, обращенное в пустоту, в ничто. Остается, однако, вопрос: насколько распространено и надежно это желание? Иначе говоря, можно ли быть уверенным, что это желание действительно позволит произвести на свет Мудреца?

Пустая форма искусства и государства

Прежде всего желание повторения пустой формы не следует путать с «вечным возвращением того же самого» Ницше или с фрейдистской концепцией влечения к смерти. Ницшеанское «вечное возвращение» — это то, что случается с людьми помимо их воли, онтологическое условие их существования. Столь же невольный и навязчивый характер имеет и желание повторения у Фрейда. Это, разумеется, не то, что интересует Кожева (для которого человек, что не следует забывать, является самосознанием). Его интересует сознательный выбор между пустой формой и животным желанием. Как пример культурной практики, направленной на создание пустых знаков, чистых форм, свободных от всякого содержания, можно рассматривать искусство европейского модернизма. Представители русского супрематизма или цюрихского дадаизма утверждали, что содержанием их искусства является ничто, нуль. Конечно, они понимали свою практику как разрушение художественных форм прошлого. Однако в 1930-е годы Климент Гринберг определил модернизм не как разрушение, а как воспроизведение традиционного искусства. В своей знаменитой статье «Авангард и китч» он описывает авангардное искусство как подражание подражанию, мимесис мимесиса: вместо воспроизведения содержания традиционной живописи авангард воспроизводит ее форму.[30] Сам Кожев пишет о работах Василия Кандинского, который приходился ему дядей, как об искусстве чистых, автономных форм, очищенных от всякого содержания.[31]

Однако эти европейские практики казались Кожеву слишком индивидуалистическими. Взамен Кожев обращается к японской

---

[30] *Greenberg, Clement.* Avant-Garde and Kitsch // *Greenberg, Clement.* Art and Culture. — Boston MA: Beacon Press, 1989. См. русск. пер.: *Гринберг, Клемент.* Авангард и китч // Художественный журнал. — Декабрь 20015 (60). — http://xz.gif.ru/numbers/60/avangard-i-kitch.

[31] *Кожев, Александр.* Конкретная (объективная) живопись Кандинского (1936) // *Кожев, Александр.* Атеизм и другие работы / Пер. с фр. А. Руткевича и др. — М.: Праксис, 2006. — С. 258–294.

культуре как доказательству того, что желание пустой формы может быть культурно нормативным. Он утверждает, что японская культура способна эстетизировать «исторические» формы человеческого поведения и практиковать их как чистые формы после утраты ими исторической релевантности. При желании тут можно усмотреть разницу между японской и европейской культурами. После Великой французской революции сакральные, ритуальные объекты, использовавшиеся королями и их придворными, тоже были эстетизированы. Они были выведены из обращения, отделены от своего «содержания» и предоставлены созерцанию как чистые, пустые формы, превращены в музейные экспонаты. Но формы человеческого поведения и человеческой жизни в целом не были в той же степени эстетизированы. Кожев обращает внимание именно на это: японская культура эстетизирует не только объекты, но и действия. Соответственно, она может рассматривать не только определенные вещи и события, но и человеческую жизнь в целом как произведение искусства, как пустую форму. Тем самым японская культура дает людям возможность эстетизировать жизнь как таковую, как пустую форму. Кожев иронически характеризует эту приверженность чистой форме жизни как снобизм. Снобизм же, разумеется, не то же самое, что желание признания: снобизм не может быть всеобщим. Тем не менее снобизм в понимании Кожева — вещь очень серьезная. Она означает не только умение воспроизвести чайную церемонию или театр Но, но и готовность жертвовать собой ради чистой формы. Кожев говорит о способности японцев совершить «добровольное» самопожертвование, использовав «самолет или торпеду» вместо самурайского меча.[32] Разумеется, в действиях камикадзе невозможно усмотреть развлечение. Эстетизировать свою жизнь, чтобы посмотреть на нее как на форму, значит увидеть ее в перспективе ее завершения, в перспективе смерти.

Постисторическое человеко-животное Кожева очень напоминает «последнего человека» Ницше. В своем письме Кожеву Лео Штраус указывает, что постисторическое состояние надлежащим образом описано Ницше как сфера «последних людей», неспособных на какое бы то ни было сильное чувство или поступок: «В целом моя реакция на ваши утверждения состоит в ощущении нашей полной противоположности. Корень проблемы, полагаю, тот же, что и всегда: вы убеждены в правоте Гегеля (Маркса), а я нет. Вы так и не дали ответа

---

[32] *Кожев, Александр.* Введение в чтение Гегеля. — С. 540.

на мои вопросы: а) был ли Ницше неправ в описании гегельянско-марксистского конца как «последнего человека»? б) Чем Вы хотели бы заменить гегелевскую философию природы»?.[33]

В своей книге о конце истории Фрэнсис Фукуяма, который был студентом Штрауса и испытал влияние Кожева, также рисует мрачный образ человечества после конца истории: человечества, которое утратило желание славы и признания.[34] Действительно, человеко-животное Кожева и последний человек Ницше, на первый взгляд, похожи: оба послушны и доместифицированы. Однако между ними есть принципиальная разница. Ницше полагает, что последний человек травмирован мудростью и знанием, которые подавляют его инстинкты, страсти и влечения. Поэтому Ницше говорит о чудовищном влиянии Гегеля, который превратил целые поколения после него в «последышей».[35] Ницше с недоверием относится к Мудрости, поскольку она ассоциируется у него с расчетливостью и уклонением от риска, с умеренностью и отсутствием подлинных амбиций. По его мнению, именно Мудрость парализует человеческую волю, превращая Человека в «последнего человека», тогда как Природа является источником жизненной энергии, которая освобождает Человека от диктата разума. Для Ницше все подлинно креативные силы приводятся в действие природой, действующей в человеке и через человека. Доминирующий порядок навязан аполлоническими силами, которые действуют через господ: он отражает волю господ и служит для их удовольствия. Этому порядку постоянно угрожают дионисийские силы, пытающиеся разрушить его. Борьба между аполлоническим и дионисийским принципами вечна. Но и тому, и другому угрожают разум и рабская мораль. Когда аполлонический и дионисийский принципы теряют свою власть, человек становится слаб, а история — нетрагичной, плоской, скучной. Ницшеанские «последние люди» суть рабы без господ. Они мудры, а значит, осторожны, умеренны и, да, удовлетворены.

Другими словами, Ницше беспокоит, что после конца истории господа будут недостаточно напористы и агрессивны — частично

---

[33] *Strauss, Leo.* The Strauss–Kojève Correspondence. — P. 291.

[34] *Фукуяма, Фрэнсис.* Конец истории и последний человек / Пер. с англ. М. Левина. — М.: АСТ, 2010. — С. 431ff.

[35] *Ницше, Фридрих.* О пользе и вреде истории // *Ницше, Фридрих.* Полное собрание сочинений в тринадцати томах / Т. 1, часть 2. — М.: Культурная революция, 2014. — С. 146–147.

утратят свою господскую сущность. Кожева же беспокоит нечто противоположное: что, став господином, раб может перестать быть рабом. Иначе говоря, он видит опасность в том, что постисторический человек капитулирует перед природой вообще и своей собственной природой в частности. Вместо того чтобы служить и работать, он будет наслаждаться и потреблять, забыв о своей былой дисциплине и аскетизме, о своих устремлениях и амбициях. Кожев видит источник умеренности и отвращения к риску как раз в «естественных» желаниях, потому что любое такое желание может получить столь же естественное удовлетворение. Природе можно противопоставить только неестественное желание подчинить ее идее и плану, трансформировать ее путем систематической работы. Таким образом, для Кожева революционный субъект — это не страстный, экспансивный человек, который ломает господствующий порядок во имя «освобождения» тела и его естественных желаний, инаковости или подавленных бессознательных импульсов, а «монах» или философ-аскет, покинувший монастырь, обитель или академию, чтобы изменить мир действием и работой. Современный тиран — это раб, который остается таковым и после того, как стал господином, остается тем же революционным субъектом, пришедшим к власти не с целью удовлетворить естественное, животное желание, а с целью служить идее, реализовать план. Для Кожева есть принципиальная разница между старым, добиблейским, дохристианским типом тирана (который использует власть для удовлетворения личных желаний) и тиранами Нового Времени, вроде Наполеона, Сталина, Салазара или Мао. В своем комментарии к эссе Штрауса о тирании Кожев подчеркивает, что современный, «постбиблейский» тиран — это раб, реализующий определенную абстрактную идею, работающий над воплощением определенной философской цели.[36]

Таким образом, цель теории Кожева состоит в утверждении возможности этой парадоксальной фигуры: Мудреца, который после конца истории мог бы по-прежнему, подобно рабу, постоянно обслуживать функционирующую машину циркулирующей речи. Такая фигура, конечно же, возможна при условии сохранения религиозной перспективы. Гегель говорит о христианской эре как эпохе всеобщего рабства. В контексте христианства даже король является Божьим рабом. Но если небеса опустели, единственным «трансцендентным господином» оказывается пустота. Поэтому единственный

---

[36] *Kojève, Alexandre.* Tyranny and Wisdom. — P. 172ff.

способ остаться рабом в конце истории — это стать рабом пустоты, пустой формы. Таким образом, в конце своей философской эволюции Кожев вернулся к своеобразному буддизму. Однако это был не созерцательный восточный буддизм, а деятельный, работающий и говорящий западный буддизм. Посвятить себя служению пустоте как своему главному господину значит действовать во имя пустой, чистой формы посреди мира, который интересуется лишь природным содержанием.

Бюрократ грядущего государства

Конечно, можно рассматривать некоторые виды модернистского искусства, заодно с некоторыми ритуалами японской культуры, как манифестации пустоты в действии. Но я бы предположил, что на самом деле Кожев имеет в виду фигуру бюрократа. Существует давняя традиция противопоставления «мертвого» бюрократического формализма и жизни, а также усмотрения в жизни (и живых телах) революционного потенциала, направленного против «мертвой» машины государства и ее «пустых» ритуалов. Ясно, что Кожев не разделяет эту позицию. Для него постисторическая бюрократия — наследница революционных философов-тиранов, правивших населением своих стран и изменивших условия их существования. Бюрократия поддерживает и приводит в действие законы, учрежденные этими тиранами. Мудрец, действующий как советник и функционер закона, на котором базируется бюрократия, имеет доступ к Мудрости только в том случае, когда он отвергает всякое «содержание», которое может исказить пустую форму закона. Таким образом, Мудрец по-прежнему находится в оппозиции к природе — не как революционер, а как защитник пустой формы закона, учрежденного революцией, противостоящий ее искажению партикулярными интересами и целями. На практическом, политическом уровне это прежде всего означает противостояние концепции национального государства.

Действительно, это противостояние было определяющим для политических текстов и выступлений Кожева вплоть до его смерти. Он видел в себе бюрократа всеобщего и однородного государства — ныне не существующего пустого государства, коему еще предстоит возникнуть. Кожев активно работал над созданием Евросоюза, который изначально мыслился как внеположный национальным государствам. И он считал, что всякого, кто служит этой цели, ждет историческая победа. Кожев пишет: «Если западное общество останется капиталистическим (а значит, националистическим), оно потерпит поражение от России — и *так* возникнет Окончательное Государство. Но если оно «интегрирует» свою экономику и политику (к чему оно уже приближается), то сможет нанести поражение России. И *так* будет достигнуто Окончательное Государство (то же, что всеобщее и однородное государство). Но в первом случае там будут говорить „по-русски" (с Лысенко и проч.), а во втором — „по-европейски"».[37]

Что бы ни говорилось о возможности реализовать проект всеобщего и однородного государства, ясно одно: сегодня это государство так же далеко от нас, как это было в те времена, когда Кожев работал над его реализацией. Если Кожев и был бюрократом, то бюрократом романтическим — служившим государству, которое оставалось чистой идеей. В этом плане он не так уж далек от Владимира Соловьева, который считал себя членом «Вселенской церкви Всеединства», не существовавшей тогда и не существующей поныне.

Означает ли это, что Кожев был неправ в своем диагнозе конца истории? Я так не думаю. Но этот диагноз следует понимать правильно. Если философский проект представляет собой поиск общей истины, способной объединить человечество, то в наши дни этот проект действительно предан забвению. Сегодня каждый настаивает на своем собственном мнении и воспринимает любую попытку это мнение изменить как пропаганду, идеологическую обработку и тоталитарное подавление. Конец убедительной речи, который Кожев диагностировал перед Второй мировой войной, стал в наши дни реальностью, очевидной для всех. Но это не означает, что единство человечества стало невозможным как таковое. Новая — постисторическая и постфилософская — политика основана на принципе включения, инклюзивности. Тут Кожев оказался прав. А чтобы форма государства (равно как и всех прочих аналогичных институций) была действительно инклюзивной, она должна быть пустой. Это означает, что реализация проекта всеобщего государства предполагает процесс последовательного опустошения его формы. Искусство тут опять служит хорошей иллюстрацией. В наше время типичная глобальная выставка включает в себя всевозможные художественные формы и позиции, культурные и этнические идентичности, сексуальные ориентации и т.д. Это не имеет ничего общего с периодом исторического авангарда, когда художники стремились

---

[37] *Kojève, Alexandre*. The Strauss–Kojève Correspondence. — P. 256.

найти универсальные формы искусства, которые соответствовали бы своей эпохе. Сегодня форма художественной выставки имеет тенденцию быть пустой формой, способной интегрировать любой художественный метод или позицию. Да и отдельные произведения искусства создаются как «открытые», то есть не несущие какого-то специфического месседжа и открытые любым возможным толкованиям.

То же самое можно сказать о политическом активизме наших дней. Как правило, он направлен на включение в существующую систему политического представительства людей, которые пока что из нее исключены, или на более широкий и усовершенствованный доступ к информации, а также к экономическим возможностям — и т.д. Фактически современные политические активисты выступают во имя всеобщего и инклюзивного государства как пустой формы, которая не базируется ни на каких общих ценностях и истинах. В этом отношении они продолжают постисторическую политику, начало которой положил Кожев перед Второй мировой войной: проект противостояния миру в его нынешнем виде — но не во имя Идеи, а скорее во имя государства как всеобщей, инклюзивной для всех пустой формы или во имя романтической бюрократии. Кожев умер от сердечного приступа во время заседания Европейской комиссии в 1968 году. Это была поистине романтическая смерть. Кожева можно считать Артюром Рембо современной бюрократии — автором, который намеренно стал мучеником постисторического бюрократического порядка.

Перевод с английского Андрея Фоменко

Карен Свасьян (Швейцария)

Карен А. Свасьян родился в 1948 году в Ереване (Армения). Закончил филологический факультет Ереванского Государственного университета. С 1971 по 1993 являлся младшим, а затем старшим и ведущим научным сотрудником Института философии и права АН Армянской ССР. В 1978 году защитил кандидатскую диссертацию по философии и эстетике Анри Бергсона. В 1981 году защитил докторскую диссертацию на тему «Проблема символа в современной философии». Преподавал философию, историю культуры и эстетику в Ереванском Государственном университете. Кроме этого, он перевел на русский язык и издал произведения Ницше, Шпенглера и «Сонеты к Орфею» Рильке.

Он автор множества книг по философии и антропософии, литературе, истории культуры и науки, среди прочего биографии Гете, истории европейской науки, также книг о Ницше, Шпенглере, Гуссерле и Кассирере. Сюда относятся и многочисленные произведения, написанные на немецком языке, среди которых: «На пути в Дамаск. Духовная ситуация между Востоком и Западом», «Причастие человека», «Ницше или как становятся Богом», «Закат одного европейца: Освальд Шпенглер и его реквием по Европе», «Судьба зовется Гете», «Антропософская лечебная педагогика», «Рудольф Штейнер. Тот, кто идет из будущего».

С 1993 года живет в Базеле как свободный писатель и доцент «Forum für Geisteswissenschaft». Выступает с лекциями в Швейцарии, Германии, Австрии, Франции и России. Пишет в основном на русском и немецком языках. Он лауреат премии Александра фон Гумбольдта (Бонн, 1994). В 1997 году был приглашенным профессором Иннсбрукского университета (философия, компаративистика, славистика). В 2009 году получил первую премию в конкурсе философских сочинений Института философии РАН.

www.geisteswissenschaft.net

О КОНЦЕ ИСТОРИИ ФИЛОСОФИИ

1

Нет сомнения, что говорить о конце истории философии можно, лишь имея в виду конец самой философии. Но что значит конец философии? Очевидно, некий факт sui generis, подлежащий не оспариванию или взятию под сомнение, а освидетельствованию. С другой стороны, конец философии — это вовсе не конец философствования. Скорее напротив, по оживлению последнего можно судить об упадке первой; от философствования философия отличается примерно по тем же признакам, по которым воспитанность отличается от невоспитанности, при условии, конечно, что их можно еще вообще различать. Хуже всего, когда одно выдает себя за другое: когда всякого рода парафилософский и какой угодно уже вербальный энурез выступает от имени самой философии. Скажем, когда интеллигентные литераторы начинают рассуждать о «последних вопросах», не имея и понятия о «предпоследних». В этом смысле наиболее верным симптомом конца является, пожалуй, то, что о нем не догадываются, а не догадываются о нем оттого, что лишены органа чувства философии, в том самом смысле, в каком говорят об отсутствии музыкального слуха. Ведь философ — это далеко не каждый, кто овладел понятийным инструментарием и в состоянии рассуждать о проблемах, потому что видел, как это делает его учитель. Философ — это, прежде всего, свидетель философии, не тот, стало быть, кто говорит о ней или от её имени, а кто её видит. Или именно не видит, если нечего больше видеть. Этим и отличается он от тех, с позволения сказать, «коллег», которые ухитряются не видеть её, когда она есть, и видеть, когда её нет. Конец философии (как последнее, на что она еще способна) фиксируем, поэтому, немногими, а эти немногие опознаются, между прочим, и по тому, что воздерживаются от всяких споров и воздают усопшей должное созерцательной чистотой рефлексии. Сказанное лучше всего поясняется по аналогии с музыкой или живописью. Говорить в наше время о конце музыки или живописи уместнее всего не отвлеченно, а на месте происшествия, скажем, в каком-нибудь театре или музее современного искусства. Можно, конечно, называть музыкой звуки, похожие на те, что бывают при очистке засоренного трубопровода, а живописью уже чёрт знает что, но можно же и знать, что к музыке и живописи это имеет не большее отношение, чем душевнобольной, называющий себя Цезарем, к истории Рима. Аналогии с философией бросаются в глаза, и можно допустить, что их без труда продолжит тот, для кого философия не место под солнцем, а совершеннолетие мира, что значит: выход творения из биологической самозамкнутости и осознание им себя в непрерывности риска и решений.

2

Можно проверить сказанное и с другой, более эмпирической, стороны. Есть внешние признаки (симптомы), по которым смерть философии констатируется с не меньшей достоверностью, чем любая другая смерть. Эти признаки лучше всего было бы поискать на немецких примерах, полагая, что если рыба гниёт с головы, то где же и гнить философии, как не в Германии! Нужно будет просто перелистать тематические планы и программы немецких университетов по разделу «философия», чтобы понять, о чем речь. Единственное, что напоминает здесь о философии, — это пестрота спорадических и больше ориентированных на оригинальность, чем на объективность, компиляций историко-философского толка, где, скажем, Платон соседствует с Витгенштейном, а Сартр с Григорием Нисским. Назвать прочее философией можно было бы лишь в состоянии аффекта или невменяемости. Например, такой вот блокбастер: «Текст-тело-симулякр-сексуальность-власть». Я предложил как-то в одном университете более рафинированный вариант: «Текст-тело-гиперкомплексные числа-фаллос-Лакан», и проект был встречен не без энтузиазма, хотя и с долей скепсиса (очевидно, коллеги сомневались в моей способности осилить тему). Нет сомнения, что эти неконтролируемые дискурсы отличаются от логореи единственно тем, что их оплачивают, вместо того чтобы лечить. К философии они имеют не большее отношение, чем современное искусство к искусству. Всё зависит от трендов и брендов, как это сегодня называется. По-русски: если кто-то наложит кучу в музее, как посетитель, его арестуют. Если он сделает это, как художник, ему уделят стенд. Так же и в философии. От повышенной болтливости бегут, если у неё не хватает ума подать себя как философию. Или же её сперва «раскручивают» как философию, после чего конспектируют и заучивают на зубок. Это даже не драма сатиров, пришедшая на смену трагедии, даже не «всхлип», которым вместо ожидаемого «взрыва» окажется конец мира в эсхатологии Томаса Стернса Элиота. Это вообще ничто, абсолютная никчемность и никудышность, в сравнении с которой термин «нигилизм» кажется всё еще слишком оптимистичным. Если прибавить сюда еще неписаное, но достаточно эффективное правило, по которому молодые философские аспиранты имеют гораздо бо́льшие шансы получить место на кафедре или даже саму кафедру, если в их послужном списке фигурирует стажировка в каком-нибудь американском или английском университете, то итог окажется, говоря словами Ницше, «оскорбительно ясным». Философия, говорящая по-английски, а сейчас уже и по-американски, — это своего рода путь в Каноссу, на который немецкая философия вступила после 1945 года, параллельно с политическими казнями в Нюрнберге, когда как раз выяснилось, что «немецкая вина» — это вина не только всех без исключения немцев, но и едва ли не в первую очередь немецких философов: от Гегеля и Фихте до Ницше. Победители двух мировых войн, оказавшись и философскими победителями, могли быть вполне довольны. Чего они при этом не способны были понять, так это того, что за удовольствие быть довольным в философии приходится расплачиваться не чем иным, как самой философией. Они могли бы научиться этому у немца Гегеля, не будь немец Гегель немцем. «По тому, чем довольствуется дух, — говорит Гегель, — можно судить о величине его потери». В свое время Вернер Зомбарт потешался над философом Спенсером, полемизировавшим со своим соотечественником Мэтью Арнольдом. На утверждение последнего, что Англия философски серая и ненаходчивая страна, Спенсер возражал: это не так, ибо именно «английский дух» за последнее время, во-первых, снабдил Амстердам водой, во-вторых, провел канализацию в Неаполе, в-третьих, организовал через Continental Gas Co. поставку газа во многие страны. «Даже в Берлине, штаб-квартире философии, — не без коварства добавляет Спенсер, — приходится рассчитывать на свет, поставляемый этой компанией». Итог: «Ну и как не сказать после этого, что англичане больше привержены идеям, чем немцы». — Это напоминает рекламный анонс в одной газете, который, пожалуй, только тем и отличается от хода мыслей философа Спенсера, что его при желании можно принять всерьез: «Чтобы нести людям свет, вам нужно стать либо священником, либо электромонтером».

3

Но довольно о факте смерти. Главное — это осмысление факта. Может быть, в каком-нибудь удавшемся будущем сказанным займутся еще дефектологи философского сознания. Нам же, сегодня, впору осмысливать случившееся в респективном обращении к истории философии. Смерть философии — это всё еще философская тема: поворот философии на самое себя и последнее усилие осознать себя в тупике, который есть не что иное, как невозможность решения фундаментальных философских проблем традиционными философскими средствами. Собственно, говорить следовало бы не о проблемах, а о проблеме; множественное число указывает лишь на вариационность, или модулируемость, одной и той же ключевой проблемы в региональных топиках подхода. Ключевая проблема философии сформулирована в Греции, и называется она: единое во многом. Таков её предельно общий аспект. История философии, если позволительно прибегнуть к музыкальному сравнению, представляет собой вариации на тему, а быть философом предполагает, между прочим, умение слышать в вариациях, какими бы замысловатыми они ни были, тему. Единое во многом есть метафизическая, онтологическая формулировка, соответственно отражающаяся в логическом органоне. В аспекте теории познания она называется мышление и созерцание, или подведение единичного опыта восприятий под логически общие понятия. Вопрос о конце философии есть лишь вопрос о возможности последовательного додумывания названной проблемы до той черты, после которой она выходит из-под контроля традиционно философских средств и ищет иных и лучших. В послекантовской или, скорее, послегегелевской философии черта эта становится всё более отчетливой, так что философы уже не столько решают проблемы, сколько спотыкаются о них. Можно было, конечно, и не спотыкаться, благоразумно повернувшись в прошлое и подменив философское сегодня философским вчера. Приставка нео как нельзя лучше подходила для этого, и не случайно, что уже с последней трети XIX века начинается эшелонированное отступление философии назад: к Канту, Гегелю, Фихте, Декарту, Николаю Кузанскому, Фоме. Разумеется, и это было лишь симптомом конца, причем не лучшего, когда философия продолжала жить только потому, что не знала и знать ничего не хотела о собственной смерти. Но была же и другая, недезертирующая философия, пытающаяся любой ценой остаться в настоящем. Назовем два основных проблемных поля, в которых конец философии получил наиболее прегнантное выражение: теория познания и философская антропология. Камнем преткновения первой стала так называемая беспредпосылочность познания. Вторая кончилась, так толком и не начавшись, в проблеме человека. В дальнейшем изложении мы будем держаться этого второго аспекта, проблемы человека, помня, однако, что с первым, беспредпосылочностью познания, его связывает не только общность судеб, но и типологическая идентичность.

4

Можно знать, что философия (не та или иная, а вся, во всем объеме своей истории) — это не произвольное, из века в век тянущееся чередование мнений и знаний, а некая биография. Скажем так: жизнь мыслей, или самоосуществление мира в его способности быть Я и продолжать свою эволюцию уже не по витальной лестнице, а в линии познания. Если, по Оригену, мировой процесс имеет целью искупление, или восстановление дотварной цельности (restitutio ad integram), где агентом интеграции выступает познание, то драматичность этой мысли заключается в том, что как раз с познания и начинается диссонанс Творения и утрата им идентичности. Познание началось как грехопадение, или, если угодно, грекопадение; философия, обязанная Греции своим началом, Греции же обязана и своим падением, причем следовало бы при слове «падение» энергично отгонять всякие моральные ассоциации, чтобы не багателизировать смертельную серьезность события опереточными настроениями. Падение — это выпадение из спячки витальностей в историю, соответственно: философское падение — это выпадение мысли из мира доксы и допредикативных очевидностей и осознание себя как проблемы: в стоянии между уже потерянным миром и еще не найденной «собой». Ей пришлось прождать два с половиной тысячелетия, прежде чем она открыла глаза на «себя», чтобы увидеть себя не в зеркале рассудка, а «как есть», но миг узрения стал её последней прощальной волей: волей уйти, чтобы уступить место лучшему, чем она. Нужно будет продумать однажды эту жизнь, начавшуюся с «божественного» Платона и домыслившуюся до «безумного Макса» (Штирнера). Конец философии — grosso modo — это некий абсолютный обрыв в связи времен, невозможность сочетания, примирения, сосуществования Платона с Штирнером, перехода от одного к другому. Если философия — это Платон, то философу Штирнеру нет и не может быть в ней места. Противоположности не сходятся: Платон — философ идей, Штирнер — самого себя. Для Платона всё, что не идея, есть тень и видимость. Для Штирнера тень и видимость всё, что не он сам: Иоганн Каспар Шмидт, он же Макс Штирнер: ЕДИНСТВЕННЫЙ. Платон, и вслед за ним вся христианская метафизика, решает проблему духа подчеркнутым противопоставлением его телу. После Штирнера духу не остается иного выхода, как стать ТЕЛОМ: вот этим вот человеком. Либо, в противном случае, существовать милостью столоверчений или языковых игр.

5

Известно, что западная философия опознала в Платоне своего отца. Когда потом эта философия стала называться христианской, выяснилось, что у отца нет ни малейшего желания обратиться в христианство самому. У западных философов не Платон оказывался христианином, а скорее, христианский Бог платоником. Сам Платон (у Марсилия Фичино, например) умудрился дотянуться до ранга Бога-Отца. «Всё, что еще пишется и обсуждается сегодня мыслящими людьми, — говорит Ральф Уалдо Эмерсон, — берет свое начало от Платона». Это замечание безусловно верно, но недостаточно: от Платона берут свое начало не только мысли потомков, но и — что особенно важно — их ощущения, их, феноменологически говоря, «жизненный мир». Наш мир — жизненный мир Платона. «Подавляющим большинством людей, — дополняет Рудольф Штейнер Эмерсона, — отношение человеческого духа к миру ощущается так же, как оно ощущалось Платоном». Это значит: мы (философы, как и нефилософы) в подавляющем большинстве платоники, не зная этого, именно: платоники ощущения. Дело вовсе не в том, верим ли мы в реальность идей или отрицаем её, а в том, что мир идей (в поздней христианской редакции, мир Божий) ощущается нами как потусторонний и внечеловеческий, в который можно верить или который можно отрицать. Грехопадение философии, пусть еще и не в столь запущенном виде как в эпоху Локка, Юма и Канта, начинается в этом пункте и носит техническое наименование дуализм. Платонизм наших ощущений, всё равно, как идеалистов или материалистов, налицо, и суть дела вовсе не меняется оттого, что там, где одни говорят идея, другие говорят материя, скажем, священник говорит Бог, а атеист говорит природа. Это значит лишь, парафразируя известную пословицу: когда двое говорят не одно и то же, они говорят одно и то же. Достаточно пристальнее вглядеться в природу естествоиспытателей, чтобы опознать в ней математически закамуфлированное ens reale схоластиков, а в понятиях физики увидеть весь инструментарий теологии. Мир — это два мира: божественный и земной, вечный и преходящий, оригинальный и теневой, реальный и иллюзорный. Оппоненты Платона (среди них первый — Аристотель) оспаривают не двумирность, как таковую, а только индексацию модальностей, и, отрицая платонизм, они лишь множат его головы, как у лернейской гидры; если у платоника Беркли причиной восприятий является Бог, то для физика Гельмгольца речь идет о тончайших и невидимых, а главное гипотетических частицах, воспринимаемых глазом как цвет, а ухом как тон. Предпочтение одной из названных двух парадигм остается вопросом вкуса и социальных договоренностей, но их идентичности не увидит, пожалуй, лишь тот, кого больше интересуют слова, чем то, на что слова указывают или (чаще всего) от чего они отвлекают.

6

Итог философского грехопадения: дух бесплотен, соответственно, плоть бездуховна. Чувственное — тень сверхчувственного или (в атеистическом раскладе) наоборот. На это ощущение навесили потом христианский ярлык. Словами Карла Барта: «Бог на небе, ты на земле». Самое интересное: не эллин Плотин пошел в школу к отцам переучиваться на христианина, а отцы в плотиновскую школу, переучиваясь в платоников. Для эллина Плотина христианство было, согласно 1-му посланию к Коринфянам, безумием. Платон (в поздней аватаре Аристотель) стал для христианских мыслителей praecursor Christi in naturalibus. «Бог на небе, ты на земле». Иначе: Бог — начальство, а там, где начальство, не только послушание, но и конфликт. Роль посредников взяли на себя теологи и философы, позже место теологов заняли физики: философы, как обслуживающий персонал, оставались неизменно на местах. Еще раз: всё зависело от доминирующей парадигмы и приоритетности диспозиций: regnum gratiae и regnum naturae. В «Хронике» Джованни Виллани описывается разрушившее Флоренцию наводнение 1 ноября 1333 года, после чего у ученых, философов и богословов возник вопрос: чем вызвано наводнение, естественным порядком вещей или карой Божьей (причем слабым звеном в последней было, что, как альтернатива естественному порядку вещей, она волею посредников могла оказаться не только сверхъестественной, но и противоестественной). Вопрос и по сей день сохраняет еще вчерашнюю свежесть. На богословском факультете решают, разумеется, в пользу Бога; коллеги с соседнего естественнонаучного факультета предпочитают быть лишенными жизни «естественно», хотя «природа» в их измерительных приборах выглядит не более естественной, чем «Бог». В чем те и другие сходятся, так это в подчеркивании невозможности, а, значит, недопустимости познания. Ignoramus et ignorabimus — не знай мы, что эта формула принадлежит знаменитому физиологу Дюбуа-Реймону, мы вполне могли бы принять её за название папской энциклики.

7

Остается решительнее сгустить краски и ускорить изложение. Если у каждой вещи есть своя идея, именно, в троякой модальности отношения: идея до вещи, идея в вещи и идея после вещи, то, разумеется, правило это распространяется и на ЧЕЛОВЕКА. То есть, различению в человеке подлежат человек, как конкретный единичный индивид, и идея человека. Вопрос остается прежним: существует ли «идея» человека, или «сущность» человека, его «Я», ДО человека (умеренный вариант: В человеке), или она возникает ПОСЛЕ человека, как метка существующего. Иными словами: предшествует ли эссенция экзистенции, или экзистенция первичнее эссенции. На решение, тщетное, этой проблемы — от Порфирия до Оккама — ушло тысячелетие средневековой философии, а после уже на ней тщетно пробовала свои силы и философия Нового времени, вплоть до конца XIX века, рецидивно и в XX веке (скажем, у Жан-Поль Сартра). Во взгляде из сегодня интересно не то, чем отличаются друг от друга оба варианта (реализм и номинализм), а то, в чем они общи. Прежде всего, в чем они, каждый по-своему, логически правы. Номиналист возвращает реалиста на землю, напоминая ему, что его идей не было бы и в помине, не мысли он их здесь-и-теперь, а мыслить их он может ведь, только существуя сам. После чего реалист увлекает номиналиста в небо, указывая на то, что мыслить идеи и, соответственно, существовать он может только милостью идей. По аналогии: слова возникают из букв и после букв (номинализм), но буквы складываются в слова только потому, что слова — идеально — предшествуют буквам (реализм). Эта разность позиций уступает место их общности, когда предметом рассмотрения оказываются не какие угодно вещи, а ЧЕЛОВЕК. Ибо одно дело, когда философ мыслит вещи, назначая им быть после или до их идей, другое дело, когда этой вещью оказывается он сам, то есть, когда он мыслит самого себя и различает в себе сущность и существование. Можно сказать и так: там, где есть столы, есть и идея стола (стольность), а где идея стола, там и мыслящий её философ. Философ и стол гетерогенны; философ находит стольность (всё равно, до стола, в столе или после стола), потому что он её мыслит, но мыслит он её, отталкиваясь от конкретного стола. От чего же отталкивается он, мысля идею человека (человечность)? Тут нет уже ничего гетерогенного: мысля идею человека, философ может отталкиваться только от себя самого. От какого же «себя самого»? Очевидно, не просто мыслимого, но и мыслящего. Что такое человек, не этот и не тот, а вообще? Античные ответы, как-то: двуногое существо, лишенное перьев, оно же ощипанная курица Диогена, годятся разве что в философскую анекдотику. Человек — это то, что делает названное существо человеком. На языке немецкой идеалистической философии ИДЕЯ человека тождественна НАЗНАЧЕНИЮ ЧЕЛОВЕКА. То есть, если в случае стольности исходят из любого стола, то человечность находят не в первом попавшемся проходимце, а в том, КТО ЧЕЛОВЕЧНОСТЬ ЭТУ В СЕБЕ ОСУЩЕСТВИЛ. Но здесь-то и зарыты все философские собаки: чтобы сделать рагу из зайца, нужно зайца, соответственно: чтобы мыслить человека, нужно ЧЕЛОВЕКА. Какого человека? Очевидно, кого-то конкретного и фактического: не измышленного. Ни один повар не станет ведь готовить заячье рагу из понятия «заяц»; только путаные философы ухитрялись столетиями подменять реальных себя собственным понятием. Номинализм — платонизм наизнанку. Еще раз: я мыслю стол, потому что вижу столы вокруг себя. Как же я мыслю себя? Очевидно, не на других, а на самом себе. На каком «себе»? Мысля стольность в столе, я не выдумываю стол, а преднахожу его. Стольность есть мыслимое общее всех столов, что значит: от индивидуальных столов мысль восходит к столу вообще. Эта логика рассыпается как карточный домик, будучи перенесенной на человека. Ибо если в понятии «стол» я свожу единичное к общему, то в поисках понятия «человек» я имею дело с содержательно необобщаемой и несводимой, так сказать, поштучностью единичного. Тут решает уже не логика, а СЛУЧАЙ: сможет ли КТО-ТО один реализовать свою единичность так, чтобы на ней или, если угодно, после неё можно было бы увидеть ЧЕЛОВЕКА ВООБЩЕ. Логика, поставленная перед этим кошмаром, предпочла остаться при ощипанной курице или более солидных бестиях дарвинизма.

8

Любопытно, что проблема, стушеванная в логике, с необыкновенной силой дала о себе знать в естествознании. Если что-либо интересовало Дарвина и Геккеля меньше всего, так это схоластика, но, может, именно поэтому им и удалось столь энергично осовременить проблему, ставшую тупиком схоластики. Что же и есть геккелевская «Антропогения», как не биологическая рекапитуляция томизма! Геккелевский штамм (род) — это всё то же понятие логики, а в отношении биологического рода (или вида) к отдельным биологическим экземплярам явно прочитывается проблема универсалий. Иными словами: мы понимаем животное через подведение его под род. «Этот» лев и «тот» лев становятся конкретными, различимыми, понятными львами только во льве «вообще». Нетрудно догадаться, что с человеком всё обстоит как раз наоборот. Понятие «человек» обобщает его, схоластически говоря, «чтойность», но абсолютно не касается собственно человеческого, которое реагирует исключительно на вопрос КТО. Мы должны опуститься на ступень животного, вегетативного или минерального в нас, чтобы найти в себе общее. Человек в нас, напротив, есть ЕДИНИЧНОЕ. Можно сказать даже: чем единичнее, тем человечнее. Но единичное алогично, следовательно, не когнитивно, а перцептивно. Парадокс, парализующий, как вирус, философские программы: если понятие — это всегда общее, так что, мысля вещи в понятиях, мы отвлекаемся от единичного к общему, то мыслить СЕБЯ, как понятие, мы можем только, исходя из собственной единичности. Иными словами: понятие «человек», как универсалия в традиционном смысле, значимо только для биологического вида человек. Логически мы в состоянии говорить о «человеке вообще» не иначе, как мы говорим об «обезьяне вообще», то есть, там именно, где человека собственно и не начиналось. Человек, как существо духовное, не подпадает под единое понятие, а есть, в каждом конкретном случае, СВОЕ СОБСТВЕННОЕ ПОНЯТИЕ. В логике добывания экстракта «человек» Шекспир или Леонардо да Винчи не могут служить материалом обобщения. Еще раз: биологически есть только одно понятие «человек» для всех людей, по типу одного же понятия «лев» для всех львов или «индюк» для всех индюков. В духовном отношении понятий «человек» столько же, сколько людей. Поль Топинар, выдающийся антрополог, указал в свое время на основной дефект геккелевской «Антропогении». Геккель, как известно, прослеживает эволюцию преобразования живых существ лишь до двадцатой ступени (антропоид), двадцать первой (человекообезьяна) и двадцать второй (собственно человек). На этой двадцать второй ступени цепь неожиданно обрывается. «Геккель, — говорит Топинар, — забывает двадцать третью ступень, на которой блистают Ламарк и Ньютон». То есть, геккелевский человек двадцать второй ступени и есть «человек» логики, который, как понятие, один для всех. Но это, по существу, никакой не человек, а всё еще вид. Человеком он становится на двадцать третьей ступени, когда перерастает свою логико-биологическую общность и утверждает свой РОД КАК ЕДИНИЧНОСТЬ. От себя мы скажем: эта двадцать третья ступень — сущий кошмар для логики — забыта не только Геккелем, но и всей западной философией, после чего, разумеется, ей нет места и в практике социальной жизни. Достаточно лишь подумать однажды о так называемых Центрах и Институтах общественного мнения, чтобы увидеть, что если все эти социологии, политологии, политтехнологии с их рейтингами, мониторингами и электоратами имеют вообще смысл, то не иначе, как частные прикладные дисциплины при основной науке, называющейся ЗООЛОГИЯ.

9

Двадцать третья ступень в эволюционной лестнице Геккеля — ступень Я: не логически обобщенного Я, а индивидуального. Для философии это скандал, на фоне которого юмовский скандал выглядит всё еще озорством юмористического островитянина. Нужно попытаться осмыслить проблему универсалий не на всевозможных безобидных столах и львах, а на Я, чтобы понять, что это значит. Никто не станет оспаривать, что Я, как сущность человека, или, собственно, его понятие есть в то же время всегда конкретное фактическое Я, нечто такое, что каждый человек может сказать, имея в виду только себя или, чтобы избежать тавтологичности, свою телесность. Опыт Я, ощущение Я, как лица и личности, связано именно с телом, на котором это Я себя идентифицирует и отличает от всего, что не есть оно. Как ощущение тела, Я — телесно, но оно и сверхтелесно, как принцип организации и самоидентификации тела в трансцендентальном единстве сознания (по Канту). Еще раз: Я — это всегда и исключительно только единичность, какой-то один человек. В то же время оно и понятие этого одного человека, то, в чем он и есть человек. Множественного числа Я не имеет ни в грамматике, ни в логике; человек, как Я, один, в единственном экземпляре. Но людей множество, и дело идет, таким образом, о множестве единичностей, множестве Я, которые нумеричны и не сливаются ни в какое общее, разве что ценой потери в себе всего человеческого. Но, с другой стороны, каждая единичность, сознавая себя как Я, отличное от других Я, объединена с другими Я как раз этим признаком общности. Налицо, таким образом, некое двойное понятие Я. Один раз, как единичность, в каждом отдельном случае, что нормально фактически, но ненормально логически. Другой раз, как общность, охватывающая все единичные случаи, что нормально логически, но ненормально фактически. Ибо если понятие своего единичного Я мы идентифицируем на собственном теле, то где же то ТЕЛО, на котором могло бы опознать себя понятие общего для всех Я, несущего в себе всю полноту возможных единичностей? Понятно, что философы, обжегшись об эту логику, должны были инстинктивно отшатнуться к Богу. Бог, бывший всегда для философов некой палочкой-выручалочкой, за которую они хватались, едва попав в проблемный тупик, этот Бог был спешно мобилизован и здесь, на этот раз в качестве понятия Я вообще. В обеих формулах Бога: Бог, как Я есмь Я, и Бог, как всё во всем, проблема казалась если не решенной, то по крайней мере логически защищенной от абсурдностей. Я единично в человеке и обобщено в Боге. Фихте, философ Я, не смог бы и приступить к написанию своего «Наукоучения», имей он в виду конкретное единичное свое Я; оттого Я его философии, общее для всех, абсолютное, трансцендентальное Я, компенсирует свой физический дефицит прямыми реминисценциями из теологии; начиная с 1801 года, в редакциях «Наукоучения» Я прямо идентифицируется с бытием и Богом. Всё было бы ничего, будь на дворе еще средневековье и ходи философия всё еще в служанках у богословия. Ссылаться на Бога в эпоху Вольтера и набирающего неслыханные темпы естествознания значило, по меньшей мере, попасть пальцем в небо. Теперь уже сам Бог нуждался в помощи и поддержке философов, Бог, который в скором времени, за неимением места в сознании, будет (у Эдуарда фон Гартмана) спасаться в бессознательном, откуда ему уже не останется другого выхода, как медитировать свой анамнез в приемной психоаналитика.

10

Абсолютно обобщенное, трансцендентальное Я Бога должно было быть в то же время и единичным, персонифицированным Я; в противном случае проблема теряла вообще смысл и почву. Сказанное можно пояснить следующим образом. Общее Я, всё равно как Бог или кантовское сознание вообще — это мысль. Мысль, чтобы быть, должна быть помыслена. Мысль не может мыслить себя. К мыслимой мысли неизбежно принадлежит и некто мыслящий: человек, не только ощущающий, но и мыслящий себя как Я. В этой точке соприкосновения ощутимого и мыслимого Я и возникает тяжелая проблема. Выясняется, что Я (единичное, мое) мне столь же трудно мыслить, как мне легко его ощущать. Я ощущаю его идентичным с телом. Мыслить его идентичным с телом я не могу. Мыслимое Я — это не тело, а ФОРМА тела, принцип самоорганизации тела или, если угодно, НЕЗРИМОЕ НЕТЛЕННОЕ ТЕЛО. Выясняется, что о собственном «Я» я знаю не больше, чем о собственной смерти. Мне надо просто перестать о нем думать и положиться на ощущения, совсем как Августин сделал это со временем. Парафразируя Августина: Что такое Я? Если я не спрашиваю об этом, я знаю это, но как только спрашиваю, не знаю. Я ощущаю его (как себя) телесно, из чего мне известно, что оно есть. Оно, следовательно, есть не само ощущение, а причина ощущения, и, как причина, МЫСЛЬ. Мысль, чтобы не быть абстрактной, опирается на ощущение. Мыслить Я значит, опираться на ощущение Я. Но ощущение Я единично. И, значит, единично же и мыслимое Я. То есть, мысля Я, которое, как ПОНЯТИЕ, обще, я должен мыслить единичного СЕБЯ. Иначе: общее Я, чтобы не быть мозговым призраком, должно быть интенсификацией единичного, но такого единичного, которое, будучи единичным, было бы репрезентативным и для всех возможных Я. Очевидно, что мыслить его я могу, лишь став им, а стать им могу, лишь создав его. Но этого-то я, частный и мелкий собственник Я, как раз не могу. Кто же может это? Где искать такое Я, которое, будучи единичным и единственным, представительствовало бы за всех? Иначе: где найти такую единичность, которая при всей своей фактической единственности воплощала бы смысл человеческого?

11

По аналогии: Гёте ищет в полноте растительного разнообразия перворастение, то есть тип, в котором растения и опознаются как таковые. Философ Я переносит проблему Гёте с растительного разнообразия на человеческое. Он ищет первочеловека, перво-Я, как тип человеческого вообще. Не биологического человека двадцать второй геккелевской ступени, а — начиная с двадцать третьей ступени и в её пределах уже до бесконечности. Разница в исходных точках и топографии поиска огромна. Хотя Гёте ищет перворастение не теоретически, а в природе, стало быть, не как понятие, а как естество, он находит его в растениях, как свою мысль, вернее, как чувственно-сверхчувственный образ мысли. Перворастение — мысль Гёте, которая также принадлежит МИРУ (Гёте говорит: природе), как и сами растения, только на более высокой ступени развития мира, где мир манифестирует себя уже не просто в силах роста, а в силах сознания. Это осознание миром своей вегетативности осуществляется человеком Гёте, как органом сознания мира. Гёте — в видимом мире условностей и договоренностей единичный, хотя и единственный в своем роде человек — есть в действительности фактор мира, САМ МИР в высшей на данный момент точке своей эволюции, а перворастение — это общее всех растений, мыслимое Гёте из себя, но принадлежащее растениям. Если перенести теперь проблему с растительного на человеческое и искать первочеловека, то первое, что бросится в глаза, это необходимость какого-то нового и в неслыханной степени потенцированного «Гёте», который смог бы стать для своих сочеловеков, чем естествоиспытатель Гёте стал для растений. Скажем так: будь растения религиозны, они нуждались бы в перворастении, как Боге. Ища первочеловека, как Я, философ Я равным образом нуждается в Боге. Но растения нашли своего Бога в Гёте. Между тем философ Я находит Бога Я, как свою собственную мысль. Этому Богу, чтобы не попасть в ловушку номинализма, недостает, таким образом, самой малости: умения быть не только мыслью, но и ТЕЛОМ, то есть, преодолеть свой наследственный платонизм и стать физиком, взяв на себя ответственность и за те обширные регионы творения, которые волею его философских и богословских делопроизводителей были отданы на откуп нечистой силе («нечистая сила» — это просто мифологический эвфемизм обыкновенного философского недомыслия).

12

Можно понять теперь, отчего попытка Фихте стать философом Я оказалась сорванной попыткой. Фихте пребывает всё еще в заколдованном круге платонизма и схоластики, но в отличие от старых философов он имеет дело уже не с бытием, а с сознанием. Этот переход от бытия к сознанию, ознаменовавший с Декарта начало новой философии, стал для философии роковым. Ибо, раз коснувшись сознания, нельзя было уже отвертеться от вопроса о субъекте сознания. С бытием схоластики дело обстояло куда проще; это бытие объективировали как Бога в формуле esse est Deus, без всякой нужды подыскивать к нему субъекта. С сознанием всё оказывалось сложнее. Сознание было субъективным по определению, и обойтись без субъекта здесь не представлялось возможным. Вопрос: ЧЬЕ сознание? грозил опрокинуть стройные философские конструкции. Тогда-то и был придуман «трансцендентальный субъект», некое модернизированное подобие старого теистического Бога, переселившегося из надежного бытия в менее надежное сознание, но сохранившего и здесь свою трансцендентность. Это создавало видимость некой гарантии. Фихте мог философствовать о Я, как о чем-то постороннем и потустороннем, то есть говорить Я, имея в виду не себя, а что-то другое. Гегель описывал феноменологию Мирового Духа, нисколько не тяготясь вопросом, в каком отношении находится Дух Мира к его, Гегеля, духу. Это были вопросы ниже пояса: очевидности, которые философам угодно было не замечать, совсем как придворным из андерсеновской сказки наготу короля. Очевидно, философам недоставало мужества художников — отождествлять себя со своими творениями. Фихте не мог сказать: «Я Наукоучения — это я», подобно Флоберу, сказавшему: «Госпожа Бовари — это я». Что, впрочем, такая потребность была налицо, засвидетельствовано анекдотическими курьезами, вроде гегелевского, когда автор «Феноменологии духа», стоя у окна своей иенской комнатки с только что дописанной рукописью в руках, смотрел на скачущего Наполеона и думал, что видит «Мирового Духа на коне». Enfin Malherbe vint! Наконец пришел Штирнер: мальчик в гегельянской толпе, осмелившийся выкрикнуть нечто до того очевидное, что западной философии после этого не оставалось ничего иного, как испустить дух, всё равно: с оглядкой на Штирнера или без Штирнера. С оглядкой на него, чтобы уступить место лучшему, чем она. Без него, чтобы притворяться непогибшей и выдавать провалы памяти за оригинальные концепции.

13

Штирнер — «опустившийся школяр, охальник, помешанный на Я, очевидно тяжелый психопат», таким выглядит он в любезной рекомендации Карла Шмитта, — подвел итог более чем двухтысячелетней истории философии. Книга «Единственный и его достояние» вышла в свет в конце 1844 года, как раз ко дню рождения Ницше и — можно было бы предположить — как подарок к этому дню. Родство обоих мыслителей настолько ошеломительно, что возникает вопрос: как бы сложилась философская судьба Ницше, найди он учителя не в Шопенгауэре, а в Штирнере. Он смог бы, по-видимому, избежать всей этой чарующей стилистики «сверхчеловека» и говорить о своих идеалах с такой же внятностью, с какой он ниспровергал идеалы чужие. Вспомним еще раз вкратце метаморфоз платоновской идеи, или Бога, от бытия вообще к сознанию вообще. Понятно, что гарантии этого сознания лежали в метафизике. С вытеснением метафизики физикой оно теряло опору и смысл. Богу, существовавшему в вере и верою, предстояло теперь выдержать испытание знанием. Ничего удивительного, что в естественнонаучно фундированном сознании Богу не нашлось вообще места; люди науки вспоминали о нем по воскресным дням либо уже никак не вспоминали. Гартманн — выше было сказано об этом — приютил его в бессознательном, и, возможно, этот отчаянный шаг был бы последним шансом метафизики в эпоху университетского атеизма, не будь само бессознательное уже переоборудовано под источник психоаналитических доходов.

14

Штирнер философ, впервые вспомнивший о себе, увидевший за идеями себя, а в себе господина идей. В Штирнере трансцендентальный субъект философии поглощается эмпирическим, соответственно: философское бытие не хочет больше быть только мыслью, а хочет быть — бытом. Штирнер добивается философски невозможного: абсолютизации единичного, то есть, наиболее алогичного и философски непригодного фактора действительности. Для философов единичное было необходимым злом, и если они терпели его, то только в той мере, в какой оно, едва появившись, исчезало в обобщениях. (Памятные попытки Ремке, Ласка, Гуссерля и Шелера легитимизировать единичное остались именно попытками.) Если бы пришлось выбирать один из обоих, зафиксированных Кантом, дефектов познания: «созерцания без понятий слепы, понятия без созерцаний пусты», то философы, несомненно, предпочли бы — да и предпочитали — второе: пустые понятия, а не слепые созерцания. Наверное, по той причине, что легче было понимать, не видя, чем видеть, не понимая. Ничего удивительного, что логика споткнулась именно на антропологии, то есть антропология, бывшая поначалу подразделом теологии, оказалась (со сменой мировоззренческого гегемона) аппендиксом зоологии. Зато выросший на homo logicus, человеке вообще, паразитический гуманизм стал праздновать свой триумф в конституциях и биллях о правах. Против этого паразита и повел истребительную войну Штирнер, показав всю его респектабельную абсурдность. Абсурдность философского Я лежала не в логике, а в физике: не в том, чтó оно было, а в том, ЧТО НА НЕГО НЕ ОТКЛИКАЛСЯ НИКТО. Оно и было никто, некой антропологической проекцией ничто. Начиная с Штирнера, старая апофатическая теология, теология Ничто, уступает место апофатической антропологии, антропологии Никто. Еще раз: дело не в том, что философы говорили Я, а в том, что им некуда было ткнуть при этом своими указательными пальцами. В конце концов, они и ткнули ими на Штирнера, как на философский курьез; в оценке сумасшедшего эгомана коллеги-философы не ушли дальше саксонского министра внутренних дел. Последний, как известно, отменил первоначально принятое решение окружной администрации конфисковать книгу «Единственный и его достояние», мотивируя это тем, что книга «слишком абсурдна», чтобы быть опасной. Книгу прочитали, повеселились и отложили её в сторону. Она и по сей день лежит в стороне. По той очевидной причине, что такие книги не читают, ими становятся, а если некому стать, то, наверное, незачем и читать...

15

Штирнер — игольное ушко, через которое скорее пройдет верблюд, если не пройдет философ. Нельзя сказать, что философы, как те, кто заметил Штирнера, так и те, кто обошел его молчанием, остались невнимательными к его проблеме; проблема была осознана, пусть немногими, но со всей остротой. Достаточно будет назвать Гартманна, Ремке, Маутнера, Гуссерля. § 57 гуссерлевского «Кризиса европейских наук» прямым текстом статуирует идентичность эмпирической и трансцендентальной субъективности. Вот чистейшей воды Штирнер устами автора «Философии, как строгой науки»: «Полагающее самое себя Я, о котором говорит Фихте, может ли оно быть иным Я, чем Я самого Фихте?» За тридцать с лишним лет до Гуссерля и в гораздо более адекватной форме проблема поставлена Рудольфом Штейнером. Свой основной философский труд, «Философию свободы», вышедшую в 1894 году, Штейнер оценивает как философский фундамент штирнеровского жизновоззрения. На

Штирнера навешен ярлык эгоиста или даже солипсиста, что в теологии логики равнозначно ереси и грозит философской экскоммуникацией. Так философия защищалась от вируса единичного эмпирического Я; единичное Я было отделено от философски-общего и помещено под рубрику эгоизм. Но если эгоизм стал синонимом нефилософского обыденного эго, а тем самым и всего корыстного и себялюбивого, то не в последнюю очередь как раз из-за неумения философов освободиться от наследственного греха абстрактности и рассматривать мир не в зеркале отвлеченных умозрений, а как свое ДОСТОЯНИЕ, себя же как ВЛАДЕЛЬЦЕВ И СОБСТВЕННИКОВ МИРА. Вопрос настигал неотвратимо: а нельзя ли, вместо того чтобы очищать философию от эгоизма, расширять эгоизм до философии. Конечно, эгоизм—это эгоизм собственника. Непонятно только, почему собственник—это всегда собственник желудка и кармана! А что, если собственник расширит свое корыстолюбие до идей, и усмотрит собственность в отвлеченных философских проблемах, распоряжаясь ими как своими личными проблемами! Радикализация проблемы «Штирнер» Рудольфом Штейнером, особенно в контексте позднейших христологических перспектив его духовной науки, заостряется в вопрос: Не есть ли тупик платонизма в Штирнере начало действительной христианской мысли? Вопрос, более чем странный, если учесть, что с точки зрения устоявшихся христианских представлений Штирнера труднее привести к христианству, чем даже «антихриста» Ницше. Очевидно одно: такой вопрос выходит за рамки традиционной философской компетенции. Парафразируя Жоржа Клемансо, можно было бы сказать, что философия—слишком ответственное дело, чтобы доверять её философам. Философия восприняла Штирнера как курьез, а не как упразднение платонизма и гуманизма, а вместе с ними и самой себя. Чего эта философия никогда не умела, да и не хотела уметь, так это становиться человеком, ВОПЛОТИТЬСЯ, чтобы дух изживал себя не на кончике языка или пера, а как ТЕЛО. Между тем, ход её развития неуклонно вел её именно к этому: философия сужалась (или всё-таки расширялась?) до человека. От парменидовского бытия через кантовское сознание вообще до некоего Иоганна Каспара Шмидта, эксгегельянца и философского партизана, осмелившегося говорить о философском Я, имея в виду лично СЕБЯ. И дело вовсе не меняется оттого, что Штирнер оказался не тем: неудачником, банкротом, пусть даже самозванцем (ему, по крайней мере, хватило трезвости и честности вскоре после выхода в свет «Единственного

…» бросить философию и стать торговым агентом по продаже молока). Он мог бы сказать о себе словами Розанова: «Сам-то я бездарен, да тема моя гениальная». Тема Штирнера, по сути: ЧЕЛОВЕК, но как ЧИН, ЗВАНИЕ, ПРИЗВАНИЕ, оказалась на деле ВАКАНСИЕЙ. Штирнер просто рискнул первым выставить свою кандидатуру и — провалился. Спустя десятилетия провалился и другой кандидат: Фридрих Ницше. В Штирнере и Ницше философия — когда-то служанка богословия, потом естествознания — решилась служить уже не абстрактному Богу или абстрактной природе, а своему непосредственному автору и творцу; момент решения стал моментом превращения её в вакуум, заполнение которого лежало уже не в компетенции традиционных решений, а в ПРАКСИСЕ вопроса: может ли единичный человек, некто N. N., реализовать себя так, чтобы его самореализованное Я репрезентировало уже не частное и личное в нем, а ЧЕЛОВЕЧЕСКОЕ, как таковое? Но тогда это ЕГО Я принадлежало бы всем, и, наверное, ему оставалось бы ждать случая, чтобы подарить себя другим, вернуть другим их самих, как СЕБЯ. Разумеется, он мог бы сделать это при условии, что другие захотели бы — быть одаренными. Одарение растянулось бы тогда в учебный процесс, никак не соответствующий обычным философским стандартам. Нужно представить себе философского учителя, который — в строгой и абсолютно сознательной форме, отвечающей всякий раз уровню и потребностям аудитории, — давал бы своим ученикам не знания, а САМОГО СЕБЯ, чтобы и ученики смогли однажды опознать в этой подаренной им «чужой» самости собственную. То, что западная философия прошла мимо этого СОБЫТИЯ и предпочла ему шварцвальдские кулинарные рецепты, достовернее всего свидетельствует о её конце. Конец можно было бы еще отсрочить, если бы она собралась с силами и осознала СЛУЧИВШЕЕСЯ: преображение тупика «Штирнер» в неслыханные перспективы. Осознанию, пусть даже полемическому и критическому, она предпочла молчание: от незнания или, скорее, нежелания знать. Но нежелание знать и было нежеланием знать о конце. Можно прояснить это на следующей аналогии. Освальд Шпенглер издал в 1918 году свой «Закат Европы», где предрек европейцам неотвратимую участь стать феллахами. Не знаю, как в России, но на Западе Шпенглера сегодня не читает уже почти никто. Ну как бы совсем в подтверждение его прогноза. Феллахи не читают книг, особенно таких, из которых они узнали бы о себе, что они феллахи.

16
(Вместо эпилога)

1 апреля 1876 года некто Филипп Майнлендер, никому не известный молодой человек 34 лет, получил из берлинской типографии Грибена только что отпечатанные авторские экземпляры своей почти шестисотстраничной книги «Философия искупления». Некоторые из них он оставил в комнате, другие снес на чердак. Вернувшись, он соорудил из книг подест, взобрался на него, ухватился за заранее укрепленную петлю и просунул в неё шею. Оставалось поработать ногами, что он и сделал, упершись в книги одной ногой и резко оттолкнув свободной свежие, пахнущие еще типографской краской экземпляры… Смерть вызвала толки, но говорили немного, меньше всего коллеги-философы, узнавшие о существовании философа Майнлендера уже после того, как существование это прекратилось, и как раз потому, что оно прекратилось. Интересно, что случившееся никак не повлияло на интерес к книге, как этого можно было бы ожидать по аналогии с книгой другого самоубийцы, Отто Вейнингера. На что «Философия искупления» оказалась годной, так это на то, чтобы помочь автору дотянуться до петли. О случае вообще не стоило бы и говорить, не всплыви он случайно в памяти в связи с более поздней философской ассоциацией. Через считанные десятилетия француз Камю в письменной форме потребовал от философов лишать себя жизни, и получил за это Нобелевскую премию. (Самоубийство, по Камю, есть основной вопрос философии, по сравнению с которым все прочие философские проблемы оказываются сущим пустяком.) О Камю, как и полагается, написаны книги и защищены диссертации. Майнлендер был забыт до того, как о нем вообще узнали. Камю, насколько известно, нигде не говорит о Майнлендере. Есть основания думать, что и Майнлендер тоже ничего не сказал бы о Камю. На респонсории обоих случаев можно воссоздать некую парадигму конца истории философии. Оба философа согласно сходятся в том, что лучшее, на что способна философия, — это осознанный и добровольный конец. Просто Камю, несмотря на весь парижский антураж, застрял в средневековье; самоубийство для него — это всё еще платоновская идея, которую он мыслит регулятивно, а не конститутивно, приблизительно так же, как теолог мыслит своего Бога, а, скажем, классический филолог своих героев античности. Соотнести эту идею с собой было бы для

него столь же абсурдно, как для теолога желать стать Богом, а для филолога, скажем, зажить по Плутарху. Камю, отождествляющий абсурд с жизнью, далек от мысли отождествить его со своей философией. (Совсем как идеолог модерна Адорно, который, когда вышедшие по его наветам на улицу студенты хотели ворваться в возглавляемый им Институт, просто позвонил в полицию.) Сартр очень удачно назвал Камю «картезианцем абсурда». В расшифрованном виде это означает: мир лишен смысла, за единственным исключением: исключение — философ, лишающий мир смысла. Майнлендер не картезианец, а просто влюбленный в Шопенгауэра и смерть немец. Покончить с собой ему мешает как раз абсурдность существования, отсутствие смысла. Он и пишет свою книгу с единственной целью: придать миру смысл, чтобы иметь основания уйти из него. Детской радостью отдает от слов, которыми он завершает одну из глав своей книги: «Nun ist auf einmal Sinn auf der Welt» (Ну вот, наконец-то в мире есть смысл). Уход Майнлендера — искупление Шопенгауэра по методу Штирнера. Странным образом Мировой Воле захотелось отрицать себя в Шопенгауэре за письменным столом, но не за обеденным, и уж никак не в послеобеденной обязательной игре на флейте. Эта непоследовательность старого философа, о которой поведал его биограф, воспринималась как курьез, милая анекдотическая деталь, лучше всего годящаяся быть рассказанной за каким-нибудь еще обеденным столом. Ницше, разочарованный шопенгауэрианец, жестоко высмеял её. Молодой энтузиаст Майнлендер просто сделал её несмешной.

Базель, 14 мая 2005 года

Михаил Блюменкранц (Германия)

Михаил Аронович Блюменкранц (р. 1948), кандидат филологических наук. В 1972 году закончил русское отделение филологического факультета Харьковского государственного университета. Дипломная работа была посвящена творчеству Ф. М. Достоевского.

С 1985 по 1989 был соискателем в институте «Славяноведенья и Балканистики» АН СССР. Научный руководитель Вяч. Вс. Иванов.

Защитил диссертацию по теме «Введение в философию подмены. (Жанр легенды в историко-философской перспективе)» в 1991 году. Основным оппонентом на защите был С. С. Аверинцев.

1991–2001 — преподавание в должности доцента на кафедре «Истории культуры и философии науки» Харьковского университета. Автор статей и ряда монографий — «Введение в философию подмены» (1994), «В поисках имени и лица. Феноменология современного ландшафта» (2007), «Общество мертвых велосипедистов» (2017). Участник многих международных конференций.

С 1997 года издаёт и редактирет ежегодный философско-культурологический альманах «Вторая Навигация». Название альманаха отсылает к слову Платона, так определившего свою философскую стратегию в диалоге «Федон». Альманах выходит и по сегодняшний день. Он задумывался и осуществляется как интернациональный проект. В нем печатаются статьи философской, исторической, социально-политической и литературоведческой тематики. Одной из основных задач издания является анализ духовной ситуации в современном западном мире и на постсоветском пространстве. Круг авторов издания составляют как российские ученые, так и зарубежные коллеги.

Среди постоянных авторов альманаха до недавнего времени были Г. С. Померанц, Г. С. Кнабе, Б. В. Дубин. Регулярно печатаются статьи Витторио Страда (Италия), Ханса Оверслоота (Нидерланды), Леонида Люкса (Германия) и других известных специалистов из стран Европейского союза и России.

Научные интересы Михаила Блюменкранца лежат в области проблем философии культуры и философии истории. Этим темам посвящены его книги и большинство статей.

Г. С. Померанц писал о том, что все цивилизации в конечном итоге погибают от ядов, которые они вырабатывают в ходе своего развития. Стоит заметить, что действие этих ядов, как правило, до последнего момента остается скрытым. Не строя иллюзий относительно обретения спасительного противоядия, автор ставит перед собой задачу выявления, диагностирования некоторых на его взгляд острых проблем современного постиндустриального общества.

Лит.: Андреевская энциклопедия, http://rozamira.nl/lib/ae/and-ved/bljumenkranc.htm.

ПРОСНУВШИЕСЯ В АРМАГЕДДОНЕ [1]

В рассказе Рэя Брэдбери *Уснувший в Армагеддоне* астронавт, потерпевший крушение на чужой планете, в течение четырех дней отчаянно борется с наваливающимся на него сном. Он знает, что если он сдастся, уступит, его сознанием безраздельно завладеют невидимые обитатели этого пугающего, враждебного мира.

Мы же часто оказываемся перед угрозой иного рода: внезапно пробудиться, очнуться от привычных будничных сновидений и очутиться лицом к лицу с непостижимой действительностью.

Одним из важнейших условий нашего пребывания в состоянии грезящего сознания является присущая нам способность удобно обустраиваться в пространстве символической реальности. Наши привычные представления о действительности, о себе самих и о других, то, что мы называем своей системой ценностей, наши вкусы и эстетические предпочтения, словом, все то, из чего складывается наша картина мира, — все это мы кропотливо собираем в паззлы символических форм, имеющиеся в нашем распоряжении. Мы создаем реальность так же, как и реальность создает нас. Символические формы — это оптика, посредством которой наше сознание фокусируется на окружающем мире. Эта оптика позволяет нам не только преобразовывать окружающий нас хаос в космос, но и дает возможность структурировать саму нашу личность, преобразуя и упорядочивая хаос нашего внутреннего мира. Таким образом, собственно, и выполняется основная цивилизационная миссия культуры.

В связи с вышесказанным возникает естественный вопрос — а что же такое символ, чем он принципиально отличается от другого семантического знака? О значении символа и о проблемах символизма существует обширная литература. Однако, чтоб не заниматься инвентаризацией сухих научных дефиниций, попробуем привести один наглядный пример отличия знака от символа. Возьмем деревянный крест. Для человека, находящегося вне определенного культурно-исторического контекста, это просто

---

[1] *Блюменкранц, Михаил.* Проснувшиеся в Армагеддоне. // *Вопросы философии,* 2016, № 2, стр. 201–212.

две сколоченных вместе деревяшки. Для другого — это *знак*, указывающий на кладбище. Для человека, обладающего достаточной эрудицией и не являющегося верующим христианином — это *эмблема*, важнейший атрибут христианской религии, распространенный способ казни во времена Римской империи (Если, конечно, отвлечься от многочисленных символических значений креста в истории человечества, которые восходят еще к эпохе неолита — М.Б.). Для верующего христианина — это сакральный символ искупительной жертвы Иисуса Христа.

В первом случае крест воспринимается сознанием субъекта как материальный объект окружающего мира, не несущий в себе никаких дополнительных смыслов, во втором — как сигнал, метка, маркер специфически организованного пространства; в третьем — как эмблема, оживляющая в памяти значимые события человеческой истории, и, наконец, в последнем — крест воспринимается как символ в его сакральном значении: человек переживает страдания распятого Христа как собственный экзистенциальный опыт, вплоть до появления стигматов веры. В данном случае символ является не только и не столько формой познания, но прежде всего формой восприятия и переживания мира. «Язык символов», — полагал Эрих Фромм, — «это язык, посредством которого мы выражаем наше внутреннее состояние так, как если бы оно было чувственно воспринимаемым, как если бы оно было чем-то таким, что мы думаем, или чем-то, что делается с нами в окружающем материальном мире. Язык символов — это язык, в котором внешний мир есть символ внутреннего мира, символ души и разума».[2]

Эрнст Кассирер, который рассматривал культуру как иерархию символических форм, писал: «Миф и искусство, язык и науки являются ... формами чеканки бытия, они не просто отпечатки нашей действительности, а директивы движения духа, того идеального процесса, в котором реальность конструируется для нас как единая и многообразная, как множество форм, спаянных в конечном счете единством смысла».[3]

В продолжение идей Э. Кассирера приведем высказывание Альфреда Вебера: «Каждая культура существует в своем уникальном

---

[2] *Фромм, Эрих.* Забытый язык. В кн. Душа человека. М., Республика, 1992, с. 185.

[3] *Кассирер, Эрнст.* Философия символических форм. М.-СПб, Университетская книга, 2002. т. 1, с. 41.

историческом теле. Возникает не объективный космос, а душевно обусловленная рядоположенность символов».[4]

В то же время имеется и точка зрения, которая рассматривает символ не как нашу субъективную проекцию, форму *чеканки бытия,* а как объективно существующую действительность. Романо Гвардини полагал, что: «...символ так же реален, как химическая субстанция или телесный орган».[5] По мнению Пауля Тиллиха: «...символы соучаствуют в той реальности, на которую указывают».[6] Более того, символы способны «... не только обнажать те измерения и элементы реальности, которые иначе были бы недоступны нам, но и открыть те измерения и элементы нашей души, которые соответствуют этим измерениям и элементам реальности».[7]

Вопрос о субъективном или объективном характере символических форм можно переформулировать в другой плоскости: насколько объективен или субъективен мир человеческой культуры. С одной стороны, он субъективен, как креативный акт человеческого сознания, с другой — он объективен как материализовавшийся артефакт нашего бытия.

Существование символических форм позволяет человеку быть демиургом: творить окружающий мир по своему образу и подобию.

Но, как всякое истинное творчество, эта работа не сводится только к работе сознания. Один известный американский писатель как-то отозвался о творчестве своего собрата по перу в том духе, что тот никогда не станет большим писателем, так как у него слишком мало хаоса в подсознании. (Это высказывание прозвучало еще до известной теории И. Р. Пригожина о «творящем хаосе».)

Все тот же П. Тиллих, вслед за К. Юнгом, считал: «Преднамеренно создать символы невозможно... Они рождаются в индивидуальном и коллективном бессознательном и способны действовать, лишь если их примет бессознательное измерение нашего бытия. Символы, исполняющие особую социальную функцию, как например, политические и религиозные, творятся, или, по крайней мере,

---

[4] *Вебер Альфред.* Избранное: Кризис европейской культуры. СПб, Университетская книга, 1999, с. 21.
[5] *Гвардини, Романо.* Конец Нового времени. // *Вопросы философии,* 1990, N4, с. 141.
[6] *Тиллих, Пауль.* Избранное: Теология культуры. М., Юрист, 1995, с. 160.
[7] Там же, с. 160.

принимаются коллективным бессознательным той группы, в которой они возникают».[8]

Так же, как и в рассказе Р. Брэдбери, где голоса инопланетян, лишенных собственной плоти, способны материализоваться только в чужом теле, во время сна, т.е. в бессознательном состоянии, так и символы рождаются и овладевают нашим сознанием на каком-то смутном, не подотчетном рациональному мышлению уровне нашего Я. Это уровень веры, а не знания. Здесь мир, в котором чары поющих сирен подчас приобретают неодолимую власть над нашими душами. Вместо того чтобы открывать новые измерения действительности, символ начинает аннулировать реальность, заменяя мир реальных объектов их символическими значениями. Таким образом, конкретная реальность ускользает, без остатка растворяясь в символе. Символ подменяет собой действительное содержание реалий нашего бытия. История изобилует многочисленными примерами, когда охваченные святым чувством поруганной справедливости массы безжалостно истребляют друг друга и умирают в полной убежденности, что делают это во имя высших нравственных ценностей: свободы, братства, светлого будущего всего человечества. Когда же рассеивается мираж, заворожившиий их сердца символической реальностью, то оказывается, что разрушенные города, годы бед и лишений, горы оставленных трупов оказались неизбежной платой не за воплощение в жизнь святых идеалов, а непомерной ценой, заплаченной за то, чтобы одних ничтожных властителей сменить другими, не менее ничтожными.

Проблема заключается в том, что символы способны не только открывать новые уровни реальности, но и успешно камуфлировать существующие. В этом, последнем случае, символ становится эффективным средством ценностных подмен и искусным способом манипуляции массовым сознанием. И тогда, как это происходит с объемным изображением на открытках, вместо вымечтанного Золотого века в духе Клода Лорена, нам неожиданно открывается картина брейгелевских слепых, ведущих толпы незрячих в *Сад радостей земных* Босха.

Символическая реальность может оказаться как условием наших высочайших духовных взлетов, так и причиной наших глубочайших нравственных падений. Трудно обрести знамя, но еще больше усилий требуется иной раз для того, чтобы его потерять.

---

[8] Там же, с. 160.

На заре человеческой истории, в архаических обществах, символическое мышление было важнейшим средством адаптации человека к окружающему миру. Символ лежал в основе магии и, используемый в магических целях, являлся не только способом познания мира, но в первую очередь, способом овладения, подчинения себе природных стихий. Внутренние переживания и внешний мир находились в непосредственном нерушимом единстве, и, в соответствии с уже цитированными воззрениями Э. Фромма, работа души обуславливала картину мира и его символическое содержание. В ходе дальнейшего исторического развития постепенно теряется это единство, как и представление, присущее архаическому сознанию, о неразделимости конкретного предмета и его символической формы. В процессе отмеченной Максом Вебером рационализации отношений человека с миром природы, *расколдованием мира*, символические значения обретают более автономное, независимое от предметного мира существование. Происходит дифференциация некогда целостного мира магической реальности на мир материальных и мир духовных сущностей, раскол между которыми со временем увеличивается. Сакральное измерение бытия трансцендирует из реальной действительности в действительность идеальную, и символ из мощного средства овладения природной средой становится мостиком, соединяющим расколовшийся мир.

В результате произошедших перемен усиливается функция символических форм как способа познания действительности, но при этом хоть и ослабляется, но отнюдь не атрофируется их магическая функция подчинения, овладения окружающим миром. Как тонко подметил Вольфганг Гете, «Мы имеем дело с истиной символической, когда особое репрезентирует общее не как сновидение и тень, но как жизненно-мгновенное раскрытие неиспытуемого».[9] Именно это *жизненно-мгновенное раскрытие неиспытуемого*, в котором *особое репрезентирует общее*, и является скрытым инструментом магического воздействия символа, благодаря которому целостность мира не познается, а переживается как единство природы и духа, внешнего и внутреннего, духовного и телесного. На этом уровне сознания символ приобретает творческую силу, с неограниченной мощью воздействия на реальность материального мира. Такую особенность символических форм отмечал Э. Кассирер: «Символические

---

[9] Цит. по: *Аверинцев, Сергей*. София-Логос. Словарь. Киев, Дух і Літера, 2005, с. 392–393.

формы — это не просто события, которые играют в нас и с нами, они — особые *энергии*, с чьей помощью строится мир культуры, мир языка, искусства, религии».[10]

С исчезновением магического сознания эти особые энергии сублимируют, трансформируясь из средств овладения природным миром в средства открытия и овладения духовной реальностью. Особенно интенсивно этот процесс проходил в эпоху Средневековья. По мнению Р. Гвардини, «Средневековый человек видит символы повсюду». Этому времени, считает философ, свойственно «...— на самом элементарном уровне — познание символического содержания бытия».[11]

Однако, обладая огромной культуросозидающей мощью, символические формы несут в себе в тоже время и серьезные риски, риски иссякновения реального бытия. Эту опасность хорошо понял и сформулировал один из исследователей: «Можно утверждать, что *главная особенность символизации, как приема абстрагирования, заключается в том, что она позволяет нам оперировать с объектами предметно-физической реальности по законам воображения, а не по физическим (природным) законам*. Говоря иными словами, в пространстве символической реальности материальные объекты и природные явления освобождаются от своей физической закрепощенности и связанности. Это позволяет высказать предположение о том, что *главной функцией символической реальности является размягчение «реальной реальности», придание ей пластических, «жидкостных» свойств*».[12]

Об опасностях, подстерегающих нас в символизме, предупреждал Альфред Норт Уайтхед: «Существует большая разница между символизмом и научным знанием. Прямой опыт непогрешим. Чему вы научились, тому и научились. Но символизм более подвержен погрешности в том смысле, что он может индуцировать действия, чувства, эмоции и доверие к вещам, которые являются просто понятиями без той достоверности в мире, которую символизм заставляет нас предположить. Я хочу развить тезис о том, что символизм является важным фактором для того, как мы действуем в результате нашего прямого знания. Высокоразвитые организмы возможны только при условии, что их символические действия обычно оправданы

---

[10] *Кассирер, Эрнст.* Избранное: опыты о человеке. М., Юрист, 1998, с. 59.

[11] *Гвардини, Романо.* Конец Нового времени. // *Вопросы философии,* 1990, N. 4, с. 134.

[12] *Речицкий, Всеволод.* Символическая реальность и право. Львов, ВНТЛ-Классика, 2007, с. 27.

постольку, поскольку это связано с важными результатами. Однако ошибки человеческого рода равным образом проистекают из символизма. Задача рассудка — понять и очистить символы, от которых зависит человечество».[13]

Из всего вышесказанного и процитированного напрашиваются, по крайней мере, три вывода. Первый — символы обладают высоким энергетическим потенциалом. Второй — символы способны открывать новые уровни реальности как в окружающем нас мире, так и в нашем сознании. И третий — символы могут выступать в качестве эффективного средства по размыванию конкретной реальности и ее успешному преобразованию в фантомную действительность, творимую нашим воображением.

Исходя из этих трех присущих символической реальности свойств, попытаемся взглянуть на актуальные проблемы сегодняшней европейской действительности.

Сегодня у людей духовно чутких появилось ощущение какого-то глубинного тектонического сдвига, происшедшего в еще вчера казавшемся стабильным мире. На смену вере в прочность мирового порядка приходит чувство нарастающей тревоги и неуверенности, предчувствие надвигающейся катастрофы. Успешный процесс глобализации, под знаком которого прошли последние десятилетия, столкнулся с вызовами, которые, впрочем, сам он и породил. Невольно вспоминается предостережение одного из современных мыслителей о том, что все цивилизации в конечном итоге погибают от тех ядов, которые они сами и вырабатывали в процессе своего развития. Добавим еще, что мы чаще всего до последнего момента не замечаем губительного действия этих ядов, так как их работа совершается, как правило, незаметно.

Как ни банально звучит высказывание о том, что мы живем в эпоху стремительных перемен, бесспорно, что процессы, которые в прошлые времена занимали столетия, теперь нередко протекают в продолжение жизни одного поколения. Стремительные изменения происходят не только в сфере научно-технического прогресса и на уровне социально-экономических условий нашего существования, но и в пространстве символической реальности, присущей как индивидуальному, так и общественному сознанию. Происходит радикальная переоценка традиционной системы ценностей

---

[13] *Уайтхед, Альфред Норт.* Символизм, его смысл и воздействие. Томск. Водолей, 1991, с. 9.

и пересмотр существовавших на протяжении тысячелетий табу. Процесс неотвратимый и исторически неизбежный, но зачастую сопровождаемый серьезными катаклизмами и глубокими потрясениями, в итоге приводящий иногда к успешной модернизации, а иногда и к гибели вступивших на путь кардинальных преобразований цивилизаций.

Смена фундаментальных культурных ценностей и священных табу, несущих сакральный смысл, обычно свидетельствуют о сломе культурной парадигмы. Начиная со времен племенной культуры и первых архаических форм государственного устройства система табу структурировала социокультурный континуум человеческих сообществ. Процесс радикального растабуирования грозит разрушением основ цивилизации и крахом ее культурной парадигмы, если он не сопровождается появлением новой системы ценностей, заповедей и запретов, наделенных сакральным значением.

И вот сегодня мы стали свидетелями и невольными участниками многочисленных столкновений на почве неоспоримой правоты своих символических форм, происходящих в глобализированном мире.

Современную ситуацию в западном мире определяют, по меньшей мере, два фактора. С одной стороны, это глубинные внутренние процессы ускоренной модернизации всех форм культуры и технических средств европейского социума. С другой — коренные изменения состава народонаселения в европейских странах, происходящие в результате мощных волн иммиграции из стран третьего мира, прежде всего, мусульманских. Первый фактор нашел свое выражение в постмодернистских проявлениях индивидуального и общественного сознания, воплотившихся в искусстве, политике и социальной сфере: от театральных и политических перформенсов до института однополых браков и гендерного равенства, воспринимаемого как тождество. Второй фактор — опыт по реализации грандиозного проекта ассимиляции или, по крайней мере, интеграции огромных масс людей с принципиально разными культурными ценностями и мировоззренческими установками в единый социум.

Провал проекта мультикультурализма не так давно признали политические лидеры европейских стран. То, что могло успешно состояться в США, где работал плавильный котел молодой, только еще зарождающейся культуры, и из различных культурных элементов создавались новые формы, не сработало на прошедшей свой специфический тысячелетний путь развития европейской кухне. Не каждый дичок можно привить ко всякому дереву. Даже если совпадают генетические коды культур, видимо, должны совпадать и их возрастные характеристики, и временные стадии исторического развития цивилизаций. Не следует забывать, что и сам сравнительно успешный американский проект осуществился вследствие вытеснения и истребления населявших территорию страны индейских племен. Христианская культура в лице своих европейских представителей «умело» интегрировала культуру аборигенов в жестких границах, отведенных для носителей этой культуры, резерваций. Попытка же осуществить социокультурный симбиоз, с одной стороны, светского постиндустриального общества, берущего свое начало в секуляризованной философии европейского Просвещения и отстаивающего идеалы свободы убеждений и приоритета прав личности, а с другой стороны, с обществом, руководствующимся глубоко сакрализованными законами Шариата, и рассматривающим человека как послушное орудие воли Аллаха, вряд ли имеет шанс на успех. Трудно найти основу для взаимных компромиссов, скорее, отыщутся причины для взаимных конфликтов. И в таких конфликтах символическая реальность исламского мира способна создавать более мощные поля энергетического воздействия на сознание правоверного мусульманина, нежели символическая реальность нашего постиндустриального общества на секуляризованное сознание западноевропейского индивида, придерживающегося светлых идеалов свободы и демократии.

Проблема состоит и в том, что в процессе постмодернистской перестройки западного сознания, под воздействием лежащей в основе этого проекта релятивистской мировоззренческой установки, произошло энергетическое истощение символических форм. В то время как религиозное мироощущение населения исламского мира сохраняет высокую энергетику своей сакральной символики. Отсюда и его большая пассионарность.

Упадок энергетики символических форм, произошедший под влиянием рационализации отношений человека с окружающим миром, является следствием катастрофического ослабления витального начала современной западной цивилизации, свидетельством ее дряхления. В то же время у нее появляются искушения второй молодости, которые несут в себе националистические движения, пробуждающиеся в ряде европейских стран. В них кроется мощный соблазн обретения современным индивидом утерянной им ценностной самоидентификации на основе приобщения к сверхличностным ценностям, где вакантное место Бога занимает народ. Однако вряд ли наступление новой эпохи варварства может стать панацеей для нашей слабеющей цивилизации. Скорее, оно сможет дать лишь кратковременное ощущение вернувшихся сил и здоровья, иногда обманчиво возникающее у больного на пороге смерти. Любовь к ближнему, вспыхнувшая на почве ненависти к дальнему, как правило, ненадежна и непродолжительна. В то время как коллективное чувство ненависти не в пример прочней и живучей, и с уничтожением дальнего с успехом находит свой предмет в ближнем. Все это с удручающим постоянством повторяется в массовых движениях. Причем развитие средств современных коммуникаций вносит в этот процесс свои новации. Сегодня для того, чтобы психологически ощутить эффект своего присутствия в толпе, в массе, не обязательно выходить на улицу. Индивид органично становится частью толпы, не покидая своего компьютерного кресла. Посредством социальных сетей, или, на худой конец, через пропагандистские трансляции телевизионных каналов он подключается к коллективной символической реальности и энергетически подзаряжается от нее. Все то, что происходит даже с высокоразвитым индивидом, оказавшимся частью уличной толпы, происходит и с ним. Как известно, в толпе человек приобретает драгоценное право на анонимность, что приводит к исчезновению у него мучительного чувства личной ответственности.

О психологии масс написано немало работ. Приведу только две цитаты из одного автора, имеющие непосредственное отношение к нашей теме: «Масса чрезвычайно легко поддается внушению, она легковерна, она лишена критики, невероятное для нее не существует. Она мыслит картинами, которые вызывают одна другую так, как они появляются у индивида в состоянии свободного фантазирования. Они не могу быть измерены никакой разумной инстанцией по аналогии с действительностью. Чувства массы всегда просты и чрезмерны. Итак, масса не знает ни сомнений, ни колебаний, высказанное подозрение превращается у нее тотчас в неопровержимую истину, зародыш антипатии — в дикую ненависть».[14] «И, наконец, массы никогда не знали жажды истины. Они требуют иллюзий, от которых они не могут отказаться. Ирреальное всегда имеет у них преимущество перед реальным, несуществующее оказывает на них столь же сильное воздействие, как и существующее. У них есть явная тенденция не делать разницы между ними».[15]

---

[14] *Лебон, Гюстав.* Психология народов и масс. СПб, 1896, с. 186.
[15] Там же, с. 187.

Все это свидетельствует о том, что эффективность воздействия символической реальности на индивида в толпе резко возрастает. Как и о том, что психологические состояния, возникающие, по мнению Г. Лебона, в массовом сознании, могут вполне успешно транслироваться и захватывать сознание индивида при помощи имеющихся масс-медиа и средств коммуникации, даже если при этом фактически человек не находится в окружении толпы.

Созданное современной цивилизацией тотальное информационное пространство, наряду с позитивными факторами — расширением индивидуального кругозора — несет в себе и скрытые угрозы порабощения личности массовым сознанием. Это пространство, всепроникающее, словно радиация, работает не только методом рациональной обработки нашего сознания, но и как технология незаметного вторжения в пласты нашего бессознательного. И в конечном итоге оно закрепляется в нашей душе скорее, как феномен нашей веры, нежели как результат нашего познания. В итоге мы оказываемся в символической реальности, которую воспринимаем как плод наших духовных усилий и жизненного опыта, не замечая того, что ее в нас искусственно, без нашего ведома, имплантировали. Информационное пространство, как правило, всегда суггестивно заряжено, и гипнотическое воздействие этой суггестии по большей части остается для нас скрытым. Во времена серьезных кризисов — войн, революций, стихийных бунтов — символические формы сакрализуются и дают мощную энергетическую подпитку национальным, социальным, конфессиональным и другим противоречиям и конфликтам, вызывая неподдельный энтузиазм массовых движений. Основной соблазн таких движений кроется в том, что индивид, захваченный волной общего энтузиазма, переживает свое существование как невероятно наполненное, удивительно полноценное и необыкновенно интенсивное, в отличие от привычной будничной рутины. Пребывание в подобном состоянии оказывается прекрасным наркотическим средством, не позволяющим ему осознать тот факт, что теперь он существует уже в фантомной реальности, в гипнотическом сне овладевших его сознанием символических форм. Тем более что эта реальность плотно населена его многочисленными единоверцами. Самое глубокое погружение в гипноз — погружение в гипноз коллективный. Эту характерную черту массового сознания отмечал и Г. Лебон: «В психологической массе самое страшное следующее: какого бы рода ни были составляющие ее индивиды, какими схожими или несхожими ни были бы их образ жизни, занятия, их характер и степень интеллектуальности, но одним только фактом своего превращения в массу они приобретают коллективную душу, в силу которой они совсем иначе чувствуют, думают и поступают, чем каждый из них в отдельности чувствовал, думал и поступал бы. Есть идеи и чувства, которые проявляются или превращаются в действие только у индивидов, соединенных в массу».[16]

Парадокс состоит в том, что то, что первоначально казалось актом свободного выбора индивидом своей личностной самоидентификации, на деле обернулось полным растворением личностного «я» в коллективном «мы». Произошло распыление индивидуальной души и индивидуальной воли в общем энергетическом поле символических форм, индуцированном массовым сознанием.

Недаром, по мнению некоторых мыслителей, отличительной чертой нашего времени стала ситуация, определяемая как «восстание масс», т.е. эпоха господства массового сознания во всех сферах социокультурной жизни общества. Философия постмодерна явилась органичным выражением этой массовой души. Основной пафос постмодернистского мироощущения заключается в отрицании какой-либо иерархии как в культуре, так и в общественной жизни. Руководствуясь в высшей степени благородными побуждениями, оно отстаивает либеральные убеждения о самоценности и автономности каждой индивидуальной формы социокультурного бытия.

Существовавшие в истории человечества иерархические системы так или иначе были источниками угнетения и несправедливости привилегированных слоев общества по отношению к непривилегированным. Нравственное чувство приверженца борьбы с логоцентризмом оскорбляет и сам способ мышления бинарными оппозициями, создающий неизбежные предпосылки для возникновения всевозможных иерархических структур. Ведь сам принцип деления на хорошее и плохое, высокое и низкое, талантливое и бездарное, свое и чужое, уже содержит в свернутом виде репрессивную составляющую.

Однако, при всем сочувствии к моральному императиву, лежащему в основе этого мировоззрения, возникает невольное опасение — не явится ли избавление от головной боли следствием избавления от самой головы.

Несмотря на значительный ущерб, понесенный человечеством в результате логически выстроенных иерархических систем, сам

---

[16] *Лебон, Гюстав.* Психология народов и масс. Цит по: *Фрейд Зигмунд.* Массовая психология и анализ человеческого «Я». Кн. 1. Тбилиси, 1991, с. 74.

принцип иерархии является неотъемлемым базовым свойством как культуры, так и бытия, поскольку они основываются на принципе качественных отличий. Неиерархичны лишь небытие или же сверхбытие, т.е. Бог. Из чего следует, что проведенная до своего логического конца кампания по избавлению от всех и всяческих иерархий — это форма манифестации небытия, т.к. сверхбытие нам по-прежнему не угрожает.

Что же касается борьбы с логоцентризмом, вплоть до снятия сковывающих мышление бинарных оппозиций, то, к сожалению, эти оковы спадают лишь на высоких стадиях определенных духовных практик. Но так называемое состояние просветленного сознания, как свидетельствует исторический опыт, в долговременной перспективе доступно только немногим избранным. Для простых же смертных, с сознанием, омраченным жизненной суетой и мирскими заботами, выход за рамки бинарных оппозиций, боюсь, будет означать не преодоление иллюзорной двойственности мира, а отказ от мышления как такового и растворение в постмодернистском *хаосмосе*.

Пройдя опыт осознания относительности всех доставшихся нам в наследство культурных и нравственных ценностей как целиком обусловленных обстоятельствами исторического развития предшествующих поколений, мы достигли таких несомненных духовных завоеваний современной цивилизации, как толерантность, политкорректность, мультикультурализм, решпект, и прочие сравнительно безопасные формы проявления любви к ближнему. Однако вместо поколения освобожденных прометеев наше общество репродуцирует лишь мучимых жаждой удовольствий танталов, утративших саму способность испытывать удовольствия.

Эпоха индивидуализма оказалась на редкость бедна индивидуальностями. Символическая реальность современного постиндустриального общества, при всей своей кажущейся пестроте, скудна и убога. Она не способна придать человеческому существованию какой-либо высший смысл, вернуть утерянное чувство единства с универсумом, укорененности в бытии. Процесс отчуждения личности, провозглашенный еще философией экзистенциализма, сменился процессом ее разложения и распада, запротоколированным деконструктивизмом.

Новые ценностные ориентиры, выработанные современной либеральной мыслью, берут свое начало в секуляризованном гуманизме эпохи Просвещения. Они лишены горизонта Вечности, который был присущ религиозному мироощущению, и потому наглухо замыкают человека в пространстве трех измерений. В такой ситуации символическая реальность обречена на малокровие — открываемые ею смыслы живут в других измерениях. Таким образом, нарушенной оказывается корневая система культуры, которая успешно питала существовавшие до нас цивилизации.

Процесс рационализации отношений человека с природой, расколдования мира, продолжается сегодня как процесс растабуирования общества. Он без сомнения имеет свои позитивы, но в то же время несет и смертельные риски — риски обмеления бытия. Символическая реальность, изгоняемая в ее привычных формах, может вернуться к нам в формах демонических.

Работа цивилизации по одомашниванию человека как вида, его приручению и преодолению заложенных в нем хищнических инстинктов в какой-то момент казалась близкой к успеху. Но то, что успешно вытеснялось нашей постмодернистской эпохой из сознания современного человека, осталось существовать в древнейших слоях его подсознания. И уже несложно заметить, что импульсы к новому коллективному единению на основе сверхличностных целей, обретающие и сакрализующие те или иные символические формы, легко находят пути к архетипам его бессознательного. И воинственные голоса давно умерших обитателей этой планеты внезапно начинают звучать в нас самих. И мы снова готовы повторить гибельный опыт прошедших поколений, принося кровавые жертвы на священные алтари фантомной реальности.

Михаил Эпштейн (США)

Михаил Наумович Эпштейн (род. 1950) — российско-американский филолог, культуролог, философ, эссеист. Профессор теории культуры и русской литературы университета Эмори (Атланта, США), с 1991 г. Профессор Даремского университета (Великобритания), основатель и руководитель Центра гуманитарных инноваций гуманитарных наук (2012–2015).

Основные темы исследований: методология гуманитарных наук, философия культуры и языка, поэтика русской литературы, постмодернизм, семиотика повседневности, проективная лингвистика, перспективы развития метафизики и теологии.

Автор 33 книг и более 700 статей и эссе, переведенных на 23 иностранных языка, в том числе «Парадоксы новизны» (М., 1988), «Природа, мир, тайник вселенной. Система пейзажных образов в русской поэзии» (М. 1990), *After the Future: The Paradoxes of Postmodernism and Contemporary Russian Culture*. Amherst,1995, *Transcultural Experiments: Russian and American Models of Creative Communication* (with Ellen Berry). New York, 1999, «Философия возможного» (СПб, 2001), Cries in the New Wilderness: from the Files of the Moscow Institute of Atheism. Philadelphia, 2002), «Знак пробела. О будущем гуманитарных наук» (М., 2004), «Постмодерн в русской литературе» (М., 2005), «Слово и молчание. Метафизика русской литературы» (М., 2006), «Философия тела» (СПб, 2006), «Sola amore: Любовь в пяти измерениях» (М, 2011), «The Transformative Humanities: A Manifesto» (НЙ – Лондон, 2012), «Религия после атеизма: новые возможности теологии» (М., 2013), «Отцовство» (М. 2014), «Ирония идеала. Парадоксы русской литературы» (М., 2015), «От знания — к творчеству. Как гуманитарные науки могут изменять мир» (СПб-М., 2016), «Поэзия и сверхпоэзия. О многообразии творческих миров». (СПб, 2016), *Russian Postmodernism: New Perspectives on Post-Soviet Culture* (with Alexander Genis and Slobodanka Vladiv-Glover). New York, Oxford, 2016),

«Проективный словарь гуманитарных наук». (М. 2017), *The Irony of the Ideal: Paradoxes of Russian Literature*. Boston: Academic Studies Press, 2017.

Автор сетевых проектов «ИнтеЛнет», «Книга книг», «Дар слова. Проективный лексикон русского языка», «Веер будущностей. Техногуманитарный вестник». Основатель и руководитель Экспертного совета «Слово года» (с 2007 г.)

Лауреат премий Андрея Белого (1991), Лондонского Института социальных изобретений (1995), Международного конкурса эссеистики (Берлин-Веймар, 1999), Liberty (Нью-Йорк, 2000).

http://realc.emory.edu/home/people/faculty/epstein.html
http://epub3.livejournal.com/55421.html

ОТ АНАЛИЗА К СИНТЕЗУ.
ПРИЗВАНИЕ ФИЛОСОФИИ В XXI ВЕКЕ

Что такое философия синтеза?

В современной философии, особенно англо-американской, преобладает, как известно, аналитический подход. Анализу подвергается логическая структура языка, понятий, суждений. Меня же интересует менее известный и редко применяемый подход — философский синтез.[1] Анализ и синтез — соотносительные процедуры. Одностороннее развитие анализа за счет синтеза мне представляется огромной потерей для философии, которая тем самым лишается своего творческого, конструктивного начала.

Еще Александр Афродисийский, авторитетный комментатор «Аналитик» Аристотеля, косвенно предусматривал возможность и труда под названием «Синтетики», когда писал: «…анализ обратен синтезу. Синтез — это путь от начал к тем вещам, которые вытекают из начал, а анализ — это возвращение от конца к началам».[2] Иными словами, синтез — это поступательный вектор в бытии вещей, их итог и цель, а анализ — возврат к первичным элементам, из которых слагаются вещи.

Бертран Расселл, основоположник аналитической философии XX в., также предполагал, что анализ должен завершаться синтезом: «Дело философии, как я его понимаю, это в сущности логический анализ, за которым следует логический синтез».[3] Но аналитическая философия, как правило, до синтеза не доходит, останавливаясь на стадии расчленения целого и пренебрегая его воссозданием из частей. Анализ делит суждения на субъекты и предикаты,

---

[1] Если судить по Гуглу, то веб-страниц с выражением «analytic(al) philosophy» примерно в 20 раз больше, чем «synthetic(al) philosophy.»

[2] *Alexander of Aphrodisias.* Commentary on Aristotle's Prior Analytics, § 1.2.1 (7, lines 11–33); tr. in Gilbert 1960, 32. При этом, как дальше поясняет Александр Афродисийский, составное делится на части, слово — на части слова, а последние на слоги; сложные силлогизмы на их составляющие части... https://plato.stanford.edu/entries/analysis/s1.html#Alexander.

[3] "The business of philosophy, as I conceive it, is essentially that of logical analysis, followed by logical synthesis." *Russell, Bertrand,* Logical Atomism (1924), in his book *Logic and Knowledge: Essays 1901–1950,* ed. R. C. Marsh, London: George Allen and Unwin, 1956, p.341 (§ 6.3).

силлогизмы — на посылки и выводы, предложения — на слова и далее на морфемы, — и рассматривает первичные единицы, логические атомы этих построений. На мой взгляд, это важный, но предварительный этап философской работы, которая затем должна переходить к синтезу новых понятий и суждений, отсутствующих в искомых первоэлементах и образуемых лишь новым их сочетанием.

Порою синтез понимается только как обратная процедура по отношению к анализу: развинтив понятие или суждение на части, мы затем свинчиваем из них то же самое исходное понятие, чтобы продемонстрировать верность анализа, предъявить доказательство того, что понятие составлено из тех же элементов, на которые мы его разъяли. Но это крайне ограниченное, редукционистское понимание синтеза как всего лишь проверки или доказательства анализа. Синтез при этом ничего нового не производит, а лишь возвращает к известному, к той исходной данности, от которой отправлялся анализ.

Между тем задача философского синтеза, как я его понимаю, — это создание новых понятий, терминов, универсалий, идей, суждений, принципов, а также более объемных концептуальных единств: теорий, дисциплин, позиций, мировоззрений. Синтез расширяет горизонт философски мыслимого, философски чувствуемого, философски совершаемого, ибо, как я попытался показать раньше, философскими могут быть не только мысли, но и чувства, и поступки, и образ жизни, если они обращены на мир в целом.[4] Цель философии — не приспособление наших мыслей и чувств к наличному бытию, а их расширение за пределы наличного — в область возможного. И соответственно — преобразование самого бытия, возникновение у него новых свойств в тех же сферах, какие изучаются философскими дисциплинами: онтологией, эпистемологией, аксиологией, логикой, этикой и т.д. Философский синтез требует анализа, но не сводится к нему, поскольку он не возвращает нас к исходному концепту, а создает возможность новых концептов. Если анализ, по Расселлу, ведет от известного к еще неизвестному, то синтез ведет от существующего к еще не существующему. Синтез — акт мышления, который становится событием бытия. Первичные элементы, до

---

[4] *Mikhail Epstein*. Lyrical Philosophy, or How to Sing with Mind. *Common Knowledge*, Duke UP, vol.20, No.2, 2014, 204–213. *Михаил Эпштейн*. О философских чувствах и действиях. Вопросы философии, 7, 2014, С. 167–174.

которых дошел анализ, становятся динамическими единицами мыслительного процесса, в котором выстраивается их новая «конкретная совместность», или concrescence, по терминологии Уайтхеда. В каждом моменте анализа заложена возможность нового синтеза. Где есть вычленимые элементы суждения, там возникает возможность иных суждений, иного сочетания элементов, а значит, и область новой мыслимости и выразимости. Синтез всегда добавляет к анализу то, что в нем не содержится.

Я не буду вдаваться в этом кратком изложении в историю вопроса, хочу лишь подчеркнуть, что кантовское деление суждений на аналитические и синтетические чревато решительной критикой аналитической философии, которая злоупотребляет именно аналитическими суждениями, а тем самым и обрекает философию на тавтологизм, превращает мышление в цепь уточняющих, но равнозначных, синонимических преобразований, типа: «все тела протяжены», «золото имеет желтый цвет», «„нельзя убивать" означает „я осуждаю убийство"». По И. Канту, «аналитические суждения высказывают в предикате только то, что уже мыслилось в понятии субъекта, хотя и не столь ясно и не с таким же сознанием».[5] Синтез — это не повтор анализа в обратном порядке, от элементов к целому, это формирование нового целого на основе перестановки или замены элементов, что и составляет акт мысли. Даже если сузить предмет философии до языка, то ее задача — расширять существующий язык, синтезировать новые слова и понятия, лексические и концептуальные поля, вводить новые грамматические правила, увеличивать объем говоримого — а значит и мыслимого, и потенциально делаемого.

Проблематизация как переход от анализа к синтезу

Почему же переход от анализа к синтезу оказывается логически столь трудным, что аналитическая философия редко перерастает в синтетическую? Суть в том, что синтез — не прямое продолжение анализа, а поворотный момент мышления, которое движется теперь в обратную сторону, от частей к целому. Ключевую роль в этом повороте играет логическая операция, которую можно назвать **проблематизацией**. Каждый элемент, выделяемый из исходного понятия, проблематизируется как один из возможных в ряду элементов,

---

[5] *Кант И.* Соч., т. 4 (1). М., 1965, с. 80.

способных его замещать. Если анализ исходного понятия приводит к некоторому набору связанных элементов, логической синтагме, то у каждого из этих элементов есть еще и своя парадигма, набор его потенциальных замен. Проблематизируя каждый из аналитически вычлененных элементов, подставляя на его место другой элемент из той же парадигмы, мы вместо исходного понятия (суждения, правила) получаем новое, подчас неожиданное понятие (суждение, правило).

Приведем известный пример аналитического суждения, предложенный И. Кантом: «всякий холостяк — неженатый мужчина». Само понятие холостяка образуется сочетанием этих двух элементов: «неженатый» и «мужчина». Если просто заново их соединить, получаем исходное понятие: неженатый мужчина — это холостяк. Синтез ничего не добавляет к анализу, а только подтверждает его верность. Такова тавтологическая участь анализа и синтеза, которые не опосредуются проблематизацией.

Но попробуем задать вопрос: в каком смысле мужчина «неженатый» (unmarried)? Не женат ли он по факту — или из принципа, потому что настроен против женитьбы, не желает связывать себя узами брака? Тогда уместнее было бы использовать другое причастие: «неженимый» (unmarriable). Так в лексической системе языка появляется новая словарная единица: *неженимый* — тот, кто по своему складу не женится, не создан для брака. Это определение людей не просто холостых, но неспособных или нежелающих вступить в брак, по существу своему «непарных», «несочетаемых», не рассчитанных на семейную жизнь. У них не только нет второй половины, но они ее и не ищут или не рассчитывают найти. Таков простейший пример синтеза, произведенного на основе анализа, когда один из его элементов, «неженатый», проблематизируется и дополняется альтернативным термином «неженимый». Оказывается, слово «холостяк» может иметь два разных значения, указывать на два разных холостяцких типа. Аналитическое суждение «всякий холостяк неженат» можно дополнить синтетическим: «некоторые холостяки неженимы». Соответственно, с этим новым словом-понятием, обогащающим наш ментальный лексикон, можно строить новые предложения. Например:

*Онегин считает себя **неженимым**, уверяя Татьяну, что он «не создан для блаженства».*

*В «Идиоте» за князя Мышкина, за его руку и сердце, спорят две прекрасные женщины, как будто не понимая, что он **неженимый**.*

*Некоторые люди в молодости считают себя **неженимыми**, а потом эти «вечные холостяки» вдруг женятся, да еще и золотую свадьбу справляют.*

Точно так же можно подвергнуть проблематизации и другой элемент данного аналитического суждения: «мужчина». Что если речь идет о гомосексуальном, или трансгендерном, или небинарном субъекте — можно ли сказать, что отсутствие постоянного или легально зарегистрированного партнера делает его холостым? Применимы ли к нему сами термины «женатый» или «неженатый», если его не привлекают женщины? Здесь открывается новый простор для синтетического мышления, причем остро востребованного в этическом, психологическом, юридическом, политическом плане.

Как видим на этом примере, синтетические процедуры, возникающие на основе даже тривиального аналитического суждения, оказываются далеко не тривиальны и обогащают язык мышления. Но запускаются они только процедурой проблематизации, и это главный камень преткновения при переходе от философского анализа к синтезу. Анализ, доведенный до мельчайших логических атомов, оказывается мертвым, бесплодным, если эти атомы лишены движения, «вибрации», если их позиции в логической структуре не занимают другие атомы, благодаря которым постоянно движется, обновляется сама структура мышления, порождая синтезы в виде новых понятий, идей, суждений. Проблема аналитической философии в том, что она недостаточна проблемна, не подвергает вопрошанию и сомнению те элементы, на которые разбивается понятие или суждение.

Решить эту проблему можно только проблематизируя сам анализ как философский метод, предлагая ему альтернативу и демонстрируя, что сама проблематизация и образует решающий момент перехода от анализа к синтезу.

Примеры философского синтеза: понятие, суждение, правило, дисциплина.

Приведем примеры такой тройной операции: *от анализа — через проблематизацию — к синтезу*. При этом мы рассмотрим синтез на четырех повышающихся уровнях мышления: понятие — суждение — правило — дисциплина.

1. Синтез понятия: инфиниция

Аналитическая философия любит пользоваться четкими дефинициями, и «дефиниция» — один из основных ее терминов. С аналитической точки зрения, дефиниция состоит из определяемого и определяющего (*definiendum* и *definiens*), между которыми устанавливается отношение смысловой эквивалентности. Но что если эту эквивалентность не удается установить в рамках законченного определения? Все ли понятия определимы? Может ли само определение включать момент самокритики, т.е. указывать на неопределимость данного понятия?

Проблематизируя подобным образом «дефиницию», мы приходим к новому, альтернативному понятию — **инфиниция**. Этот термин — сращение двух слов, definition (определение) и infinity (бесконечность), происходящих от одного латинского корня finis, конец, предел.

> Дефиниция — определение того, что определимо.
> *Инфиниция* — определение того, что неопределимо.

ИнфинИция (infinition) — бесконечно отсроченная дефиниция, которая демонстрирует множественность возможных определений предмета и одновременно недостаточность каждого из них и невозможность полного определения как такового. Инфинициями изобилуют писания Лао цзы, Чжуан-цзы и других даосистских мыслителей; сочинения по апофатической теологии, в частности, трактаты Псевдо-Дионисия Ареопагита; работы Жака Деррида и других последователей деконструкции.

Примеры инфиниций:

> «Дао производит полноту и пустоту, но не есть ни полнота, ни пустота; оно производит увядание и упадок, но не есть ни увядание, ни упадок. Оно производит корни и ветви, но не есть ни корень, ни ветвь...» (*Лао-цзы*)

> «Причина всего, будучи выше всего, и не сущностна, и нежизненна, не бессловесна, не лишена ума и не есть тело... Она не единое и не единство, не божественность или благость...» (*Псевдо-Дионисий Ареопагит*)

> «Что не есть деконструкция? конечно, всё! Что есть деконструкция? конечно, ничто!» (*Ж. Деррида. Письмо к японскому другу*).

Основополагающие теологические и философские понятия, такие, как Бог, Единое, Сущее, Абсолют, Дух, Бытие, Сознание, Любовь, очень часто характеризуются, даже в самых авторитетных энциклопедиях, инфинициями. По сути, любая система мышления имеет в своем основании понятия, которые не могут быть определены в рамках данной системы, но используются для определения других, выводимых из них понятий. В каждой дисциплине есть свои инфинируемые понятия, например, *мудрость* — в философии, *слово* — в лингвистике, *душа* — в психологии.

Таков пример философского синтеза: на основе существующего понятия дефиниции, путем анализа и критического рассмотрения его элементов, строится понятие «инфиниции».

2. Синтез суждения. Глупость и подлость могут осуществляться с благими намерениями. Благоглупость и благоподлость.

Суждение «глупость есть порок» может рассматриваться аналитически, в манере Джорджа Мура, одного из зачинателей английской лингвистической философии, как эквивалентное суждениям «я плохо отношусь к глупости» или «глупость вызывает у меня негативные эмоции». Синтетический подход к этому же суждению проблематизирует его и потенцирует как основу для иных, альтернативных, более информативных и «удивляющих» суждений (как подчеркивал еще Аристотель, философия рождается из удивления и, можно добавить, сама его порождает).

Приведем возможную цепь вопросов к основным элементам данного суждения. Всегда ли глупость — порок или в определенных ситуациях она может быть добродетелью? Если ум может служить орудием порока, то не может ли глупость служить орудием невинности? Если глупость используется как средство для достижения благих целей, может ли она считаться благом? Если есть «благоглупость», то, как сочетаются в ней добро и зло? Означает ли слово «благоглупость», сочиненное М. Е. Салтыковым-Щедриным, что за глупостью стояли благие намерения, которые не исполнились? Или что глупость, вопреки своей умственной несостоятельности, имела благие последствия?

Двинемся дальше. Если есть «благоглупость», то не возможна ли и «благоподлость»? Можно ли предавать, насильничать, кощунствовать с благими намерениями? Очевидно, можно, и диапазон примеров очень широк: от Великого Инквизитора до Павлика Морозова. Великий Инквизитор (из «Братьев Карамазовых» Ф. Достоевского) во имя блага людей, их сытости и довольства, отнял у них тяжелый, мучительный дар свободы. Павлик Морозов, как и тысячи «настоящих советских людей», повинуясь внушенным ему представлениям об общественном благе, донес властям на своего отца и погубил его и других близких.

Таким образом, суждение «глупость есть порок», тривиальное как предмет анализа, может стать основой для синтеза далеко не тривиальных суждений и словообразований, таких, как «благоподлость», отражающих горький, парадоксальный опыт нравственных злоключений человечества? Наша формализация операций языкового синтеза включает символ ÷, знак логической бифуркации, альтернативы, выдвигаемой из анализа данного суждения.

Исходное положение: глупость есть порок.
Глупость может быть пороком ÷ или, при определенных условиях, добродетелью.
Одно из условий добродетели — доброе, благое намерение.
Благое намерение может ÷ осуществляться или не осуществляться.
Глупость может делаться с благими намерениями, которые не осуществляются. Благоглупость.
Подлость может делаться с благими намерениями, которые не осуществляются. Благоподлость.

Благоподлость — подлость, совершенная с благими намерениями, принимаемая или выдаваемая за нечто благотворное, за важное, полезное дело; «подлость во спасение» (как бывает «ложь во спасение»). Такой иронией чудовищных преступлений, совершенных с благими намерениями, полна и древняя, и новейшая история. Философский синтез позволяет осознать этот «выверт» истории и ввести новое понятие в этический и политический дискурс.

3. Синтез этического постулата. Алмазное правило.

Еще один пример — синтез уже в более широком масштабе: не одного понятия или суждения, а целого правила. Хорошо известно золотое правило нравственности, которое независимо формулировалось Конфуцием, еврейским мудрецом Гиллелем и Иисусом в Нагорной проповеди: «*как хотите, чтобы с вами поступали люди, так поступайте и вы с ними, ибо в этом закон и пророки*» (Мф. 7:12). Следует поставить себя на место кого-то другого. Ты подлежишь как объект тем же самым действиям, которые производишь как субъект. Но всегда ли субъект и объект взаимо заменяемы? Возникает вопрос, отсылающий к реальной ситуации. Допустим, я хочу, чтобы кто-то возделывал для меня сад, собирал плоды, а сам я этого делать не могу и не хочу, потому что я врач и мое призвание — лечить болезни. Насколько применимо в данном случае золотое правило, насколько оно учитывает индивидуальность тех лиц, которые вступают в нравственные отношения?

Этот вопрос побудил меня сформулировать *алмазное правило*: «Делай для другого то, в чем он нуждается, но чего никто не может сделать лучше тебя». Я не могу ухаживать за садом лучше, чем это сделает для меня садовник, а он не может найти того, кто лечил бы его лучше, чем я. Поступай так, чтобы твои наибольшие способности служили наибольшим потребностям других.

Таким образом, личный дар и призвание благодаря алмазному правилу входят в область нравственных отношений.

4. Синтез научной дисциплины. Хоррология

Есть такой предмет — «civilization studies», который преподается во многих университетах. Изучаются различные аспекты развития цивилизации: от истории и политики — до науки, техники, искусства. Но за последние десятилетия, особенно с террористических актов 2001 г. в Нью-Йорке, обнаружилось одно свойство цивилизации, которое раньше не так бросалось в глаза: ее хрупкость. Чем мощнее цивилизация, чем выше поднимаются небоскребы, чем сложнее системы коммуникаций, тем уязвимее она становится. Об этом с горечью и иронией писал еще Гете во второй части «Фауста». Фауст верит, что создает плотину и оттесняет море от берегов, чтобы на топком месте построить город для людей свободных;

а Мефистофель, который осуществляет этот заветный план Фауста, имеет в виду совсем другое: подогнать как можно больше людей к берегу для поглощения их морем. Эта скрытая мефистофелевская ирония проглядывает во всех благородных начинаниях Фаустов.

Поэтому исследования цивилизации необходимо дополнить дисциплиной о том, как она создает и орудия против себя, о том, что в любом строительном акте кроется потенциал разрушения. Я условно называю эту дисциплину хоррологией, поскольку она описывает потенциальный ужас, который скрыт в самых мирных и благополучных творениях цивилизации. Чем выше небоскребы, чем мощнее самолеты — тем проще направить эти последние против первых и взаимным вычитанием уничтожить те и другие. Как показывает террористический акт 11 сентября 2001, не нужно никакое специальное оружие против цивилизации — она сама создает оружие против себя. В том числе в виде компьютерных программ, которые легко перепрограммировать и создать полный хаос в коммуникационных системах.

Хоррология — это *теневая наука о цивилизации*, это *минус-история, минус-культурология, минус-политология*. Всё, что другие науки изучают как позитивные свойства и структурные признаки цивилизации, хоррология — как растущую возможность ее самодеструкции. Можно, например, говорить о хоррологии Интернета, акцентируя внимание на скорости распространения вирусов в компьютерных сетях. Или о хоррологии искусственного интеллекта, на много порядков превышающего ресурсы человеческого разума, а потому способного не только ментально подчинить, но и физически уничтожить его носителей.

Речь не о том, что цивилизация имеет в своем распоряжении смертоносное оружие, что между народами испокон веков велись войны, — эта милитаристская сторона истории хорошо известна. Но хоррология — наука об иронии самой цивилизации, которая самыми мирными и созидательными акциями делает себя более уязвимой. Ужасное, жуткое, *Das Unheimliche*, по мысли З. Фрейда, возникает именно из пребывания в своем, родном, которое вдруг оборачивается чем-то таинственно-чуждым. Самое привычное, знакомое, что должно обеспечивать нашу безопасность и комфорт вдруг становится зловещим и пугающим: те же небоскребы и самолеты, или грузовики, которые могут вдруг врезаться в толпу на тротуаре... Чем выше цивилизация по уровню своих интеллектуально-технических достижений, тем больше опасности она представляет для самой себя. Если опасность загрязнения природы, исходящая от цивилизации, окрашивала вторую половину XX в., то XXI в. может пройти под знаком хоррора — *угроз цивилизации самой себе*. На смену *экологии*, как первоочередная забота, приходит хоррология — наука об ужасах цивилизации как системы ловушек и о человечестве как заложнике сотворенной им цивилизации.

Таков пример синтеза новой дисциплины из тех элементов, из которых слагается изучение цивилизации, — с учетом проблематизации этих элементов, возможности превращения их из плюса в минус, каждого созидательного акта в разрушительный.

Синтез как система (1). Утопическое, гипотетическое, интересное

Синтез новых понятий, суждений, правил, дисциплин — это лишь начальные ступени философского синтеза, его, так сказать, предметный уровень, «что». На следующем уровне он переходит в *метасинтез* — т.е. построение системы тех категорий, которые обосновывают синтетический способ мышления и отвечают на методологический вопрос «как?» Метасинтез — сдвиг от конкретных, точечных интервенций и инноваций, типа нового термина, концепта, дисциплины, — к системному построению картины мира. Далее я поясню, из каких стратегий слагался метод философского синтеза в моем личном опыте и в историческом контексте его формирования. Каковы основные элементы моего личного кода, того языка, на котором производятся акты мышления?

Я родился в самой середине века, который в истории тысячелетий, возможно, войдет под названием «утопического». Советский Союз возглавил путь этого века к сияющим высотам, и до сих пор Россия сохраняет свой интерес для Запада прежде всего огромностью — нелепой, опасной, саморазрушительной — своего несостоявшегося утопического проекта. Дух утопии окружал меня с детства. Мои родители были совершенно аполитичные люди, на более чем скромных должностях бухгалтера и плановика, в семейных и служебных заботах — план, смета, отчет. Не помню ни одного разговора в доме о политике, об истории, о Боге, о человечестве. Но вокруг меня витало нечто огромное: оно называлось «преобразованием мира». Я рос на границе славного настоящего своей страны со светлым будущим всего человечества. Всемирное было повсюду, и мой личный код формировался этой советской герменевтикой всеобъемлющих «законов природы и общества», неумолимо ведущих к самоспасению человечества.

Утопическое — одно из составляющих моего философского кода, оно родом из моего советского детства. Но постепенно, уже в отрочестве и юности, оно отделилось от своих марксистских оснований. Ни классовая борьба, ни идеология социального детерминизма и исторического материализма не находили подтверждения в моем опыте. Так вырос мой персоналистический утопизм: ощущение всемирности, бесконечной значимости именно тех вещей, которые не входят ни в какие социально весомые категории, выпадают из ведения философов и политических стратегов, остаются неопознанными, семантически почти пустыми. Меня повернуло в сторону гоголевского Акакия Акакиевича и его собратьев, всех «малых сих». Мне хотелось думать и писать о песчинках, о насекомых, о повседневности, о тончайших и скромнейших вещах, при этом сохраняя и даже увеличивая масштаб их рассмотрения до вселенского. В значительной степени моя философская эссеистика состоит из таких малостей, сознательно и подчас гротескно преувеличенных, вброшенных в утопическую перспективу.[6]

Этот метод можно назвать «микромегатическим» (это слово, буквально значащее «маловеликое», известно по повести Вольтера «Микромегас», — так зовут пришельца с Сириуса, великана, который рассматривает в микроскоп крошечных землян). Для меня важно в каждой работе предлагать какой-то большой, принципиальный, порой даже всемирно-исторический вопрос. Но при этом очерчивать его — с неожиданной диспропорцией масштабов — в границах какого-то конкретного, частного предмета. Например, в одной из работ я обсуждаю проблему демонической государственности на материале пушкинской «Сказки о рыбаке и рыбке», которая оказывается комической парафразой того же сюжета — борьба царя с морской стихией и ее ответная месть, — который одновременно, в октябре 1833 г., был трагически развернут А. С. Пушкиным в «Медном всаднике». «Разбитое корыто» старухи — микромодель не только тонущего корабля, но и всего охваченного наводнением Петербурга. В текст вписана большая картина мира, которая передается маленькой, но чрезвычайно укрупненной деталью.[7]

---

[6] См.: *Эпштейн М.* Все эссе: В 2 т. Екатеринбург: У-Фактория, 2005.

[7] См.: *Эпштейн М.* Медный всадник и золотая рыбка: поэма-сказка Пушкина // *Эпштейн М.* Ирония идеала: Парадоксы русской литературы. М.: НЛО, 2015.

Итак, это не чистый, а *укрощенный* утопизм, который сочетается с крупнозернистой фактурой какого-то конкретного факта, текста или культурного эпизода и тем самым сознательно выявляет свою гротескность, впрямую сополагая «микро» и «мега». Другим способом укрощения утопизма является его переход из *императивной* в *гипотетическую* модальность. Это не такой утопизм, который повелевает миру, требует социально-политических действий, — скорее, он предлагает некие возможности, гипотезы, которые не утверждают своего статуса последней истины или непререкаемого долженствования. Это *утопизм в сослагательном наклонении* — **гипотетизм**. Гипотетический дискурс отличается неравномерностью и прерывистостью своего логического поля. Он отчаянно смел в своих посылках, задающих новое, небывалое видение мира. Но вместе с тем мягок и кроток в своих выводах, относящихся к истинности мысленных конструкций, их реальному наполнению. *Дерзость посылок сопрягается с кротостью выводов*, что делает этот тип мышления наиболее парадоксальным, взрывчатым, сравнительно с чисто дескриптивным (позитивистским) или чисто утопическим (идеологическим) мышлением, которые стремятся освободиться от внутренних противоречий ради наиболее эффективного взаимодействия с реальностью: ее описания или предписания.

Следует заранее оговорить, что **гипотетизм** — это вовсе не легкий, а самый трудный путь, лежащий между достоверностью и недостоверностью, между истиной и ложью. Легко констатировать, что Волга впадает в Каспийское море; легко ошибиться, что Волга впадает в Аральское море; легко сфантазировать, что Волга впадает в Мертвое море... Но это еще далеко не гипотезы, поскольку все эти утверждения легко подтверждаются либо опровергаются конкретными фактами. Гипотетическое мышление лежит по ту сторону верификации и фальсификации, оно одновременно и недоказуемо, и неопровержимо, оно движется тесным путем, чтобы **наименее вероятное стало наиболее достоверным**.

Содержательный текст стремится к **наиболее строгому обоснованию наиболее странных утверждений**. Это сочетание странности вывода и строгости выведения и задает с двух сторон критерий гипотетичности. Речь идет о пересмотре принципа очевидности, положенного Декартом в основание европейского мышления. Странные утверждения — это те, которые наиболее далеки от очевидности и в этом смысле противоположны Декартову критерию истины как «очевидного» или «непосредственно достоверного» знания. Но они противоположны также и тому типу «ходячих», «традиционных» мнений, которым Декарт противопоставлял свой принцип очевидности и которые были основаны на власти обычая, предрассудка. **«Странность»** как категория суждения отличается и от общепринятого клише, и от логической очевидности, поскольку то и другое: «традиционно-необходимое» и «рационально-истинное» — следуют принципу наибольшей вероятности. И хотя вероятность в одном случае трактуется как «наиболее вероятное мнение большинства людей», а в другом случае как «наиболее вероятное заключение непредубежденного разума», общее между ними — опора на максимальную вероятность, которая в своем пределе совпадает с объективной истиной и всеобщей необходимостью. «Странность», напротив, конституирует суждения, наименее вероятные как для большинства людей, так и для самого разума, — противоречащие и общепринятому, и очевидному.

Каждый мыслитель, исследователь стремится создать нечто интересное, способное «изумить» читателя, изменить диспозицию его ума. Я полагаю, что именно *переход наименее возможного в наиболее возможное* составляет критерий **интересного**. Так, интересность научной работы или теории *обратно пропорциональна вероятности ее тезиса и прямо пропорциональна достоверности аргумента.* Известное изречение Вольтера: «все жанры хороши, кроме скучного» — применимо и к научным жанрам и методам. Скучность метода — это не только его неспособность увлечь читателя, но и признак его научной малосодержательности, когда выводы исследования повторяют его посылки и не содержат ничего неожиданного, удивляющего. По этой причине мне претят все методологические жаргоны: марксистский, психоаналитический, структуралистский, деконструктивистский... Жаргон обеспечивает легкую самовоспроизводимость речи, «дискурса», который «забалтывает» свой предмет и не чувствителен к его сопротивлению, к его трудновыразимости. Едва ли не девять десятых всей гуманитарной продукции создается на модном у данного поколения интеллектуальном жаргоне, что делает ее нечитаемой, пустопорожней для следующего поколения. Подавляющее большинство марксистских работ, созданных в 1920–1930-е годы, в пору наибольшего международного влияния марксизма, сейчас совершенно нечитаемы. И сходная участь постигнет через несколько десятков лет деконструктивистский жаргон, который уже сейчас начинает отдавать фарсом, самопародией.

Автоматизация метода и языка — главный враг мышления. Мне представляется, что основные термины исследования должны рождаться из него самого, из уникальности его предмета, в самом процессе мышления о нем, а не браться готовыми из иных источников. Терминация повседневного слова, которое постепенно «устрожается», наполняется обобщением, и благодаря, и вопреки (*благопреки*) своему начальному конкретному значению, — эта драма рождения нового термина и концепта есть одновременно и борьба с автоматизацией теоретического языка.

Рассматривая круг возможных идей или интерпретаций, я интуитивно выбираю наименее очевидные — и прилагаю к ним наибольшую силу последовательности, мне доступной. В этом есть не только научный, но и моральный смысл: любовь к наименьшим величинам в области умозрения, стремление их защитить перед лицом более сильных, самоочевидных, всесокрушающих истин. Этот риторический прием восходит еще к Протагору: выступить в поддержку самых слабых позиций, сделать слабейший аргумент сильнейшим. Это не софистика, не чисто интеллектуальная игра, но логический и риторический аналог этического постулата, высказанного в заповедях блаженства: «блаженны кроткие, ибо они наследуют землю». Есть кроткие, беззащитные, малозаметные, пренебрегаемые идеи или зародыши идей, которые нуждаются в нашем внимании и философской заботе. В мире много не только маленьких людей, но и маленьких идей, и мы за них в ответе, потому что когда-нибудь они унаследуют землю. Отверженные, невозможные идеи, вроде той, что через точку, не лежащую на данной прямой, можно провести не одну, а бесконечно много прямых, не пересекающихся с ней, тысячи лет пребывали в тени, чтобы потом стать светом науки в прозрениях Лобачевского и Римана. Самые значительные успехи современной физики и математики во многом обусловлены как раз поддержкой и развитием этой «нищей» идеи, противоречащей Евклиду, но впоследствии изменившей наше представление о кривизне пространства. И разве абсурднейшая мысль о том, что Бог может воплотиться в человеке и принести себя в жертву за грехи человечества, не стала духовной, моральной основой западной цивилизации? Камень, отвергнутый строителями, лег во главу угла, — эта притча, как мне представляется, имеет не только религиозно-поучительный, но и эпистемологический смысл. Именно за наименее очевидными идеями — наибольшее будущее. Научная картина мира время от времени взрывается, низы становятся верхами, ереси становятся догмами и в качестве таковых снова ниспровергаются, о чем убедительно писал Т. Кун в «Структуре научных революций».

Вместе с тем я стараюсь избегать того, чтобы идея-пария моими усилиями превращалась в идею-деспота. «Я пишу не для того, чтобы быть правой», — этим признанием Гертруда Стайн выразила и мое кредо. Разумеется, я заинтересован в том, чтобы читатель согласился со мною, но одновременно мне хочется освободить его от гипноза той идеи, которую я пытаюсь до него донести. Там, где есть мысль, есть место и для противомыслия.

Обычно считается, что задача пишущего — внушить читателю свое представление о мире, вызвать согласие с собой. Для себя я бы иначе определил задачу большой философии: вызвать эффект *согласия-несогласия*, очищение от односторонностей, **мыслительный катарсис** (по аналогии с тем эмоциональным катарсисом, в котором Аристотель видит цель трагедии). Читатель вдруг постигает, что можно думать и так, и иначе, что *мышление содержит внутри себя противомыслие*, и этим раздвигается сама сфера мыслимого. Собственно, катарсисом, очищающим моментом в таком восприятии и становится «мыслимость», которая ни к какой определенной мысли не может быть сведена, потому что любая определенная мысль предполагает свое возможное отрицание или альтернативу. Философия синтеза как раз и предполагает, что перестановка мыслительных элементов может порождать целые ряды альтернативных и противоположных концептов (суждений, постулатов), которые не исключают, а дополняют друг друга и расширяют сферы мыслимого. Дефиниция и инфиниция, золотое и алмазное правила — примеры расширяющих синтезов.

У крупнейших мыслителей можно найти такие противоречия, которые раскалывают их систему и становятся объектом непрестанной критики. У Г. В. Ф. Гегеля Абсолютная Идея, непрерывно саморазвиваясь, вместе с тем приходит к полному самопознанию в системе самого Гегеля. К. Маркс доказывает, что все исторические движения определяются материальным базисом — и вместе с тем, вопреки своему экономическому детерминизму, призывает к объединению рабочих и к коммунистической революции. М. Бахтин утверждает, что в полифоническом романе голоса персонажей звучат независимо от воли автора — и вместе с тем проистекают из его целостного художественного замысла. Именно те «противомыслия», которые оказываются наиболее уязвимыми для рациональной

Синтез как система (2).
Овозможение. Потенциосфера.

Задача философского синтеза, как я ее понимаю, — обращение к беспредельным возможностям мышления, поиск инаковости по отношению ко всем установленным и устоявшимся понятиям, методам, дисциплинам, системам.

У Льва Толстого есть такая запись: «Ехал наверху на конке, глядел на дома, вывески, лавки, извозчиков, проезжих, прохожих, и вдруг так ясно стало, что весь этот мир с моей жизнью в нем есть только одна из бесчисленных количеств возможностей других миров и других жизней и для меня есть только одна из бесчисленных стадий, через которую *мне кажется*, что я прохожу во времени».[8]

Такое ощущение, наверно, знакомо каждому, но это не только ощущение. В современной физике все больший вес приобретает «многомировые» интерпретация инфляционной модели вселенной и/или законов квантовой механики. В частности, американский физик Хью Эверетт еще в 1950-е годы предположил, что всякий микрообъект одновременно существует во множестве экземпляров, каждый из которых принадлежит своей особой параллельной вселенной. Кстати, эта теория — еще один пример возрастания поначалу совершенно незаметной, «бросовой» идеи, которую теперь в той или иной степени разделяет большинство ведущих физиков.

Я не компетентен судить о физике мультиверсума, но полагаю важным умножение возможностей внутри нашего мироздания. Умножение универсалий при сокращении универсумов создает наиболее онтологически богатый и модально разнообразный мир. Один многомерный мир, с множеством возможностей, онтологически богаче множества миров, где действуют только законы необходимости. Я вижу свою философскую задачу в том, чтобы не просто описывать существующие объекты (культурные, знаковые, текстовые), но и в том, чтобы воссоздавать мир их альтернатив, множественность *совозможных* им объектов. Например, если предмет моего интереса — определенное литературное направление

---

[8] *Толстой Л.* Дневник. 1 января 1900 г.

или жанр, я пытаюсь очертить совозможные им другие направления и жанры, тем самым модально расширяя бытие культуры. Этот метод я называю **потенциацией**, или **овозможением**. Так, в середине 1980-х годов я описал новые поэтические движения метареализма, концептуализма и презентализма в их соотносительности: одно делало возможным другое. Это была отчасти описательная, отчасти порождающая поэтика — с заходом в будущее поэзии, в область ее потенциального развития. Теория не только описывает и анализирует свой наличный предмет, но и *синтезирует* совозможные предметы, которые входят в растущее пространство культуры.

Возможное — это не просто несуществующее, это особая модальность, которая глубоко воздействует на все сущее, задавая и преобразуя его смысл. Собственно, культура — это и есть область *мыслимостей, воображаемостей*. Смысл любого явления задается его **потенциосферой** — сферой множественных инаковостей. Например, смысл Октябрьской революции определяется лишь в контексте тех альтернативных путей, которыми могла бы пойти российская история осенью 1917 г. Причем в точке реализации каждой из возможностей происходит новое их ветвление, так что потенциосфера поступательно расширяется в истории: на единицу сущего приходится все больше единиц возможного, происходит потенциация всех областей культуры. Этот переход «быть» в «бы» витал в воздухе 1980-х, что отразилось в литературе: тема параллельной истории, событийных развилок в прошлом и настоящем, стала весьма популярна в постсоветской России. Прецедентом послужил роман В. Аксенова «Остров Крым», потом последовали тексты В. Шарова, В. Пелевина, А. Кабакова, Д. Быкова…

Гуманитарные науки не должны оставаться в стороне от этой смены модальностей. У теории, как и у истории, появляется *сослагательное наклонение*, и оно требует перестройки всей системы научного мышления. Любое аналитическое определение предполагает наличие того, что *сопредельно определяемому*, т.е. содержит в себе косвенное указание на соотносимый, со-о-предел-яемый, виртуальный предмет, который следующим, *синтетическим* актом мышления вводится в состав культуры. Например, рассматривая письменную деятельность и ее главное условие — наличие белого поля, фона, — я придаю этому полю статус знака и, заключая в кавычки, ввожу его в систему письма: « » (знак пробела). Далее « », как альтернатива всему семейству письменных знаков, может рассматриваться как первослово, философский знак абсолюта, чистого бытия, раскрываемого на границе языка и невыразимого.[9]

Рядом с существующими дисциплинами, как их иное и возможное, выстраивается ансамбль гипотетических дисциплин, наук в сослагательном наклонении. Как альтернатива феноменологии обосновывается возможность *тегименологии* (лат. tegimen — покров) — науки об упаковках, оболочках, изучающей множественные слои предмета в связи с тем, что они скрывают собой. Альтернатива сексологии — *эротология*, гуманитарная наука о любви, о культурных и созидательных аспектах эроса.[10] Эти параллельные дисциплины, как и ранее описанная хоррология, входят в состав потенциосферы, а по мере их разработки и освоения присоединяются к «реальным» дисциплинам, интегрированным в систему интеллектуальных профессий, научных институций, учебных курсов, университетских программ. Поэтому правильнее было бы говорить не о параллельных, но о *перпендикулярных* вселенных дискурса, которые пересекаются, входят в состав друг друга. Но даже если подобные дисциплины не получат дальнейшей разработки, сама их возможность определяет процессы смыслообразования в «реальных» науках. Подобно тому как лингвистика делает возможной *силентику* (науку о молчании, о паузах и пробелах как структурных единицах организации речи), так и силентика способна встречно обогатить лингвистику, например, внеся в нее вышеупомянутый знак « ».

Об этой потенциосфере, особенно стремительно растущей в посттоталитарную эпоху истории и культуры, написана моя книга «Философия возможного» (2001). В свете возможностного подхода меняется сам статус гуманитарного исследования: оно не замыкается на своем объекте, наличном в культуре, но проектирует и продуцирует новые объекты, которые входят в смысловую структуру данной культуры как область ее растущей потенциальности. Теория переходит в сумму практик, дополняющих, достраивающих ее предмет.

---

[9] Подробнее см. в главе « » Знак пробела, или К экологии текста» в кн.: *Эпштейн М.* Знак пробела. О будущем гуманитарных наук. М.: НЛО, 2004. С. 171–227.

[10] Эти и многие другие гипотетические, альтернативные дисциплины: микроника, универсика, реалогия, семиургия, тривиалогия, «нулевая дисциплина» — предложены в моей книге «Знак пробела» (С. 396–787) и далее разработаны в моей книге «От знания — к творчеству. Как гуманитарные науки могут изменять мир». (М. — СПб.: Центр гуманитарных инициатив, 2016, 480 сс.). См. также *Mikhail Epstein.* The Transformative Humanities: A Manifesto. New York and London: Bloomsbury Academic, 2012, 318 pp.

Это своего рода познавательно-производительный **концептивизм**, мышление как *зачинание* понятий, терминов, теорий, которые расширяют область мыслимого и говоримого.

Наиболее наглядно это проявляется на уровне языка — как специального, терминологического, так и общенародного, литературного и разговорного. Анализируя язык, я обнаруживаю альтернативы существующим терминам, семантические и грамматические пробелы, которые заполняются в актах синтеза новых языковых единиц. Этой задаче языкового синтеза посвящена книга «Проективный философский словарь»[11] и мой сетевой проект «Дар слова. Проективный лексикон русского языка».[12] В нем представлено около трех тысяч словарных статей, описывающих лексические единицы, которых еще нет, но которые могут возникнуть в языке. Некоторые из них постепенно входят в речь, о чем свидетельствует легко исчисляемая частота их употребления в Интернете. Языку ничего нельзя насильно навязать, но можно и должно предлагать — новые слова, термины, понятия, грамматические формы и правила, отвечая на растущие запросы ноосферы и семиосферы. Проективный лексикон (он же и грамматикон) потенцирует структуру языка, «топографически» растягивает его лексические поля, демонстрирует семантическую и грамматическую эластичность его значимых элементов — корней и прочих морфем, вступающих в новые осмысленные сочетания. Современный русский (и любой естественный) язык, как я его понимаю, — это только один срез языкового континуума, который распространяется в прошлое и будущее, и в нем виртуально присутствуют тысячи слов, еще не опознанных, не выговоренных, но призываемых в речь, по мере того как расширяется историческое сознание народа, и в свою очередь его расширяющих. Дело философа — всячески способствовать такой структурной и смысловой «растяжке», овозможению языка. Проективная и конструктивная филология пополняет языковой запас культуры, меняет ее генофонд, умножая как лексические единицы языка, так и грамматические способы их сочетания.

Здесь над моей версией философского синтеза опять нависает призрак утопии, о которой я уже говорил. Но хочу подчеркнуть

---

[11] См.: *Михаил Эпштейн*. Проективный словарь гуманитарных наук. М.: Новое литературное обозрение, 2017, 612 сс.

[12] https://subscribe.ru/catalog/linguistics.lexicon; http://www.emory.edu/INTELNET/dar0.html

разницу между утопизмом, который проложил русло XX-му веку, и тем *потенциализмом, поссибилизмом*, который движет нами в веке XXI-м. Утопизм очерчивает некие прекрасные возможности — и требует их реализации, в результате чего бытие обедняется, многовариантность возможностей сокращается до одного должного, а затем и наличного варианта, тогда как все другие варианты революционно упраздняются. Вот почему самое страшное в утопиях, как заметил Н. Бердяев, — то, что они сбываются. Философский синтез, который я исповедую, предполагает, напротив, онтологическое расширение бытия, множественность совозможных миров в составе нашего мироздания, множественность возможных языков в составе нашего языка. Каждый предмет, каждое слово развертывают веер своих возможностей, способов своей трансценденции, бытийное богатство иновещия, иномыслия, инословия.

Утопизм — это *реализация возможного* (или желаемого, принимаемого за возможное), его сокращение и сужение по мере такой реализации, отсечение всех альтернатив единственному идеалу. Поссибилизм — это, напротив, *овозможение реальности*, ветвление ее вариантов, умножение альтернатив, разрастание смыслов. Поссибилизм сохраняет в себе дух утопизма, но при этом как бы модально преобразует его, меняет местами вход и выход, расширяет, а не сужает путь мышления. Дышать воздухом возможностей, жить верой, надеждой, воображением, замыслом, предчувствием, предвосхищением, угадыванием, — такова эмоциональная основа поссибилизма, которая усиливает его интеллектуальную стратегию и очерчивает растущую множественность перспектив XXI-го века. Если утопизм полагает впереди одно идеальное будущее, поссибилизм развертывает целый веер будущностей. Хочется надеяться, что дух утопизма, после всех крушений и разочарований, не упадет до отметки плоского позитивизма и эмпиризма, но преобразится сам и передаст свою преобразовательную энергию поссибилизму.

Таковы основные элементы философского кода, на котором производятся сообщения в моих книгах. *Утопическое, микромегатическое, строгое и странное, интересное, интеллектуальный катарсис, противомыслие, овозможение, концептивизм, поссибилизм* — все эти общие категории, пересекаясь и срастаясь, образуют то, что я ощущаю как свое, «эпштейновское».

Синтез как трансформация.
Философия — искусство создания миров

Философия синтеза включает в себя три измерения: предметное, системное и практическое.

Первый уровень — это синтез тех концептуальных (логических, семантических, лингвистических) элементов, из которых слагается новый термин, концепт, правило, дисциплина.

Второй — это метасинтез системы, т.е. тех методов и стратегий, которые лежат в основе философско-синтетического подхода и создают целостную картину мироздания.

Третий — это трансформативный синтез этой системы с теми культурными, художественными, этическими, коммуникативными, техническими практиками, которые определяют жизнь современного общества. Это выход за пределы собственно философского мышления и попытка синтезировать его с развитием общества, науки и техники. Это синтез мышления и его предметов, а в пределе — искусство преобразования мира и создания новых, альтернативных миров.

Образовать новый концепт, правило или дисциплину — систематизировать способы их порождения — и направить их к преобразованию определенных сфер бытия: такова тройственная задача философии синтеза, последовательность его ступеней.

Эти три ступени философского синтеза не следует противопоставлять, поскольку сама реальность в наше время — это в значительной мере не природная, а знаковая, коммуникативная, концептуальная реальность, уже преобразованная человеческим сознанием и созиданием. Таким образом, построение новых знаков и концептов само по себе вносит инновацию в эту среду, расширяет ее информационную и коммуникативную емкость. Но философия должна определить для себя те способы вхождения в информационно-коммуникативную среду, которые присущи только ей, в отличие от политики, техники, искусства. Что нового философский синтез может дать современному обществу с его научно-технической доминантой ускоренного развития? Обречена ли философия, даже со всеми своими синтетическими установками, быть замкнутой в академической сфере преподавания-исследования? Или она, оставаясь философией и пользуясь методологией синтеза, способна мощно воздействовать на пути общественного развития, быть движущей силой цивилизации, каковой она была во времена Платона и Аристотеля, Канта и Гегеля?

В этом разделе я поясню, какой вижу призвание философии в XXI-м в., как она может сотрудничать с общественно-интеллектуальными движениями и самыми передовыми науками и технологиями.

Вектор движения философии, особенно четко обозначившийся после кантовского «коперниковского» переворота, — усиление практического разума, установка на пересоздание мира. Это выразилось в знаменитом афоризме К. Маркса: «Философы лишь различным *образом* объясняли мир, но дело заключается в том, чтобы *изменить* его» (Тезисы о Фейербахе, 11). В марксовской формулировке заметна пугающая асимметрия: «различным образом» относится только к «объяснять», но не «изменять». Однако изменять мир единообразно, по одному шаблону — значит подвергать его риску разрушительных последствий, слишком хорошо известных XX-му веку. Поэтому философия XXI-го века, наученная опытом воинствующего философского тоталитаризма, готова следовать призыву «изменять», лишь добавляя к нему «различным образом», т.е. действовать в разных направлениях, проектировать множественность альтернативных миров.

Так, первая задача, которую должны решать создатели компьютерных игр, — задача метафизическая: каковы исходные параметры виртуального мира, в котором разворачивается действие, сколько в нем измерений, как соотносятся субъект и объект, причина и следствие, как течет время и разворачивается пространство, сколько действий, шагов, ударов отпущено игрокам по условиям их судьбы и что считается условием смерти? Как известно, философию отличает от других наук ее направленность на мироздание в целом. А. Шопенгауэр восклицал: «Мир, мир, ослы! — вот проблема философии, мир и больше ничего!»[13] Любая компьютерная игра, любой виртуальный мирок содержат в себе свойства «мировости», которая и образует специфический предмет и заботу философии.

Причем масштабы таких «мирков» быстро разрастаются. Например, знаменитая «Second Life» («Вторая жизнь») — это трехмерный виртуальный мир, созданный в 2003 г., но уже пять лет спустя населенный пятнадцатью миллионами участников из 100 стран мира, точнее, их аватарами. На этой территории действуют свои законы, строятся дома, открываются бизнесы, обращаются свои денежные

---

[13] Из рукописного наследия. Цит. по: *Schirmacher W.* Schopenhauers Wirkung: Ein Philosoph wird neu gelesen // Prisma, 1989, № 2. S. 25.

единицы (линдены, которые можно обменять на реальные доллары). Внутренний валовой продукт «Второй жизни» в одном только 2015 г. достиг полумиллиарда долларов (больше, чем в иных странах). Речь идет не просто о новой трансконтинентальной и транснациональной территории, но об особом мироустройстве, которое целиком, в своих внутримировых основаниях, задается волей и деятельностью людей.

И конечно же, это альтернативное мироздание имеет свою онтологию и эпистемологию, свою логику, этику и эстетику, свои законы пространства и времени, случая и судьбы, — свою философскую матрицу, которая сознательно или бессознательно кладется в основу его технического построения и программного обеспечения.

Всякий раз, когда речь о целом мире, в его описание неизбежно приходят философские категории, ибо их специфическое содержание — именно универсность универсума. Так, в рассказе Х. Л. Борхеса «Тлён, Укбар, Orbis Tertius» речь идет о тайном обществе, создавшем энциклопедию воображаемой планеты Тлён, где действуют «субъективно-идеалистические» законы, обратные нашим земным, например, вещи исчезают, как только о них забывают. Влияние этого общества постепенно становится повсеместным, и сама Земля постепенно превращается в Тлён, усваивает его воображаемую историю и язык. Для описания Тлёна Борхес пользуется философскими категориями и ссылается на мыслителей прошлого:

> «Юм заметил — и это непреложно, — что аргументы Беркли не допускают и тени возражения и не внушают и тени убежденности. Это суждение целиком истинно применительно к нашей земле и целиком ложно применительно к Тлёну. Народы той планеты от природы идеалисты. Их язык и производные от языка — религия, литература, метафизика — предполагают исходный идеализм. Мир для них — не собрание предметов в пространстве, но пестрый ряд отдельных поступков...»

Соответственно в языке Тлёна нет существительных, только глаголы, обозначающие процессы. Например, нет слова со значением «луна», но есть глагол, который можно было бы перевести «лунить» или «лунарить». «Луна поднялась над рекой» звучит примерно так: «вверх над постоянным течь залунело». Для представления этого мира как целого Борхесу приходится прибегать к идеям Юма, Беркли и Спинозы, поскольку именно метафизические, логические, лингвистические универсалии позволяют наглядно представить различие таких миров, как Земля и Тлён. То же самое относится и к любым мирам, в том числе компьютерным, виртуальным.

В некоторых американских университетах на кафедры и в лаборатории программирования приглашаются профессиональные историки для разработки тематических игр (например, игры по мотивам шекспировских пьес или Наполеоновских войн требуют консультации у специалистов по соответствующим эпохам). Но столь же насущным, по мере разрастания этих виртуальных миров, становится и участие философов — специалистов по универсалиям, по самым общим, всебытийным вопросам мироустройства. И, конечно, одним анализом здесь не обойтись. Чтобы оправдать учреждение иного мира, нужно проблематизировать существующий мир и предложить новый синтез его элементов.

Раньше техника занималась частностями, отвечала на конкретные житейские нужды — в пище, жилье, передвижении, в борьбе с врагами. Философия же занималась общими вопросами мироздания, которое она не в силах была изменить: сущностями, универсалиями, природой пространства и времени. Техника была утилитарной, а философия — абстрактной. Теперь наступает пора их сближения: мощь техники распространяется на фундаментальные свойства мироздания, а философия получает возможность не умозрительно, но действенно определять и даже менять эти свойства. Техника конца XX-го и тем более XXI-го века — это уже не орудийно-прикладная, а *фундаментальная* техника, которая благодаря углублению науки в микромир и макромир, в строение мозга, в законы генетики и информатики проникает в самые основы бытия и в перспективе может менять его начальные параметры или задавать параметры иным видам бытия. Это **онтотехника**, которой под силу создавать новую сенсорную среду и способы ее восприятия, новые виды организмов, новые формы разума. Тем самым техника уже не уходит от философии, а заново встречается с ней у самых корней бытия, у тех первоначал, которые всегда считались привилегией метафизики. Вырастает перспектива нового синтеза философии и техники — ***технософия***, которая теоретически мыслит первоначала и практически учреждает их в альтернативных видах материи, жизни и разума.

Разумеется, аналитическая философия, занятая только анализом текстов, расщеплением их на все более тонкие волоски, не готова к решению и даже постановке таких технософских задач. Напротив, философия синтеза может стать неотъемлемой частью той синтетической методологии науки, о которой говорил Кристофер Лэнгтон, основатель теории искусственной жизни, в связи с созданием синтетической биологии. «Наука, очевидно, достигла огромного прогресса, разламывая вещи и изучая их по кусочкам. Но эта методология обеспечила только ограниченное понимание явлений более высокого уровня... Можно преодолеть эти границы на путях синтетической методологии, которая по-новому соединяет базовые компоненты бытия...».[14] Философия сейчас тоже нуждается в синтетической методологии, которая позволила бы создавать онтологии виртуальных миров, метафизики иных видов бытия и сознания, закладывать основания альтернативных вселенных, т.е. принимать не просто активное, но основополагающее участие в становлении новейшей техносреды. Поворот от анализа к синтезу неминуем для философии, если она не хочет целиком превратиться в историю философии, в накопление и изучение философских архивов.

Раньше, когда в нашем распоряжении был один-единственный мир, философия поневоле была умозрительной, отвлеченной наукой. Когда же с развитием компьютерной техники и физико-математическим обоснованием мультиверсума открывается возможность интеллектуально-практического построения других миров, философия переходит к делу, становится *сверхтехнологией первого дня творения*. Раньше философ говорил последнее слово о мире, подводил итог. Гегель любил повторять, что сова Минервы (богини мудрости) вылетает в сумерках. Но теперь философ может стать «жаворонком» или даже «петухом» мировых событий, возвещать рассвет, произносить первое слово о прежде никогда не бывшем. В XXI-м веке появляются, по крайней мере в научно очерченной перспективе, альтернативные виды разума и жизни: генная инженерия, клонирование, искусственный интеллект, киборги, нанотехнологии, виртуальные миры, изменение психики, расширение мозга, освоение дыр (туннелей) в пространстве и времени... При этом философия, как наука о первоначалах, первосущностях, первопринципах, уже не спекулирует о том, что было в начале, а сама закладывает эти начала, определяет метафизические параметры инофизических, инопространственных, инопсихических миров. Философия не завершает историю, снимая в себе все противоречия высшего разума, а развертывает те его возможности, которые

---

[14] Цит. по: *Horgan J.* The End of Science: Facing the Limits of Knowledge in the Twilight of the Scientific Age. NY: Broadway Books, 1997, p. 199.

еще не воплотились в истории, требуют построения альтернативных миров, умопостигаемых, а затем и технически воплощаемых форм бытия.

Раньше философия главным образом состояла из споров о том, какая модель существующего мира истинна. Фалесовская, где первоначало мира — вода, или Гераклитова, где первоначало — огонь? Лейбницевская, где мир состоит из множества самостоятельных монад, управляемых предустановленной гармонией; гегелевская, где история выступает как самореализация Абсолютной Идеи; шопенгауэровская, где миром правит слепая, внеразумная Воля; марксовская, где в основе истории лежат процессы материального производства и возникающие на их основе социально-экономические отношения? Но с развитием онтотехники и антропотехники никто и ничто не мешает умножать возможные миры, параллельно моделируя в них самые разные философские системы. Кому-то захочется жить и мыслить в фалесовском или гераклитовом мирах, кто-то предпочтет гегелевский, марксовский или ницшевский... Как заметил Станислав Лем в своей «Сумме технологии», конструктор-космогоник «может реализовать миры, задуманные различными философскими системами... Он может сконструировать и мир Лейбница с его предустановленной гармонией».[15]

XX-й век — век грандиозных физических экспериментов, но XXI-й может стать лабораторией *метафизических экспериментов*, относящихся к свободной воле, к роли случая, к проблеме двойников и возможных миров. Физические эксперименты переходят в метафизические по мере того, как создаются условия для воспроизведения основных (ранее безусловных и неизменных) элементов бытия: «вторая жизнь» (и третья, и десятая...), искусственный интеллект, модифицированный организм, альтернативная вселенная. Например, клонирование — это не просто биологический или генетический опыт, это эксперимент по вопросу о человеческой душе и ее отношении к телу, об идентичности или различии индивидов при наличии генетического тождества.[16]

Особенности нового этапа движения мысли уясняются из сравнения с теми итогами всемирно-исторического развития, которые

---

[15] *Лем С.* Сумма технологии. М., СПб.: АСТ, Terra Fantastica, 2004. С. 449.

[16] О роли психологии и этики в развитии современной техносферы см.: *Эпштейн М.* Знак пробела, цит. изд., главы «Опасения» и «Техномораль». С. 155–163.

отразились в гегелевской системе абсолютного идеализма. По Гегелю, философия завершает труды абсолютной идеи по саморазвитию и самопознанию через миры природы и истории:

> «Теперешняя стадия философии характеризуется тем, что идея познана в ее необходимости, каждая из сторон, на которые она раскалывается, природа и дух, познается как изображение целостности идеи… Окончательной целью и окончательным устремлением философии является примирение мысли, понятия с действительностью… До этой стадии дошел мировой дух. Каждая ступень имеет в истинной системе философии [т.е. системе абсолютного идеализма. — *М.Э.*] свою собственную форму; ничто не утеряно, все принципы сохранены, так как последняя [т.е. гегелевская. — *М.Э.*] философия представляет собой целостность форм. Эта конкретная идея есть результат стараний духа в продолжение своей серьезнейшей почти двадцатипятивековой работы стать для самого себя объективным, познать себя».[17]

Перефразируя Гегеля, можно сказать:

> *Теперешняя стадия философии характеризуется тем, что идея, созревавшая в царствах природы и истории, познается в ее возможностях, выводящих за пределы природы и истории. Целью и устремлением философии является выход понятия за пределы действительности, утверждение новых форм бытия, прежде чем ими могут заняться ученые, инженеры, политики и другие практики позитивных дисциплин… Мировой дух испытал себя в формах познавательных отношений с действительным бытием и вышел в сферу мыслимо-возможного. Каждая форма будущности имеет в философии свой предваряющий способ осмысления и потенциации. Философия становится исходной точкой опытно-конструкторских работ по созданию новых миров. Эта идея есть результат стараний духа в продолжение его серьезнейшей двадцатипятивековой работы стать для самого себя объективным, познать себя как первоначало существующего мира — с тем, чтобы в дальнейшем закладывать начала ранее не существовавших миров.*

---

[17] *Гегель Г. В. Ф.* Сочинения. В 14 т. М., Л., 1935. Т. 11. С. 512–513.

МИХАИЛ ЭПШТЕЙН (США)

От множественных интерпретаций одного мира философия переходит к множественным *инициациям* разных миров. Философия стоит не в конце, а в начале новых идееносных видов материи и бытия — у истоков тех мыслимостей, которые не вмещаются в действительность и обнаруживают свою чистую потенциальность, конструктивный избыток и зародыш новых существований. Как инженер есть производитель механизмов, художник — картин, политик — государственных реформ и законов, так философ есть производитель мыслимых миров. Он призван познать разумное в действительности не для того, чтобы ее «оправдать», а чтобы найти *сверхдействительное в самом разуме* и призвать его к сотворению новых родов бытия.

Поэтому никак нельзя согласиться с пессимистическим утверждением Ричарда Рорти, что «суждения философов о том, как сознание соотносится с мозгом или, какое место ценности занимают в мире фактов, или как можно согласовать детерминизм и свободу воли, — не интересуют большинство современных интеллектуалов».[18] Эти проблемы сейчас приобретают даже более практический смысл, чем когда-либо раньше, именно в силу грандиозного расширения возможностей науки и техники, подводящих к постановке метафизических вопросов. Недаром А. Эйнштейн отмечал, что «в настоящее время физик вынужден заниматься философскими проблемами в гораздо большей степени, чем это приходилось делать физику предыдущих поколений».[19] Именно потому, что физика, космология, биология, информатика, когнитивистика доходят до оснований мироздания, жизни, сознания, эти науки все больше философизируются изнутри. И если философы, включая представителей аналитической традиции, устраняются от решения этих вопросов, то за них берутся ученые, такие как Дэвид Бом, Роджер Пенроуз, Стивен Хокинг, Джон Бэрроу, Пол Дэвис, Фрэнк Типлер, Рэй Курцвайл, Френсис Коллинз, Митио Каку, Макс Тегмарк ... Но от этого сами вопросы не перестают быть глубоко философскими, подобными тем, над которыми билась мысль Пифагора, Платона, Декарта, Канта, Гегеля. Философские вопросы остаются и заостряются, просто в отсутствие интереса со стороны профессиональных философов

---

[18] *Рорти Р.* Универсализм, романтизм, гуманизм. Пер. с англ. С. Д. Серебряного. М.: РГГУ, 2004. С. 5, 6, 29.

[19] *Эйнштейн А.* Замечания о теории познания Бертрана Рассела., в его кн. Собрание научных трудов: В 4 т., т. 4. М.: Наука, 1967. С. 248.

они переходят в ведение физиков, математиков, биологов, кибернетиков, которые оказываются в большей степени наследниками великих метафизических традиций, чем сотрудники кафедр аналитической философии.

Если философия хочет вернуться в центр интеллектуальной жизни, она не только должна стать философией синтеза, но и самой образовать синтез с большими техническими, информационными, биогенетическими практиками XX-го века, закладывать концептуальные основы новых мирообразующих практик.

Александр Генис (США)

Александр Александрович Генис, писатель, критик. Родился 11.02.1953 в Рязани. Вырос в Риге. Закончил филологический факультет Латвийского университета (1976). С 1977 живет в Нью-Йорке. Работал в газетах и журналах русского зарубежья («Новый американец» и др.) С 1989 печатается в России. С 1984 — сотрудник Радио Свобода: автор и ведущий еженедельных передач «Американский час с Александром Генисом» http://www.svobodanews.ru/archive/ru_bz_otb_ut/latest/896/210.html)

В соавторстве с П. Вайлем опубликовал шесть книг: «Современная русская проза», «Родная речь», «Русская кухня в изгнании», «60-е. Мир советского человека» и др).

С 1990 работает без соавтора. Трехтомное собрание сочинений «Культурология. Расследования. Личное» (2002, 2003). Среди книг — собрание филологической прозы «Довлатов и окрестности» (2009), «Уроки чтения. Камасутра книжника» (2013), «Космополит. Географические фантазии» (2014), «Обратный адрес» (2016), «Картинки с выставки» (2017).

С 2004 г. ведет авторскую рубрику в «Новой газете».

ЛУК И КАПУСТА.
ПАРАДИГМЫ СОВРЕМЕННОМ КУЛЬТУРЫ

Во время второй мировой войны Юнг писал, что перерождение Германии для него не было сюрпризом, потому что он знал сны немцев. Мы не знаем русских снов, но в нашем распоряжении есть нечто другое — искусство, которое, как утверждает тот же Юнг, «интуитивно постигает перемены в коллективном бессознательном».[1] Сегодня стал очевидной неизбежностью «тектонический» сдвиг, вызывающий смену парадигм, та есть набор ценностей, типов сознания, мировоззренческих стратегий и метафизических установок. Попробуем разобраться в происходящем, прибегая к свидетельству культуры и жизни — не только художников и писателей, на и зрителей н читателей, ибо не меньше поэтов в формировании «картины мира» участвует толпа, выбирающая именно те произведения искусства, на которых играют блики времени. Книжный развал — это тоже портрет эпохи.

Советская метафизика

Коммунизм чрезвычайно похож на язык. Как любой язык, он состоит из элементов, расположенных на двух уровнях, на двух этажах. Нижний (означающее) — это цвет светофора, верхний (означаемое) — смысл, который светофор вкладывает в этот цвет. Если сравнить в этих терминах коммунизм с демократическим обществом, то получится; что демократия — это общество возможного, а коммунизм — царство должного: одна — плод случайных связей, другой явился на свет благодаря расчету и умыслу. Поэтому язык демократии — нестройный, случайный, необязательный н невнятный уличный говор. Источник организации, грамматики общества — свободнорожденный знак. Демократия хранит родовую память о том первоначальном моменте, когда в результате свободного волеизъявления знаки получили свою маркировку (продолжая аналогию со светофором, это момент, когда красный цвет назначили запретительным, а зеленый разрешительным сигналом).

---

[1] *Юнг К.-Г.* Проблемы души современного человека // *Юнг К.-Г.*: Архетип и символ. М.: Renaissance, 1991. С. 212.

Как в космологическом «большом взрыве», «родившем» пространство и время, так и в этой своей отправной точке демократия раздала знакам их смыслы, их означающие и означаемые. Демократия постоянно сверяется с начальными условиями игры, которые были заключены в результате общественного договора (в США эту роль играет Конституция). Этот кардинальный «нулевой» момент ограничивает демократию в прошлом, но в будущее она разомкнута до бесконечности. Поэтому «книга», написанная языком демократии, лишена сюжета. Это язык, существующий на уровне словаря, как совокупность всех возможных слов, которые актуализируются, реализуются только в конкретной и неповторимой речевой ситуации. Коммунизм строился от конца. Историческая необходимость лишала его свободного выбора, без которого вообще невозможно будущее. История, в сущности, уже свершилась, исполнилась, а произвол, каприз, случай — всего лишь псевдонимы нашего невежества, продукт неполного знания или непонимания мироздания, где все учтено неодолимой силой эволюции. Для фаталиста, как для свиньи, естественная, не предопределенная смерть — непостижимая абстракция.

Космологическая «нулевая» точка коммунизма помещалась не в прошлом и не в будущем, а в вечном. Поскольку финал был известен заранее, история приобретала телеологический характер, а все жизненные коллизии становились сюжетными ходами, обеспечивающими неминуемую развязку. Тут не была ничего лишнего — все пути, даже обратные, неизбежно вели в Рим. В таких парадоксальных координатах уже непонятно, какой маршрут приближает, а какой отдаляет от цели.

Коммунизм — светофор-параноик, одержимый манией преследования и бредом сверхценных идей: какой бы свет на нем ни загорался, он всегда означает одно и то же.

На этой параноидальной основе и строилась советская метафизика, позволявшая осуществлять повседневную и повсеместную трансценденцию вещей и явлений. Каждый шаг по «земле» — вспаханный гектар или забитый гвоздь, прогул или опечатка — отражался на «небе». Жизнь превращалась в тотальную метафору, не имеющую ценности без своей скрытой в вечности сакральной пары. Подобное мироощущение близко к средневековому: «Представление о небесной иерархии сковывало волю людей, мешало им касаться здания земного общества, не расшатывая одновременно общество небесное... Ведь реальностью для него было не только представление о том, что небесный мир столь же реален, как и земной, но и о том, что оба они составляют единое целое — нечто запутанное, заманивающее людей в тенета сверхъестественной жизни».[2]

В системе советской метафизики любое слово наделялось переносным значением, любой жест делался двусмысленным, любая деталь превращалась в улику. Жизнь протекала сразу в двух взаимопроникающих измерениях — сакральном и профанном. Вечное пропитывало сиюминутное, делая его одновременно и бессмысленно суетным, и ритуально значимым. История перетекала в священную историю, физика — в метафизику, проза — в поэзию, философия — в теологию, человек — в персонаж, биография — в фабулу, судьба — в притчу. В эсхатологических координатах коммунизма не было ничего постороннего Концу, той «нулевой точке», которая раздавала знакам смыслы. Поэтому в языке коммунизма существовало только одно означаемое, у которого были мириады означающих. Собственно, вся партийная система, дублирующая хозяйственную администрацию, занималась тем, что осуществляла коммунистическую трансценденцию — отыскивала связь любых означающих с этим единственным означаемым. Миллионы профессиональных толкователей приводили жизнь к общему метафизическому знаменателю, переводя тайное в явное, случайное в закономерное, временное в вечное, профанное в сакральное, хаос в порядок.

При этом само означаемое уже не имело собственного смысла. Это был окончательный, неразложимый, утративший свою знаковую бинарность абсолют. Поскольку о нем нельзя было сказать ничего определенного, он и воспринимался как «запредельная» земному бытию данность, не нуждающаяся, да и не терпящая определенности.

Конечно, в разное время и в разных кругах у «абсолюта» были свои имена — коммунизм, коммунизм с человеческим лицом, правда, народ, демократия, родина. Важно не содержание всех этих часто взаимоисключающих трактовок абсолюта, а готовность н считаться с ним. Главное — вера в нечто несоразмерное личности, нечто заведомо большее, чем она, нечто такое, что наделит смыслом слова и поступки, жизнь и историю.

До тех пор, пока коммунизм был закрытой системой, он обеспечивал не только друзей, но и врагов таким метафизическим

---

[2] *Ле Гофф Ж.* Цивилизация средневекового Запада. М.: Прогресс-Академия, 1922. С. 157.

обоснованием, позволяя и вынуждая каждого сражаться — либо с собой, либо за себя. Разоблачения режима не становились для него роковыми, потому что они одновременно увеличивали его мифотворческий потенциал, приумножая количество означающих для всего того же одинокого, уникального в своей неописуемости означаемого.

Эмпирическая реальность считалась состоявшейся только после того, как она соотносилась с реальностью идеальной, вечной, параметры которой определяла конечная цель. Как сказал молодой философ И. Дичев, «прошлое тут заменял отчет, а будущее план».[3] Факт приобретал подлинное существование благодаря воссоединению со своим обозначаемым, когда обнаруживал скрытый смысл, то есть, когда становился метафорой.

Главное в советской метафизике — методика метафоризации бытия. Истинной признавалась только реальность, «описанная» в планах и отчетах или романах и стихах.

В этом заключалась демиургическая претензия социалистического реализма, стремившегося записать мир, заменив его собой. Мечта соцреализма — знаменитая карта из рассказа Борхеса, которая изготавливается настолько полной и точной, что в конце концов заменяет собой страну, изображением которой она задумывалась.

Соцреализм, как и соответствующий ему тип сельского хозяйства, признавал лишь экстенсивное развитие, поэтому он вынужден был лихорадочно догонять жизнь, «записывая» все новые ее ареалы. Любая «незаписанная» тема ощущалась прорехой в самой ткани бытия.

Показательна история гласности, успехи которой отсчитывались по тому, насколько успешно покрывались текстом «голые» участки эмпирической реальности. Охота за тематической целиной, будучи особой формой спекуляции недвижимостью, создавала ощущение бума, ложность которого обнаружилась, когда стремительно канули в Лету многочисленные бестселлеры перестройки.

Не критика режима, а открытие его границ привело к краху советскую метафизику, которая могла функционировать лишь в закрытой системе. Эту замкнутость гарантировала цензура, причем не ее конкретные проявления, а сам факт существования запретов. Табу ограничивают пространство мифа, создавая необходимое

---

[3] *Дичев Ив.* Шесть размышлений о постмодернизме // Сознание в социокультурном измерении. М., 1990. С. 36.

напряжение между верхом и низом — между имманентной и трансцендентной реальностью.

Сколь бы дырявыми ни были цензурные границы, пока их можно было нарушать, советская метафизика сохраняла способность к воспроизводству. Так, уже в 1990 году тот же И. Дичев спрашивал: «Что будет, если нам скажут, что о всем можно писать? Тогда реальность в книгах самых смелых писателей испарится, иерархия ценностей распадется и кучи целлюлозы повиснут в бытийном вакууме. Значит, даже наиболее смелые не заинтересованы в снятии табу».[4]

Понятно, почему понуждаемая инстинктом самосохранения советская метафизика тщилась либо не заметить падения цензуры, продолжая разоблачения павшего режима, либо вынуждена была нарушать другие табу (секс, мат, насилие, расизм). Здесь же следует, видимо, искать и причину идейного перерождения многих диссидентов, не вынесших пребывания в «бытийном вакууме».

Перестройку можно сравнить с Реформацией, которая, как писал Юнг, оставила человека наедине с «десимволизированным миром». Крушение коммунизма лишило общество наработанного им символического арсенала и обрекло его на метафизическое сиротство. Из аксиологической бездны доносится мучительным вопрос «Во имя чего?»,[5] подразумевающий, что жизнь без ответа на него не стоит продолжения.

Утратив свое означаемое, коммунистический язык умер. Знаки, став одномерными, потеряли способность выражать что-либо стоящее за ними. Светофор опять сошел с ума, но на этот раз у него шизофрения: в его расщепленном сознании красный цвет может в любую секунду поменяться смыслом с зеленым, а значит, связь означающего с означаемым становится произвольной.

В качестве примера такой «шизофренической» знаковой «системы, сконструированной на единственном уровне обозначения» Леви-Стросс приводил нефигуративную живопись. Поэтому можно сказать, что постсоветское общество из картины Лактионова переехало в картину Кандинского.

---

[4] *Дичев. Ив.* Указ. соч. С. 37.

[5] См., например, статью Г. Померанца «Из чаши стыда», в которой автор предлагает интеллигенции заняться моделированием нового универсального означаемого для постсоветского общества. Один из вариантов — «русская культура» (Сегодня. 1994. 15 января).

В литературе такую «шизореальность» воссоздает Владимир Сорокин. Так, его роман «Норма» целиком посвящен миру распавшихся знаков. Первая часть книги — монотонные зарисовки банальной советской жизни. В каждой из них есть сцена поедания таинственной нормы, которая при ближайшем рассмотрении оказывается человеческими экскрементами. Естественно, что читатель тут же прибегает к неизбежному в рамках советской метафизики аллегорическому уравнению: если обозначающее — испражнения, а обозначаемое — условно говоря, советская власть, то содержание текста — общеизвестная скатологическая метафора: «Чтобы тут выжить, надо дерьма нажраться». Но тут-то Сорокин и применяет трюк: метафора овеществляется настолько буквально, что перестает ею быть: означающее — норма, обозначаемое — экскременты, никакого подспудного, то есть «настоящего» смысла в тексте не остается.

В других частях романа происходят новые приключения того же героя — утратившего универсальное означаемое знака. Например, Сорокин с той же настойчивостью материализует метафоры из хрестоматии советских стихов, лишая ключевые слава переносного, фигурального значения. Вот отрывок «В походе»: «Конспектирующий «Манифест коммунистической партии» мичман Рюхов поднял голову: — И корабли, штурмуя мили, несут ракет такой заряд, что нет для их ударной силы ни расстояний, ни преград. Головко сел рядом, вытянул из-за пояса «Антидюринг»: — И стратегической орбитой весь опоясав шар земной, мы не дадим тебя в обиду, народ планеты трудовой.

Рюхов перелистнул страницу: — Когда же нелегко бывает не видеть неба много дней и кислорода не хватает, мы дышим Родиной своей. Вечером, когда во всех отсеках горело традиционное «ВНИМАНИЕ! НЕХВАТКА КИСЛОРОДА!», экипаж подлодки сосредоточенно дышал Родиной. Каждым прижимал ка рту карту своей области и дышал, дышал, дышал. Головко — Львовской, Карпенко — Житомирской, Саюшев — Московской, Арутюнян — Ереванской…»[6]

Эта не соцартовский китч. Сорокин вовсе не стремится к комическим эффектам. Его тексты посвящены не пародированию, а исследованию советской метафизики. Он изучает ее устройство, механизмы ее функционирования, испытывает пределы ее прочности.

---

[6] *Сорокин В.* Норма (цит. по рукописи). С. 347.

Пример такого опыта — написанный под классиков фрагмент «Нормы». По отношению к остальному специфически советскому тексту этот «красивый отрывок», воскрешающий чеховский быт, тургеневскую любовь и бунинскую ностальгию, должен был бы исполнять роль подлинной жизни, являть собой естественное, исходное, нормальное положение вещей, отпадение от которого и привело к появлению кошмарной нормы. Но тут Сорокин искусным маневром вновь разрушает им же созданную иллюзию. Неожиданно, без всякой мотивировки в этот точно стилизованный под классиков текст прорывается грубая матерная реплика. Она «протыкает», как воздушный шарик, фальшивую целостность этой якобы истинной вселенной.

Так, последовательна до педантизма и изобретательно до отвращения Сорокин разоблачает ложные обозначаемые, демонстрируя метафизическую пустоту, оставшуюся на месте распавшегося знака. Этой пустоте в романе соответствуют либо строчки бесконечно повторяющейся буквы «а», либо абракадабра, либо просто чистые страницы.

Проследив за истощением и исчезновением метафизического обоснования из советской жизни, Сорокин оставляет читателя наедине со столь невыносимой смысловой пустотой, что выжить в ней уже не представляется возможным.

История реальности

Бодрияр пишет, что эволюция образа проходила через четыре этапа: на первом — образ, как зеркало, отражал окружающую реальность; на втором — извращал ее; на третьем — маскировал отсутствие реальности; и, наконец, образ стал «симулякром», копией без оригинала, которая существует сама по себе, без всякого отношения к реальности.[7]

Действенность этой схемы можно продемонстрировать на материале отечественной культуры: «зеркальная» стадия — это «честный» реализм классиков; образ, извращающий реальность, — авангард Хлебникова, Малевича или Мейерхольда; искусство фантомов (социалистическое соревнование, например) — это соцреализм; к симулякрам, образам, симулирующим реальность, можно отнести

---

[7] *Baudrillard J.* Simulations. New York: Columbia University Press, 1983. P. 11.

копирующий несуществовавшие оригиналы соцарг, вроде известной картины В. Комара и А. Меламида «Сталин с музами».

На каждой ступени этой лестницы образ становится все более, а реальность все менее важной. Если сначала он стремится копировать натуру, то в конце обходится уже без нее вовсе: образ съедает действительность.

Эту центральную тему современной культуры подробно разработал поп-арт, изучающий жизнь образа, оторвавшегося от своего прототипа, чтобы начать пугающе самостоятельную жизнь. Так, на одной из ранних картин Энди Уорхола «Персики» изображены не сами фрукты, а консервная банка с фруктами. В этом различии пафос всего направления, обнаружившего, что в сегодняшнем мире важен не продукт, а упаковка, не сущность, а имидж.

Поп-арт произвел не столько художественный, сколько мировоззренческий переворот. Об этом говорит и историческая ошибка Хрущева, не заметившего своего истинного врага. Как раз в расцвет поп-арта, в начале шестидесятых, он обрушился на безопасный абстракционизм. Конечно, не элитарные эксперименты, а именно поп-арт угрожал советской метафизике, которую он в конце концов н лишил смысла. Значение поп-арта как раз в том, что он зафиксировал переход от абстракционизма, занятого подсознанием личности, к искусству, призванному раскрыть подсознание уже не автора, а общества. С тревогой вглядываясь в окружающий мир, художник поп-арта старается понять, что говорит ему реальность, составленная из бесчисленных образов космонавтов и ковбоев, Лениных и Мэрилин Монро, Мао Цзэ-дунов и Микки Маусов.

Проблематика поп-арта, в сущности, — экологическая. В процессе освоения окружающего мира исчезает не только девственная природа, но и девственная реальность. Первичная, фундаментальная, не преобразованная человеком «сырая» действительность стала жертвой целенаправленных манипуляций культуры. Мириады образов, размноженные средствами массовой информации, загрязнили окружающую среду, сделав невозможным употребление ее в чистом виде.

У нас нет (а может, никогда и не было [8]) естественного мира природы, с которым можно сравнивать искусственный универсум

---

[8] Ср.: «Природа есть создаваемая культурой идеальная модель своего антипода» (*Лотман Ю.* Избранные статьи: В 3 т. Таллинн: Александра, 1993. Т 1. С. 9.

культуры. Современная философия склонна видеть мир «плодом сотрудничества между реальностью и социальным конструированием. Реальность есть не предмет для сравнения, а объект постоянной ревизии, деконструкции и реконструкции».[9]

Как и экологический, кризис реальности, вызванный развитием массового общества и его коммуникаций, универсален, но Россию он приводит к особо радикальным переменам. Здесь дефицит реальности ощущается острее, чем на западе. Не только из-за того, что заменяющие ее суррогаты, как водится, хуже качеством, но и потому, что советская метафизика всегда ставила перед искусством задачу изобразить как раз ту истинную, бескомпромиссно подлинную реальность, которую, вероятно, и имел в виду как Сталин, рекомендовавший писателям писать только правду, так и призывавший «жить не по лжи» Солженицын.

Стратегии этой «правды», конечно, различались. Если сервильные писатели к изображению натуры прибавляли ее «платоническую» идею, то оппозиционные ту же идею разоблачали и из натуры вычитали. Но в результате что одной, что другой арифметической операции «натура» переставала быть сама собой, неизбежно превращаясь в метафору. О чем бы ни говорило такое искусство — о передовиках, трубах или репрессиях, подразумевает оно всегда нечто другое.

Попытки вырваться из этой модели за счет введения новых тем приводили, как уже говорилось, лишь к ее расширению: советское искусство, поглощая антисоветское, росло как на дрожжах, заполняя собой все новые ареалы городской и деревенской реальности.

Путь из этого тупика вел через другое измерение: хаос. Коммунизм одержим порядком. Он видел себя силой упорядоченного бытия, которая постепенно «выгрызает» из океана хаоса архипелаг порядка. Космология коммунизма строилась на идее последовательном организации вселенной, в которой к «нулевому моменту» не останется ничего стихийного, случайного. В статье-манифесте «Пролетарская поэзия» молодой Платонов писал: «Историю мы рассматриваем как путь от абстрактного к конкретному, от отвлеченности к реальности, от метафизики к физике, от хаоса к организации... Мы знали только мир, созданный в нашей голове... Мы топчем свои мечты и заменяем их действительностью... Если бы мы оставались

---

[9] *Hayles N. E.* Complex Dynamics in Literature and Science // Chaos and order. Chicago: The University of Chicago Press, 1991. P. 14.

в мире очарованными, как дети, игрою наших ощущений и фантазий, если бы мы без конца занимались так называемым искусством, мы погибли бы все».[10]

Поскольку процесс коммунистического строительства давал прямо противоположные результаты, советской метафизике приходилось все энергичнее замазывать пропасть между теорией и практикой. Чем меньше порядка было в жизни, тем больше его должно было быть в искусстве. Этим объясняется нарастающая нетерпимость коммунизма к «неорганизованному» искусству — от разгрома авангарда и статьи «Сумбур вместо музыки» до хрущевских гонений на абстракционистов и брежневской «бульдозерной» выставки. Не случайно из всех символов советской метафизики самым долговечным оказался «порядок». Меняясь и приспосабливаясь, он по-прежнему узнаваем в мечтах о «регулируемом рынке» и «сильной руке».

Порядку, этой последней утопии советской метафизики, противостоит хаос. «Открытие» хаоса точными науками, которое по значению сравнивают с теорией эволюции и квантовой механикой, начинает оказывать сильное влияние и на гуманитарную мысль. Позитивная переоценка хаоса рождает новую картину мира, в которой, как пишет один из основателей «хаосологии» Нобелевский лауреат Илья Пригожин, «порядок м беспорядок представляются не как противоположности, а как то, что неотделимо друг от друга».[11] Хаос становится не антагонистом, а партнером порядка: по Пригожину, «анархия хаоса стимулирует самоорганизацию мира».[12]

Чтобы воспроизвести простейшую ситуацию хаоса, говорят ученые, достаточно привести к одному маятнику другой. Амплитуду ординарного маятника описывают элементарные законы механики, но график колебания двойного маятника становится непредсказуемым. В искусстве создание «хаосферы»[13] требует введения в текст абсурдного элемента, который и выполняет роль второго маятника — становится «генератором непредсказуемости».

Инъкция непонятного переводит диалог читателя с текстом на другой язык, схожий с «умопостижимым н непереводимым»

---

[10] Платонов А. Пролетарская поэзия // Платонов А. Собр. соч.: В 3 т. М., 1985. Т. 3. С. 523.

[11] Пригожин И. Переоткрытие времени // Вопросы философии. 1989. № 8. С. 9

[12] Porush D. «Fictions as Dissipative Structures». Prigogine's Theory and Postmodernism's Roadshow // Chaos and order. P. 54–85.

[13] Термин предложен Istvan Csicsery-Ronay Jr.

(Леви-Стросс) языком музыки. (Именно таким языком пользуется вся рок-культура.) Как написал Джон Фаулз, ставший сейчас одним из самых модных иностранных писателей в России: «...перед лицом неведомого в человеке дробится мораль, и не только мораль <...> неведомое — важнейший побудительный мотив духовного развития».[14]

Изучая эту проблему, Ю. Лотман в своей последней книге «Культура и взрыв» пишет: «Искусство расширяет пространство непредсказуемого — пространство информации и, одновременно, создает условный мир, экспериментирующий с этим пространством и провозглашающий торжество над ним». Искусство «открывает перед читателем путь, у которого нет конца, окно в непредсказуемый и лежащий по ту сторону логики и опыта мир». Такое искусство из мира необходимости способно «перенести человека в мир свободы». Лотман называет и перспективный жанр, в котором это «свободолюбие» способно развернуться: «Движение лучших представителей фантастики второй половины XX в. пытается перенести нас в мир, который настолько чужд бытовому опыту, что топит тощие прогнозы технического прогресса в море непредсказуемости».[15]

И ведь действительно, из очень немногих авторов, переживших обвальный кризис советской литературы, выделяются феноменально популярные братья Стругацкие. Не потому ли, что осторожные эксперименты с хаосом они начали еще во времена расцвета советской метафизики. В первую очередь туг следует сказать об их лучшей книге «Улитка на склоне». Эта написанная в 1965 году повесть состоит из двух отдельных текстов, которые цензура даже не разрешила печатать вместе. Как объясняют сами авторы, одна часть, «Лес», — это будущее, другая, «Управление», — настоящее. Идея книги в том, что «будущее никогда не бывает ни хорошим, ни плохим. Оно никогда не бывает таким, каким мы его ждем».[16]

Разрыв между настоящим и будущим разрушает причинно-следственную связь, создавая одну из знаменитых своей изощренностью «хаосфер» Стругацких. Свою роль тут играют специально встроенные в текст «генераторы непредсказуемости» — текстуальные машины хаоса: «Ким диктовал цифры, а Перец набирал их, нажимал

---

[14] *Фаулз Д.* Волхв // Иностранная литература. 1993. № 8. С. 139.
[15] *Лотман Ю.* Культура и взрыв. М.: Гнозис, 1992. С. 189.
[16] «Прогноз». Беседа А. Боссарт с братьями Стругацкими // Огонек. 1989. № 52.

на клавиши умножения и деления, складывал, вычитал, извлекал корни, и все шло, как обычно.

— Двенадцать на десять, — сказал Ким. — Умножить.

— Один ноль ноль семь, механически продиктовал Перец, а потом спохватился и сказал: — Слушай, он ведь врет. Должно быть сто двадцать.

— Знаю, знаю, — нетерпеливо сказал Ким. — Один ноль ноль семь, — повторил он. — А теперь извлеки мне корень из десять ноль семь…

— Сейчас, — сказал Перец».[17]

Ясно, что высчитанное таким образом будущее, не будет иметь ничего общего с настоящим. «Врущий» арифмометр — это мина, заложенная под бескомпромиссный детерминизм советской метафизики. Не зря «Улитку» десятилетиями не пускали в печать.

Роль хаоса становится еще заметнее в сотрудничестве Стругацких с А. Тарковским в фильме «Сталкер». Длинный ряд отвергнутых режиссером сценариев показывает, что в исходном тексте, повести «Пикник на обочине», Тарковского интересовал исключительно «генератор непредсказуемости» — Зона. Нещадно отбрасывая весь научно-фантастический антураж, режиссер вытравлял из своего фильма «логику» метафоры, способную спихнуть картину в обычное русло советской метафизики. Можно сказать, что в «Сталкере» Тарковский переводил произведение Стругацких с языка аллегорий на язык символов в том смысле, который вкладывал в эти понятия Юнг: «Аллегория есть парафраза сознательного содержания; символ, напротив, является наилучшим выражением лишь предчувствуемого, но еще не различимого бессознательного».[18]

Зона у Тарковского — это «поле чудес» или «пространство непредсказуемости» Лотмана. Здесь может произойти все что угодно, потому что в зоне не действуют законы, навязываемые нам природой.

Если вселенная советской метафизики предельно антропоморфна — она сотворена по образу и подобию человека, то Зона у Тарковского предельно неантропоморфна. Поэтому в ее пределах и не действует наша наука.

---

[17] *Стругацкие А. и Б.* Улитка на склоне. Франкфурт: Посев, 1972. С. 21.
[18] *Юнг К.* Об архетипах коллективного бессознательного // *Юнг К.* Архетип и символ. С. 99.

«Сталкер» — фильм о диалоге, который человек ведет с Другим. Для их общения язык советской метафизики не годится, потому что у собеседников не может быть общего означаемого. Понять друг друга они могут только на языке самом жизни. Посредник между человеком и Зоной — Мартышка, дочь Сталкера, которая ведет этот диалог напрямую: зона, отняв у Мартышки ноги, лишила ее свободы передвижения, но взамен научила телекинезу, способностью передвигать предметы силой мысли.

По свидетельству Бориса Стругацкого, главная трудность работы с Тарковским заключалась в несовпадении литературного и кинематографического видения мира: «Слова — это литература, это высокосимволизированная действительность <…> в то время как кино — это <…> совершенно реальный, я бы даже сказал — беспощадно реальный мир».[19]

«Беспощадность» кинематографического реализма заключается, видимо, в том, что кино, как писал Тарковский, способно остановить, «запечатлеть» время, обратив его в матрицу реального времени, сохраненную в металлических коробках надолго (теоретически — навечно)».[20] То есть кино, по Тарковскому, отбирает у советской метафизики источник смыслов — эсхатологический «нулевой момент».

Вяч. Иванов вспоминает высказывание режиссера о замысле фильма «Зеркало», где главную роль должна была исполнять мать Тарковского: Из материала, фиксирующего в этом идеальном случае целую человеческую жизнь от рождения до конца, режиссер отбирает и организует те эпизоды, которые в фильме передают значение этой жизни. Из современных ему режиссеров мысли, почти слово в слово совпадающие с этой основной концепцией кино у Тарковского, высказывал Пазолини. Согласно Пазолини, монтаж делает с материалам фильма то, что смерть делает с жизнью: придает ей смысл».[21]

Тарковский делал нечто прямо противоположное Пигмалиону — пытался обратить Галатею (живого человека, в данном случае свою мать) в произведение искусства. На первый взгляд эта практика отнюдь не чужда советской метафизике, которая всегда

---

[19] *Стругацкие А. и Б.* Сценарии. М.: Текст, 1993. С. 345.

[20] Мир и фильмы Андрея Тарковского. Размышления и исследования // Искусство. М., 1991. С. 200.

[21] *Иванов Вяч.* Время и вещи // Там же. С. 233.

требовала «воплощать» реальных героев в художественных образах. Но разница — грандиозная — в том, что в прототипе ценилось не индивидуальное, а типическое. Человек мог стать персонажем лишь тогда, когда он обобщался до типа: скажем, превращался из конкретного Маресьева в метафорического Мересьева. Художественный тип — это и есть «упорядоченная», организованная личность, вырванная из темного хаоса жизни и погруженная в безжизненный свет искусства.

Тарковскому был нужен не типичный, а настоящий человек (как ему нужна была и настоящая корова, которую он якобы сжег живьем на съемках «Андрея Рублева»). Этот неповторимый человек с маленькой буквы был единицей того алфавита, на языке которого Тарковский разговаривал с Другим.

Концепция жизни, непосредственно перетекающей в искусство, активно осваивается Голливудом, где сегодня дороже всего не сценарии, а настоящие судьбы. В цене именно неповторимость личности, чья живая индивидуальность- гарантия от превращения биографии в сюжет.

Логика искусственного порядка убивает живое, превращая его а образ. Но в искусстве, работающем с той «хаосферой», которую каждый из нас носит в себе, обращенное в образ живое не перестает быть живым. Если вернуться к схеме Бодрияра, можно сказать, что на этом пути образ достигает пятой ступени своей эволюции: он вступает в новые — мистические — отношения с реальностью. В погоне за реализмом образ создает «гиперреализм» — искусство не отражающее, а продуцирующее действительность.

Коммунизм — инверсия религии откровения. Его безгрешный Эдем, или бесклассовый «золотой век», — не исходное, а конечное состояние мира. Однако эта переориентация сакральной «стрелы времени» не отменяет представления об истине, скрытой под глыбами темного, непроясненного смыслом бытия.

Вся советская метафизика построена на непрестанном поиске истинных слов и мотивов, на срывании масок и раскрытии личин. Маниакальная подозрительность коммунизма — от недоверия к жизни, не окрыленной умыслом и не омраченной замыслом. Его инквизиторский пафос направлен на то, чтобы открыть человеку истинный смысл своей судьбы. Потому признание и считалось «царицей доказательств», что критерий вины был скрыт в душе подсудимого. При всем том процедура духовного сыска укладывается в культурную парадигму, в пределах которой пыточный подвал можно представить версией пещеры Платона, где поиски подлинной реальности велись опытным путем.

Советская метафизика делила со своими предшественниками представление о некоем резервуаре смыслов, составляющих в совокупности идеальную гармонию. Восстановить ее — цель художника. Он не творит, а открывает существующую в вечности истину. Булгаковская диалектика: «рукописи не горят», ибо сгореть могут лишь их тусклые и неверные копии — временные версии нетленного инварианта, универсального пратекста, растворенного во вселенной. Творческий акт — это возвращение временного к вечному. Поэтому постулируемое коммунизмом творческое отношение к истории ведет к ее прекращению.

Такую мировоззренческую систему можно назвать «парадигмой капусты»: снимая лист за листом слои ложного бытия, мы добираемся до кочерыжки-смысла. Духовное движение тут центростремительное. Вектор его направлен в глубь реальности, к ее сокровенному ядру, в котором и содержится центральное откровение всей культурной модели. По отношению к этому сакральному ядру все остальные слои реальности в принципе лишние — они только мешают проникнуть к смыслообразующему центру.

Классический пример «парадигмы капусты» — повесть Толстого «Смерть Ивана Ильича». В ней, как известно, Толстой разоблачает «нормальную» жизнь с ее карьерой, семьей, бытом как ложную, неистинную, испорченную лицемерием цивилизации. Только смерть открывает глаза человеку, заставляя отвечать на главный, последний и единственный, вопрос, от которого нельзя спрятаться за «ширмами культуры».

«И что было хуже всего — это то, что она отвлекала его к себе не затем, чтобы он делал что-нибудь, а только для того, чтобы он смотрел на нее, прямо ей в глаза, смотрел на нее и, ничего не делая, невыразимо мучился. И, спасаясь от этого состояния, Иван Ильич искал утешения, других ширм, и другие ширмы являлись и на короткое время как будто спасали его, но тотчас же опять не столько разрушались, сколько просвечивали, как будто она проникала через все, и ничего не могло заслонить ее».[22]

В этом абзаце — квинтэссенция «центростремительной философии»: если все — ширма, то зачем ради нее стараться, зачем семья, зачем хозяйство, мебель, гардины, погубившие Ивана Ильича? Да

---

[22] *Толстой Л.* Собр. соч.: В 14 т. М., 1952. С. 302.

и откуда возьмутся эти самые гардины и прочая «материя» жизни? Зачем работать, копить, строить, созидать? Зачем культура, зачем хитроумно устроенная машина цивилизации? «Незачем», — отвечал Толстой, призывая мир опроститься. Освободив личность от фальши, Толстой ставит ее в тот единственный «момент истины», когда подлинная, естественная, «внезнаковая» реальность лишается спасительных «ширм» культуры и человек остается наедине со смертью.

Революционное искусство использовало в своих целях такой метод «апофатического» приближения к сакральному центру. «Обдирание листьев в поисках кочерыжки — вот формула таких знаменитых произведений, как «Облако в штанах» Маяковского или «Хулио Хуренито» Эренбурга.

Начиная с «Оттепели» того же Эренбурга искусство вновь сквозь листья уже другой культуры — пробивается к центру. Только крах коммунизма показал, что это «дорога никуда». Те, кто все-таки решились добраться до ядра, обнаружили там пустоту, которую с таким холодным отчаянием изображает Владимир Сорокин.

Здесь исчерпавшая себя парадигма капусты уступает место другой парадигме, в которой культура строится как раз на губительной для своей предшественницы пустоте. Ролан Барт говорил о слоеном пироге без начинки, но нам — в пару капусте — лучше взять в метафоры лишенную сердцевины луковицу.

В парадигме лукам пустота — не кладбище, а родник смыслов. Это — космический ноль, вокруг которого наращивается бытие. Являющаяся сразу всем и ничем, пустота — средоточие мира. Мир вообще возможен только потому, что внутри него — пустота: она структурирует бытие, дает форму вещам и позволяет им функционировать. Это та «творческая пустота», на которую опирается даосский канон: «Три десятка спиц сходятся в одной втулке, от пустоты ее зависит применение колеса. Формуя глину, делают сосуд, от пустоты его зависит его применение. Прорубая двери и окна, строят дом: от пустоты их зависит использование дома. Ибо выгода зависит от наличия, а применение — от пустоты».[23]

Эта, казалось бы, экзотическая ссылка отнюдь не случайна. В «парадигме лука» много близкого даосским мотивам. Так, в центральном монологе Сталкера у Тарковского цитируется 76-й параграф «Книги пути и благодати» Лао-цзы: «Когда человек родится, он слаб

---

[23] *Лао-цзы.* Даодэцзин (Книга пути и благодати). Гл. 11. Цит. по: Из книг мудрецов. Проза Древнего Китая. М., 1987. С. 73.

и гибок, когда умирает, он крепок и черств. Когда дерево растет, оно нежно и гибко, а когда оно сухо и жестко, она умирает. Черствость и сила спутники смерти, гибкость и слабость выражают свежесть бытия».[24]

Эта проповедь слабости противостоит волевому импульсу, столь важному в «парадигме капусты». Если путь к сакральному ядру разрушает внешние, «неистинные» слои бытия, то заповедь юродивого, блаженного Сталкера у Тарковского вполне даосская — это смиренное недеяние. Ему безусловно чужда мысль разрушить старый мир ради нового, потому что новый мир сам рождается или вырастает из старого. Надо только не мешать ему расти.

Если в «парадигме капусты» хаос снаружи, а порядок внутри, то в «парадигме лука» хаос — зерно мира, это «творящая пустота» Пригожина, из которой растет космос. Поэтому движение тут не центростремительное, а центробежное, направленное вовне: смыслы не открываются, а выращиваются. Для Тарковского ценность слабости в том, что она признак роста и спутник перемен. В «парадигме лука» незащищенность, уязвимость, даже убогость — исходная точка, необходимое условие, резерв роста.

На этой концептуальной платформе возникла целая плеяда «смиренных» писателей, чьим патриархом по праву может считаться Венедикт Ерофеев. Его «слабость» — ангелическое пьянство Венички — залог трансформации мира. В поэме «Москва–Петушки» алкоголь выполняет функцию «генератора непредсказуемости». Опьянение — способ вырваться на свободу, стать — буквально — не от мира сего. Вновь любопытная параллель с даосскими текстами: «Пьяный при падении с повозки, даже очень резком, не разобьется до смерти. Кости и сочленения у него такие же, как у других людей, а повреждения иные, ибо душа у него целостная. Сел в повозку неосознанно и упал неосознанно».[25]

Слабость как категория культуры по-своему отразилась в творчестве самых разных авторов новейшей литературы, но всех их объединяет демонстративный инфантилизм, осознанно выбранный писателями в качестве художественной позиции. (Этим она и отличается от специфической «детскости» соцреализма, который ее категорически не замечал, искренне считая себя взрослым искусством.)

---

[24] «Сталкер». Лит. запись кинофильма. Цит. по: *Стругацкие А. и Б.* Указ. соч. С. 361.
[25] *Ян Чжу*. Лецзы. Цит. по: Атеисты, материалисты, диалектики Древнего Китая. М., 1967. С. 54–55.

Обратив себя в ребенка, автор «смиренной плеяды» возвращается из безнадежно завершенного взрослого мира в то промежуточное, подростковое состояние, где есть надежда вырасти, обрести смысл.

Один из самых характерных авторов этого направления — Э. Лимонов, романы которого — «лепет» невыросшего ребенка. Параметры этой прозы определяются двумя цитатами: «Все, кто шел мне навстречу, Были больше меня ростом» («Дневник неудачника») и «Я остался экстремистам, не стал взрослыми («Это я — Эдичка»).

Совершенно иначе ту же категорию «слабости» использовал С. Довлатов. Списывая несовершенный мир, он смотрит на него глазами несовершенного героя. Слишком слабый, чтобы выделяться из окружающей действительности, он скользит по ее поверхности, искусно обходя метафизические глубины. Принимая жизнь как данность, он не ищет в ней скрытого смысла. Довлатов завоевывает читателей тем, что он не выше и не лучше их. Тут можно вспомнить китайское изречение о том, что море побеждает реки тем, что расположилось ниже их. В популярной на Западе интерпретации даосизма,[26] где основы учения объясняют персонажи из сказки А. Милна, самым мудрым оказывается Винни-Пух, потому что у него нет заданной автором роли. Если Иа-Иа — нытик, Пятачок — трус, Тигра — забияка, то Винни-Пух просто существует, он просто «есть». Таким Винни-Пухом в русской литературе и был Довлатов.

Тему «слабости» широко разворачивает гений самоуничижения, мнительный и болезненный, как заусеница, Дмитрий Галковский. Страх н неприязнь к сильному, «настоящему», взрослому миру — движущий мотив его «Бесконечного тупика». Вся книга разворачивается как подростковая фантазия, где автор берет реванш над своими обидчиками.

Еще дальше в этом сквозном для «парадигмы лука» сюжете зашел Виктор Пелевин: он и силу переосмысливает как слабость. В повести «Омон Ра» Пелевин разрушает фундаментальную антитезу тоталитарного общества «слабая личность — сильное государство». Сильных у него вообще нет. Он разжаловал режим из могучей «империи зла» в жалкого импотента, который силу не проявляет, а симулирует. В посвященной «героям советского космоса» повести эту симуляцию разоблачают комические детали, вроде пошитого из бушлата скафандра, мотоциклетных очков вместо шлема или «лунохода» на велосипедном ходу. Демонстрация слабости нужна

---

[26] См.: *Hoff B.* Dao of Pooh. L.: Penguin books, 1983.

Пелевину отнюдь не для сатирических, а для метафизических целей: коммунизм, неспособный преобразовать, как грозился, бытие, преобразует сознание. Единственное место, где он еще одерживает победы, — это пространство нашего сознания, которое он и пытается колонизировать: «Пока есть хоть одна душа, где наше дело живет и побеждает, это дело не погибнет. Ибо будет существовать целая вселенная. <…> Достаточно даже одной чистой и честной души, чтобы наша страна вышла на первое места в мире по освоению космоса; достаточно одной такой души, чтобы на далекой Луне взвилось красное знамя победившего социализма. Но одна такая душа хотя бы на один миг — необходима, потому что именно в ней взовьется это знамя».[27]

Обнаружив свою слабость, коммунизм неожиданно выворачивается из «парадигмы капусты», превращаясь из врага чуть ли не в союзника. Он вступает с действительностью в уже знакомые нам из истории образа мистические отношения: реальность оказывается не данностью, не внешним объектом, а итогом его целенаправленных усилий. Строя действительность по своему образу и подобию, коммунизм разрушает собственную основу. Вместо эволюции с ее неизбежной сменой общественных формаций появляется концепция множественности миров, множественности конкурирующих между собой реальностей.

Этот «коперниковский» переворот в советской метафизике отобрал у нее смысл, но не метод. Напротив, в «парадигме лука» с огромным интересом присматриваются к коммунистическому опыту «миростроения» и освоения «пространства души». Ведь эту практику легко связать с концепцией «рукотворной» реальности, к восприятию которой тоталитарный режим подготавливает лучше демократического. Вот как тот же В. Пелевин, полемизируя по поводу «метафизического аспекта совковости» с автором этих строк, развивает этот тезис: «Советский мир был настолько подчеркнуто абсурден и продуманно нелеп, что принять его за окончательную реальность было невозможно даже для пациента психиатрической клиники. И получалось, что у жителей России, кстати, необязательно даже интеллигентов, автоматически, без всякого их желания и участия, — возникал лишний, нефункциональный психический этаж, то дополнительное пространство осознания себя и мира, которое в естественно развивающемся обществе доступно лишь

---

[27] *Пелевин В.* Омон Ра // Знамя 1992. № 5. С. 62.

немногим. <...> Совок влачил свои дни очень далеко от нормальной жизни, но зато недалеко от Бога, присутствие которого он не замечал. Живя на самой близкой к Эдему помойке, совки заливали портвейном «Кавказ» свои принудительно раскрытые духовные очи».[28]

Метафора «лишнего этажа» крайне характерна для центробежной культурной модели, которая не ищет скрытой сути мира, а создает себе смыслы в специально «надстроенной» для этого реальности. В России крах коммунизма освободил этот дополнительный «психический этаж», который и торопится захватить «парадигма лука».

Обратясь к свидетельству книжного развала, мы обнаружим там недостающие компоненты мировоззренческой модели «парадигмы лука»: эта популярные сейчас сочинения русского и американского мистиков — Петра Успенского н Карлоса Кастанеды. Такая неожиданная избирательность вкусов, вероятно, объясняется тем, что их учения пересекаются в одной отправной точке — той, где реальность трактуется как ее интерпретация. В предисловии к «Путешествию в Икстлан» Кастанеда пишет: «Дон Хуан убеждал меня в том, что окружающий мир был всего лишь описанием окружающего мира, воспринимаемым мною как единственно возможное, потому что оно навязывалось мне с младенчества. <...> Главное в магии Дон Хуана — осознание нашей реальности как одной из многих ее описаний».

По-своему, но об этом говорит и Успенский. Его сложные мистико-математические конструкции строятся на том, что мы воспринимаем мир, налагая на него «условия времени и пространства»: «Следовательно, мир, пока мы не познаем его, не имеет протяжения в пространстве и бытия во времени. Это свойства, которые мы придаем ему. Представления пространства и времени возникают в нашем уме <...> пространства и время — это категории рассудка, то есть свойства, приписываемые нами внешнему миру. Эта только вехи, знаки, поставленные нами самими. Это графики, в которых мы рисуем мир».[29]

Отсюда следует, что стоит изменить представление о пространстве и времени, как изменится и реальность. Именно к этому и ведет Успенский, призывая научиться воспринимать «непрерывную

---

[28] *Пелевин В.* Джон Фаулз и трагедия русского либерализма // Независимая газета. 1993. 20 января.

[29] *Успенский П.* Tertium Organum. СПб., 1992 (репринт). С. 4.

и постоянную» действительность. Из этой важной преамбулы, которая перекликается с представлениями сегодняшнего естествознания,[30] культура «лука» может сделать радикальный вывод: реальность есть плод манипуляций над пространством и временем. Однако формы их восприятия различны в разных культурах и эпохах.

Модели времени и пространства открывает, разрабатывает, наконец, изобретает духовная культура. Сегодня эту привилегию узурпирует искусство![31] В «парадигме капусты» — искусство было инструментом познания реальности, которую оно, собственно говоря, и должно была найти. В «парадигме лука» искусство — механизм, вырабатывающий реальность: все мы живем в придуманном им мире.

Хронотоп миража

Различия между двумя парадигмами вытекают из их разного отношения ко времени и пространству. Для «парадигмы капусты» главным было, бесспорно, время. Коммунизм, вооруженный верой в историческую неизбежность эволюции, знал, что оно работает на него. Но поскольку в его эсхатологической модели история имела начало и конец, то время стремились побыстрее изжить. Ведь время ощущалось конечным, его можно было исчерпать, как песок в песочных часах: чем меньше его останется сверху, тем скорее завершится история и наступит вечность. Вечная спешка («Время, вперед!») объяснялась тем, что любая остановка — от простая да застоя — это предательство будущего. Время торопили все — от Маяковского, обещавшего «загнать клячу истории», до Горбачева, начавшего перестройку призывам к «ускорению». Чтобы время прошло быстрее, его даже уплотняли, укладывая в пятилетки, которые потом выполнялись досрочно в четыре года, что позволяло еще на год сокращать путь в вечность.

---

[30] Ср.: «Неожиданно (для позитивистской мысли) выяснилось, что наблюдаемые свойства Вселенной ограничены условиями, подозрительно необходимыми для нашего существования как наблюдателей этой Вселенной...» (*Троицкий В.* Античный космос и современная наука // *Лосев А.* Бытие. Имя. Космос. М., 1993. С. 903).

[31] Вспомним еще раз кинематографическую «матрицу времени» А. Тарковского или «органическую живопись» П. Филонова, которая мыслилась как «феномен, живущий собственной жизнью, находясь в постоянном взаимодействии со всеми аспектами окружающей среды» (*Боулт Д.* Павел Филонов и русский модернизм // Филонов. М., 1990. С. 72.

Если ко времени в «парадигме капусты» относились горячо, с лихорадочным нетерпением, то к пространству — скорее прохладно. Оно было семантически нейтральным, гомогенным и равнозначным в каждой своей части. Пафос равенства такого пространства выражали как слова песни «Мой адрес не дом и не улица, мой адрес Советский Союз», так и название сборника Бродского «Остановка в пустыне».

Пространство считалось первичным сырьем, складом простора, предназначенным для дальнейшей переработки, которая должна была обставить его вещами, придав ему смысл. Поэтому его и не жалели. Напротив, необработанное, «дикое» пространство представлялось хаосом, пустотой, разъедающей сплошную, «окультуренную» реальность.

В «парадигме лука» прежде всего изменилось отношение ко времени: вместо песочных часов — циферблат со стрелками. Линейное время, текущее из прошлого в будущее, уступает место циклическому времени, в котором постоянно воспроизводится настоящее. Поскольку конечная точка исчезла, сменился и масштаб: из макромира, где время мерилась историческими эпохами и экономическими формациями, оно «перебралось» в микромир, где счет идет на секунды. Время важно не прожить, а продлить за счет структурирования постоянно уменьшающихся отрезков времени. Чистая длительность сменяется «разбухающими мгновениями, которые растут на стволе «сегодня», как кольца на дереве.

В «парадигме лука» подход к пространству такой же, как ко времени: оно тоже структурируется, делится на все более мелкие части. Вместо чистой протяженности «простыни» — лоскутное одеяла. Обособление, обживание своих «лоскутов» приводит к размножению границ.

В «парадигме капусты» граница была одна — государственная. Выполняя универсальную функцию, она обладала всей полнотой смыслов — от политических до метафизических. При этом, как пишет Лотман, объясняя устройство подобных «семиосфер», «оценка внутреннего или внешнего пространства не задана».[32]

В «парадигме лука» граница меняет свое значение. Важно не только то, что происходит по ту или другую сторону границы, важна и сама граница. Она утрирует любые различия — политические, национальные, религиозные, культурные, художественные. Чем

---

[32] *Лотман Ю.* Избранные статьи, Т. 1. С. 16.

больше границ, тем больше и площадь пограничного пространства. Фрагментация пространства ведет не столько к изоляции, сколько к интенсификации контактов. Мир становится одновременно все более тесным и все более разным.

Если в «парадигме капусты» эта «разность» считалась препятствием на пути к универсальной общей цели, то в «парадигме лука» она — объект углубленной медитации. Все важное происходит на рубеже между странами и народами, наукой м религией, искусством и жизнью, природой и культурой, мужчиной и женщиной, сознанием и подсознанием, но главное — между разными реальностями.

Поскольку реальность в «парадигме лука» искусственного происхождения, то ничто не мешает ее «производству» по разработанным искусством методам. Но раз так, то реальности могут быть разными, и они неизбежно будут бороться за влияние, за души, за «психические этажи». В эпоху массовых коммуникаций эта война будет происходить в эфире. Собственно, она уже идет. Не зря лилась кровь на телецентрах Бухареста, Вильнюса, Москвы. Войну выигрывают не пушки, а образы, во всяком случае с тех пор, как они научились не отражать, а создавать реальность. В категориях «парадигмы капусты» с этим трудно примириться: ведь тут телевизор считался «окном в мир». Но в «парадигме лука» телеобраз податлив, как глина. Из него можно лепить все что угодно, и вслед за ним будет послушно изгибаться реальность. Кто знает, понравится ли XXI веку жить в мире, где у реальности появится множественное число, в мире, где миражи не отличаются от действительности, в мире, который, чтобы выжить, должен будет себя придумать.

Нью-Йорк,
1994.

Наталья Шелковая (Украина)

Шелковая Наталья Валерьевна родилась 11 мая 1953 года в г. Петропавловске Камчатской обл. в семье военнослужащего. В 1958 г. вследствие демобилизации отца семья переехала в г. Харьков. С 1960 по 1970 гг. училась в средней школе № 65 г.Харькова. В 1971 г. поступила в Харьковский институт радиоэлектроники на факультет конструирования радиоаппаратуры, который с отличием закончила в 1977 году. С 1977 по 1981 гг. работала инженером отдела моделирования тепловых и механических процессов Института проблем машиностроения АН УССР. В 1980 г. поступила на заочное отделение философского факультета Киевского государственного университета им. Т. Г. Шевченко, который с отличием закончила в 1986 году. С 1981 по 1987 гг. работала ассистентом кафедры этики, эстетики и научного атеизма Харьковского политехнического института им. В.И. Ленина. В 1987 г. поступила в аспирантуру на кафедре философии Харьковского государственного университета им. А.М. Горького, которую закончила в 1990 г. В 1990 г. защитила первую в СССР немарксистсую диссертацию по духовности на тему «Духовность как интенция личностного бытия» с присвоением ученой степени кандидата философских наук. С 1990 по 2015 гг. работала в Харьковском национальном педагогическом университете им. Г. С. Сковороды на кафедре культурологии, а затем (после ее расформирования) — на кафедре политологии, социологии и культурологии в должности преподавателя, старшего преподавателя и доцента.

В 2015 г. в связи с ликвидацией курсов, которые она преподавала («Религиоведение», «История этики», «Религиозная этика») и резким сокращением нагрузки по гуманитарным предметам, она была сокращена из педагогического университета. Два года она не могла найти работу в связи с тем, что вышеописанная ситуация имела место почти во всех ВУЗах Харькова и Украины. С сентября 2017 года по май 2018 года работала преподавателем спецкурса «Основы христианской этики» в Харьковском лицее № 89 и была научным руководителем лицеисток, писавших научные работы для конкурса Малой академии наук Украины. С июня 2018 г. работает доцентом кафедры философии, культурологии и информационной деятельности Восточноукраинского национального университета имени Владимира Даля.

С 2015 по 2018 годы читала циклы лекций «Религии мира» (в Харьковском художественном музее в 2015–2016 гг.) и «Символизм Священных текстов» (в Харьковской областной художественной галерее «Мистецтво Слобожанщини»), которые представлены в Интернете на YouTube.

Сфера научных интересов: религиоведение, философия религии, психология религии, компаративное религиоведение, этика, религиозная этика, религиозная антропология, философская антропология, русская религиозная философия, социальная философия, социальная психология.

Направление научных исследований: сущность и трансформации духовного мира личности и духовной жизни общества в современной техногенной цивилизации, формирующей новый тип человека Hi-Tech homo. В области философской антропологии научный интерес сконцентрирован на проблемах духовности и кордоцентризма, являющихся центральными в русской религиозной философии. В области религии — на исследовании глубинного духовного единства всех религий и мистических направлениях религий.

Является автором более 140 научных работ, опубликованных в России, США, Японии, Украине, Белоруссии, Молдавии, в том числе: учебники для ВУЗов «Релігії світу» (в соавт., 2000), «Введение в религиоведение» (2007), статьи: «Будда — Лютер Запада» (журнал «Totallogy — XXI. Постнекласичні дослідження». 2003), «Мистическая жизнь» (там же. 2004), «Культуры Запада и Востока: смена парадигмы» (журнал «Ученые записки Таврического национального университета им. В. И. Вернадского». Серия: Философия. Культурология. Политология. Социология. 2012), «От homo sacralis к Hi-Tech homo» (там же. 2013), «Ф. Ницше о Пути возвращения к себе» (журнал «Философские науки». 2015. № 10), «Эротология Николая Бердяева» (журнал «Вече». Вып. 27(2). 2015), «Духовность в условиях Освенцима» (журнал «Вестник Тамбовского университета». Серия: Общественные науки. 2016), «Встречи с В. Розановым. Мысли о поле. Пол и андрогинизм» (журнал «Вопросы философии». 2017. № 5), «Восток и Запад: культура сердца и культура разума» (журнал «Соловьёвские исследования». Вып. 2(54). 2017), «Религия и духовность» (в соавторстве с М. Сергеевым, журнал «Философские науки». 2017. № 12), «Встречи с В. Розановым. Сущность христианства» («Философский полилог». Журнал Международного центра изучения русской философии. Вып. 1, 2017).

Член редколлегии книжной серии «Contemporary Russian Philosophy». Leiden: Brill (Нидерланды) (с 2016 г.). Член Международного центра изучения русской философии при СПбГУ (с 2016 г.).

КУЛЬТУРЫ ЗАПАДА И ВОСТОКА: СМЕНА ПАРАДИГМЫ[1]

Сегодня мир, как никогда, буквально «разрывают на куски» противоречия и «пресловутое И»: Запад *и* Восток, техногенная цивилизация *и* варварство, о-смысл-енная социальная религиозность *и* бес-смысл-енный религиозный фанатизм, патриархальная давящая культура *и* нарастающее, протестное ей, движение феминизма, абсолютизация, доходящая до культа, рационализма *и* животная чувственность. С одной стороны, прочно опутавшая весь мир паутина Internet'a, с другой стороны, рост межнациональных конфликтов; с одной стороны, «триумфальное шествие» Запада, в лице США, на Восток, с другой стороны, все нарастающая во всем мире экспансия Китая и мусульманской культуры. Каковы причины этих процессов и какие возможные их последствия? Свидетельство ли это скорого апокалипсиса (вот и мертвые птицы уже дождем падают в США) или это одна из точек бифуркации в истории человеческой цивилизации, как об этом говорят синергетики?

Одной из существенных особенностей западной культуры является примат рационального над чувственным, ума над сердцем. Культура Запада — это культура ума, который, как стрела, пронзает все окружающее его, расчленяет в результате анализа-осмысления, а затем соединяет «разрезанное на куски» целое, принимая умершие в результате разрезания «куски» действительности за живое целое. Отсюда эйфорическое состояние разума, опьяненного «победами» над миром и самим человеком. Иллюзорное состояние, ибо это, скорее, опьянение само-внушением (что то, что «я думаю» и есть действительность). Корни *такого* мироотношения западного человека уходят в индоевропейскую интерпретацию слова «культура» как «разрушение» и «расчленение», т.е. культура изначально рассматривается им как «культура расчленения», на что обращает свое внимание исследовательница культуры Д. С. Берестовская.[2]

---

[1] Статья опубликована в научном журнале «Ученые записки Таврического национального университета им. В. И. Вернадского» (Серия: Философия. Культурология. Политология. Социология. Т. 24 (65). № 1–2. Симферополь: Таврический национальный университет им. В. И. Вернадского, 2012, с. 196–206).

[2] *Берестовская Д. С.* Диалог культур: Восток и Запад // *Берестовская Д. С.* Мыслители XX века о культуре. Симферополь: ИТ «АРИАЛ», 2010, с. 126–139.

Характерной чертой западного мировосприятия является позиция антропоцентризма. Западная наука стремится покорить, завоевать мир и природу, воспринимаемую часто как средство для удовлетворения прагматических человеческих потребностей. «Опыт» — метод науки нового времени, образован от слова «пытка». Человек «пытает» природу, добиваясь от нее насилием раскрытия тайн. Но, по закону бумеранга, все возвращается и насилие над природой оборачивается против самого человека как *органической части* этой природы. Подтверждение тому — глобальные кризисы и главный кризис — человеческой идентичности.

Характерной чертой восточного мировосприятия является природоцентризм. Человек в восточной культуре рассматривается не как центр, точка отсчета, а как *элемент целостной системы* «природа — культура». В восточной культуре наука ищет тождества, единства природы и человека, природы и культуры. Об этом говорит и восточная этимология слова «культура». Так, по-китайски культура звучит как «вэньхуа», где «вэнь» означает слово, литература, письменность, а «хуа» — превращение, рост. То есть вэньхуа — это «культура — письменность».[3] При этом это термин можно интерпретировать и как культ роста, того, что растет, живого, культ жизни (отсюда поклонение и благоговение перед природой). И в то же время — это культ письменности, слова, традиции. Восточные культуры — это культуры традиции (в то время как Запад принципиально *анти*-традиционен, на что обращает внимание большинство исследователей). Бережное отношение к традициям, их уважение с необходимостью предполагает бережное отношение и уважение к старине, старикам, родителям, семейным традициям. Такое отношение испокон веков имеет место в странах Востока, в то время как на «диком Западе» отношение к родителям и старикам безразличное, они, увы, мешают взрослым детям и им не нужны... Семейные традиции исчезают... Трезвый (?) западный ум господствует над сердечностью Востока.

Нельзя не отметить в этой связи особенности менталитета и душевного склада русских, которые не вписываются ни в западные каноны бездушного прагматизма, ни в гармоническую духовно-душевную органичность Востока. Русская душа «широка», но, увы, часто безалаберна. При этом «впихивание» жизненного уклада русских в западные образцы как правило оканчивается неудачами именно

---

[3] *Берестовская Д. С.* Диалог культур: Восток и Запад, с. 126–139.

в силу незападности русских… и не восточности. Может, в русских людях «притаился» андрогинизм? Возможно, в связи с этим и возникала часто в сознании русских мыслителей, например, Вл. Соловьева, Е. Рерих, Д. Андреева, мысль об особом мировом предназначении России, которое, вновь-таки увы, пока не осуществлено (а может, осуществлены «посевы», особенно в Серебряный век, но они еще не «взошли»?). Поистине, слова Ф. Тютчева «Умом Россию не понять, / Аршином общим не измерить: / У ней особенная стать — / В Россию можно только верить»[4] отражают русский менталитет глубже каких-либо исследований. И беда наша в том, что *не верим мы в себя…*

Если Запад осмысливает мир исключительно с помощью головы, то Восток пытается почувствовать и понять его с помощью сердца. Особенностью менталитета Востока является «умное сердце» (вспомним «умную молитву» в исихазме, когда ум «погружается» в сердце). Еще древние египтяне считали, что сердце — источник всех их поступков и побуждений, мыслей и чувств. Именно сердце, по их мнению, руководит поведением человека. «Сердце человека — это его Бог», «Сердце — божественный вещун в каждом теле», «Сердце делает своего хозяина послушным или непокорным», — говорили они. Более того, сердце является верховным обвинителем и защитником человека на загробном суде, где имела место *психостасия* — взвешивание сердца умершего. На одну чашу весов клали перышко, на другую — сердце умершего. Если сердце оказывалось легче, чем перышко, то душа свободна от греха, если оно перевешивало перышко, то человек отягощен грехами и его поедало грозное чудовище, а душу ожидали муки. (Заметьте, существует выражение «сердце, отягощенное грехами», но нет выражения «голова, отягощенная грехами»).

Акцент на ведущей роли сердца в жизнедеятельности человека делается и в христианстве. «Как вы можете говорить доброе, будучи злы? — вопрошает Христос. — Ибо *от избытка сердца говорят уста* (курсив мой. — *Н.Ш.*)» (Мф. 12: 34). Христос обращает особое внимание на *способность слышать и видеть*, на ответственность человека за свои *слова, которые исходят из сердца*. «Ибо *из сердца* исходят злые помыслы, убийства, прелюбодеяния… кражи… хуления (курсив мой — *Н.Ш.*)» (Мф. 15: 19). Трагедия же современников Христа и современных людей состоит в том, что «видя не видят,

---

[4] *Тютчев Ф.* Стихотворения. М.: Правда, 1978, с. 274.

и слыша не слышат, и не разумеют… ибо *огрубело сердце* людей сих и ушами с трудом слышат, и глаза свои сомкнули, да не увидят глазами и не услышат ушами, и *не уразумеют сердцем*, и да не обратятся, чтобы Я исцелил их [души. — *Н. Ш.*] (курсив мой. — *Н.Ш.*)» (Мф. 13: 13, 15).

Культура Востока — это культура сердца. На это обращал внимание Е. А. Торчинов, отмечая, что «сефира Тиферет (Красота), будучи центральной сефирой древа (древа сефирот в каббале. — *Н.Ш.*), в микрокосме тела соответствует сердцу. В тантрическом буддизме сердечная чакра (парафизиологический центр) тоже считается центральной и соотносится с абсолютным телом Будды (*дхармакая*). В китайской традиции сердце (*синь*) как орган не только и не столько чувствования, сколько сознания и мышления также связывается с центром тела и локализуется в центральной точке грудной клетки».[5]

Культура Востока — это вхождение в мир Другого, проживание мира Другого. Ян «входит» в инь, инь «входит» в ян, и лишь «войдя» внутрь «дома Другого», я, возможно, *прикоснусь* к миру Другого. Чуть-чуть. Слегка. Еле заметными чертами. (Вспомним японскую и китайскую «живопись в тумане», японские хокку). Человек Востока не претендует на *знание* мира и Другого, ибо это, по его мнению, не только невозможно, но и абсурдно. Возможно лишь *почувствовать* мир и Другого, прикоснуться к ним. «Восточный ум пренебрегает этой манерой (логической. — *Н.Ш.*) мыслить, считая ее медленной и неартистичной (! — *Н.Ш.*). Он предпочитает путь артистических оборотов и смены фантастических образов… Тонкие, неуловимые изгибы мысли, как бы по мановению волшебного жезла, приводят его сразу к новому яркому представлению, до которого бы он *никогда* не мог дойти путем *холодного логического рассуждения* (курсив мой. — *Н.Ш.*)».[6] (Был и в западной культуре мудрец, Сократом его звали, который постоянно говорил людям, что они ничего не знают, так как знает лишь Бог. Люди же имеют лишь *мнение*, о чем или ком-либо. И чем для него эти разговоры закончились? Чашей с ядом и смертью…)

---

[5] *Торчинов Е. А.* Религии мира: Опыт запредельного: Психотехника и трансперсональные состояния. СПб.: Центр «Петербургское востоковедение», 1998, с. 305.

[6] *Макгован Дж.* Китайцы у себя дома: Очерки семейной и общественной жизни. СПб.: А. Ф. Девриен, нач. XX в., с. 51.

В западном рационалистическом мире испокон веков господствует патриархальная, мужская культура, ибо примат рационального над чувственным — особенность мужской физиологии и психологии. И Бог в западной культуре — мужчина — Бог-Отец (в случае политеизма, как например, в греческой культуре, боги-мужчины, как и мужья, старались держать в повиновении-подчинении богинь). Более того, эта патриархальность доходит иногда до абсурда и противоестественности. Так, в Троице все три начала мужские: Бог-Отец, Бог-Сын, Бог Дух Святой. Женское — дева Мария — там, внизу, среди человеков, а Божественное, то, что вверху — только мужское. Даже глубоко верующие христиане не могли не видеть эту излишнюю абсолютизацию мужского, и рассматривали Дух Святой как Софию — Вечную Женственность (например, Вл. Соловьев, П. Флоренский и др.). И мир в западной культуре возникает как-то неестественно: не из чрева, а из головы. Бог творит мир, по Библии, Словом, а слову предшествует, конечно, замысел, и все это — в голове.

Но ведь рожает женщина, а не мужчина и дитя выходит не из головы (Зевса, например) или Слова Бога-Отца, а из живота. Запад почему-то (почему?) это *забыл*, Восток это *помнит*. Поэтому Дао в даосизме — женское материнское начало, Сокровенная Самка. Дао *рождает* мир, как самка рождает детенышей. И S-образная кривая, разделяющая круг символа Дао «Тай-цзи» — это два живота на 9-м месяце беременности, в каждом из которых сидит детеныш. Да-да, именно на 9-м месяце беременности, ибо *естественное* рождение человеческих детей — на 9-м, а не на 7-м или 8-м месяце. Другое дело, что нечеловеческие самки вынашивают детей иное количество времени, но главное, что в «Тай-цзи» — это тот «живот», который вот-вот родит естественно, в срок, в положенное время (не придуманное нами, а положенное природой). Вспоминается в связи с этим мудрое изречение царя Соломона из «Екклезиаста»: «Всему *свое* время» (Еккл. 3: 1). Свое время. Свое для каждого события. А у нас (в западной культуре) вечное: слишком рано, или слишком поздно, или рано или поздно это случится. Да не рано и не поздно! А в *свое* время! Но почему-то (почему?) это *забывают*...

«Тай-цзи» — это символ *естественного*, природного хода жизни, гармония которой имеет место лишь при естественном переходе (а не неестественной борьбе) одной противоположности в другую и наличии одной противоположности в другой: ян переходит в инь, инь переходит в ян; в ян — «зародыш-эмбрион» инь, в инь — «зародыш-эмбрион» ян. И переход этот совершается в *свое* время, т. е. в естественное для данного процесса, а не «плановое-и-сверхплановое», придуманное человеком. Так, ночь переходит в день, а день — в ночь; зима переходит в лето, а лето — в зиму; счастье переходит в горе, а горе — в счастье; жизнь переходит в смерть, а смерть — в жизнь. *Это не плохо и не хорошо, это естественно.*

Поэтому в индуизме бог Шива — не только бог-разрушитель, но и бог плодовитости, символ которого лингам, ибо жизнь и смерть — едины и взаимопереходящи. А Тримурти индуизма: Брахма-Творец, Вишну-охранитель и Шива-разрушитель — это лишь символ *непрерывного* колеса вращения жизни: возникновение (рождение) — существование (жизнь) — исчезновение (смерть) — возникновение (рождение) — ... Это, повторяю, не плохо и не хорошо (любимые понятия западной культуры: «плохо» — «хорошо») — это естественно!

Но естественен *не только* переход одной противоположности в другую, но и их *единство*, единство инь и ян (в даосизме, обратите внимание, инь на первом месте), смерти и жизни, ночи и дня, женского и мужского. То единство женского и мужского, которое в западной культуре получило название «андрогин». Но это, конечно, не круглый, шаровидный андрогин Платона[7] (хотя возникает вопрос: почему андрогин у Платона круглый, может, потому что круг — символ гармонии, а гармония, вспомним даосский символ «Тай-цзи», — это единство противоположностей, единство инь и ян, женского и мужского; отсюда андрогин — гармоничное, целостное существо), не гермафродит, это целостное психологическое, чувственно-рациональное мировосприятие.

Вспомните индийского Шиву, который обретает свою силу *лишь* в единстве со своей супругой Лакшми (на это также обращал свое внимание Е. А. Торчинов в своей работе «Религии мира»[8]). Более того, лишь объединение Шивы и Лакшми (либо другими ее воплощениями: Кали, Дурги, Парвати) позволяет Шиве обрести женскую энергию шакти, исходящую от Лакшми. Именно благодаря шакти Шива обретает свою мощь и творческие способности. «Когда Шива объединен с шакти, он способен творить. Без нее же он не способен даже пошевелить пальцем».[9]

---

[7] *Платон.* Пир // *Платон.* Соч. в 3 т. Т. 2. М.: Мысль, 1970, с. 116–117.

[8] *Торчинов Е. А.* Религии мира: Опыт запредельного: Психотехника и трансперсональные состояния.

[9] Там же, с. 212.

Познание Истины, которая есть Бог, высший гнозис в суфизме (мистическом направлении ислама) осуществляется путем *любовного слияния* с Богом, Аллахом, рассматриваемом суфием как его Возлюбленная, Вечная Женственность. Бог для суфиев есть, прежде всего, Дух, а дух по-арабски *рух* — слово женского рода.

А какова цель даосских адептов? Достичь целостности, *слиться* с Дао. Но Дао — женское начало. Поэтому слияние с Дао возможно *лишь* при раскрытии (не *появлении*, а *раскрытии*) в мужчине женских психологических качеств (т.е. в мужчине *есть* женское, в ян *всегда* существует в зародыше инь). Высшим проявлением раскрытия женского в мужчине является его способность почувствовать себя беременной женщиной. А высшим проявлением муже-женственности, т.е. обретения человеком *целостности* (как сказали бы на Западе, «андрогинности»), является способность почувствовать то, что чувствует младенец во чреве матери (интересно, что подобные опыты несколько десятков лет, но с помощью ЛСД-психоделиков, проводит в США С. Гроф). В результате такой трансформации психики и сознания человек выходит за пределы «Я» и обретает способность к самотрансценденции и контакту со Вселенной, в частности, с Дао (аналогичные результаты описывает С. Гроф в своем исследовании «За пределами мозга».[10] Обратите внимание: «за пределами»!).

Согласно учению каббалы (мистического направления иудаизма), Шехина — женская ипостась Божества — была изгнана и затерялась в нижних мирах, что привело к деградации человеческого рода и мира. Для восстановления исходной целостности бытия и спасения мира необходимо ее воссоединение с Творцом.

Учение об андрогинизме и деградационных процессах, возникающих при расщеплении целостности человека описано и в Библии. Бог сотворил *сначала* человека по Своему образу и подобию (Бт. 1: 26). Не *мужчину и женщину*, а человека. По подобию Бога. Бог, конечно, андрогиничен по своей природе (об этом говорится во множестве религий, об этом говорят мистики, в частности Гермес Трисмегист[11]), следовательно, и человек, как подобие Бога,

---

[10] *Гроф С.* За пределами мозга: Рождение, смерть и трансценденция в психотерапии. 3-е изд. М.: Ин-т трансперсональной психологии: Изд-во Ин-та психотерапии, 2000.

[11] *Элиаде М.* Миф об андрогине, или мистерия целостности. Гл. «Миф об андрогине». СПб.: Алетейя, 1998.

андрогиничен по своей природе. Бог — не мужское и не женское, Он — все. И если бы Бог был носителем лишь мужского, то и создавал бы лишь мужское, ибо то, что вверху, то и внизу. Но это, согласитесь, абсурд. Далее. *Позже* Бог разделяет целостного человека-андрогина на две половинки: мужчину и женщину (процесс разделения на 2 половинки, образование 2-х полов, мужчины и женщины, и объединение этих половинок, полов, в единое целое интересно «обыгрывает» Н. Бердяев в своей работе «Смысл творчества» в главе «Творчество и пол. Мужское и женское. Род и личность»[12]). Но... Это очень важно! Бог говорит им: «Потому оставит человек отца своего и мать свою и *прилепится* к жене своей; и *будут [два] одна плоть* (курсив мой. — *Н.Ш.*)» (Быт. 2: 24). То есть лишь в единстве мужчины и женщины состоится человек, и лишь в этом *единстве* может родиться дитя человеческое (причем, чем гармоничнее связь мужчины и женщины, тем гармоничнее (счастливее) рожденное от этого союза дитя). Дитя еще не расщеплено на 2 половинки, два пола: мужской и женский, оно (не он или она, а *оно*!) целостно. Дитя андрогинично по своей природе.

В даосизме в «Дао дэ цзин» (§ 55) говорится в связи с этим: «Не зная союза двух полов, он (новорожденный младенец. — *Н.Ш.*) обладает животворящей способностью... Он совершенно гармоничен».[13] Рассуждая об этом феномене, Е. А. Торчинов пишет: «Здесь младенец (именно младенец: в тексте буквально сказано *чи цзы*, «красное дитя», что означает новорожденного) оказывается образом совершенного мудреца, преисполненного жизненной силы. Младенец является своеобразным андрогином, в котором не произошло еще разделения на мужское и женское и который поэтому преисполнен жизненных сил».[14] По мере взросления и обретения своей половой идентификации происходит постепенное расщепления дитя-андрогина на пол человека (½ человека). С началом полового созревания (или оцветания андрогинизма?) юноша или девушка все более стремятся найти *свою* половинку. Не просто соединиться с противоположным полом (как в современной опошленной эротике), а найти

---

[12] *Бердяев Н. А.* Смысл творчества // *Н. А. Бердяев.* Философия свободы. Смысл творчества. М.: Правда, 1989, с. 254–534.

[13] *Дао дэ цзин* [пер. Ян Хин-шуна] // Дао: гармония мира. М.: ЭКСМО-Пресс; Харьков: Фолио, 2000, с. 26.

[14] *Торчинов Е. А.* Религии мира: Опыт запредельного: Психотехника и трансперсональные состояния, с. 151.

свою половинку! Почему? Почему, не найдя своей половинки, человек становится несчастным, более того, сознательно или подсознательно чувствует свою ущербность, не-полно-ценность? Да потому, что в программе человеческого развития заложено достижение утраченного андрогинизма, целостности.

Причем целостность мужчины и женщины — это не только и не столько физическое, физиологическое их соединение, сколько духовно-душевно-телесное. Именно духовно-душевно-телесная целостность составляет суть человеческого в человеке, иначе он — либо животное (при абсолютизации телесного), либо биоробот (при абсолютизации рациональности, разума, что характерно для современного информационного общества, в котором люди «вросли» в компьютер, Internet и мобильные телефоны, «вросли» в виртуальный мир, *перестав чувствовать, видеть и слышать* высшую Гармонию и Красоту мира реального). Бог в Библии, сотворив мужчину и женщину, дал им программу духовно-душевно-телесного развития, благословив: «Плодитесь и размножайтесь» (Бт. 1: 28), т.е. «размножение», *секс человеческий* должен являть собою духовно-душевно-телесный союз, благословленный Богом, *освященный* истинной Любовью. В противном случае — это похоть, животное совокупление. Но, по Библии, Ева, увы, не последовала заповеди Бога, тем самым отошла от Бога и пошла (добровольно!) за змием, ползавшим по земле, т.е. пошла за животным, телесным, отринув Небесное, Божественное, духовное... Так расщепилась духовно-душевно-телесная целостность человека на дух, с *тоской* взирающий на Небеса, и тело, *властно* тянущее вниз.

В ходе этих рассуждений у меня возникла мысль: почему библейский плод с дерева познания добра и зла в дальнейшем в христианской культуре изображается как яблоко, *круг-лое яблоко*? Может, это символ того, что женщина, Ева «срывает» гармонию (круг — круг-лое яблоко — символ гармонии), деформирует ее (откусывает кусок яблока, в результате круг деформируется) и оставшуюся пол-овину яблока отдает мужчине, Адаму. Так происходит деформация первичной андрогинности Евы и Адама. Подтверждение этой мысли (в несколько иной форме) я прочла позже в анализе феномена андрогинизма, осуществленном М. Эллиаде в его работе «Мефистофель и андрогин, или мистерия целостности», в которой он, в частности, отмечает, что Леон Эбрео в своих «Диалогах любви» связывал разделение, дихотомию целостного Изначального Человека с грехопадением, аналогичной точки зрения придерживался и Скот Эриугена.[15] А так как весь человеческий род произошел от Адама, то первичный андрогинизм присутствует в каждом человеке, и *духовное совершенство достигается раскрытием андрогинной природы внутри себя.*

Возможно, то же можно сказать о культуре: сначала существовала гармоничная, духовная, целостная «первокультура-андрогин». Затем, вследствие духовной деградации людей, «первокультура-андрогин» разделилась на мужскую культуру, культуру Запада и женскую культуру, культуру Востока. (Об этом процессе повествуют мифы многих народов мира, говоря, что сначала, in illo tempore, существовала некая нерасчлененная целостность, например, космогоническое Яйцо, соотносящееся со сферическим андрогином Платона, которое распалась на 2, а затем и более частей). Размежевание и дальнейшая конфронтация, стремление к господству одной половины (будь-то мужчина или «мужская культура» Запада) над другой (женщиной или «женской культурой» Востока) ведет ко все большей деградации ВСЕГО человеческого рода. Ярким выражением этой деградации, анти-человечности является повсеместно распространившаяся в современном обществе (увы, не только западном!..) власть Золотого Тельца. Власть денег стала культом, Золотому Тельцу поклоняются и даже приносят жертвы, вплоть до человеческих. Общество превращается в … базар, на котором продается ВСЁ… Человек о-бес-человечился, о-веществился, превратился в товар.

В современном мире все большее распространение получает процесс «вхождения» культур и полов друг в друга. На уровне культур свидетельством этого процесса является «всемирная паутина» — Internet, прочно опутавшая весь мир, панамериканизм и все нарастающий панкитаизм, все более внедряющаяся исламизация. На уровне личности этот процесс проявляется в движениях феминизма, лиц нетрадиционной сексуальной ориентации (вот уже и гомосексуальные браки разрешаются в некоторых странах не только на уровне государства, но и религиозными конфессиями (!)…). Однако являются ли эти процессы свидетельством «возвращения к себе» (выражение мистиков всех религий и времен, обозначающее возвращение к своей первозданной догреховной природе, целостности, богоподобию), к своему изначальному андрогинизму? Увы, нет (так, о «порочном круге» феминизма говорит, в частности,

---

[15] *Элиаде М.* Миф об андрогине, или мистерия целостности. Гл. «Миф об андрогине».

Г. Зиммель в своей статье «Женская культура»[16]). Ибо андрогинизм — это не физическое соединение и, тем более, не вторжение на чужую территорию с целью ее завоевания и насаждения (иногда с помощью силы, например, исламский терроризм) своих ценностей.

Андрогинизм — это духовное совершенство, бого-подобие. А так как «Бог есть любовь» (1 Иоан. 4: 8), то андрогинное единство есть единство, основанное на *взаимной любви* «половинок». Не завоевывание «врага» и отвоевывание у него его прав, а *само*-реализация, максимальное выявление *своего* (мужского, женского) потенциала, *само*-раскрытие не *вопреки, а благодаря* другой половине, основанное на взаимной любви, предполагающей *взаимо*-уважение. «Андрогинизм, — писал Н. Бердяев, — есть восстановленная целость пола в богоподобном бытии личности. В любви должна открыться не тайна женственности, не тайна мужественности, а тайна человека».[17] Более того, вспомним «Тай-цзи» даосизма, именно зародыш ян в инь, «частица» мужского в женском, и наоборот, способствуют обретению каждой половинкой качеств андрогинности, целостности, выявляют те качества, которые без этой противоположной «частицы» *никогда* бы не раскрылись. Процесс взаимного влияния, основанного на взаимной любви, ведет не к нивелированию личностей и культур, а к максимальному раскрытию их потенциала.

Как отмечает Г. Зиммель при рассмотрении роли женского начала в культуре, «культурный подвиг» женщины заключается в формировании мужской души, женщина делает мужчину более гармоничным, более того, вся мужская культура в значительной степени основана на влиянии женщин на мужчин.[18] «Духовность мужчин была бы более бедной и ограниченной, если бы не влияние женщин, — вторит Зиммелю современный исследователь его творчества С. Н. Иконникова, — которые способны предупреждать импульсивность, бессмысленную жестокость, невоздержанность, агрессивность мужчин»[19] (замечу в скобках, что одним из «черных плодов» янской феминизации, когда женщина все более о-мужчинивается,

---

[16] *Зиммель Г.* Женская культура // *Г. Зиммель.* Избранное. Т. 2. Созерцание жизни. М.: Юрист, 1996, с. 234–265.

[17] *Бердяев Н. А.* Смысл творчества // *Н. А. Бердяев.* Философия свободы. Смысл творчества, с. 437.

[18] *Зиммель Г.* Женская культура, с. 234–265.

[19] *Иконникова С. Н.* Георг Зиммель о предназначении женской культуры. URL: http://www.sofik-rgi.narod.ru/avtori/konferencia/ikonnikova.htm.

теряя свою мягкость, нежность и тем самым *способность* смягчать активность мужчин, является рост в мире агрессии).

Весьма ценной в наше время является, на мой взгляд, идея Г. Зиммеля о женщине как создательнице Дома.[20] Дом — это там, где тебя любят, где тепло и уютно твоей душе, где горит домашний очаг, хранительницей которого является женщина. Дом — это тихое пристанище после житейских бурь. Дом — это та почва, из которой вырастают дети, впитывая «дух семьи», семейные традиции, пропитываясь любовью родителей и близких, вбирая в свою душу их душевное тепло, это первая «школа любви». «Дом, — отмечал Г. Зиммель, — это часть жизни и вместе с тем особый способ соединять, отражать, формировать всю жизнь. Свершение этого явления является великим культурным деянием женщины».[21] Дом для женщины — особая ценность, область ее самораскрытия, самоосуществления. Создание Дома является проявлением женской сущности, одним из главных ее предназначений и отход женщины от Дома есть отход от своей женской сущности. Современная западная женщина все более «бежит» из дома, она «вся в работе», дом, дети в нем (если они есть…) становятся заброшенными, бездомье поглощает обитателей, которые дома не чувствуют Дома, т.е. душевного тепла, уюта, домашний очаг еле тлеет (если еще тлеет…) и в доме становится холодно. Этот процесс бездомья распространился на все западное общество. Можно сказать, что современная культура Запада — это «культура Бездомья», в то время как культура Востока традиционно остается «культурой Дома».

В своем исследовании феномена культуры в монографии «Мыслители XX века о культуре» Д. С. Берестовская делает вывод, что плодотворное развитие культуры человечества возможно *лишь* в диалоге культур Востока и Запада, предполагающим не холодный консенсус или снисходительную терпимость — толерантность, а эмпатию, *взаимо*-проникновение, взаимо-уважение для взаимо-понимания. И это взаимопонимание тем глубже, чем глубже «границы проникновения» (М. Бубер) культур и людей друг в друга.[22] И такой диалог — не утопия, а реальная возможность, ибо, культуры обладают *способностью* к взаимопониманию благодаря своей *глубинной общности*. Как отмечает А. В. Ахутин, опираясь на работы В. С. Библера

---

[20] *Зиммель Г.* Женская культура, с. 234–265.
[21] *Зиммель Г.* Женская культура, с. 257.
[22] *Берестовская Д. С.* Диалог культур: Восток и Запад, с. 126–139.

и М. Хайдеггера, их «нутро» *одно* и, выражаясь каждый раз по-разному, оно, по сути, *нигде* не выражается собственно. «Культуры символически соответствуют друг другу. Инаковые культуры внутренне сообщены друг другу, поскольку суть иносказания того же Самого, того Самого».[23]

Мне представляется, что не Запад *и* Восток, не мужчина *и* женщина, не ум *и* сердце, не цивилизация *и* природность, а их единство: Восток-Запад, женщина-мужчина, сердце-ум, природность-цивилизованность (а лучше — культурность, культ Ура, т.е. Света) являются жизненной и естественной альтернативой существующему сегодня не-жизненному и *искусственному* «и-разделению», «и-конфликту», несущему деградацию и смерть… Смерть такой цивилизации, но за ней последует цивилизация жизни, цивилизация гармонии, *андрогинная культура*, в которой происходит не конфликт, подавление, нивелирование и уничтожение одной противоположности другою, одной культуры другою, а их плодотворная взаимосвязь и взаимодополнение, символом которого является «Тай-цзи». И это не чудо, не плохо и не хорошо. Это — естественно.

---

[23] *Ахутин А. В.* Парадоксы культурологии // В перспективе культурологии: Повседневность. Язык. Общество / Под ред. О. К. Румянцева. М.: Академический проект; РИК, 2005, с. 44.

Валерий Слуцкий (Израиль)

Я, Слуцкий Валерий Александрович, родился 28 июля 1954 года.

Жил (до репатриации в Израиль в 1990 г.) в Ленинграде (ныне Санкт-Петербург). После средней школы учился в Ленинградском художественно-графическом педагогическом училище. В 1981 г. окончил Ленинградский государственный педагогический институт им. А. И. Герцена (ныне Российский педагогический университет) со второй академической степенью (M.A.) по специальностям дефектология, русский язык и литература.

Последующее десятилетие преподавал в спец. школе, в педагогическом училище, работал методистом. С 1988 по 1990 гг. заведовал отделом поэзии в первом тогда русскоязычном еврейском журнале ВЕК (Вестник Еврейской Культуры), издававшемся в Риге.

С юных лет связал свою жизнь с поэзией, что предполагало помимо собственно сочинительства общение в литературных и, шире, гуманитарно-интеллектуальных кругах. Так в 70-х годах посещал философский кружок, где познакомился с А. А. Ванеевым, религиозным философом, с которым впоследствии тесно общался до самой его смерти в 1985 г. и которого считаю своим учителем.

Будет уместно привести автобиографический фрагмент израильского периода, могущий также послужить предварением к предлагаемой публикации.

«Рычагом различения виделся атеизм как предел (неизбежное завершение) доатеистической религиозности.

Диалектической же подкладкой была идея Анатолия Анатольевича: «непрерывность через прерыв». «Сильная» непрерывность может быть таковой лишь через-прерванность, в отличие, так сказать, от «слабой», то есть, «боящейся» прерыва уничтожимой длительности. Эта «формула» (развитие карсавинской диалектики, еще не изжившей доатеистическую понятийность: «Жизнь-через-Смерть») — «непрерывность через прерыв» была индивидуальным ключом Анатолия Анатольевича.

Увлекательно вспоминать, пересказать же (кроме общей «схемы») невозможно в адекватной объемности и в аспектах всех усмотрений. Да и не актуально с тех пор, как в моем понимании случился переворот, то есть, возник другой (думается, предельный) рычаг различения по язычеству в новом его значении. Это нам подарил Израиль — опознание существа еврейства, еврейского откровения. Ванеев не знал еврейства, соответственно, теме язычества неоткуда было взяться, предельные усмотрения были заперты в непредельности.

Язычество же (предельным образом) прояснилось как отнесенное, интерпретированное разумение, как страдательная очевидность, полагание «истины» в объекте (на пределе — в «метаобъекте» монотеистических культов-идеологий) вопреки неопознанной безусловности, достоверной первичности.

Дорогой мне человек с недостижимой мощью и глубиной суждений в новом видении оказался «по другую сторону баррикады», при всей (для меня по сейчас жизненно актуальной) его ра́зумной орудийности (методологию ванеевского мышления я воссоздал в «Азах»). Но как он (за него) я домыслил то, что без еврейства было неусмотримо.

*Здесь же, в Израиле, в Самарии, ясно увиделось, что осно́вная достоверность — еврейское откровение (**личной первичности**), ось эсхатологического становления под завалами или в обертке явной и скрытой языческой (то есть, объектной, отнесенной, страдательной) очевидности.*

«Все-Единство» или бытие Абсолютной Личности (святая святых карсавинско-ванеевской диалектики) в новом знании додумалось до конца, до прямой буквальности — «Все-Я-Единство» (по самоочевидности: бытие — это факт «я знаю» или, одно и то же, «бытие — это знаемость (неизбежно лична), знаемая как знаемость бытия»).

Суть одна — неинтерпретированная первичность, а остальное — опыт ее выражения».

В Израиле я вернулся к дипломной специальности. Работаю учителем в спец. школе. Живу в Самарии, в поселении Кдумим.

Одновременно и помимо литературно-поэтического творчества с конца 90-х готовил философский материал, позднее сложившийся в сборник эссе, одноименный настоящей публикации («Азы достоверного смысла», Кдумим, 2005), трактат «Третья определенность» (Кдумим, 2006) и предварившую их книгу стихов «Новый век» (Кдумим, 2002). Философская эссеистика также вошла в «Авторское собрание в трех томах» (Кдумим, 2008, т. 2).

АЗЫ ДОСТОВЕРНОГО СМЫСЛА
В ШЕСТИ БЕСЕДАХ

— Я выйду, чтобы вам не мешать, и вернусь, — сказал Анатолий Анатольевич, — постарайтесь еще раз, ясно, сформулировать ваш вопрос.

Я сформулировал и ждал, сидя напротив его кушетки двадцать три года тому назад.

— Теперь я слушаю, — сказал Анатолий Анатольевич, — что вам интересно? Он смотрел прямо в глаза. Портрет у меня над столом передает это смотрение. Я спросил совершенно не то, что подготовил. На прочее было жалко времени:

— Будет воскресение всех?

— Да, — сказал Анатолий Анатольевич. — Если мы говорим об одном и том же.

— То, что я слышал или читал, не убеждает, — призналось мое здравомыслие. Чем подтверждается ваше мнение?

— Ничем, — сказал Анатолий Анатольевич, — у меня нет мнения. Я знаю.

— Это просто сказать. Так может каждый.

— Просто сказать, действительно, может. «У меня нет мнения. Я знаю» — попробуйте это сказать, не обманывая самого себя.

* * *

С наследием допустимо спорить, избирательно соглашаться. Его трактуют. Наследие нельзя исправлять. Ни единого слова, ни буквы, ни запятой. Оно опечатано завершенностью. То, что написано автором, Анатолием Анатольевичем Ванеевым, можно прочесть или (по мере опубликования) можно будет прочесть.[1]

---

[1] Ванеев Анатолий Анатольевич — религиозный философ, преподаватель физики в школе, участник Великой Отечественной войны. После демобилизации осужден за писание стихов. Попадает в инвалидный лагерь в Абези, где встречает великого философа Л. П. Карсавина. Ванеев становится его собеседником, учеником, помогает ему. После смерти Карсавина по воле умершего становиться хранителем написанных Карсавиным в заключении сочинений. Как философ Ванеев был чистым «карсавинцем», за исключением особого интереса к атеизму, который считал принципиально важным феноменом, а именно неким пределом христианства. Описал последние годы жизни Карсавина, которым был свидетелем, в мемуарах «Два года в Абези».

Воссоздание мыслей, высказанных при мне или мне непосредственно, имеет иную диалектику подлинности. Самая цепкая память — кривое зеркало бывшего. Из свидетельства «было так» следует — было не так. Достоверно только «сейчас». И только от «первого» лица. Слушая рассуждения Анатолия Анатольевича, я понимал моим пониманием. То, что он думал как он, запечатлели его труды.

«Мысль, — говорил Анатолий Анатольевич, — живет независимой собственной жизнью. Думаю не то, что хочу, а то, что думаю». Это вполне подтвердилось в опыте воссоздания его рáзумного инструмента — диалектики достоверности. Я смог поделиться мыслями Анатолия Анатольевича, лишь когда они стали мыслиться как мои.

БЕСЕДА ПЕРВАЯ
(о достоверности)

Признаемся открыто и прямо. В буквальной реальности, которой, собственно, дорожим, мы поступаем в соответствии с нашим здравомыслием, в каковом совпадаем друг с другом и относимся к неадекватности и нездравости как к случаям и проявлениям отщепленности. То, что жизненно важно для нас (безусловно значимо) — здоровье близких, свое здоровье, бытовые потребности и нужды, рабочие отношения с людьми, наши оценки, реакции, действия в реальной среде не вступают в противоречие с нашим же здравомыслием, напротив, самым естественным образом из него вытекают, им объясняются, ориентируясь и опираясь на буквальный смысл. Вам и в голову не придет усомниться, скажем, в достоверности спичечного коробка. Он, согласитесь, — безусловная данность, самоочевиден, исключает как смешную нелепость «философские» рефлексии, предваряющие адекватный поступок (чиркнуть спичкой), «аргументы» и «доказательства» в пользу реальности попросту нужной вещи. Вы не станете разрешать проблему бесконечно малого, но всегда остающегося зазора между серной головкой и наждаком, разом преодолеете недостижимость нуля в согласии со своим здравомыслием. Кто, скажите мне, молится, чтобы зажглась перегоревшая лампочка? Здравый смысл не позволит сидеть в темноте. Если свет действительно нужен, здравомыслие влезет на табуретку и поменяет лампочку. «Философические» рефлексии равно упование на молитву носили бы в этих случаях явно болезненный характер.

Но вот, что любопытно. Чем отвлеченней умствование от буквальной жизни (не имеет последствий), тем покладистей здравомыслие. Разумение приспособилось к пребыванию в «двух» мирах — ответственном и «духовном». То, что вполне легитимно исповедовать во «втором», в приложении к «первому» мыслится несусветным. Где рефлексия на подобный интеллектуальный феномен: апологет «чудесного» беспредела, заземляясь, превращается в реалиста, воспаривший же в «сферу духа» здравомыслящий практик рассуждает как фантазер? Друг мой, достоверность одна. Достоверна определенность, каковая и есть основание нашей здравости. А «вторая» реальность, где у физика «кочерги летают» — резервация отработавших, то есть, не жизненных содержаний. Ими, знаковыми пустышками, оформляются интересы: психологические, культурные, конфессиональные и т.д., «партийность» и «образ жизни». Соответственно, там, где здравость (себя не обманешь) подавляема, перекручена, пренебрежена — вы имеете дело с интеллектуальной декоративностью, реальностью «тысячи и одной ночи» (ибо «утром» заканчиваются дозволенные речи). Как «вторая реальность» — это профанация онтологизма по очевидному признаку: не меняет нашего бытия.

Подобная «фантастичность» выражает (в широком значении) всевозможные интересы за исключением одного — интереса к смыслу. Не оценочно, а по сути это можно назвать рáзумным интересантством. Ибо вера и достоверность, идеология и очевидность, духовность и разумение есть одно и то же. В том, что присуще спичке и лампочке, а именно, в достоверности, странно отказывать идеологии, бытийственным усмотрениям, мировидению, духовности, библейским текстам. Не беспокойтесь. Запаса прочности для испытания здравомыслием там хватит с лихвой, ибо нет ничего кроме разумеемой очевидности, выражающей скрыто или опознано онтологические основания. И поскольку лампочка или спичка согласуются с нашей здравостью, постольку же их бытийственная причина равнодостоверна и, соответственно, здравомыслима. Хотящие смысла — получат смысл, а безразличные к смыслу будут пользоваться его безусловностью анонимно и «контрабандой».

Достоверное осмысление не стесняет и не корежит наш жизненный реализм (если хотите, это и есть критерий рáзумной подлинности), не нуждается в подвесных мостах, ограждениях и подпорках, экзальтации, рьяности, благочестии, придержаниях разума («ограничен», «смертен»), но как раз от последних освобождает по факту самоочевидности. Подлинный смысл буквально здрав, он, в отличие от смыслоподобий, не повреждает ясность, а проясняет реальность до обладаемости. Нет, дорогой мой, сверх- или над- ра́зумного. Либо — смысл, либо — бессмыслица.

БЕСЕДА ВТОРАЯ
(о плюрализме)

Плюрализм (тот, что связан с заявлением мировоззренческих, скажем шире — гуманитарных позиций), самый факт такового калейдоскопа — очевидный признак отвлеченности интеллектуальных сфер от предмета ра́зумной актуальности. Идеология — не фестиваль идей. Сотворение таковых (или в них соучастие) от примитивных до совершенных связано с «игровой» деятельностью ума. Хотя в том, что мыслится «не всерьез» можно (примеров много) «всерьез» заиграться.

«Игровая» деятельность — тоже деятельность (педагог это знает), но — «игровая». То есть, — не созидающая предмет, а имитирующая созидание, не инструментом, а инструментальной условностью. Сама для себя «игровая» реальность самодостаточна, имеет свои правила и законы, развитие, ситуативную ценность, опыт, переживания. «Игровая» реальность динамична, но — в сторону самовоспроизведения, разнообразна спектром, но принципиально — стереотипов. «Игровое» всеядно, то есть, плюралистично, но имеет свою «красную линию» — не должно быть «взаправду». Таковое разрушает «игру». А посему в пространство «игровых» потребностей, то есть, ра́зумного интересантства, не допускается буквальное содержание, достоверный смысл, предельное усмотрение. Ибо «играющий» определенно знает ту черту, где игра заканчивается. Из «игры» выходят с трудом. Этот момент можно сравнить с окриком, — «Дети, пора!..» Весь вопрос, насколько суровый окрик потребуется, чтобы регистр разумения переключился на настоящее.

Недавно мне довелось разговаривать с профессиональным философом. Образованный господин защищал чью-то сторону. Мое суждение снимало нужду в дискуссиях на данную тему, как заведомо несущественных. «Так нельзя, — воскликнул философ, — эдак вы одним махом всё!..» «Да, — ответил я — именно в этом моя задача». Ясно, что мы подошли к вопросу с разной заинтересованностью.

Интерес к достоверности предполагает независимость от других интересов, каковые именно в различение с существенным усмотрением я назвал бы (по функции, а не сфере их приложения) «партийными», то есть, самодостаточными в своих ценностных иерархиях, потребляющих в прикладной («игровой») актуальности содержательные номиналы. Если кто-то сегодня «выбирает» вчерашнее исповедание, тем более «экзотическое», пусть уж берет со всем комплектом тех представлений, того «образа жизни». Но ведь не хочет. Исповедует селективно (исходя из реальных условий, удобств и критериев), то есть, «играет» в то, что было когда-то «настоящим».

У существенности есть своя цена — отсутствие выбора. Достоверность не «предлагает», а отвечает на нужду в достоверности, когда изжито отработавшее содержание. Первично то, что первично, а не то, что «хочется». Достоверное не может не быть благим как безусловное основание в отличие от «добра», каковое всегда относительно, то есть, «партийно». Относительное «добро» или «мера зла» (что одно и то же) по факту «партийной» самодостаточности — «игровая», то есть, дурная бесконечность. У человека, желающего достоверно знать, должна сложиться разумная рефлексия на синдром «игровой» идеологии, а именно, на явную или же скрытую мотивированность, «предпочтенность».

БЕСЕДА ТРЕТЬЯ
(о критериях)

Разве не сводится современное разумение (отстаивающее релевантность идеологического плюрализма), по сути, к интеллектуальному «торгу» — «такая-то истина мне близка, а такая-то — нет». «Бог такой мне импонирует, а такого я не хочу». Говорят за Бога, от имени Бога. Пусть оглянутся, сколько раз Бог менял убеждения вслед за ними. Что есть Бог поймется само единственным образом, если поймется, что есть «игрушечный» Бог.

Интересантство не слышит само себя. Лишено идеологической рефлексии. Как должное сложился критерий истинности «от заказчика» типа «хочу бессмертия» или «встречи с близкими», или «вера мне помогает». Мотивированность утверждает возможность ассортимента. Нет, извините. «На выбор» могут быть лишь формы «партийности», «образ жизни», психологический или культурный комфорт. Достоверность не предлагает, а проясняет, отвечает не так, как «хочется», а — достоверно, то есть, когда не из чего выбирать, дошли до предела.

Необходимо множествен (индивидуален, ибо не тиражируется) опыт выражения смысла, то есть, того, что безусловно для всех как общее (в адекватной реальности).

БЕСЕДА ЧЕТВЕРТАЯ
(об ответственном знании)

Девальвированность разумения выражается в известной поспешности. Ни у кого не вызывает протест процессность возведения дома. Здесь признается необходимость временно́й постепенности и основательности. В отношении же мироздания сложилось характерное легкомыслие — подавай сейчас же учение, какое устроит или немедленно убедит. «Близко мне», «устраивает меня» — вот вам критерий «убедительности». В таком по существу безразличии к смыслу выражает себя дескридитированность мышления, отвлеченность его от потребности в «фундаментальном», надежном. То есть, последнее полагается в чем-то другом (часто по ходу разговора служебный, прикладной интерес саморазоблачается, например, признанием: «я материалист» или «я прагматик», «я не могу предать предков», «мне важно конкретное приложение», «нужно то, что помогает жить»).

В адекватном знании нет «учений» или «теорий». Точнее, «учение» как «учение» — знательный суррогат, каковой, априори, именно как суррогат, востребован «потребителем». Отношение к смыслу как к «точке зрения» изначально отрицает его как первичную, обуславливающую ценность. Такой «заказчик» приходит к «строителю» не с нуждой в достоверном здании, соответственно, в достоверной основе, но со своим «фундаментом», то есть, с определенным заранее качеством сооружения.

Ра́зумная ответственность (интерес к смыслу) предполагает идеологическую рефлексию, опознание стереотипов в собственном разумении, выявление анонимно подставляемого «фундамента». Можно ли достоверно мыслить, не опознав оснований мыслимого? Адекватно то, что ра́зумно честно, то есть, не имеет привязанностей, безоговорочно принимает сторону смысла.

Но этого мало. Нужен ра́зумный опыт, аппарат различения общего и первичного по отношению к частному и вторичному, аналитическая проницательность, саморефлексия слова. Настоящая глубина достигается абстрагированием до безусловного, усмотрением в предельном значении, в содержательной перспективе. Если не разработан «орган» достоверного восприятия, можно сказать, что видящие не видят. Какая же тут поспешность? Моментально возможна только картинка (если такая нужна), изображающая глубину. Знание не обязано быть доступным тут же и тотчас. Оно не секрет, не загадка, открыто для видения, но будет неусмотримо (в этом смысле — тайна), если заслонено той самой картинкой, принесенной для дорисовывания.

Вопреки восхождениям, иерархиям посвященности (в ложных идеологиях, всегда наращивающих «ступень») ясность приходит сразу и целиком по факту самоочевидности. Долго и трудно не собственно знание, но отмывание усмотрения, замутненного стереотипами, возрастание к ра́зумной открытости, наработка критериев. Время берет «уборка» интеллектуального сора, выметание психологических паутин, преодоление импульсивности, спонтанности и хаотичности, опознание «ложной территории».

Долго и трудно даются азы достоверного смысла.

БЕСЕДА ПЯТАЯ
(о новизне)

Знательный интерес связан с потребностью в новизне. Помните тот офтальмологический эксперимент? Против зрачка на радужке посредством присоски крепили миниатюрный слайд, который относительно глаза был неподвижен. Через короткое время картинка уже не виделась Дело не в физиологических процессах, а в сути нашего восприятия, какое вполне наглядно выразил этот опыт. Для того чтобы видеть, необходима постоянная различенность видимого, то есть, его обновляемость. Условие восприятия — новизна.

В контексте же идеологического процесса, думается, весьма существенна рефлексия на содержание новизны, которое следует опознать. По направленности интереса и, соответственно, усмотрения существуют две новизны. Первая (педагогу она известна как этап прохождения нового материала) — новизна познания, экстравертивная — чего-то еще не виданного, можно сказать, ра́зумный туризм. Актуальность ее вопроса «что это?» Как новизна она неустойчива, тотчас тускнеет, устаревает, и опять требуется новое. Таков ее механизм, колея освоения.

Интерес к новизне открытия (первооткрытия) присущ подростковому восприятию — собирать впечатления. Впереди всегда перспектива непознанного. Первая новизна, усматривает не связи (таковые видятся поверхностно и формально), а содержательные отдельности. Подобное усмотрение подвигаемо познавательным голодом в сторону неисчерпаемости устаревающей новизны. Его пафос — устремленность к еще не ве́домому. «Непознанное» — объект культивирования. Результат такого познания непределен, то есть, недостоверен, отрицает свою осно́вность дурной бесконечностью горизонта.

Эта ра́зумная «подростковость» узнается в направленности мировоззренческого интереса «учений» и «философий», обращенных к «непознанному», «неведомому», «эзотерическому», «скрытому», «запредельному», «высшему» как к перспективе постижения, возрастания, восхождения, ролевых и статусных перемен. И она же выражает себя в культурных (у́же — литературных, художественных, эстетических) ориентирах. Определяет ценности и им отвечающие содержания — «просветительство», «экзотичность», «романтизм-романтику», «новаторство», «авангардность», «индивидуальность» (как — непохожесть). Разве не «подростковость» — усвоенные культурой нравственно-психологические рефлексии — пафос самопознания, стремления к лучшему себе, самоусовершенствования?

Застарелая «подростковость» (стереотип, экспортированный девятнадцатым веком) въелась в сознание, не опознана (а пора) как умозрительное порхание и познавательное скольжение. Не изжитая зрелостью (казалось бы, что еще не прошли?) подкладка интеллектуального интереса, «первая» новизна, а именно, центробежная увлеченность воспроизводит, сменив наклейки, одни и те же проблемы, полемики, декларации никак не взрослеющих седовласых «подростков».

Говоря о ра́зумной зрелости, я как раз имею в виду интерес к осмыслению. Его содержание — сущности, «вторая», интровертивная новизна, соответствующая вопросу: «что это значит?» Если продолжить педагогическое сравнение — это этап обобщения пройденного материала. Вроде бы все знакомо. Но нет. Как единое тот же материал предстает в новом значении — «второй» новизны — внутренних связей, обусловленностей, первичностей.

Общее есть основание частностей, каковых содержательная адекватность, то есть, смысл, раскрывается в отнесенности к целому как момент обладаемой полноты. В отличие от отдельностей, каких понимание зиждется на рáзумных «автоматизмах», посему — проходных (лишены бытийственного значения), содержание «второй» новизны качественно другое — выявляет взаимозначимость, укорененность моментов, присущесть их оснóвному бытию.

Новизна существенного усмотрения (или — «вторая новизна») по своей диалектике яркая (как выражение безусловной ценности) и неотменная, поскольку ее перспектива — она сама. «Яркость», конечно, метафора, отчасти способная передать эффект, силу, эмоциональную мощь переживания определенности, рассеявшей хаос, видения по отношению к темноте. Более точно, я думаю, слово — ясность. Когда она достоверна, а не иллюзорна, ясность освобождает от произвола хаоса, отвечает потребности в безусловной надежности. Если хотите, хáос и рабство — одно и то же, то есть, страдательная неизвестность.

Актуальность «второй» новизны не предметна, а личностна. Надежностью нашей реальности (укорененностью в безотносительном для нас основании) выражается безусловное благо — наша личная неотменность, ибо в ней — суть желанности, а не в том, чем хочется обладать.

«Первая» новизна — новизна открытия. Нечто новое постигается в той же и о той же самой реальности. Тогда как «вторая» — новизна откровения, то есть, не обусловлена познанным, а раскрывает его значение как очевидность новой реальности. Именно новизна осмысления бытийственно деятельна, творит живую буквальность. Меняется разумение — меняется мир.

И еще одно существенное различение. «Первая» новизна обращена к новизне будущего, то есть, не бывшего. Таковое, тем более, если мыслится в актуальности воскресения, неизбежно предмет фантазий, выражающих рáзумное интересантство — возвращение дорогого, компенсацию, вознаграждение, освобождение от чего-то, наслаждение и т.д. (всё, что угодно с любым, от лубочного до уважительного, содержанием). Принципиально: не бывшее — сфера фантазий.

Перспектива «второй» новизны — «будущая» новизна, то есть, новизна настоящего, осмысляемого в достоверной предельности — ясности основания нашего бытия как присущего личности и поэтому неотменного. Актуальность «второй новизны» в новизне настоящего как реальности воскресения.

Достоверное умозрение — «будущая» очевидность. В этом смысле воскресение не избирательно. В нем присутствует все. Включая ночные тапочки. Бывшее — это то, чего нет сейчас. Но есть в воскресении, потому что не может как бывшее стать не бывшим.

И еще. Интерес достоверен лишь в бытийственной актуальности. Без отнесенности к воскресению (личному всегдабы́тию) — разговор, по сути, останется «игровым», так как именно в воскресении — безусловность нашей нужды.

БЕСЕДА ШЕСТАЯ
(о перемене ума)

Идеологию (или — мировоззрение) я различил бы с тем, что часто подразумевают, употребляя это понятие — с системой взглядов (учением, исповеданием и т.п.) Последние могут быть самыми разными, выражать такие или другие интеллектуальные, культурные, социальные, нравственные, этнические и т.д. предпочтения. Но. Именно в силу опции выбора (с любой мотивацией) — это не идеология, а ее сослагательная надстройка, оперирующая идеологическими реалиями, так сказать, отражательно. Апологеты полярных убеждений, материалисты, идеалисты и проч. принадлежат к одной и той же идеологии по факту взаимной неотщепленности или осно́вного для тех и других здравомыслия. Собственно говоря, жуется одно и то же, разница лишь — на какой стороне (для предпочтений тут могут быть самые веские причины). Идеология — это ни «где», ни «как», ни «почему», а именно — что́ «жуется», само́ реальность, единственная для всех, когда дело касается «перегоревшей лампочки». Те, для кого одинаково-бесспорна жизненная буквальность, принадлежат одному и тому же мировоззрению. Сознательно, то есть, ответственно или же анонимно, по умолчанию, «контрабандно». Идеология (или — мировоззрение) — собственно актуальная очевидность, каковой выражается состояние нашего разумения. Если мы сталкиваемся с другой очевидностью — не видящей «лампочку» или видящей сей предмет как нечто другое, с отщепленностью от нашего видения — это (если не компетенция психиатра) другая идеология или небытие нашей реальности. Думаю, наша жизненная буквальность другая, чем та, в которой и «кочерги летали», и мертвые навещали живых (что возможно-таки во сне). По крайней мере, нет оснований не доверять соответствующим свидетельствам или считать живших до нас умалишенными либо обманщиками и мистификаторами. Полагаю, что их действительность таковой была, что они понимали и поступали не вопреки нашему здравомыслию, но исходили из бывшей, для них адекватной здравости, не совпадающей с нашей, другой, новой реальностью. Бытийственное тогда к нам переходит в значении декоративного, знакового, условного, то есть, недостоверного по отношению к новому бытию. Переход из реальности в реальность, каковая одна, личная, одна как — мы, происходит каким-то образом вдруг, рывком, откровением (не в экзальтированном значении), идеологическим пробивом. Под этим углом понимания проясняется, о каком акте творения говорится в первой главе Бытия — об идеологическом перевороте, новой очевидности достоинства человека и, соответственно, мира. Как космос по отношению к хаосу прежней реальности, свет, по отношению к тьме недо-разумения они сотворяются бытийственным словом достоверного разумения. Безусловная ясность, самоочевидность нового видения ни из чего не выведена, ничем не обусловлена (поскольку — самоочевидность), то есть, буквально, свет без источника света, который светит во тьме, и тьма не может его поглотить. Меняется идеология — меняется разумеемое бытие. Но откровение все-таки — откровение. Оно, если хотите, потенциальная, «будущая» очевидность, свет «во тьме». Процесс идеологического творения революционен (как откровение) и вместе с тем — эволюция, прорастание, перетекание, проникновение новой ясности в старую очевидность. Вместе с тем новая очевидность тянет, как шлейф, старые содержания, не выражающие настоящую актуальность. Знаково, декоративно они по-прежнему узнаваемы, номинально существенны, ими продолжают манипулировать, тщатся разными средствами реанимировать их прошлую убедительность, различаются ими и оплачивают безусловные ценности. Это — мир идеологических стереотипов, каковые, будучи хаосом, хаос и порождают. Смыслоподобия, принимаемые за смысл, дискредитируют разумение, отводя последнему роль содержательного десерта, «духовной», а не собственно пищи, насыщающей здравомыслие. Эта содержательная (бессодержательная) «десертность» выражается (компенсаторно) в завышенном отношении к сфере мыслимого (к идеальному), «духовному», «интеллектуальному», «художественному», к «высшим» миру-мирам-понятиям-знанию.

Отрицательный опыт декоративного разумения, я бы сказал, опыт дурной бесконечности, проявляется в унижении завышением и, конечно же, в набивших оскомину ярлыках «ограничен», «непостижимо». Разум не ограничен в возможности ведать. «Непостижимо» то, в чем нечего постигать. Практика смыслоподобий суть неведение, что́ есть собственно смысл, его буквальная созидательность. Представьте, вам дали гвоздь и пластмассовый молоток. Попробуйте вбейте. Удары по шляпке (самые точные, обратите внимание) производят «пик-пик». Весь результат. Что вам скажет опыт о гвозде и «молотке», если последний выдан за «молоток»: «гвоздь не вбиваем» или — «молотком не вбивают гвоздь». Но, допустим, что-то к чему-то все-таки нужно приколотить, вы найдете камень, поранитесь, прибьете криво и ненадежно, но гвоздь поддастся в соответствии с вашим практическим здравомыслием, каковое при этом использует «молоток», но не как «молоток», а именно, анонимно и «контрабандно» со всеми корявыми, непрочными и болезненными последствиями. К «молотку» же в контексте «гвоздя» вы потеряете интерес. Метафора, понятно — метафора. Но вполне выражает проблему недо-разумения. Становление («досотворение») адекватной реальности — преодоление опознанием ра́зумных стереотипов и усмотрение напрямую существенных связей, оснований, первичностей — это идеологический процесс или то, что я понимаю как философию, в значении — осмысление.

Собственно философия — это не то, что называет себя (в стереотипе профессионального статуса) «философией». Философия не профессия, не объем специальных знаний, не условленный срез и способ мышления, не наработанный аппарат понятийности. Философия — это деятельная нужда в ра́зумной достоверности. Философ и «нищий духом» по сути одно и то же, то есть, деятельно нуждающийся в достоверном знании. Философия начинается «по нулям» — до вас «никого не было». Если же осмысление опирается на кого-то, продолжает чьи-то соображения — это «образ жизни» (интеллектуальной), «партийность», но только не «философия». В философии нет учений и школ, направлений, традиций, авторитетов. Достоверный смысл не тиражируется, то есть, как таковой выражаем индивидуально. Адекватным он может быть, лишь исходя из непосредственного разумения, не иначе, как став своим. Философия — опыт прямого усмотрения. Философ имеет единственную осно́вную достоверность — Я есть. Самоочевидность. Безотносительную первичность. Это его «подъемные». Дальнейшие усмотрения опираются на личную непрерывность (у меня нет опыта не быть) как безусловную. Осмысление мира, других, самого себя, сущности «Я» достоверно лишь первичностью «Кем» (есть одна, любая другая — интерпретирована), а именно, Мной (буквальным Я как наличием всего остального). Я как Я — основание усмотрения. Любое другое — интерпретированная первичность, ибо является предпочтенным, то есть, недостоверным. Его рáзумная надстройка — дом на песке. В лучшем случае диалектическое фантазирование. Обратите внимание на исходные точки Библии. «Я есмь Сущий» (Я буду который буду) — в Ветхом, «Я есмь путь и истина и жизнь», «Я свет миру», «прежде нежели был Авраам, Я есмь» — в Новом завете. Библия зиждется на безусловности «Кем» (Я) как прозрении основания. В таком понимании Библия — откровение личного здравомыслия. Иное (неважно чтó) в значении исходной определенности — предпочтенная истина, то есть, «партийная», выражает «партийную», а не бытийственную безусловность. Интерпретированная первичность (в любом значении) есть содержание моего (как условие знания) усмотрения. Содержание усмотрения (то, что может быть таковым) не может быть основанием усмотрения содержания. Необоснованное суждение — добавление хаоса.

— Это что же, — разоблачил собеседник, — обоснование солипсизма?

— Из первичности Я, — сказал Анатолий Анатольевич, — не следует ничего: ни солипсизм, ни Сартр, ни раджа-йога, ничего, кроме того, что следует как ответственное (с позиций рáзумной честности) продолжение. «Я есть» — плодородная почва. Возможность произрастания. А подняться на ней может горчичное дерево и лопух. Первое — то, что посажено мной сознательно, адекватно (в моем понимании) реализует потенциал плодородности. Второй — занесен откуда-то ветром. Занесен случайно, и случайно — лопух. Вырос в то, что он есть, там, где можно произрастать. Личное основание — не позиция. Это то, что я дýмаю. И думаю, чтó из этого следует. Опознавать по внешности, скажем, по лопуху, уж простите, декоративное восприятие. Таковое слышит знаковые значения, реагирует рефлекторно. Я ни чей не последователь, не сторонник, если хотите — независимый думатель. Прямо и непосредственно. И ожидаю отношения к смыслу. Интуицию личной первичности вы найдете высказанной во многих учениях. Весь вопрос в предельности выводов или пороге внимательности к факту интерпретации. Тестом на достоверность будет развитие разговора о бытии в значении личной первичности. Ибо все, что следует — следует из нее, а не дальше нее. Если нам рассказали о личной первичности (что совпадает с моим личностным опытом), а потом заключили — это первая «низшая» ступень разумения, а теперь перейдем к Причине нашего Я… Стоп! Куда бы ни звали, не пойдем. Некуда. Следующее — не «ступень», а провал в интерпретацию. Сказка о белом, точнее, золотом бычке.

— Как же нам реагировать, — спросил собеседник, — на известные случаи, описанные наукой? Игнорировать их? Люди видели «другую» реальность, описания совпадают. Я не могу заподозрить ученых в фальсификации. Посмертная жизнь не познана, но все-таки есть. О ней поступают и серьезно исследуются отдельные сведения.

— Непрерывность личного бытия, — сказал Анатолий Анатольевич, — единственно безусловный вывод из свидетельств «вернувшихся» (переживших клиническую смерть) и опыта сновидений. Ничего другого буквально не следует. У того, кто живет в очевидности внеположного бытия, собственной производности, то есть, интерпретирует первичность объекту, интерес автоматически сводится к содержанию, к предпочтенным гаданиям о еще не познанном. Сходством же этих свидетельств выражается общая рáзумная основа, зиждущаяся на соответствующих стереотипах.

— С этим я соглашаюсь, — притворился покладистым собеседник, — но известный ученый (биофизик, генетик, точно не помню), он-то не фантазер? А при этом (с ним было интервью) говорит, что к вере пришел в результате своих исследований. Эксперименты на атомарном уровне подтверждают наличие Высшего Разума.

— В данном выводе, — сказал Анатолий Анатольевич, — ученого больше нет. Он не заметил, как перешел черту — высказал бытийственное суждение. Сфера идеологии — не содержание эксперимента, а очевидность, в какой производится эксперимент. Авторитет, научный багаж остались по ту сторону разговора. На территории предельного (безотносительного) усмотрения они значат не больше статуса печника или навыков лавочника. Другими словами, не относятся к делу. Говорит идеолог, точнее — как идеолог тот, кто знает — регистр переключен. Там — опыт ученого. Здесь — опыт прямого усмотрения. Пересекший «границу» без соответствующей рефлексии, то есть, со скарбом знательной непрерывности — фантазер или вещун. Различим идеологию и науку. Если размыты сферы их компетенций, скажем иначе, не выставлены ответственные границы, возникают ра́зумные гибриды, одинаково ложные — идеологически и научно. Что есть собственно идеологическое усмотрение? То, которого основание — опознанная первичность. Идеология (как процесс) «апробирует» разумение, прямо влияет (переменяя ум) на становление знаемого бытия. Добавление нового в старую очевидность (пусть оно трижды невероятное), горизонты открытий, результаты экспериментов, НЛО, гуманоиды, микро- и макроновости, энергии, ауры и т.д., расширяя области «что» — внутренний рубль наличествующей реальности, не конвертируемый туда, где ценность — не что мы заем о мире, а — что мы знаем как мир. Новое в старом, если взято в идеологический оборот — фальшивая ассигнация независимо от ее достоинства. У науки своя епархия — знательная непрерывность. Из нее исходя, на нее же направлено научное постижение. Предмет обуславливает предмет. Отсутствующее в цепочке звено подразумевается. Релевантность научного аргумента — его привязанность. Научного вывода — укорененность. Наука, познание вообще, собой поверяясь, себя же воспроизводят. Ничего другого из них не следует. Образно говоря, цилиндр не рождает кролика. Если последний извлекается из цилиндра, значит туда подложен. Ибо кролик рождается от крольчихи. Из науки, познания вообще, не выводимо идеологическое суждение, или — выражает подложный (предпочтенный) стереотип, в связке с наукой — ученое фантазирование. И напротив, прибегая к «научному» доказательству, идеолог профанирует достоверность, превращается в вещуна.

— Ну а как же «вера»? — спросил недавно уверовавший собеседник, — ей вы не отводите места?..

— Стоп, стоп, — сказал Анатолий Анатольевич, — «вера», что вы имеете в виду?

Собеседник (я видел) несколько растерялся.

— Нет, нет, — сказал Анатолий Анатольевич, — я ни в коем случае не хотел вас экзаменовать. Просто в моем понимании, «вера» не нуждается в отведении специального места, если, конечно, речь не идет о «кукольном», экзальтированном значении. Такое, точно, надо оберегать, например, благочестием, отвлеченным служением. Куклу держат в коробке. А вынимают, чтобы с ней поиграть. Мы легко оперируем «кукольными» понятиями, потому что они как «куклы» ни к чему нас не обязывают, никакой ответственности. Но, обратите внимание, разве мы заблуждаемся — что есть что? Как это видно? В разном для нас и для «кукол» завершении приятной игры. Мы возвращаемся к насущным делам (достоверной жизни), а они — в коробку. Вот критерий бытийственной адекватности. Если «вера» отдельно, а жизнь отдельно, простите, это понятие меня не устраивает, я закончил игру. Достоверность ответственна, ибо имеет прямые жизненные последствия. В лампочку можно играть, сколько хотите, но с лампочкой не поиграешь. А не то останешься в темноте, или дернет током. Можно играть в слова, но не со словами, иначе себя обрекаем на рáзумную темноту. Что есть «вера»? Факт безусловного признания. Вспомним — «вера не требует доказательств». Весь вопрос — почему? Или — что это значит? Если мы подойдем со стороны «не требует» как к условию (атрибуту) «веры», мы возьмем обязательство экзальтации, будем себя заставлять не «требовать» там, где торчат «доказательства» несусветности нашей «веры», то есть, факта признания безусловным явно не безусловного. Превратимся (по мере усугубления) в мракобесов, укрепленных репликой Тертуллиана — «Верую, ибо абсурдно». Здесь неизбежен конфликт «веры» с реальностью, который в ответственный момент будет решаться не в пользу «куклы». Последнюю отправят в коробку. Вот вам природа «духовных» кризисов, утраты «веры», перемены исповедания (простите, кукол). С другой стороны, конфликта с жизнью (с самим собой) не происходит, напротив, наша укорененность в реальности, бытии (подлинная потребность личности) раскрывается в новой ясности. Это перспектива внимательного, ответственного отношения к слову, понятию, каковым оперируем и на какое опираемся в нашем думанье. Оно должно быть очищено от экзальтаций, осмыслено, то есть, возращено как действенное в рáзумный обиход. Посмотрим на слово «вера», предполагая в этом понятии жизненное значение. Если ж его не окажется, то понятие — ложное, и грош ему красная цена. «Вера», мы согласились, факт безусловного признания, то есть, «не требует доказательств». А почему? Здравомыслие нам подскажет, что признать безусловно можно лишь безусловное, каковое не нуждается в подтверждении по причине самоочевидности. Вот вам буквальный смысл «не требует доказательств». Взяв его (в прежнем прочтении) как обязательство «верить» в «абсурдность», мы отщепились в «партию» по признаку исповедуемой «нелепости». Если же понимаем «не требует доказательств» как критерий признания безусловности, мы совпали друг с другом (со всеми людьми) в самоочевидности, бытийственном здравомыслии, что и есть достоверное (буквально, достойное веры), а именно, безусловное. Сами видите, в достоверном знании проблема «веры» снимается сама собой, если имеем в виду достойное «веры» знание, а не достойному «веры», скажем попросту — мракобесию, место в коробке. Вот и скажите, так-таки дал петуха почитаемый богосов? Думаю, что обозналось экзальтированное прочтение. У Тертуллиана — презумпция здравомыслия. В контексте его суждения, полемически заостренного, не «абсурдность» аргумент достоверности, а «абсурдное» по отношению к мыслящемуся как возможное. Допускаю, поймется другой актуальный в контексте смыл, но не нелепый, не в сторону мракобесия.

— Мы хотим еще, — отреагировал собеседник. И добавил с оттенком ерничанья, — «Публика требует разоблачений».

Я припомнил замечание о дурашливости. Невольной, насильственной. Об этом мы говорили, (точнее, Анатолий Анатольевич):

— Ей нельзя доверять, относить на счет несерьезности человека. Это, признак растерянности и перегрузки именно ра́зумной, не интеллектуальной — последняя переходит в усталость, утомленность, пассивность. Ерничанье, неадекватность серьезности разговора — не потребность в отдыхе. Думаю, так выражает себя, не касаюсь масштаба, ра́зумный кризис. Интерес не отсутствовал, не пропал. Тема скоро возобновится. Обратите внимание на размах дурашливости — эпатажности, так привычней звучит, захлестнувшей культуру. Смею предположить, явление того же порядка…

Возвращаюсь к беседе.

— Разоблачений? Нет. Слова́ не будем разоблачать, — сказал Анатолий Анатольевич, — лишь различать и пересматривать. Восстанавливать достоверность. «Кукольность» представлений выражает их содержательную изжитость в новой реальности, нашу ра́зумную беспечность. Так что, друг мой, разоблачать будем самих себя. Суждение должно быть ответственным, то есть, знать свои основания и, соответственно, границы. Безотносительное суждение предполагает его обоснованность позицией говорящего как (осознанно) абсолютной. «Контрабандное» же заявление безусловного смысла именно смысла и лишено (себя же опровергает). Часто суждение (цепочка суждений) опирается на иллюзорную ясность, якобы всем понятно, о чем идет речь, оперирует «абсолютами»: «вечностью», «бесконечным», «запредельным», «высшим» и т.п., то есть, тем, что вовсе «само собой» не разумеется. Прервите «понятность по умолчанию» вопросом: «что это значит?» Как правило, возникает растерянность. Обвал «подвесного» моста. «Абсолютные» категории адекватны (это надо понять, освободиться от экзальтаций) лишь в значении личности, личного бытия. В объектном смысле они условны. Да, не спорю, как «художественные» — вполне релевантны, но в статусе рáзумных усмотрений — безответственны, «кукольны», «автоматичны». Скажем, понятие «вечность». В стереотипе мыслится как временнáя длительность, не имеющая предела. Перспектива подобного понимания — конфликт с достоверностью. Предпочтенное фантазирование. Адекватно (достойно веры, безусловно) понятие «вечность» лишь в значении личной неотменности. «Вечность» не то, что длится, а напротив, длительности не имеет — мое (есть другое?) «сейчас», а его содержание — временнáя длительность. В прямом усмотрении у меня нет опыта не быть и (согласитесь) быть не может — чтобы не быть, я должен знать, что меня нет. Точно так же нет у меня опыта быть не «сейчас». И опыта быть «не я». Вот вам буквально — «вечность», самоочевидность, «не требует доказательств». Понятие «вечность» не «кукла», а достоверность лишь в значении актуальности — Я неотменно Я.

— Допускаю, — подловил собеседник, — но ведь вы говорите о вашем «Я». А мое? Как его понимать, «Я» другого? Например, ваше по отношению к моему?

— Трудно, — сказал Анатолий Анатольевич, — удерживать в поле зрения безусловное знание, самоочевидность. И все же, постараемся рассуждать с рефлексией на первичность опыта, образно говоря, перед зеркалом достоверности. Привнесенностей не берем, опознаем — и в мусор. Либо примем, что будет следовать, либо — подскажем истине, какой ей следует быть. Это, де, безусловно, а это — правильно. Если я мыслю «вами» (от вашего имени), а вы мыслите «мной» — мы с вами на территории условного разумения. Ибо мыслим (другого опыта нет) только «собой», знаем как Я. В прямом усмотрении (а прочих не признаем) бытие — это факт «Я знаю», или: Я — факт наличия всего остального. Иное суждение — интерпретация. Никуда не деться из личного бытия. Я и мир буквально — одно и то же. Разве поспорите? Не с чем. Самоочевидность. Вспомните фразу, если вам нужен авторитет: «Прежде, нежели был Авраам, Я есть». Ответственное утверждение. А теперь посмотрим из буквальности Я. «Непостижимо», то есть, нечего постигать — факт наличия. То, что в наличии, оно — постижимо. «Абсолютно просто», то есть, не содержание, но — основание такового. «Неуничтожимо» — буквально ясно — нечему уничтожаться, «неделимо» в буквальном смысле — нечему разделиться. Факт наличия неизбежно — Я. Другое — в наличии. Ничего не поделаешь, мой дорогой, нет двух «Я», самоочевидность. Как же нам, реалистам, отнестись к «я» собеседника? Так сказать, к наличному факту? Безусловное разумение не оставило выбора: ближний (каким-то образом) — Я как другой, а не другое «я». На поверку смыслом (ссылаюсь на достоверность) «я» другое — недо-разумение. Сами решайте, как поступать: либо додумаем безусловное, либо выберем «правильному» подходящее объяснение. Ну а завтра (посмотрим правде в глаза) нам придется снова что-нибудь выбирать, более подходящее, и дальше — до бесконечности. Вот если понадобится «как есть», будет не до того, как «правильно».

— То, что вы предлагаете, — отразил собеседник, — отрицает (я правильно понимаю?) религию вообще. Но ведь именно в ней я нахожу нравственную опору, знание, уверенность в своем личном значении.

— Простите, дорогой друг, — сказал Анатолий Анатольевич, — мы лишь думаем вместе, что не дает никакого повода держать оборону. Я ничего не «предлагаю». Лишь могу ответить (прежде всего — себе), если есть нужда, а именно, перестало работать, изжилось прежнее содержание. И не хочу спешить. Многие из проблем решатся сами собой. Трудность собственно не в ответе, а в безусловности вопроса. Непредельный вопрос априори (эллиптически) заключает в себе бесконечность непредельных ответов. Потому мне кажется продуктивным нарабатывать (этим и занимаемся) опыт рáзумной саморефлексии. Нужда в достоверности (когда-то созрев) без насилия «аргументом» наведет в разумении основательную уборку. То, что я говорил, вы поняли правильно. Тем не менее, очевидное, действенное для меня — вовсе не предписание к действию для того, кому очевидна, охотно готов признать, необходимость мыслить и поступать иначе. С одной оговоркой — если с его стороны это не предписание к действию. Исповедующий неподсуден. Отвечают за проповедь. Если нам актуально полагать надежность во вне (ибо не очевидна), то есть, оформить ее предметно как гарантию определенности, — что же здесь отрицать? Если в этом сама собой нужда отпадает, скажу иначе, надежность самоочевидна — что отрицаем?

— Не отрицаем, но умаляем религию, — прокомментировал собеседник, — как держателя нравственных акций. Религия, использую ваше слово, оформляет основу добра — человеколюбие.

В примитивных религиях нравственность примитивна, прагматична, жестока, даже бесчеловечна с точки зрения нашего сегодняшнего представления. Но гуманность откуда взялась? — обоснована и оформлена совершенной религией. Нужда в религии — нравственная нужда. Отмена религии возвращает к первобытному выживанию.

— Тема нравственности, — сказал Анатолий Анатольевич, — ключевая для пересмотра. В существующей очевидности нравственность мыслится отвлеченно, некое ценностное мерило с наработанными критериями. Гуманизм. Прекрасно. А реальность? Страшна. Мир не просыхает от крови. Резче скажу — нравственный перевертыш. Как объясним это несоответствие. Что меняется от мусолиния идеалов — художественных рефлексий, риторики, сантиментов? Есть развитие, но куда — в сторону большей крови. На фоне нравственного «бу-бу-бу». Вот вам нравственность — золотая жила для починщиков душ. Интерпретаторов, интересантов.

— Нравственный нигилизм, — диагностировал собеседник, — крушить, так — крушить. Это мы проходили. И каялись. Возвращались к ориентирам. Если бы не они, как бы мы опознали зло — и не только вокруг, а в самих себе? Проблема в нашем несовершенстве. Улучшая себя, мы улучшаем мир. Разве не так?

— А по-вашему, так? — сказал Анатолий Анатольевич. — Я не о схеме. Ею можно утешиться и развлечься. Вы же вознегодуете, если вор залезет к вам в дом, и не подставите щеку в ответ на удар? Вас такого я спрашиваю, буквального реалиста — кто, где, когда улучшился дальше благих намерений? Максимум — отщепился от всех, чтобы «зло» не мешало усовершенствоваться. Что изменилось? А ничего. Кроме «образа жизни». Первый назывался: «грешу», а второй — «улучшаюсь».

— Страшно слушать, — не справился собеседник с гневной эмоцией. «Зло, — процитировал из поэта, — для того, чтобы с ним бороться».

— Давайте не будем поощрять пустословие, — сказал Анатолий Анатольевич, — риторический завиток украшает поэзию. Как суждение он меня не устраивает. Выплеск непредельных значений. Зло, дорогой мой, ни для чего. Оно выражает что-то. Что? Стереотип отражательного мышления. Полагание истины в объекте. Идолопочитание. Согласитесь, двух первичностей нет. Вторая — интерпретация. Либо — Я (бытие в этом случае мне присуще как выражающее меня, соответственно, неотменно) либо — «не-Я» (в каком хотите значении) — идол по факту ра́зумной предпочтенности. То есть, страдательная очевидность — хаос, включая хаос меня. Подтверждение этому рассуждению я нахожу в десяти заповедях. Вспомните: «Я Господь, Бог твой, Который вывел тебя из земли Египетской, из дома рабства; да не будет у тебя других богов перед лицем Моим. Не делай себе кумира и никакого изображения того, что на небе вверху и что на земле внизу, и что в водах ниже земли, не поклоняйся им и не служи им; ибо Я Господь…» Возможна ли мера блага? Разумеется, нет. Либо благо (Я – безусловное основание), либо зло («не-Я» — интерпретированная первичность). Дважды два — четыре, или — сколько угодно. Оно-то («сколько угодно») — состояние нашего разумения, очевидность уничтожимости, включая — меня. Я разумею дурной бесконечностью наличного зла. Сделайте мысленный эксперимент, отмените что-то из «злого» наличия. Оно восполнится новым. Ложным ложное не исправить. Хаос из хаоса не усмотрим. «Смертное» разумение не починяет «смертную» очевидность. Таковая отменяется целиком как наваждение (следствие) ложного представления. Изменится усмотрение, изменится мир. Ложное — мера другого ложного. Хаос гадательной (интерпретированной) первичности. Безусловное же — безусловно. Либо — «дерево жизни» (обратите внимание на слова), либо — «дерево смерти» (по факту — «вкусишь от него, смертью умрешь») — «познания добра и зла». И ведь кто «искушает»? Вовлекает в реальность «смерти»? Интерпретатор ценностей — Змей (на иврите, я выяснял, буквально — Гадатель). Вывалились из блага Жизни (безусловности Я, вспомним заповеди), теперь познаем гадательное «добро» (то есть, «меру зла») — очевидность уничтожимости.

— Вы хотите сказать, — обеспокоился собеседник, — что подобное рассуждение выводится из Писания?

— Ничего из Писания не выводится, — сказал Анатолий Анатольевич, — кроме стереотипов. Полагая в нем истину, основание выводов, мы культивируем ту же интерпретированную первичность, собственный пантеон. Не в этом ли (с благочестивым модулем) признается ортодоксальность, отрицая возможность понимания Библии вне традиции устной и письменной, талмудической и церковной?

— По-вашему, Библия «кот в мешке»? Что написано там — загадка?

— Цель загадки, — сказал Анатолий Анатольевич, — не быть разгаданной, тогда как Библии — быть понятной. Ее не прочесть, если знаешь заранее, что должно быть написано, то есть, без нужды в достоверности. Позвольте предельно резко обозначить проблему. Что желаемо: Библия или же достоверность? Вопрос шокирует, но назрел, ибо спрашиваю самого себя. Разумеется, второе. Потому что Библия мне нужна как выражение достоверности. Если Библия такова, за нее мне нечего опасаться. Если нет — не хочу «кумира». Достоверно («не требует доказательств») лишь безусловное для меня. И для вас, и для каждого человека: Я есть Я, факт наличия всего остального. Безусловное знание. Из него исхожу и делаю выводы. А Библия? Прояснилась как новый текст, откровение здравомыслия: «...люби ближнего твоего, как самого себя: Я Господь» (Лев 19:18). Так откуда мое рассуждение? Из живой буквальности. Библия же его подтверждает. Совпадает с моим здравомыслием.

Но вернемся к теме. Если хотите, нравственность — это «мера зла», выражение статусной отнесенности человеко-объекта, производного существа к интерпретированному критерию. Тогда как (в значении библейского откровения) человек по личности-Я сам основание всякого критерия. Вспомните: «в образе Своем, в образе Бога». И до конца додумайте. Нет двух «образов» одного лица. В этом суть библейского откровения. Человек по личности-Я и «действительная причина» — одно и то же. К слову сказать, Коран «исправил» Библию, заменив в соответственном стихе «в образе Своем, в образе Бога» на «создал как некий образ» или — «некую форму» (читается так и так), то есть, вычеркнул откровение личности. Со всеми вытекающими отсюда идеологическими и практическими последствиями. Человек возвращен в статус объекта, имущества своего Создателя. Ценностно отнесен к интерпретированному критерию. Вот откуда растет культивируемая «нравственность» — неопознанный, но весьма плотоядный идол. Самоочевидность достоинства личности в отличие от «прав человека» (продукта «нравственности») снимает нравственную проблему усмотрением: ближний — «Я как другой, а не другое я».

Идеология (достоверная, разумеется) выражает не нравственное, а первичное. Ложные идеологии (включая конфессиональные) узнаются просто — по факту завязки на нравственных актуалиях (в самом широком смысле). «Нравственность» есть «закрытая дверь» самоочевидности все-Я-единства (неизбежно «нравственный» идол, даже если — с физиономией филантропа). В новой же, личной, ра́зумности нет нужды «ломиться в открытую дверь».

Приготовьтесь, блиц не получится. Речь идет, понимаете, о перемене, а не «починке» ума. Не о «правильном» — о безусловном, когда нет вариантов, дошли до точки. «Правильному» присуща порочная бесконечность с неизбежным выбросом в «иерархии», поскольку, мой дорогой, человеколюбие обусловлено. А свято место, мы знаем, никогда не пустует. Альтруизм таков, какова идеология. Следует поступать «хорошо». Но не следует заблуждаться относительно перспектив «хорошего». «Смертная» очевидность не починяется «смертной» идеологией. Она заменяется целиком по факту нового разумения. Кстати, на греческом слово, переведенное как «покаяние», означает буквально «перемена ума».

Совесть и альтруизм, если мыслятся отвлеченно, неким «что» с его содержанием — с неизбежностью сводятся к явной или скрытой форме фашизма, повреждению достоинства личности. Ибо они — производное от «партийности». Идеологически продуктивна иная постановка вопроса. Что выражают «совесть» и «альтруизм» в их положительном проявлении? Интуицию — «Я как другой» — достоинства ближнего, но не в предельном значении. Ложная идеология нарабатывает гуманитарный критерий, в отнесенности к коему мыслятся «права» человека, но попирается достоинство личности. Ибо последняя безусловна своим значением, а не в силу права, то есть, сама основание всех критериев.

Ложность идеологии видна на пределе, в содержательной перспективе. Актуальные же проявления могут быть безобидны и привлекательны.

Азы достоверного смысла

(1) Суждение (идея вообще) выявляется существенным усмотрением — в предельном значении и — релевантности оснований. Если мысль выражает скрытый стереотип, утверждение на его пределе будет значить иное, чем декларирует в промежутке. Условие продвигающей смысл полемики — «достоверная территория» и интерес к предмету. В противоположность рáзумной честности (принимает сторону смысла) интересантство (рáзумная пристрастность) смыслом неубеждаемо. В равной мере не «зацепить» восприятие собеседника, если оно базируется на скрытом стереотипе. В этом случае смысл будет «соскальзывать», пониматься по внешности, гипотетически. Результат подобной полемики — содержательная пробуксовка, неизбежный возврат к «исходной». Идеологический разговор адекватен только как поступательный, то есть, смысл определяет

«позицию», а не «позиция» — «смысл». Последнее (ра́зумное интересантство: «партийное», психологическое, этическое, культурное, этническое и т.д.) профанирует идеологию, соответственно, ее инструмент — полемику (ра́зумную соборность).

(2) Если я не готов перейти на сторону смысла вопреки каким бы то ни было интересам, я по факту не идеолог. Идеолог — интересант достоверности.

(3) Достоверность не выбирается, а знаема безусловно, то есть, самоочевидна. Например, чтобы знать о женщине, которую любишь — «это — та самая», вовсе не нужно жениться на всех других. Знаешь прямо и непосредственно. Достоверность не результат предпочтенности остальному, а адекватное ра́зумное пространство. Достоверность универсальна — открывает мыслительные горизонты, освобождает, расковывает. И напротив, ложное (идея, исповедание), ограничивает, ломает, заставляет во что-то втискиваться, принимать навязываемую форму. Насилие (с любой мотивацией) над собственной здравостью при нежелании это признать (себя не обманешь) выражается часто в ра́зумной истерии: завышении, фантазерстве, экзальтации, благочестии, агрессивности, фанатизме, компенсирующих (безобидно или весьма опасно — массой «партийности») отсутствие достоверной опоры. Перспектива ложного — усугубление.

(4) В ситуации массовой культуры ра́зумная нужда выражается (вместе с модой на вещунов) в присвоении деятелям искусств вещательных полномочий. Право каждого — рассуждать. Понимаю интерес к знаменитостям. Но нелепость заключается в том, что талант лицедея претендует на роль идеолога. Перспектива актерского опыта, простите меня, — убедительно раздавать затрещины и не менее убедительно получать их в другом спектакле.

(5) Слово улавливаемо «жанром». Невозможно выразить нечто вне такой или другой жанровой определенности. Весь вопрос: что́ оформляет что́. Если слово обслуживает жанровые каноны, это — литература, а именно, изображение смысла (идеологических стереотипов). Если жанр оформляет слово — это идеологический текст (выражение разумения). Кризис литературы, по-моему, на лицо. Она отщепилась от жизненной достоверности. По мере нужды

в бытийственных содержаниях (тенденция мне видна) литература выйдет за собственные границы в сторону нового, «двуединого» жанра — литературы с идеологическим компонентом или вынесенным «комментарием».

(6) Человек про себя вправе думать, что думается, но, когда претендует на общественный резонанс, выступает публично, обязан за сказанное отвечать. Если суждения недостоверны, а тем более повреждают достоинство личности, они должны быть разоблачены.

(7) Проповедует «как власть имеющий»,[2] кто не нуждается в разрешении проповедовать, в подтверждении своей правоты чьим-то авторитетом. «Власть имеет» прямота разумения. Вспомним Исаию, Иеремию, Иезекииля, Захарию и других библейских пророков. Достоверность вещает от «первого» лица. От «третьего» — обосновывают «партийность». Мыслью другого можно проиллюстрировать свое усмотрение. В евангельском «знает Писания не учившись»[3] — вовсе не пафос чудесности Иисусова знания, не свидетельство о «святом» невежестве. Вот вам реплика из Луки: «Иисус же преуспевал в премудрости…», то есть, в учении. Думаю, он читал то же, что все евреи, для кого образованность в Писании была культово-нормативна. Замечанием: «не учившись» сообщается, что Иисус учит не как наученный знать, а прямознанием, достоверно. «…Дивились разуму и ответам Его» (Лк 2:47). Прямота разумения, действительно, удивляет, преподносит сюрпризы. Стереотип почитают. Впечатляются новизной.

(8) Достоверность не нуждается в благочестии, в оградительном рвении. Ее невозможно (в отличие от «партийной» знаковости) оскорбить, осквернить, унизить, лишь — не причастовать ей, то есть, проявляться недостоверно.

(9) Экзальтированным суждением прикрывается отсутствие смысла. Мост (иначе — не нужен) возвышают над ямой. Под ним обязательно — пустота.

---

[2] «И дивились Его учению, ибо Он учил их, как власть имеющий, а не как книжники» (Мк 1:22).
[3] «И дивились Иудеи, говоря: как Он знает Писания, не учившись?» (Ин 7:15)

(10) Рефлекторное разумение напоминает наэлектризованный эбонит, при малейшем движении покрывается «налипашками». Если «Я», непременно — «высшее», если «рабство» — притягивается «свобода».

(11) Достоверное разумение предполагает внимательность к слову. Прямое значение очень часто буквально идеологически, то есть, предельно. Смысл, открывшийся непосредственно, если он проясняет до этого «тёмные места» (хлеб толкователей) — достоверен. Отменяются (не взирая на лица) все комментарии как гадательные издержки. Это сказано, кстати, в еврейских правилах понимания «божественных» текстов. Безразличие к слову, по сути — безразличие к смыслу, в чем расписываются известной репликой, — «Софистика, игра словами».

Расчистка «партийных» напластований может весьма впечатлить, удивить, потрясти такими находками, по каким томится подавляемое здравомыслие. Кстати, там же (в еврейской герменевтике) отношение к осмыслению как к освоению достоверности (вопреки благочестию и культу догм) выражается в предпочтении последнего во временнóм ряду из исключающих друг друга суждений, то есть, по факту мысли в развитии.

(12) «Возвышенный» смысл (вернемся к буквальному пониманию) — качество усмотрения: больше видно. «Святое» весьма проясняется в значении — «достоверное», «Дух» как «разумение», соответственно, «Дух Святой», уж не взыщите — «достоверное разумение», то есть, самоочевидность. Просмотрите известные библейские эпизоды с такой коннотацией, откроется «возвышенный» смысл. Пренебрежение рáзумным — «бездуховность».

(13) Вопрос и ответ идеологически «двуедины». В непредельном вопросе эллиптически заключена порочная бесконечность непредельных ответов. Достоверный вопрос исчерпывается ответом, поскольку его интерес существен. Различим любопытство и рáзумную нужду. Первое — развлекает ум, вторая — спрашивает. С ответом не следует торопиться. Прежде опознаём вопрос. Корректируем, уточняем, переводим в сферу существенного или снимаем его как ложный, то есть, по функции — аттрактивный. Если в вопросе подставлен скрытый стереотип, его выявление и будет ответом. Подлинный интерес управляем, то есть, готов переориентироваться на

первичное. Спонтанное вопрошание справедливо назвать «вопрошательной железой». Реагирует на ответ вырабатыванием «секрета». Честный вопрос обращен к новизне ответа: спрашиваю, чего «не знаю». Интересантство, напротив, ждет соответствия своим предпочтениям.

(14) Достоверное знание самоочевидно. Вместе с тем надо знать, как, куда и на что смотреть, что увидеть. В этом смысле — видим, что знаем. Учитель физики или химии отлично меня поймет. Сталкивание шаров или сливание реактивов ни о чем не скажут ученикам. Чтобы увиделось нечто, должно быть подготовлено видение.

(15) «Аргумент», строящийся на метафоре, релевантен, если последняя знает свои границы, за которыми заканчивается ее применимость. Продолжение должен иметь смысл, а не метафора. Каждая точка смысла может быть выражена адекватной метафорой. Вместе с тем, нужно помнить, что метафора — лишь метафора, средство выявления смысла, а не самый смысл. Без соответствующей внимательности к пределам метафоры и первичности смысла легко «заиграться», заболтаться, провалиться в содержательную никчемность и отщепленное моделирование.

(16) Достоверно лишь то суждение, которое:
1) знает свое основание (и, соответственно, границы). Безусловное утверждение сознает безусловность «точки смотрения», позиции, с какой произносится;
2) предельно, доведено до конца, то есть, не может продолжиться дурной бесконечностью, такое, к которому «ничего не добавить» и «больше чего нельзя ничего помыслить». Непредельность воспроизводит рáзумный хаос или выражает несущественность интереса;
3) исходит из опыта непосредственного усмотрения, то есть, от «первого» лица. От «третьего» — выражается предпочтенное содержание.

(17) Усмотрение, при нужде в достоверности, должно быть предельно обобщающим, абстрагированным до сути, что структурирует, поляризует конкретику. Частное проясняется существенным различением, даже утрированно заостренным. Сглаженность не позволяет увидеть определенно. Со стороны конкретики хаос непреодолим.

(18) Состояние ра́зумной зрелости определяется способностью к абстрагированию. Незрелость осваивает наличные внешности. Не переросший этот период (каковой иногда затягивается или вовсе не изживаем) суть школяр — отражатель ассортимента. Иное дело ипостась «ученик» — становление сущностного мышления, интерес к новизне достоверности. «Ученик и учитель» ра́зумно двуедины — «учитель» мыслит потенциалом «ученика», полагающего (условие двуединства) свое разумение в ра́зумности учителя, который (такова диалектика взаимной актуализации) знает больше, чем знает. «Ученик» не спорит с учителем (мнение имеет школяр), то есть, не может быть — «не согласен», лишь — «поясните». Ученик сомневается не в учителе, а в своем понимании.

Отношение «ученик-учитель» не завершается волевым решением (курс заканчивает школяр), но — естественно и само собой. Независимость разумения самоочевидна. Прямознание не нуждается в подтверждении по факту первоисточника.

Апрель–май 2003
Кдумим

Михаил Аркадьев (Китай)

Михаил Александрович Аркадьев родился 15 марта 1958 в Москве. Учился в Российской Академии Музыки им. Гнесиных (основной курс и аспирантура 1978–1988) и Российском академическом исследовательском Институте искусствознания, Москва.

Кандидат искусствоведения (1993); доктор искусствоведения (2003).

Работал доцентом кафедры специального фортепиано РАМ им. Гнесиных, завкафедрой фортепиано в Академии хоровой музыки, главным дирижёром Волгоградского государственного театра «Царицынская опера», главным дирижёром и художественным руководителем Тихоокеанского симфонического оркестра во Владивостоке, а также приглашённым преподавателем философского факультета МГУ. В настоящее время — профессор фортепиано в Хунанском институте науки и технологии (Китай).

Темы исследований и концепции:
1. Феноменология музыкального времени и теория метроритма. Основные концепты: «незвучащее музыкальное время», «время-энергия», «гравитационная ритмика», «метр как неакустический и интонационный феномен»,
2. Философская антропология и философия истории. Основные концепты: человек как лингвистическая катастрофа. Фундаментальное сознание как феномен языковой(речевой) самореферентной деятельности и как историчность. Фундаментальное бессознательное. Фундаментальная ностальгия. Философия как пространство вечной вопросительности. «Философия бездомности» и «философия домостроительства»

Основные труды — https://hnust.academia.edu/MikhailArkadev:
«Временные структуры новоевропейской музыки. Опыт феноменологического исследования» М. 1993.   The Structures of Time

in the New European Music. An essay of the phenomenological study. Moscow, 1993.

«Фундаментальные проблемы теории ритма и „незвучащее". Время, метр, нотный текст, артикуляция» LAP Lambert Academic Publishing, 2012.

Ритмология культуры: очерки / под ред. Ю. Ю. Ветютнева, А. И. Макарова, Д. Р. Яворского. — СПб.: Алетейя, 2012. — 280 с. Главы: 8. РИТМ И ВРЕМЯ. Стр. 129–142. РИТМ В МУЗЫКЕ. Стр. 177–201.

Лингвистическая катастрофа. Монография. Издательство Ивана Лимбаха, 2013.

БЕСПОЧВЕННОСТЬ И УСКОЛЬЗАНИЕ, ИЛИ ЧТО ТАКОЕ ФИЛОСОФИЯ?

Анатолию Ахутину

> Оседлый человек говорит: «Как можно жить без уверенности в завтрашнем дне, как можно ночевать без крова!» Но вот случай навсегда выгнал его из дома, — и он ночует в лесу. Не спится ему: он боится дикого зверя, боится своего же брата, бродяги. Но в конце концов он все-таки вверится случаю, начнет жить бродягой и даже, может быть, спать по ночам.
>
> *Л. Шестов*

> Метафизика есть вопрошание, в котором мы пытаемся охватить своими вопросами совокупное целое сущего и спрашиваем о нем так, что сами, спрашивающие, оказываемся поставлены под вопрос.
>
> *М. Хайдеггер*

> Может быть, истина и существует только в этом пламени, только в глубинной экзистенциальной тревоге, в трудном бодрствовании изначального философского изумления, сомнения, вопрошания, — в том начале, в котором не только впервые начинается философия, но которым она постоянно держится и возрождается?
>
> *А. Ахутин*

Философия, с моей точки зрения, не способ построения или объяснения мира. Религиозная мысль должна быть достаточно мужественной, чтобы признавать уязвимость любых разумных аргументов в пользу бытия Б-га, кроме одного, но решающего: глубочайшей экзистенциальной потребности человека. Потребности в чем? В гармонизации драмы своего бытия в мире, даже если эта гармония труднодостижима. Как архаические религии, так и мировые религии спасения родились для гармонизации, смягчения, анестезии глубинной боли, того, что можно было бы назвать «фундаментальным диссонансом».

Этот диссонанс, этот разрыв можно описывать метафорически как фундаментальную «греховность» человека, и это вполне корректно, если не вкладывать в это понятие негативный морализирующий метафизический смысл, что как раз и происходит в религиях спасения. Функция и конечная цель философии прямо противоположны религиозной. Эта функция не в гармонизации диссонанса и не в прикрытии разрыва, а, наоборот, в его максимальном развертывании, описании и осознании. В том числе и потому, что осознание всей разветвленной реальности и неустранимости этого разрыва только и может привести к постановке основной проблемы. Но проблема эта не в разрешении диссонанса, что невозможно, а в способах вынести разрыв, не прибегая к самообману. Мужество мыслящего заключается в том, чтобы не выдавать желаемое за действительное и не путать одно с другим даже тогда, когда желаемое — это царство небесное и спасение.

Философия прежде всего вопросительна. Вопросительность, разрывность человеческого бытия с трудом выносится человеком как в себе, так и в других. Поэтому «эффект Сократа», то есть принятия, в той или иной форме, цикуты из рук себе подобных, неизбежен для любого философствующего, то есть радикально вопрошающего. Философия — это систематичность вопросов, а не системность ответов. А ведь так хочется ответов, просто позарез! Поэтому человек так легко режет в себе и в других тонкую ниточку вопроса ради твердой почвы ответа. Но беда, вернее, горькая правда заключается в том, что почва эта всегда иллюзорна, так как сам язык, наша речь, следовательно, и сам человек устроены вопросительно. Поэтому для тех, кто хочет вечных и окончательных ответов, самое главное — это вовремя проконтролировать речь: свою или чужую.

«Свобода слова» — это проблема отнюдь не только внешняя, социальная, но и проблема взаимоотношений человека с самим собой. Свобода внутренней «диалогичности» речи (а она всегда по структуре диалогична, так как одной из языковых универсалий является коммуникативное, диалогическое и тем самым в строгом лингвистическом смысле «эгоцентрическое» противопоставление личных местоимений) с такой же легкостью уничтожается в себе, как и в других. Стоять в точке вопроса — тяжкое бремя, и несут его единицы.

Однако достоинство человека в способности вынести пронзительность Вопроса, хотя скатывание в надежную область ответов понятно и простительно. Философ тот, кто сам себе не прощает эту уступку, тем не менее, прощая ее другим.

Призвание философа состоит в том, чтобы «не прощать» эту уступку тем, кто все же взялся вести философский разговор. Если разговор такой начат и осознается его участниками именно как философский, надо всегда помнить, что он так же опасен, как восхождение на Эверест. Не хочешь — не поднимайся, но уж если пошел, то непреодоленный страх еще более опасен, опасен для того, ради чего начато восхождение, — для честности философского вопрошания.

Для всего же остального, конечно же, опасно само это вопрошание. *Вспомним строчку из Гёльдерлина, тонко выражающую парадокс философствования:* «Где опасность, там и спасение». Но именно в той самой точке опасности, а не рядом. В этой точке, на этой границе сияет обнаженный клинок вопроса, оберегающий нас от попыток давать окончательные и ясные ответы там, где таких ответов дать невозможно. И, сдерживая ответ, тем самым мешает нам обнажать клинки другого рода. В мужестве радикального вопрошания — достоинство философии. Не могу не вспомнить Гете: «Тот, кто действует, всегда лишен совести, лишь мыслящий наделен ею». Спешу оговориться: как действующий, так и мыслящий — это, конечно, функции, а не личности. В конкретной личности эти функции всегда, так или иначе, пересекаются и взаимодействуют.

Философия может дать, конечно, ответы, но такие, которые предполагают неизбежность дальнейших вопросов, причем вопросов фундаментальных. При внимательном анализе становится ясным, что философия, дающая *окончательные* ответы на вечные вопросы — это субститут религии. Но в таком случае религия оказывается честнее своего субститута, так как осознанно связывает свои ответы с верой и оформляет их в теологическую дисциплину: догматику.

Особенность же философствования в открытости стоического вопрошания: в «знании о незнании» Сократа, в «ученом незнании» Николая Кузанского, в фундаментальном сомнении Декарта, в антиномиях Канта, в «беспочвенности» Шестова, в «ужасе» (Angst) встречи с Ничто Хайдеггера, в деконструкции Деррида и т.д. Причем цель и любовь («фило-») здесь — не получение ответов, а именно стояние, пронзительная попытка устояния в точке вопроса, точке разрыва, которая и есть мета-физическая точка, точка трансценденции (дефисы важны). Здесь встреча с трансцендентным, будь то Мир или Божество (то самое Gottheit Мейстера Экхарта, которое он отважно противопоставлял понятию Б-г и за которое, по легенде, поплатился жизнью в Авиньоне), является тем, чем только и может являться, — абсолютным прощанием, разрывом и неуловимостью того, о чем следует молчать.

Для меня религиозный ответ на фундаментальные вопросы не является приемлемым по многим причинам. И прежде всего вследствие самой претензии на окончательный ответ в вопросах, где ясный ответ невозможен. Но при этом я считаю религию честнее той философии, которая заимствует у религии эту претензию. Честнее, потому что не называет свою веру знанием, что с таким удовольствием делает «философия». Для меня философствование не есть средство и путь к окончательным ответам, будь то в религиозной, научной или любой другой форме. Я считаю подлинным, захватывающим и самым трудным зависание над бездной вопросительности, которую я полагаю структурой самого человеческого бытия.

Все попытки уйти от вопросительности, разрывности человеческого существования, вопросительности, связанной с наличием языка и сознания жизни и смерти, я считаю бегством. Другое дело, что это бегство чаще всего простительно, так как вынести пронизывающий холод разрыва на вершинах стоического вопрошания трудно и страшно. Холод этих вершин выдерживают только философы по призванию. Философы эти не столько создают системы знания, сколько честно показывают «систематичность» и логику самой неизбежности вопроса. Только под таким углом понятые философские системы приобретают собственно философский статус. В противном случае они просто, как я уже говорил, субститут религии. И особенно тогда, когда оперируют категорией знания.

Все понятия в философии совершенно не готовы и существуют для того, чтобы постоянно их деструктурировать, лишать определенности, но таким образом, чтобы эта неопределенность была полностью проговорена и тем самым высветлена, прояснена — «определена». И радикальный вопрос в философии — не средство, а цель. Именно он имеет смысл, а не то, что вопрос — это «так себе», а ответ — «вот это да!». Я пытаюсь свою точку зрения на философствование описать как такое радикальное вопрошание, которое стремится к невозможной цели, к тотальной демифологизации.

Миф, будучи выгнан в дверь, все равно ведь влезет в окно, но само это «окно» должно быть таким, чтобы миф был абсолютно виден, проявлен, осознан именно как миф. Философия как любовь к мудрости не является никаким другим знанием, кроме как знанием о незнании, и это самое трудное знание. Философия не есть тотальное знание, она скорее лишь деятельность по активизации рефлексии. А рефлексивность, самореферентность есть одно из фундаментальных свойств языка. Парадоксальным образом философия оказывается частью, а не целым, в отличие от того, что она привыкла о себе думать. Эта частичность философии парадоксальна, так как может быть вписана в систему, отдающую себе отчет в вероятности своих постулатов. А ведь само осознание вероятности такого рода — философское дело. И это рефлексивный парадокс, парадокс самореферентности философской мысли, парадокс неустранимый и плодотворный.

Моя «философская инициация» началась именно с того, что я пытался (может быть наивно) подвергнуть анализу саму возможность знания в его противоположности, или, правильнее, различии, с понятием веры. И инициализирующим шоком для меня была формулировка того, что, по сути, логической, фундаментальной разницы между верой и знанием не существует. Что я имею в виду? Образцом знания, по моему убеждению, является знание научное. Начну с обсуждения предположения о знании как главным образом научном феномене. В науке образцом знания, о котором я бы хотел говорить, является физика. Математика (чистая) — дисциплина особенная, и споры о статусе математического знания давно ведутся внутри самой математики. Впрочем, как известно, аналогичные дискуссии велись в эпоху бури и натиска квантовой теории в 20–30-х годах XX века.

Актуальность этих проблем для философов и для мыслящих физиков не остыла, как мне кажется, до сих пор. Но не будем пока о парадоксах квантовой теории, а обратимся к тому, как функционирует то, что называется знанием в физике. Знание в физике складывается примерно таким образом: есть эксперимент и теория. Именно эксперимент чаще всего нерефлексивно относится к «реальности». И это почти правильно, если не учитывать некоторые тонкие моменты, когда, по словам Эйнштейна, сказанным им Гейзенбергу во время обсуждения физического статуса треков в камере Вильсона, «только теория определяет, что мы, собственно, наблюдаем». Но предположим, мы понимаем, что именно мы наблюдаем в эксперименте (хотя само по себе такое предположение не вполне критично). Тогда положительный результат эксперимента, скажем, с ускорителем на обнаружение новых элементарных частиц, считается значимым, если он повторен некоторое количество раз.

Принципиальный вопрос: какое количество раз? Какое именно количество положительных экспериментальных результатов достаточно, чтобы сначала небольшое сообщество физиков, а затем все более и более широкое приняло на себя ответственность и утвердило этот результат в качестве *факта*? Очевидно, что любое количество положительных результатов не снимает вероятности того, что следующий эксперимент даст отрицательный результат и опровергнет все предыдущие. Другими словами, о знании можно сказать, что оно носит характер вероятностный и интерсубъективный. То, что нерефлексивно называется знанием, оказывается родом интерсубъективной веры.

Единственное, что отличает научную позицию от религиозной, — это то, что наука как некая система, помимо субъективных мнений конкретных ученых (которые могут думать, как им угодно), вырабатывает специальный инструментарий для постоянной критики своих результатов и базовых понятий, и потому подробно понимает, или готово понять вероятностный, гипотетический характер своих утверждений. Если что-то и берется в науке на веру, то в виде осознанных и ответственных предположений, которые при наличии противоречий могут быть в любой момент пересмотрены. И это отличает научные принципы от религиозной догматики, в которой догматы в качестве таковых, по определению и по явно выраженному намерению их создателей, «уже-не-подлежат-критике». Критика догматов бесполезна и бессмысленна именно с внутренней, богословской точки зрения, так как они именно в высоком богословии с самого начала мыслятся как иррациональный и парадоксальный, даже абсурдный, если вспомнить псевдо-Тертуллиана, предмет осознанной веры.

Труднее дело обстоит с аргументом Декарта. Его самореферентный тезис, что мы можем сомневаться во всем, кроме как в самом факте сомнения, — один из самых убедительных в истории знания, и это единственный известный мне пример «знания», которое можно называть именно «знанием». Обратите внимание на самореферентный, то есть в лингвистическом и феноменологическом смысле «субъективный» и интерсубъективный (или, если угодно, — трансцендентальный) характер cogito. Вот, собственно, и все, что нам остается. Остальное еще более не очевидно и подлежит методическому сомнению.

Теперь о мифе. Миф — при попытке дать ему узкое, не рыхлое определение — это любое предложение или слово, в основном имя (нарицательное или собственное), используемое так, как будто оно полностью «истинно», то есть тождественно некоторой реальности. То есть миф — это предложение или слово, используемое нерефлексивно. Типичный образец мифологизации — отождествление имени с его носителем. Скажем, отождествление имени Б-га и самого Б-га. Так это было, например, в древнеиудейской традиции, где имя Божие именно потому, что отождествлялось с сущностью Б-га, было полностью табуировано (за исключением одного раза в году и только для жрецов Храма). Эта же логика отождествления лежала в традиции православного имяславия.

Примеры такого рода в истории мифа и религии могут быть умножены неограниченно. Имя вообще парадоксальная вещь — оно ведь создается для того, чтобы различать. Тогда, в принципе, каждый человек должен был бы носить имя, которое бы никогда не повторялось. Что и практиковалось в именах архаических народов, когда имя было особенным уникальным прозвищем, вроде имен индейских вождей, парадоксально восходивших к именам тотемов, прагероев или богов, так как повтор имени был возможен только как повтор уникального первичного именования. Реликты этого сохранились в христианских «днях ангела», именинах. Но реально мы пользуемся именами, которые может носить любой другой человек. Как это возможно и для чего? Вероятно для того, чтобы различать имя и его носителя, не дать им слиться, слипнуться. Обратите внимание, что если первый уровень различения (людей между собой) осознается очень хорошо, то второй (отличие имени от его носителя) уже почти не осознается. Осознать, что повторяемость имен — вещь важная, так как она необходима, чтобы различать имя и его носителя, гораздо труднее, и сама эта мысль кажется несколько неожиданной. Повторюсь: собственное имя самореферентно (спросив, что означает слово «Михаил», нам придется сослаться на язык, в котором функционирует это имя), то есть это не столько средство для различения носителей, сколько способ различения самого имени и его носителя.

Попытка полностью отождествить, склеить имя и его носителя — древнейший и почтенный способ мифологизации. Миф — это такое отождествление имени и носителя имени, которое забывает, вернее, хочет (но не может) забыть о моменте их различия, забыть о разрыве. Борьба с различием, забвение различия — фундаментальный инструмент преодоления первичного диссонанса, то есть переживаемой человеком вырванности из тождества. Мое настаивание на вопросительности — это мое нежелание уходить от этого различия и разрыва. И только тот ответ мне представляется приемлемым, который осознанно, а не потому, что это и так неизбежно, оставляет возможность дальнейшего различения, то есть дальнейшего вопроса.

Поэтому я убежден, что необходимо всегда различать понятие «реальность» (то есть имя) и саму реальность. Но тогда «сама реальность» оказывается не тождественной никакому имени, *в том числе и имени «сама реальность»*. Таким образом, мы попадаем в ситуацию *бесконечного ускользания реальности от имени. Это ускользание и есть, собственно, трансценденция*. Кант, различая «вещь-саму-по-себе» (или «вещь-в-себе») и явление, феномен, то есть то, что мы принимаем как могущее быть совпавшим с нашим возможным описанием, обращает внимание именно на эту проблему. Поэтому, говоря о чем-то, что это «миф», я имею в виду такое употребление имен, предложений, понятий, когда предполагается их «очевидность» и тождественность с чем-то — с некоей истиной, с определенной реальностью.

Для философствования характерно постоянное и методичное удержание в памяти того фундаментального разрыва, различия, которое порождает вопросительность по отношению ко всему, что мы сознаем, познаем, видим, ощущаем. Вопросительность, различительность не какую-то там вообще, а совершенно определенную — вопросительность самой истины, самого бытия, самого нашего существования. В том числе вопросительность и негативность, различие и разрыв смыслов внутри всех тех понятий, которые я сейчас употребил. Когда мы заглядываем в бездну бытия, мы одновременно заглядываем в бездну небытия, и этот парадокс неустраним.

Удерживаться в точке вопроса надо не только потому, что необходимо стоять перед разрывом и бессмыслицей, но и потому, что это единственный способ избежать постоянной потребности человека к отождествлению своей речи и некоей реальности. Реальность (если мы хотим иметь дело с ней, а не с нашим мифом о ней) не нуждается в таком отождествлении. Реальность вполне хорошо себя чувствует в качестве перманентно ускользающей. В каком смысле мы можем так сказать о реальности? Дело в том, что наша ориентация, например, в пространстве, требует от нас постоянной готовности признать свое незнание, и зависит от нашей способности исследовать, а, значит, критиковать. Иначе мы просто перестанем ориентироваться в пространстве.

Никакое научное исследование не исходит из предположения, что реальность сама себя демонстрирует. Даже аристотелевская наука не исходила из такого предположения. Но развитие науки, начавшееся с Галилея, сначала именно отвернулось от реальности, причем отвернулось методично. Галилей предположил, что реальность не очевидна, и что она сама себя не демонстрирует, и ввел процедуру идеального, воображаемого, или, как его назвал Э. Мах, мысленного эксперимента. На всякий случай напомню, что для введения понятий движения, инерции, трения, принципа относительности (первая классическая формулировка этого принципа принадлежит Галилею) ему пришлось ввести в обиход представление об идеальной, абсолютной поверхности, не существующей в природе. Он предложил представить себе нечто действительно неслыханное и невиданное, идеальную поверхность, отшлифованную до предела. Тогда такой же невиданный абсолютно отшлифованный шар будет катиться по этой поверхности бесконечно. И только тогда, когда мы представим себе эту совершенно невероятную ситуацию, мы сможем сформулировать подлинную причину остановок тел в природе. Тела «катились» бы по прямой бесконечно, если бы не было феномена трения.

Без этого мысленного эксперимента невозможно было бы изобретение подшипника, и вообще была бы невозможна вся механика и техника XVIII–XIX веков. Но с точки зрения здравого смысла и аристотелевского научного подхода это было демонстративное «отворачивание от реальности». Словом, чтобы «заставить» реальность говорить, надо дать ей возможность «ускользнуть». И для этого Галилею пришлось совершить сугубо философский акт: подвергнуть фундаментальному вопрошанию и сомнению наивное убеждение в том, что «реальность сама себя показывает» и что «нужно верить собственным глазам». Нет, не показывает и не всегда стоит верить. И именно это осознание, и именно это различА/Ение, и этот разрыв, этот конфликт, этот спор, именно этот момент «ускользания» есть *философский момент* и *философское дело*.

Все, что делал Галилей дальше, я имею в виду создание теории движения, уравнение сложения скоростей и пр., — дело уже не философское, а собственно, научное. Здесь, в этой трудноуловимой точке, возникает тонкое, но радикальное различение функций философии и науки. Аналогичные процессы происходили и происходят каждый раз, когда наука совершает преобразование самой себя. Тогда наука просто вынуждена совершать философские акты. Так произошло в момент создания специальной и общей теории относительности, так происходило, когда создавалась квантовая теория. Каждый раз в этих случаях ученым приходилось (иногда против своей воли) совершать философскую работу, «отворачиваться от реальности» именно для того, чтобы перестать относиться к реальности как к тому, что «само себя показывает».

Особенно ярко это проявило себя в парадоксах квантовой теории. Именно поэтому Н. Бору понадобился принцип дополнительности. Этот принцип основан на факте, который сам Бор долго отказывался принять, но в конце концов был вынужден, — микромир сам себя НЕ показывает, он принципиально не нагляден, то есть не феноменологичен, если исходить из хайдеггеровского определения феномена — того, что «само себя в себе показывает». Теория микромира, со всем первичным математическим аппаратом, включая соотношение неопределенностей Гейзенберга, уравнение Шредингера и т.д., смогла быть построена только тогда, когда ученые осознали, что эта реальность ускользает. Причем ускользает не в том смысле, что «вот мы ее сейчас схватим за хвост — вопрос времени, никуда не денется, не ускользнет!». А в том смысле, что сама суть «объективной» реальности физического микромира — в перманентном ускользании. И вся квантовая теория, включая все, что из нее технологически следует, скажем, возможность философствования online, есть *теория разрыва, теория фундаментально ускользающей реальности.*

Другими словами, само утверждение, что «реальность сама себя показывает», есть как раз классическая мифологизация, старая как мир, мифологизация, строящаяся на механизме полного отождествления высказывания и предмета высказывания. Это не значит, что она всегда плоха. Если очень хочется — мифологизируй на здоровье. Но если вас интересует философское дело, приходится себе самому подробно объяснять взаимодействие мифа о реальности и самой реальности, в саму сущность которой входит ускользание.

Это утверждение имеет и правовой аспект. Ни один цивилизованный суд (я подчеркиваю — цивилизованный, а не то, что судом именуется сейчас в России) никогда не исходит из предположения, что реальность сама себя показывает. Такое утверждение в суде есть фундаментальное нарушение права как такового. Именно поэтому введены все тонкие соревновательные процедуры (именно из-за этой тонкости так недолюбливают адвокатов те, кто уверен, что с реальностью, а следовательно, с правом никаких проблем нет) отслеживания сомнений в реальности. Процедуры эти строятся на предположении, что настоящая ориентация в реальности возможна только при установке на ее принципиальное (я подчеркиваю: постоянное и принципиальное) ускользание. Ни одно свидетельское показание в суде, никакая прямая улика не принимается судом в качестве абсолютного факта, не могущего быть в принципе подвергнутого сомнению и опровержению. Именно для этого введена процедура суда присяжных. Присяжные, а, следовательно, и суд не отвечают на вопрос о реальности. Присяжные, а значит, и суд отвечают только на вопрос «виновен или невиновен». А этот вопрос не имеет прямого отношения к фактам. Почему окончательный вопрос в суде формулируется только так, а не иначе? Потому, что именно в юриспруденции хорошо осознано, что *любая реальность может не совпасть с самой убедительной системой ее описания.*

Это осознано, в том числе, и потому, что в основе права лежит презумпция невиновности, как юридическая форма гиппократовского «не навреди». Поэтому к фундаментальным правовым принципам, нарушение которых есть нарушение права как такового, относится принцип «любое сомнение трактуется в пользу обвиняемого». В России историческая трагедия есть перманентный способ существования именно потому, что эти принципы всегда целенаправленно нарушались и нарушаются для того, чтобы власть была непрерывна и неконтролируема.

Отношение к реальности как к тому, что «само себя показывает», в форме ли картезианской очевидности, в форме ли феноменологической гуссерлианской, в форме «непотаенности» Хайдеггера или в форме школьной «объективной реальности», — есть нарушение самого *правового принципа отношения к реальности*. В этом отношении я (полагаю, не только я) нахожусь в ситуации постоянной полемики с указанными моментами в текстах философов.

Философствование — это, если угодно, перманентный правовой состязательный процесс с постоянным обсуждением сомнений в пользу «обвиняемого», то есть реальности. Еще и еще раз подчеркну — состязательное *обсуждение сомнений*. Таким образом, «обвиняемый» (то есть реальность) имеет всегда возможность быть оправданным, иными словами — *ускользнуть. Таково фундаментальное право реальности. И это право относится к разрывной структуре самой реальности.* Это радикальная честность мысли, и не только мысли, но и души, способной к состраданию и исходящей из этического принципа «не навреди». Здесь, в точке «презумпции невиновности», эпистемология, право и этика совпадают до неразличимости. Естественно, порицаем мы насилие не как философы, а как живые, страдающие и сострадающие люди. Философия вряд ли должна заниматься порицанием или оправданием. Философия должна прояснять попытки человека (в том числе меня самого) сбежать от фундаментального диссонанса, разрыва, сознания смерти.

Вслед за Камю я называю это бегство мыслителей от разрыва «философским самоубийством», то есть уходом от философствования в целостность, синтез, что логически эквивалентно попытке избежать страдания посредством самоубийства. Самоубийство — идеальная машина для уничтожения разрыва. Только смерть абсолютно целостна и непрерывна. Но самоубийство физическое в своем радикализме и свободе честнее самоубийства философского. Речь идет не об оценке, заметьте, а о структурном анализе, своего рода философском психоанализе.

Я противник *теоретического* снятия и синтеза. Уж лучше реальное самоубийство. Еще и еще раз подчеркну: проблема именно в этом, в нашем понимании того, «что такое философия» и каким она занимается делом. Для многих фундаментальное вопрошание есть только вход в философию (как у Декарта или Шеллинга), для меня же — целиком вся философия. То, что в большинстве философских текстов дело обстоит иначе, свидетельствует для меня лишь о том, насколько сильна в человеке ностальгия по целостности. Я сам охвачен этой ностальгией чрезвычайно, но считаю, что способы ее удовлетворения не должны называться философией. Способов этих множество, от самых возвышенных до самых низких. Но все это — способы стереть разрыв, удовлетворить фундаментальную ностальгию, «склеить» онтологическую трещину, смягчить абсурдность человеческого бытия. Я сам этим занимаюсь в искусстве, в сфере «безумия без безумного» (Пастернак). Но это именно искусство, и о нем нужно говорить отдельно.

Философия в моем понимании — это деятельность по различению, разборке фундаментальных обобщений. Философия в традиционном понимании — это деятельность в поисках синтеза, в поисках фундаментальных обобщений. Но главное — прояснять и удерживать различия и разрывы. Для меня важны фундаментальные обобщения, но я вижу их в особой «топологии»: общо то, что различает. Единство философской деятельности, единство всех философов в некоей «надвременной Академии» заключается в работе по различению, а не синтезу.

Философы образуют «надвременное» братство именно потому, что все занимались фундаментальным вопрошанием, были захвачены *ИЗ-УМ-лением*. Это их объединяет — сама структура возможности вопроса, которая для меня имеет структуру вопросительности самой речи, самого языка. Философская работа есть деятельность *рассудка*. Для меня философ тот, кто стоит (как не использовать это возможное через индоевропейскую этимологию «stoya-stehen-est» сближение *у-стояния* и стоицизма) в точке вопрошания и наблюдает, отслеживает, как в нем самом или в другом человеке, другом философе происходит «склонение» в ту или иную сторону. Склонение из точки вопрошания.

Стоический философ по призванию старается не склоняться, он последовательно вопрошает, методически сомневается, знает о незнании, и в этом его мудрость, его любовь, его философия. Тенденция представлять философию как знание вполне респектабельна и обременена традицией. Но это все-таки только тенденция. Хотя распространенное понимание вопроса «что такое философия?» опирается на традицию, идущую от Парменида, — это не значит, что нельзя подвергнуть сомнению тот «онтологический поворот», который обычно мыслится как собственно философский. Вся великая и упоительная онтологическая философская традиция, собственно говоря, вся философия от Парменида до Хайдеггера включительно — это *одновременно рождение философии и убийство ее* (или, по Камю, — философское самоубийство). Причем совершается оно из самых насущных экзистенциальных потребностей. В том числе — из любви к искусству, к созданию произведений, то есть из мифотворческой потребности и творческого служения «безумию без безумца». И это — нефилософская потребность. Хотя без нее не могла бы существовать вся мировая философия.

Просто пришло время отдать себе в этом отчет, вот и все. Философская потребность — потребность в разделении, в том числе мысли и бытия. Философствование — это умножение различий и избегание тождества. Искусство же — это использование различий для создания особого тождества — *произведения и/или экстатического потока творчества*. Я это говорю к тому, чтобы подумать на тему, так ли уж безупречна привычная интуиция того, «что такое философия». Нет, она небезупречна, хоть и весьма солидна. А философ не должен взыскать солидности, да и говорить, что он ищет «Истину», тоже как-то слегка помпезно. То есть да, конечно, ищет, но лучше об этом помалкивать. Как только слово «истина» начинает писаться с большой буквы, происходит ее (само)убийство.

Акцент в философии я делаю именно на моменте деструктивном, отрицательном — моменте демифологизирующем, освобождающем мышление от «идолов», лежанок и костылей, то есть непроясненных посылок и постулатов, или, как для меня иногда предпочтительнее называть, — «мифов». Именно этот момент сократического философствования я подчеркиваю и выделяю, а не момент поиска истин и вторичных мифов, пусть даже хорошо аргументированных, что так часто заметно у Платона. Я его за это не осуждал бы, если бы не благосклонное обсуждение фашизоидных социальных рецептов в «Государстве».

В этом смысле для меня сократическая майевтика — не родовспоможение истины, как полагал Платон, а *родовспоможение свободы*. Сознание обладает разрывной, дисгармонирующей функцией. А именно: оно постоянно ставит нас в положение внешнее по отношению к той целостности, которую мы, кажется, обретаем на путях познания. Она, эта, по сути, формальная, лингвистическая способность, *вырывает человека из любой целостности, не дает человеку отождествить себя и свое мышление с истиной и заставляет помнить о смерти*. Другими словами, «зеркало в зеркале», падение в бездну, «mise en abyme», то есть уходящие в бесконечность самоотражение, разрыв и сознание смерти не дают возможности человеку, *что бы он ни делал, быть уверенным в истине*.

Именно поэтому человек считает эту способность вредной. Она вредна для тех, кто ищет спокойствия и почвы под ногами. Эта способность — источник вечного беспокойства человека. *И философ, с моей точки зрения, тот, кто актуализирует это беспокойство, а не тот, кто пытается обрести вторично почву под ногами*. Кстати, эта особенность человеческого сознания не психологична, а вполне трансцендентальна и осуществляется *независимо* от того, осознает данный конкретный человек это сам или нет. Парадоксальную операцию сознания себя и, следовательно, своей смерти он неосознанно совершает каждый раз, когда употребляет личное местоимение «я» или такие указатели, как «здесь» и «теперь». А делает он это спонтанно, автоматически в процессе любого разговора, в том числе с самим собой.

«Деструктивная» («негативная») и «конструктивная» («позитивная») составляющие в платоническом Сократе находятся в архетипических, фундаментальных для человека вообще и для философии в частности отношениях. Я просто называю «негативную» составляющую собственно философской, динамической составляющей философии, а позитивную — мифологизирующей, или поэтизирующей. Сюда относятся и научные притязания философии, так как нормальная наука делается специфической, нефилософской методологией, и философия нужна здесь опять же только в точках разрыва в своей критической функции.

Я полагаю также, что никто не может запретить мне считать сократическую майевтику родовспоможением не истины, а свободы, вопреки интерпретации Платона. Родовспоможением свободы от идолов разума. С моей же точки зрения, негативно-критическая функция философии постепенно освобождается от необходимости соседствовать в философских текстах с позитивной функцией, так как становится ясным, что именно негативная функция позитивна в полной мере. Именно она не дает человеку успокоиться на видимости истины, именно она показывает неуловимость абсолютности и невозможность «встроить» абсолютность непосредственно в мир. И эта негативность философии представляется мне вообще самым позитивным, что дано человеку как мыслящему существу, так как, освобождая человека (при его желании, конечно, и личном усилии) от «костылей», оставляет человека наедине с самим собой. *В философии негативность — это и есть фундаментальная позитивность.*

Все же остальные формы позитивности лишаются «встроенной», и тем самым превращенной в идол, абсолютности и сохраняют должную для знания релятивность, при одновременном сохранении необходимого для знания стремления к абсолютному как горизонту, границе рациональности. Философская негативность есть рациональная форма толерантности и способности к диалогу. Надеюсь, понятно, куда я клоню: негативность есть единственное позитивное поле философии. Все другие «позитивности» экстерриториальны для философии в узком смысле («философии бездомности») и характерны для философии в широком смысле («философии домостроительства»). Философия не есть место (топос) абсолютных (ой) истин (ы), пусть даже в форме языка как «дома бытия» (Хайдеггер). Философия проявляет, актуализирует саму фундаментальную бездомность человеческого бытия, заставляет помнить, кто же человек есть на самом деле. Не стоит говорить об истине как о Доме бытия: нет «домашней» истины, истина бездомна.

Я не вижу особой философской территории, кроме той, одновременно и этической и критической, о которой я говорю.

Предположения другого рода оказываются мифологизированием, более или менее тонким, более или менее удачным. Подчеркиваю, я не против такой деятельности, я даже готов называть ее философией в широком смысле слова. Но это не мешает мне считать, собственно, философским, специфическим, отличным от других видов деятельности то, что я называю философией в узком смысле слова — негативную деятельность по *различению, растождествлению всего того, что кажется нам тождественным*. Это и есть демифологизирующая, деидеологизирующая, деонтологизирующая и т.д. функция философии. Основания считать это позитивной деятельностью я уже приводил.

Конечно, мы не можем окончательно выскочить из мифа, в том числе и потому, что mythos по-древнегречески — это просто речь, рассказ, сказ. Но мы можем периодически выскакивать из него путем деятельности по *различению*. Эта деятельность есть радикализация «автоматической» рефлексивности самой речи. Сама речь, наша повседневная речь устроена самореферентно, рекурсивно, хотя нужно дополнительное усилие, чтобы эту фундаментальную самореферентность речи деавтоматизировать и заставить работать.

Иными словами, речь есть *возможность бесконечной самореференции, рефлексии*. Можно что угодно продолжать делать с мифом (и внутри его), то есть с речью, логикой, наукой, искусством, но желательно не забывать время от времени активизировать бесконечную рекурсивность. Философия, как и поэзия, есть деятельность по деавтоматизации языка. Но поэзия, литература, романистика, деавтоматизируя язык, «отождествляет» его структуры и образы, создавая новые «реальности», структурируя пространство вымысла, над которым мы обольемся слезами, пространство высокой «сказки-лжи-намека», территорию fiction, fantasy — «безумия без безумного» (Б. Пастернак).

Философия, деавтоматизируя язык, различает отождествленное, препятствуя мифу (то есть в определенном смысле — безумию и поэзии) стать руководством к действию — к теоретически или как угодно иначе оправданному насилию. Насилие может быть «оправдано» только «прагматически». Но философия существует для других целей.

Евгений Смотрицкий (Германия)

Смотрицкий Евгений Юрьевич родился (1959) и вырос в поселке Солёное (Украина). Окончил химический факультет Днепропетровского университета в 1981 г. 7 лет работал химиком в научно-исследовательской лаборатории при Транспортном институте (ДИИТ), затем окончил аспирантуру при Центре исследований научно-технического потенциала и истории науки АН Украины им. Г. М. Доброва. В 1992 г. защитил кандидатскую диссертацию в Институте философии в Киеве на тему: «Философский анализ химико-технологической деятельности и ее экологических последствий». С 1992 по 2002 гг. на преподавательской работе в родном Днепропетровске: 2 года преподавателем истории в ПТУ-67, затем доцент в Институте усовершенствования учителей и по совместительству преподавал философию, этику, религиоведение в различных вузах Днепропетровска. Правда, год был преподавателем Юридического института МВД с курсом профессиональной этики милиционера.

Проблемное поле научных интересов можно сформулировать следующим образом — глобализация во всевозможных измерениях, кроме экономического; культура как экологическая ниша homo sapiens; культура как механизм социо-природного гомеостазиса; физика и метафизика социального пространства: этика, экономика, экология.

10 лет читал обзорные лекции учителям и студентам по глобалистике. Интерес к этой тематике не пропал и сегодня. Мой интерес к глобальным проблемам возник во время работы над кандидатской диссертацией. Диссертация связана с экологической проблемой, а эта проблема относится к разряду глобальных. Меня интересовали масштабы и динамика роста химического воздействия на природу, сущность искусственного и естественного, анализ понятия «экологическое равновесие», естественные и искусственные материальные циклы и их временные характеристики, осмысление и сущность экологического кризиса, вклад отдельных наук в понимание

экологических процессов, изменение ценностного подхода к природе в новое время, поиск рекомендаций и путей выхода из кризиса. Это междисциплинарное исследование на стыке истории науки, философии, экологии, глобалистики. Особый интерес для меня представляет моральный аспект глобализации. Именно в этой сфере происходит слом культуры, культурологический разрыв. В новых условиях жизни девальвируются сложившиеся веками ценности, теряют эффективность механизмы их поддержания, поскольку жизнь требует другого.

С 2002 г. живу в Германии. Хронический безработный, даже при том, что сейчас официально работаю в качестве социального работника при еврейской общине. Годы полной безработицы — самые плодотворные в моей жизни. Написаны десятки философских и публицистических статей по проблемам глобализации, образования, этики, философии техники. Переведён ряд книг и статей с немецкого, английского, украинского на русский. Статьи в эти годы публиковались прежде всего в философском альманахе «Філософія. Культура. Життя» (Днепропетровск), Вестнике Днепропетровского национального университете (серия история и философия науки и техники), в педагогических журналах издательства ПЛЕЯДЫ (Киев), в электронном культурологическом журнале РЕЛГА (при нём с 2009 г. я являюсь редактором на общественных началах). Были публикации в газете «1 сентября» (Москва), *Европа-экспресс* (Берлин). Подготовил и издал 5 книг в издательстве Altaspera Publishing and Literary Agency, www.lulu.com/shop/search.ep?keyWords=Smotrytskyy&type:

1. Философская публицистика (2013).
2. Образование в поисках образа (2014). Соавтор Е. Шейнина.
3. Екологічна свідомість (укр.) (2017).
4. Наука и техника: история, философия, методология, мировоззрение (2017). Соавтор В. Шубин.
5. Эмигрантский цикл (2017).

Более подробно и эмоционально я написал о себе в журнале ТОПОС, www.topos.ru/article/1937.

ГЛОБАЛИЗАЦИЯ: ЭТЮДЫ ПЕССИМИЗМА

Глобализация социальной и ментальной деструкции

Сложность социальных процессов столь высока, что периодические политические кризисы неизбежны (А. Бергсон). Этот вывод сделан относительно отдельных государств. В эпоху глобализации, когда меняются функции и сама сущность государства, социальные процессы проще не становятся. Поэтому надеяться, что в ходе глобального прогресса социальные противоречия будут неизбежно и безболезненно устранены, не приходится. К сожалению, распространённым способом разрешения неразрешимых социальных проблем часто является война. Это форма «социальной перезагрузки». Она не имеет морального оправдания, что не мешает ей быть атрибутом истории.

Глобализация многомерна и преследует вполне определённые цели ради конкретных результатов (сверхприбыль на разности цены рабочей силы в разных регионах планеты и новые рынки сбыта). Какие-то цели и результаты достигаются попутно, хотя прямо и не ставятся, и не ожидаются. В том числе есть и негативные результаты глобализации, которые точно не формулируются как цель, но они есть.

Глобализация не просто поднимает на новый уровень социальные проблемы. Она порождает новые. Самое страшное непреднамеренное следствие глобализации — разрушение устоявшегося социального и культурного пространства (Д. Кортен). Фактически это угрожает разрушением традиционной государственности для стран, от которых исходит глобализация и унификацией и уничтожением традиционной культуры в странах, подвергающихся глобальной экспансии.

Разрушение сложившегося социального пространства неизбежно ведёт к социальной и психологической напряженности, поскольку отпадает потребность в устоявшейся системе ценностей. А человек, сформировавшийся в отмирающем обществе, остаётся наедине со своими привычками. Чем глубже было впитано человеком мировоззрение уходящей эпохи, тем сложнее ему перестроиться (чем ты лучше, тем тебе хуже, что заметил уже Ницше). Поэтому возникает фрустрация, когда старые ценности уже не работают, а новые — либо непонятны, либо неприемлемы. Это сильнейший внутренний психологический конфликт, который выплёскивается и во вне. Легче всего приспособиться к новым условиям цинику и конформисту, который не ориентируется на жесткие традиционные поведенческие рамки, а реально и без иллюзий смотрит на вещи. Внутреннего конфликта у такого человека нет, но зато есть внешний. И остановить такого человека в его поступках может только закон. Это и сложилось на сегодня в странах с развитой демократией и правовым сознанием. Но это фактически деморализация всего общества.

Разрушение социальности ведёт к разрушению (за невостребованностью) морали, вызывает состояние аномии (Э. Дюркгейм). Ни XXI век, ни глобализация не решили проблему десоциализации общества, но усугубили её. Как показал Г. Маркузе, правовое общество с технократическими ценностями востребует «одномерного человека», а система образования продуцирует, «образует» такого «человека». Это фактически дегуманизация человека. Одномерному человеку легче приспособиться к любым условиям, и им легче управлять, но и называть Человеком в полном смысле уже нельзя.

Разрушение социальности ведёт к массовой миграции. Масштабы колоссальны. Но если Великое переселение народов было переселением именно народов как целостных культурных социальных организмов, то сегодня мигрируют именно «осколки народов», которые несут с собой старые привычки, но не в состоянии социокультурно воспроизводить себя. Возникает проблема самоидентификации человека в глобальном мире. Появляется «свой» и «чужой», причём один человек может быть в двух ролях, поскольку в условиях глобализации не планета становится родиной, а родина — чужбиной. А это причина психологического шока, который и не собираются устранять.

Kaiserslautern, 2009

Беженцы

Планета Земля — планета наёмников и беженцев. Таково логическое завершение идеалов Гуманизма и Просвещения.

Человека нельзя лишить жизни. На страже его биологического существования стоят идеалы религий, гуманизма, права. Но человека можно лишить социального пространства. И тогда он обретает статус беженца. Это равносильно смерти. Парализованный человек интересен лишь родственникам и медперсоналу. Первым — из чувства долга, любви, сострадания. Вторым — по долгу службы, за деньги.

Так и беженец — человек, потерянный для общества. А интересен он лишь тем, кому это выгодно, кто за это получает зарплату или политические дивиденды.

Кто такие беженцы? Откуда и куда они бегут? Каким ветром они гонимы? Обязательно ли бежать, чтобы быть беженцем? Все ли сбежавшие «из» и прибежавшие «в» — беженцы? Кочевники — это беженцы? Вопросов больше, чем достаточно. Но нужны ответы.

Лев Николаевич Гумилёв, историк, географ, мыслитель, со свойственным ему юмором сказал, что все народы когда-то откуда-то пришли. Всегда было переселение отдельных людей и целых народов. Процесс миграции, с большей или меньшей интенсивностью, никогда не прекращался. Всегда были переселенцы. В каком-то смысле были и беженцы. Ведь казачество — это тоже беглые люди. А исход евреев из Египта! Изгнание их из Западной Европы: в XIII в. из Англии, в XIV в. из Франции и Германии, в XV в. из Испании. Пираты и покорители Америки — тоже беженцы. А кем были викинги: беженцами, завоевателями, или и тем, и другим?

В истории всё было. Но XX в. принес новые масштабы, новые причины, новые проблемы. Процесс глобализации проявился и в этой области. Рост населения, совершенствование транспорта и оружия — создали предпосылки для увеличения потока беженцев. В итоге к концу XX века их число оценивается более чем в 19 млн. человек. Процесс затронул десятки стран. Это уже глобальная проблема. Создан специальный комитет ООН по делам беженцев. На глазах возникает отрасль международного права по решению проблем беженцев. Возникла масса благотворительных фондов и организаций помощи беженцам. Позволю себе несколько неуместную здесь шутку Марка Твена о том, что на благотворительности и филантропии можно неплохо подзаработать.

Бороться, как известно, нужно всегда с причинами, а не со следствиями. В чем же состоят эти причины, ведущие к широкомасштабному бегству людей с родной земли? Сказать, что природные катастрофы, военные, религиозные и этнические конфликты, политические и экономические кризисы есть причина феномена беженцев — значит, почти ничего не сказать. Но что есть причина всего перечисленного, кроме природных катастроф? Всегда за чьими-то слезами стоит чья-то корысть, подлость и ошибки. Всегда есть доля субъективных причин. Более 5 млн. афганских беженцев — цена советской «интернациональной помощи» Афганистану в 1979–88 гг. Почему в Израиле, куда «сбежались» евреи со всего мира, — нет беженцев, а в Палестине более 50 лет существует «неразрешимая» проблема палестинских беженцев? Позволю себе ответить: потому что палестинский народ превращен в средство для достижения политических целей своими руководителями. Трудно сказать, кто прав, кто виноват был в Югославии. С одной стороны — стремление к свободе и независимости разных этносов и конфессий, с другой — желание сохранить целостность государства и нерушимость европейских границ после Второй мировой войны. Но вопрос в другом: чьим оружием они воевали? Чья «братская» и «техническая» помощь привела к кровопролитию и потоку беженцев, захлестнувшему Европу?

Примеры можно продолжать, хотя очевидно, что политические ошибки и интересы далеко не последняя причина появления беженцев. Что же касается природных катастроф, то и здесь не всё однозначно. После страшного наводнения в Германии в августе 2002 г. есть пострадавшие, но нет беженцев. В цивилизованном мире общество не оставляет в беде человека.

На планете Земля не осталось ничьих территорий. Кочевать нельзя, бежать можно только на чужие владения. Но почему чужие лучше своих? Почему чужие должны принимать беженцев? Сколько они должны? Проблема эта не только нравственная, юридическая, политическая, но еще и экономическая. Принимает беженцев Европа и США, но их ресурсы тоже не безграничны. Принципы гуманизма не позволяют отказать в помощи? Это хорошо, но почему они позволяют торговать оружием? Или опять действует простой политический и экономический расчет?

За множеством фактов трудно найти закономерность. За деревьями не видно леса. Но все-таки вопрос: есть какая-то закономерность в проблеме беженцев или нет, есть главная объективная причина или нет? Думаю, есть. Боюсь быть примитивно схематичным, но, как мне кажется, следует выделить два периода: локальных цивилизаций и глобальной цивилизации.

В первый период социальное пространство было меньше географического. Народы могли кочевать в ландшафте, слабые могли убежать от сильного. Но было куда бежать. Если это не удавалось — слабый «растворялся» в сильном. Мужчин уничтожали, женщин брали в жены. II период характеризуется глобальным освоением планеты. Поначалу просто благодаря возможности глобальных транспортных коммуникаций, а затем и распространяя новые принципы организации жизни с помощью новых транспортных средств и оружия. Эти новые принципы базировались на идеалах и ценностях Гуманизма: человек есть высшая ценность, свобода и активность — его неотъемлемые права. Рыночная экономика и связанная с ней конкурентная борьба — естественное следствие. Однажды появившийся Рынок начинает расти, и этот процесс заканчивается формированием всемирного Рынка. Национальные и региональные Рынки порождали локальные проблемы. Глобальный Рынок порождает глобальные проблемы. Беженцы — один из атрибутов Рынка, один из узелков обратной стороны мягкого ковра.

Глобализация — это эпоха, когда субъектами истории становятся не народы, этносы или их объединения в государства, а транснациональные корпорации. Борьба идёт уже не между носителями крови и духа, а между денежными группировками. Не за географическое пространство и идеалы, а за рыночное пространство без идеалов. Для денег — нет национальных, религиозных, государственных границ. Они всё подчиняют своей простой логике. Бог глобализации — бухгалтер. Современный человек зависит не от племени и погоды, а от возможности «подключиться» к финансовым потокам. Цивилизованные страны пытаются противостоять этому процессу, поддерживая малый бизнес и создавая систему социальной защиты. А страны третьего мира оказываются вовлечёнными в водоворот глобализации, который «вращает чужие турбины». Они отдают им свою энергию, теряя при этом свою социальную организацию, традиции, образ жизни. Кто не нанялся на какую-либо работу — становится беженцем у себя дома. Такую логику развития предсказывал русский мыслитель К. Д. Кавелин. В середине XIX века он писал: «Нетрудно себе представить, что наступит время, когда в индустриальном и промышленном отношении весь мир будет составлять одно целое, управляемое одними экономическими законами. Что же? Лучше будет положение масс от всемирной монополии землевладения и поможет против неё всемирная конкуренция? Нет, не количественное, а качественное врачевание социального недуга может положить ему конец».[1] И далее: «Бездомность, необеспеченность быта, пока она не охватила огромные массы людей, есть такое же печальное явление общественной жизни, как и многие другие, но не есть ещё признак органического расстройства… Но когда в это положение придут большие массы или, что еще хуже, большинство народонаселения, тогда-то опасность становится велика, и тут

---

[1] *Кавелин К. Д.* Наш умственный строй. — М.: Правда, 1989, с. 113.

паллиативы ничего не помогут: очевидно, общественный организм страждет, и нужны сильные, радикальные меры, успех которых всегда сомнителен».[2]

Параллельно с экономическим процессом глобализации идёт духовный процесс формирования «нового человека». Немецкий мыслитель Освальд Шпенглер так характеризует этот процесс: «Цивилизация со своими гигантскими городами презирает корни души и избавляется от них. Цивилизованный человек, интеллектуальный кочевник вновь становится микрокосмом, не имеющим родины, духовно свободным... Ubi bene ibi patria (где хорошо, там и родина) — таков лозунг периода до возникновения культуры и после ее исчезновения».[3] Выражаясь языком русской литературы — это временщик, который ради индивидуального выживания разрушает все: природу и культуру. И всё в соответствии с идеалами гуманизма!

Культура исчезла. И что же делать? Создавать новую! Идёт глобальная перестройка теперь уже единого человечества. Сохранение существующей тенденции развития — это катастрофа. Спустя почти сто лет можно повторить того же Освальда Шпенглера: «Теоретико-правовое осмысление основных ценностей нашей действительной жизни ещё не началось. Мы ещё даже не знаем этих ценностей».[4]

Культурологическая многомерность проблемы беженцев неисчерпаема. Но если выделить главное, то беженцы — это категория людей, лишенных социального пространства, утративших органическую связь с обществом, в котором они сформировались как личность. Это люди, которые не создали новую целостную социальную организацию, люди, не ставшие органической частью чужого общества. Лишившись старого своего, не создав нового своего, не обретя чужого — они никто. Даже если их закормить гуманитарной едой, укутать гуманитарными одеялами и расселить по гуманитарным жилищам. И чем больше становится людей с таким статусом, тем более зыбким становится наш общий мир.

Безусловно, лучше беженцы, чем ГУЛАГ, «Ираклаг», Варфоломеевская ночь и Кампучия «красных кхмеров», но давайте попробуем убедить в этом беженцев и самих себя.

Kaiserslautern, 2003

---

[2] Там же, с. 116.

[3] *Шпенглер* О. Закат Европы. Т. 2. — Мн.: ООО «Попурри», 1999, с. 113.

[4] Там же, с. 103.

ЕВГЕНИЙ СМОТРИЦКИЙ (ГЕРМАНИЯ)

Субъект истории в эпоху глобализации

В целом проблема глобализации видится как проблема самоорганизации человечества в абсолютно замкнутом, ограниченном пространстве. Народы всегда воевали между собой. Всегда шла война за оазис, за пресную воду, за золотую жилу, за нефть и т.д. И всегда была проблема организации общества в замкнутом жизненном пространстве: долина реки, склон горы, берег моря. Границы устанавливала либо природа, либо соседи. Если экстраполировать эти два процесса (борьба за господство над жизненным пространством и организация жизни в этом пространстве) на глобальный уровень, то возникают качественно новые проблемы.

Бытие истории реализуется в процессе взаимодействия социальных структур. Социальные структуры, которые определяют ход истории, можно назвать субъектами истории. История предоставляет большое разнообразие подобных структур, объединённых по тому или иному принципу или комбинации принципов: этническому, религиозному, государственному, политическому, географическому, экономическому. В наше время большое значение обретают наднациональные экономические структуры — транснациональные корпорации. Они обладают такими материальными и человеческими ресурсами, что можно говорить о них как о субъектах истории. Они влияют на внутреннюю и внешнюю политику государств, добиваются усиления влияния в ООН. От их внутренней экономической политики зависит благополучие миллионов людей. У них в руках, если можно так выразиться, «историческая власть». Что из этого следует?

Если рассматривать ход социальной эволюции на уровне этих структур, то неизбежна конкурентная борьба между ними, а также между этими структурами и государствами. Компании преследуют, прежде всего, экономические цели. Функции же государства значительно шире. Но национальные правительства могут превратиться в проводников политики ТНК. Тогда государство как субъект истории и выразитель национальных интересов теряет свою силу и смысл. В каком-то смысле ТНК становятся преемниками государства. Эту тенденцию можно обнаружить уже сегодня. Например, многие крупные фирмы имеют свои кодексы чести (мораль и табу), свою символику (новый тотем), свою службу безопасности, свои учебные подразделения, своих летописцев, свои масс-медиа и PR. Тогда можно без натяжки сказать, что «родиной» может стать человеку транснациональная компания. Поскольку нельзя родиться членом компании, а без принадлежности к крупным структурам нельзя выжить, то жизненный вектор человека будет определятся процессом «социализации в ТНК». Этот процесс будет порождать новые ценности и новые отношения между людьми, новую мораль и новое право.

Глобализация разрушает старые и порождает новые структуры, значит будет идти процесс выработки новой морали и «отмены» старой. Границы, которые будут разделять людей, будут проходить прежде всего не в государственном, этническом или религиозном пространстве, а между новыми структурами. Переход из старой структуры в новую сопряжен для человека (осознанно или нет) с отказом от старой системы ценностей и принятием новой, своеобразной духовной трансмутацией, или проще сказать — предательством, изменой.

Выживет тот, кто предаст. Все члены этой структуры становятся «своими», значимыми, и вырабатываются новые принципы отношений внутри и вне структуры. Английский язык сегодня важнее родного, интересы фирмы для человека важнее Родины, а деловые отношения важнее родственных. Люди же, которые по тем или иным причинам выпадают из структур — обречены на вымирание. Эти люди создают свою мораль и свои структуры.

Каковы возможные следствия? Сегодня мало шансов стать пиратом или казаком. Зато можно стать террористом. Какую модель школы, искусства, науки и идеологии предложит глобализирующееся общество — зависит от соотношения сил и интересов ТНК, государств и общества.

Kaiserslautern, 2005

Анри Бергсон о природе морали и глобальном вызове

Многое свидетельствует о стремительном приближении человечества как целого к очередной узловой точке в своей истории. Возможности науки и техники возрастают лавинообразно. Но также лавинообразно возрастают и проблемы: этические, экологические, да и экономические. Безусловно, всё это находит отражение и в политике. Но политические силы пытаются любой ценой сохранить существующую модель социально-экономического развития. Знание о том, что эта модель неоднократно приводила к кризисам на локальном и региональном уровнях, а значит, приведёт и к глобальному кризису, не останавливает. Паллиативные меры, и прежде всего разработка концепции устойчивого развития, практически ничего не решают, скорее выступают инструментом пиара (PR) для обоснования и выгодного освещения заранее принятых политических решений, нацеленных лишь на увеличение экономических показателей.

Столбики и строчки с цифрами, или выражаясь математическим языком — матрицы, оказываются той реальностью, вокруг которой выстраивается жизнь всего человечества. Но втянутость человечества в эту смертельную игру с цифрами ещё не означает заинтересованность всего человечества в этой игре. Значит, будет нарастать — сперва стихийно, затем более организованно — сопротивление этой тенденции. Схватка за жизненное пространство, сырьё и энергию будет жестокой. В этом сомнения нет. Но главная проблема не в этом. Кто бы ни победил — необходимо менять базовые ценности, структуру общества и модель жизни. В противном случае победителя не будет. Будет лишь отсрочка конца, и то в лучшем случае. Впереди у человечества золотой век. Но начнётся ли он с нуля или будет продолжением достигнутого интеллектуального и технологического уровня на новой духовной основе — зависит от самого человечества. Трудно представить, что в результате горячих или холодных политических дискуссий будут приняты политические решения, которые изменят ценностный базис человечества и позволят свернуть с пути тупикового прогресса. Но не стоит гадать. Необходимо осваивать уже сделанное и предлагать конкретные альтернативы. Удивительно актуально звучат сегодня философские сочинения французского мыслителя Анри Бергсона (1859–1941). Прежде всего, речь идёт о его последней крупной работе, вышедшей в 1932 г., «Два источника морали и религии», хотя интересные размышления относительно морали, социальной философии встречаются и в самом известном сочинении Бергсона — «Творческая эволюция» (1907).

Философ специально не рассматривает вопросы образования, но его размышления легко переносятся в эту сферу. Мы и попытаемся показать это в данной статье.

В общих чертах концепция Анри Бергсона выглядит так. Существует изначальный космический поток жизни. У этого потока есть определённые закономерности, но в то же время он принадлежит сфере свободы и пути его развития предсказуемы лишь в общих чертах. Но конкретное воплощение жизненного порыва непредсказуемо и реализуется в процессе творческой эволюции. Жизненный поток, обладающий жизненным порывом, импульсом, распадается в ходе эволюции на материю и дух. При этом материя является как бы носителем духа. Материя эволюционирует в 2-х больших направлениях: автотрофные растения и гетеротрофные животные. Дух, вернее сознание, как бы замирает в растениях, но не исчезает, а в животных дух распадается на 2 формы: инстинкт и интеллект. Инстинкт находит высшее развитие у социальных насекомых, но при этом инстинкт находится как бы в «бахроме» интеллекта. Интеллект же нашел своё высшее воплощение в человеке, хотя и он в свою очередь существует в «бахроме» инстинкта. Эти остатки инстинкта позволяют человеку в условиях кризиса, когда интеллект не справляется с возникающими задачами, включать механизм интуиции, позволяющей находить необходимые правильные решения.

Согласно Бергсону, биологическая эволюция происходит путём параллельного развития пучка направлений, исходящих из общего начала. В отличие от неё социальная и психологическая эволюция протекают как бы путём последовательного чередования двух сменяющих друг друга тенденций. Общество, согласно мыслителю, развивается путём последовательного чередования двух фаз: открытой и закрытой. «Закрытое общество» и «открытое общество» — важнейшие категории в философии Бергсона. Первое характеризуется замкнутостью, жесткой иерархической организацией, дисциплиной, значимостью каждого члена, неподвижностью (минимум развития). Мораль в этом обществе является моралью принуждения, которое как бы «разлито» во всём обществе и следует из всего образа жизни закрытого общества.

Закрытое общество, по мнению философа, является естественным его состоянием. Но наступает момент, когда оно «открывается»: нарушается его организация, рушатся ценности, отмирает мораль принуждения. Всё приходит в движение. Это результат нового жизненного порыва, нового импульса, который порождает одержимого мистика, увлекающего за собой массы людей своим примером, энергией, верой. Так на смену «закрытому обществу», статической религии и морали принуждения приходит «открытое общество» с динамической религией и моралью свободного следования за мистической личностью.

Мыслитель усматривает взаимосвязь между мистическим жизненным порывом и эпохой индустриализма. Великие научные открытия, технические изобретения и стремление к достатку и стабильности создали современную европейскую цивилизацию. Но ввиду некоего трагического, как считает Бергсон, отклонения в самом начале импульса наша цивилизация пошла по пути роскоши и жажды удовольствий. И сегодня она пытается навязать этот импульс всему миру. А это представляет глобальную опасность. Но поскольку развитие общества, по Бергсону, происходит путём чередования 2-х противоположных тенденций, то на смену этой тенденции — тенденции материальной роскоши, должна прийти тенденция духовного роста. Прямолинейное продолжение изжившей, вернее реализовавшейся тенденции, ведёт к саморазрушению. Просто ведёт к войне.

Бергсон считает, что человеческому роду присущ глубокий инстинкт войны. Но все его размышления направлены на то, чтобы предотвратить возможные будущие войны. Война оказывается средством разрешения материальных конфликтов, возникающих в результате непомерно раздувшейся одной из тенденций развития. Такая война есть способ механического уничтожения биологических особей и разрушения социума, в то время как истинное разрешение кризиса должно лежать в духовной плоскости и в сознательном изменении выродившейся тенденции развития. Он пишет: «Последняя война, как и те, что можно предвидеть в будущем, если, к несчастью, у нас должны быть ещё войны, связана с индустриальным характером нашей цивилизации».[5] Он выделяет следующие главные причины будущих войн: «…рост населения, потеря рынков сбыта, недостаток топлива и сырья».[6] Но если мы осознаём глубинные причины и возможные поводы, если нам понятен общий план, по которому развивается жизненный порыв, то мы не только можем, но и должны действовать в соответствии с ним. Вот что он пишет: «Надо ли бояться, надо ли надеяться? Долгое время считалось, что индустриализм и механизация принесут счастье человеческому роду. Сегодня мы охотно отнесли бы на их счет бедствия, от которых мы страдаем. Говорят, что никогда человечество так не жаждало удовольствий, роскоши, богатства. Как будто неодолимая сила все более неистово толкает его к удовлетворению его самых грубых желаний. Возможно, так оно и есть, но давайте обратимся к первоначальному импульсу. Если он был сильным, то могло быть достаточно малейшего отклонения вначале, чтобы происходил все более

---

[5] *Бергсон А.* Два источника морали и религии. — М.: «Канон», 1994, с. 313.
[6] Там же, с. 314.

и более значительный разрыв между намеченной целью и достигнутым результатом. В этом случае нужно беспокоиться не столько об образовавшемся разрыве, сколько о самом импульсе. Разумеется, ничто не делается само собой. Человечество изменится только в том случае, если оно хочет измениться. Но, возможно, оно уже приготовило себе средства для осуществления этого».[7] И далее: «Мы не верим в фатальность в истории. Нет такого препятствия, которого бы не могли разрушить целеустремленные воли, если они вовремя берутся за дело. Не существует, стало быть, неотвратимого исторического закона».[8]

Опираясь на свою концепцию исторического развития, Бергсон глубоко анализирует индустриализм, роль и место науки и изобретательства в культуре. Он вскрывает глубинные смыслы и мотивы научного и технического творчества и показывает истинные причины социальных кризисов, которые пытаются приписать науке и технике. Он пишет: «Речь шла о заботе о комфорте и роскоши, которые, по-видимому, стали главной заботой человечества. Когда мы видим, как развился дух изобретательства, как много изобретений служат применению достижений современной науки, как науку предназначают к бесконечному росту, то можно подумать, что бесконечный прогресс будет осуществляться в том же самом направлении. В самом деле, никогда удовлетворение, которое новые изобретения несут старым потребностям, не побуждает человечество ограничиваться последними; появляются новые потребности, столь же настоятельные, все более и более многочисленные. Мы видели, как происходила все ускоряющаяся гонка за благосостоянием по дорожке, по которой устремлялись все более плотные толпы людей. Сегодня это уже массовое нашествие. Но разве не должна сама эта одержимость открыть нам глаза? Не было ли какой-то другой одержимости, которую она сменила и которая развила в противоположном направлении деятельность, дополнением которой оказывается теперешняя тенденция? В действительности только начиная с пятнадцатого или шестнадцатого века люди, по-видимому, стремятся к расширению сферы материальной жизни. В течение всего средневековья господствовал идеал аскетизма. … Это был удивляющий нас недостаток комфорта для всех. И богатые, и бедные обходились без излишеств, которые мы считаем необходимыми. Было замечено, что

---

[7] Там же, с. 316–17.
[8] Там же, с. 318.

если сеньор жил лучше, чем крестьянин, то под этим следует понимать главным образом то, что он более обильно питался. В остальном же разница была незначительной. Стало быть, мы оказываемся здесь перед лицом двух расходящихся тенденций, которые следовали друг за другом и обе были охвачены одержимостью. ...Существуют, таким образом, колебание и прогресс, прогресс посредством колебания. И необходимо предвидеть, что после непрерывно возрастающего усложнения жизни наступит возврат к простоте».[9]

Далее Бергсон показывает, что «возврат к простоте не содержит в себе ничего невероятного».[10] Более того, он ярко рисует абсурдность нашего сегодняшнего положения: «Постоянно растущая потребность в достатке, жажда развлечений, безудержное стремление к роскоши, все то, что внушает нам столь серьезное беспокойство за будущее человечества, потому что оно будто бы находит в этом устойчивое удовлетворение, — все это проявит себя как воздушный шар, который яростно накачивают воздухом и который поэтому внезапно лопнет».[11]

Бергсон рассматривает три сферы, реформа которых должна упростить нашу жизнь:

1) «реформа нашего питания»;
2) «потребности, связанные с инстинктом размножения»;
3) наука и изобретательство.

Исключительно жестко и величественно звучит критика, связанная с инстинктом размножения: «Потребности, связанные с инстинктом размножения, носят повелительный характер, но с этой проблемой было бы быстро покончено, если бы мы ограничивались требованиями природы. Однако вокруг сильного, но бедного ощущения, взятого в качестве главной ноты, человечество породило непрерывно растущее множество обертонов; ... Вся наша цивилизация возбуждает чувственность. Здесь также наука еще должна сказать свое слово, и однажды она скажет его столь решительно, что придется его выслушать: не будет больше удовольствия в том, чтобы так сильно любить удовольствие. Женщина ускорит наступление этого момента в той мере, в какой она реально, искренне захочет стать равной мужчине, вместо того чтобы оставаться инструментом, каковым она еще является, ожидающим вибрации под смычком

---

[9] Там же, с. 324–25.
[10] Там же, с. 326.
[11] Там же, с. 330.

музыканта. Пусть совершится это превращение, и наша жизнь будет проще и одновременно серьезней. Те излишества, которых требует женщина, чтобы нравиться мужчине и отраженным образом нравиться самой себе, станут в значительной степени ненужными. Будет меньше расточительства, а также меньше зависти».[12]

Далее Бергсон касается «главного пункта нашего рассуждения».[13] Из этих слов понятно, какое значение он сам отводил дальнейшим рассуждениям. Мыслитель рассматривает роль и место научного и технического творчества в культуре. Что несут они: зло или благо? Его исходные посылки звучат так: «Многие считают, что именно механические изобретения в целом развили вкус к роскоши, так же, впрочем, как и к обычному достатку. Если даже и допускают обычно, что наши материальные потребности будут всегда возрастать и обостряться, то потому, что не видят причины, по которой человечество отказалось бы от пути механического изобретения, поскольку оно уже на него ступило. Добавим, что чем больше наука продвигается вперед, тем больше изобретений стимулируется ее открытиями; … и поскольку наука не может остановиться, то в самом деле кажется, что не должно быть конца удовлетворению наших старых потребностей и созданию новых. Но надо сначала задаться вопросом, вызывает ли непременно дух изобретательства искусственные потребности, или же искусственная потребность направляет здесь дух изобретательства».[14] И сразу же даёт ответ: «Вторая гипотеза наиболее правдоподобна». Он ясно показывает, что «механическое изобретение — это природный дар».[15] Оно было, есть и будет всегда. Наука резко ускоряет технический прогресс. Но ни наука, ни техника не несут ответственности за то, что создаются искусственные потребности, предметы роскоши и одновременно возрастает число людей, умирающих с голоду. Он утверждает, что «не существовало, как можно было бы думать, навязываемого людям требования науки уже самим фактом своего развития порождать все более искусственные потребности. … Но истина заключается в том, что наука дала лишь то, что от нее требовали, и в этом отношении инициатива принадлежала не ей; это дух изобретательства не всегда осуществлялся на благо человечества. Он создал тьму новых

---

[12] Там же, с. 328–29.
[13] Там же, с. 330.
[14] Там же, с. 330–31.
[15] Там же, с. 331.

потребностей».[16] Но тогда у нас возникает вопрос: кто требует от науки? Кому принадлежит инициатива? Кто является носителем духа изобретательства? Ответ очевиден: человек. Наука и техника имморальны. В этом смысле имморальны ученый и инженер. Но ученый и инженер — это люди. А люди не могут быть вне морали. Отказываясь от моральных принципов человек не становится имморальным. Он становится аморальным. Инженер и учёный не должны руководствоваться моральными нормами в процессе своего творчества или исследования. Но они обязаны совершить моральный выбор до начала исследования. Сначала система ценностей, моральная оценка, потом работа над изобретением и научный поиск. Именно это надо вкладывать в головы студентам. Ибо сегодня они студенты, а завтра — бесчеловечные инженеры, в том числе «человеческих душ». Газовые камеры были сначала в чертежах, «циклон Б» был сперва «в колбе», «Малыш» и «Толстяк», сброшенные на Хиросиму и Нагасаки, сперва были в мечтах инженеров и учёных. Безусловно, противостоять политическому давлению, морали принуждения закрытого общества, по терминологии Бергсона, исключительно трудно. Но в этом и проявляется Человек! Роберт Юнг в книге «Ярче тысячи солнц» описывает жизненную трагедию отца атомной бомбы Оппенгеймера.

Вот какие моральные выводы из этой трагедии делает русский мыслитель Игорь Золотусский: «Пережив Хиросиму, Оппенгеймер не мог продолжать свои исследования. Вслед за А-бомбой пришла очередь Н-бомбы. К чему это могло привести, куда увлечь человечество? Оппенгеймер настаивал на прекращении работ. Он был против Н-бомбы. Его посадили на скамью подсудимых. Теллер представлял противную точку зрения. Он был за Н-бомбу, за продолжение работ. Он выступил на суде Оппенгеймера в качестве свидетеля и сказал о своём коллеге: виновен. Физик пошел против физика. Но точнее — человек пошел против человека. Физика была ни при чем. Никто не сказал бы о Теллере, что он плохой физик. Именно он возглавил работы по Н-бомбе и довёл их до конца. Именно его потом назвали «отцом» этой бомбы. Но чем купил Теллер это имя? Он вырвался вперёд, когда другие физики отказались от этой работы. Ни Оппенгеймер, ни Ганс Бете, ни Раби не захотели делать бомбу. И тогда нашелся Теллер. Разве они не могли её сделать? Могли бы. Но они отказались по причинам моральным. Они поставили эти причины

---

[16] Там же, с. 332.

выше интересов физики. И выше своих житейских интересов».[17] Гениальный, без сомнения, физик Энрико Ферми сказал по поводу атомного проекта, что это «прежде всего — интересная физика»,[18] а то, что эта «интересная физика» ведёт к уничтожению людей — для него не столь важно. Титулы «отец атомной бомбы» (Оппенгеймер), «отец водородной бомбы» (Теллер), «отец немецкого химического оружия» (Фриц Габер) имеют сомнительную престижность. Причем, если Оппенгеймер раскаялся после содеянного, после того ужаса, который превзошел все мыслимые ожидания, то Теллер возглавил работы по созданию водородной бомбы, уже зная, что он делает. Над Фрицем Габером также состоялся суд, но он оправдывал себя, он не признал за собой вины. Он описывает этот суд в своей книге «Пять речей по химии».[19] Но раскаяние — это не только акт личного очищения! Это моральный пример, моральный призыв: не делайте так, как я сделал! Что ж, не каждому человеку суждено быть физиком, ни каждому физику (химику, …) — человеком.

Научное и техническое творчество имеют принципиальное различие. Наука открывает, творит что-то новое, даже если учёный примерно знает, что он ищет. А раз открывается новое, то принципиально невозможно предсказать, какие новые возможности для зла и блага оно несёт. В процессе технического творчества изобретатель обычно знает, чего он хочет, но не знает, как это реализовать. Таким образом, инженер может и должен заранее подумать, а стоит ли с моральной точки зрения изобретать то, что он собрался изобретать. С наукой сложнее. Как пишет русский философ из Днепропетровска В. И. Шубин, откуда было знать немецкому химику Клапроту в 1789 г., что, открывая химический элемент уран, он открыл атомную эру человечества! Тогда как быть? Что говорит Бергсон? «Мистика требует механики», — утверждает он. Ибо иначе мистика не может распространить милосердие «среди человечества, охваченного страхом голода». Далее: «Если наши органы являются естественными инструментами, то наши инструменты тем самым являются искусственными органами».[20] «…Машины, работающие на нефти, угле и «белом угле» и превращающие в движение потенциальную

---

[17] *Золотусский И.* Фауст и физики. — М.: «Искусство», 1968, с. 50.
[18] Там же, с. 49.
[19] *Габер Ф.* Пять речей по химии. — М.: Государственное военное издательство, 1924, 126 с.
[20] *Бергсон А.* Два источника морали и религии, с. 336.

энергию, накопленную за миллионы лет, оказалось, придали нашему организму столь обширное распространение и столь чудовищную мощь, настолько непропорциональные размеру и силе этого организма, что, безусловно, ничего этого не было предусмотрено в структурном плане нашего биологического вида; это была единственная в своем роде удача, величайший материальный успех человека на планете. ... Однако в этом непомерно выросшем теле душа осталась такой же, как была, уже слишком маленькой, чтобы его наполнить, слишком слабой, чтобы им управлять. Отсюда вакуум между ним и ею. Отсюда грозные социальные, политические, межнациональные проблемы, в которых четко проявляется этот вакуум и на которые, чтобы его заполнить, направлено сегодня столько беспорядочных и неэффективных усилий; здесь необходимы новые запасы потенциальной энергии, на сей раз моральной. Не станем поэтому ограничиваться высказанным выше утверждением, что мистика требует механики. Добавим, что увеличенное тело ждет увеличенной души и механика требует мистики».[21] Без моральной мутации человечество не справится с управлением непомерно возросшего технического тела. Бергсон перечисляет упрёки механизации, вернее направляющему её человеку: «...мы упрекаем ее в том, что она слишком активно содействовала искусственным потребностям и роскоши, способствовала развитию городов в ущерб деревням, наконец, увеличила дистанцию между предпринимателем и рабочим, между капиталом и трудом». Но Бергсон предлагает пути выхода. «Все эти последствия, впрочем, можно исправить; и тогда машина станет великой благодетельницей».[22] «Мы явно ощущаем, что сельское хозяйство, которое кормит человека, должно господствовать над остальным, во всяком случае, оно должно быть первой заботой самой индустрии... Если машина обеспечивает рабочему больше часов для отдыха и если рабочий использует этот дополнительный досуг на нечто иное, чем на так называемые развлечения, которые плохо управляемый индустриализм предоставил во всеобщее распоряжение, то он обеспечит своему уму такое направление развития, которое сам выберет, вместо того чтобы ограничиваться тем развитием, которое ему навязал бы... возврат (впрочем, невозможный) к ручным орудиям после упразднения машин».[23]

---

[21] Там же, с. 337.
[22] Там же, с. 334.
[23] Там же, с. 333–34.

Какая польза из всего вышесказанного студенту и преподавателю! Бергсон напоминает, что нет фатального разворачивания истории. Что человек — это и хозяин, и работник: он должен принять решение о своей судьбе и сам потрудиться над его реализацией. Он призывает вернуться к истинным ценностям, которые ошибочно потеснены индустриальной цивилизацией в пользу ложных: вернуться к простоте жизни и обрести радость вместо губительной роскоши и удовольствий. Сам мыслитель скептически относится к положению человечества: «Мистицизм, бесспорно, находится у истоков великих моральных преобразований. Человечество несомненно кажется далёким от него, как никогда. Но как знать?».[24] Но мы должны быть готовы, когда приблизимся к последней черте, о которой предупреждает философ. «И тогда раздастся призыв героя; не все мы последуем за ним, но все мы почувствуем, что должны это сделать».[25]

Kaiserslautern, 2008

---

[24] Там же, с. 316.
[25] Там же, с. 340.

Руслан Лошаков (Швеция)

Лошаков Руслан Анатольевич (р. 1959), доктор философии, доктор философских наук.

В 1989 году закончил исторический факультет Архангельского педагогического института (ныне Арктический государственный федеральный университет). С 1990 по 1993 год учился в аспирантуре философского факультета Санкт-Петербургского университета, а в 1994 году защитил кандидатскую диссертацию по теме «Разум и вера в философии Нового времени. Августин — Декарт — Паскаль». В 1994 году был принят в докторантуру Страсбургского университета, где в 1995 году защитил диссертацию по теме «Отношение разума и веры к новоевропейской метафизике» на звание доктора философии. В 2007 году защитил на философском факультете Санкт-Петербургского университета докторскую диссертацию по теме «Различие и тождество в греческой и средневековой онтологии».

Основные мои работы относятся к феноменологии, понимаемой как широкое философское направление, направленное на описание различных видов опыта сознания. Главной моей темой является феноменологическое различие значения и смысла. Исходной посылкой в разработке этой темы является положение о приоритете различия над тождеством. Данная исследовательская стратегия была предпринята в работе *«Феномен и символ»* (2002), где символ понимается как внелингвистическая реальность языка, или, другими словами, как момент чистого различия языка от самого себя.

В книге *«Различие и тождество в греческой и средневековой онтологии»* (2007) было показано, что Различие является скрытой предпосылкой классических онтологий, таких как аристотелевская и средневековая. Последовательная экспликация аристотелевского положения «сущее не есть род» приводит к пониманию бытия (сущего) как Различия.

В работе *«Кантовское априори как эсхатологическая реальность»* (2009) показано, что в основании «трансцендентального единства самосознания» лежит действие трансценденции, которое не может быть определено, поскольку, заключая в себе целую (актуальную) бесконечность своих оснований, оно не может быть подведено под какую-либо идентичность, всегда обладающую конечным характером.

Работа *«Интенциональность как событие»* (2011) нацелена на выявление оснований интенциональности, понятие которой было введено Брентано, а затем Гуссерлем. Исходя из невозможности атрибуции интенциальности как действия какому-либо субъекту этого действия, интенциональность квалифицируется как событие, не поддающееся анализу, поскольку каждый элемент анализа, будучи тем или иным значением, представляет собой элемент тождества. В рамках данной работы намечено феноменологическое различие значения и смысла: значение есть единица тождества, тогда как смысл есть момент различия.

Различение значения и смысла развивается и углубляется в работе *«Смысл как событийность языка»* (2013). В соответствии с введенным Левинасом понятием диахронии как указания на прошлое, которое никогда не было настоящим, значение трактуется как след смысла. Различие значения и смысла не может быть проведено в логическом или семантическом плане, поскольку смысл есть само различие. Соответственно, будучи чистым различием, смысл не поддается категоризации, и не может быть представлен в оппозиции к значению, не слившись при этом с самим значением. Значения являются необходимым компонентом феноменологических дескрипций, поскольку они даны в синхронии сознания. Однако смысл не может быть тематизирован в рамках классической (гуссерлевской) феноменологии, трактующей его как синоним значения, поскольку смысл диахроничен.

В настоящее время я работаю над книгой *«Этика диалога»*, значительная часть которой представляет собой критическое исследование диалогизма Бахтина. Главным тезисом данного исследования является глубокое отличие диалога от всех форм коммуникации, имеющих место в пространстве психологической, социальной и политической субъектности. Субъект коммуникации является предпосылкой акта коммуникации, тогда как «субъект» диалога возникает только в результате диалога. Диалог как отношение к «другому», первичен по отношению к его участникам, поскольку встреча с «другим» возможна при условии отказа от субъектности, представляющей собой уровень личностной или социальной идентичности.

РУСЛАН ЛОШАКОВ (ШВЕЦИЯ)

В отличие от коммуникации, которая имеет место только на уровне значений, используемых в качестве операторов идентификации, диалог развертывается на уровне смысла, и, соответственно, имеет иную темпоральную структуру, которая не может быть синхронизирована, т.е. представлена в единстве фаз его времени, поскольку диалог неустранимо диахроничен.

Философы, оказавшие на меня наибольшее влияние: Кант, Хайдеггер, Бергсон, Левинас, Мамардашвили.

«ПЕРВАЯ ФИЛОСОФИЯ» МИХАИЛА БАХТИНА

> «Метод заключается в отказе от поисков истины, вместо которых мы задаемся вопросом о смысле».
> *Людвиг Витгенштейн*

> «Смысл — это такое образование, для которого всего мира и всего опыта относительно мира недостаточно, чтобы возник вопрос о смысле».
> *Мераб Мамардашвили*

Сложность восприятия текста М. М. Бахтина «К философии поступка» проистекает оттого, что действие, называемое Бахтиным поступком, не подлежит описанию ни в рамках психологии деятельности, ни в качестве предмета этики как нормативной дисциплины. Текст Бахтина вообще может быть осмыслен в его истинном размахе только в том случае, если он сразу понят как критика всех вариантов трансцендентальной метафизики, и именно в этой мере — как *набросок неклассической онтологии*.

Онтология, именовавшаяся Аристотелем «первой философией», понимает себя как речь о сущем как таковом. Поскольку же, согласно Аристотелю, ближайшим определением сущего выступает сущность, в свернутом виде заключающая в себе экспликацию того, *что* есть это сущее, то онтология развертывается в *логос сущности* (λόγος τῆς οὐσίας), опорным основанием которого выступает *субъект* того или иного высказывания. Опуская целые исторические эпохи, скажем, что началом трансцедентальной метафизики является «мыслящее Я» (*Ego cogito*), полагаемое Декартом в качестве субъекта всех возможных высказываний о мире. Бытие понимается здесь как некая *объективность предмета*, или, другими словами, как доступность предмета для теоретического описания со стороны познающего этот предмет субъекта. Такое понимание бытия является значимым для всех вариантов трансцендентальной метафизики, за рамки которой нас не выводят ни априоризм Канта, ни феноменологическая редукция Гуссерля.

Вместе с тем, то, что Бахтин именует «поступком» никоим образом не может быть разъяснено в рамках онтологии как речи «о бытии», структурируемой сообразно порядку теоретически рассматриваемых сущностей. Строго говоря, поступок есть такое сущее, которое вообще *не имеет сущности*. Именно поэтому поступок принципиально выпадает из поля теоретической рефлексии, что позволяет Бахтину отнести его не к бытию, понимаемому как область теоретически эксплицируемых сущностей, а к *событию*. При этом, «событие» мыслится как измерение самого бытия, оказываясь *событием* именно бытия, а не чего-либо иного. Поэтому Бахтин использует оборот «бытие-событие», сразу же вводя здесь некий онтологический парадокс, поскольку «событие» и «бытие» высказываются не только различными, но и несовместимыми «логосами», которые не могут быть объединены в рамках какого-либо целостного и непротиворечивого языка. В самом деле, логос сущности (или, речь о бытии) является логосом предикации, соотносящим предмет с *понятием* предмета. Соответственно, объективность предмета в трансцендентальной метафизике выражается мерой соответствия понятия, как *объективной реальности* предмета, самому предмету. Другими словами, логос сущности, берем ли мы его в аристотелевском изводе или в его трансценденталистском варианте, устанавливает *порядок истины* как соответствия нашего высказывания определенному предметному положению дел. Истина является, тем самым, *онтологическим предикатом* всякого теоретического суждения. Поэтому, поступок, как *событие* бытия, не относится к ведению логоса предикации, или, по крайней мере, предполагает иной порядок истины, нежели тот, с которым имеет дело теоретический разум. «Бытие-событие» оказывается антиномическим сопряжением двух логосов, единство которых тем более необходимо, чем менее оно возможно.

Однако какой же порядок истины открывает нам то, что Бахтин именует событием? Здесь Бахтин указывает на тот, казалось бы, само собой разумеющийся факт, что сами теоретические истины открыты посредством неких жизненных актов, или присутствуют в определенных жизненных установках, словом, как выразился бы Гуссерль, даны нам в модусах тех или иных «субъективных свершений». При этом содержание актов, в которых даны те или иные теоретические истины, не входит в содержание самих этих истин. Другими словами, порядок жизненных актов оказывается трансгредиентным (если воспользоваться этим любимым термином Бахтина) по отношению к порядку полагаемых ими теоретических истин. «Утверждение суждения как истинного — говорит Бахтин — есть отнесение его в некое теоретическое единство, и это единство совсем не есть единственное историческое единство моей жизни».¹ Это историческое единство моей жизни не может определяться в параметрах «истины», как соответствия ее некоему идеальному «образцу», поскольку такое соответствие раз и навсегда упразднило бы *смысл* моей жизни как уникального события. Единство жизни обладает собственным контекстом и несет в себе свое собственное оправдание, которое мы и называем *смыслом*. Таким образом, то, что Бахтин именует событием или поступком, есть *свершение смысла*, при котором сам собой отпадает вопрос об истине того, что мы называем смыслом.

Парадокс «бытия-события» предстает, таким образом, антиномией *истины* и *смысла*. Так, событие смысла делает избыточным вопрос об истине того, в чем полагается смысл. С другой стороны, теоретические истины совершенно не нуждаются в выяснении своего исходного смысла, причем взятые вне своего событийного истока, они предстают как «истины в себе» (если воспользоваться этим выражением Больцано), образуя замкнутый и самодостаточный мир науки или «культуры». Вместе с тем, событийное измерение присутствует в любом теоретическом полагании, являясь его *невидимым контекстом*. «Поскольку я помыслил предмет, — говорит Бахтин — я вступил с ним в событийное отношение».² Событие мысли здесь — это не «мыслящее Я», но и не мыслимый предмет, а сама мысль, которая не вытекает ни из психологических констелляций мыслящего субъекта, ни из объективности мыслимого им предмета. Мысль не детерминирована, она *интонирована*, поскольку является *большим стилем*, задающим композиционное единство и целостность моей жизни, а вовсе не «субъективным образом объективного мира».

Действительно, теоретические истины не написаны на небесных скрижалях рукою самого Бога. Так, универсальная значимость закона всемирного тяготения была дана в одном единственном жизненном свершении, не только вобравшем в себя индивидуальную жизнь Исаака Ньютона, но и отразившем в себе, подобно лейбницевской монаде, несколько столетий развития европейской мысли. Закон всемирного тяготения был открыт Исааком Ньютоном, став при этом *исполнением* жизни Ньютона, так что именно в открытии этого закона жизнь Ньютона предстала в ее неповторимом стиле

---

[1] *М. М. Бахтин.* Собрание сочинений. Т. 1 Москва, Издательство Русские Словари. Языки славянской культуры, 2003, с. 9.

[2] *М. М. Бахтин.* Там же, с. 32.

и историческом своеобразии. Законы Ньютона — это исполнение жизни Ньютона, ее «энтелехия». Однако *теоретическая истина как энтелехия жизни является не истиной этой жизни, а ее смыслом.* Очевидно, что теоретическая истина предстает здесь в совершенно иной тональности, а именно, в тональности *участного*, а не теоретического мышления. Теоретическое отношение к предмету ставит меня в позицию наблюдателя, но не участника. Открытие закона всемирного тяготения является в этом смысле не актом теоретического полагания, а *событием*, которое полностью вобрало в себя жизнь Ньютона как одного из своих главных участников.

Вместе с тем, событие открытия закона тяготения не входит в теоретическое содержание этого закона. Именно поэтому нет никакой возможности вернуться от теоретического содержания закона тяготения к тому событийному свершению, смыслом которого и стал этот закон. Отсюда вырастает иллюзия самодостаточности теоретического мира, который считается единственной и подлинной реальностью. Теоретический разум выдвигает здесь претензию на то, чтобы считаться «первой философией», т.е. онтологией.[3] Вневременная значимость теоретической истины противополагает себя историчности своего смысла. Более того, под взглядом теоретического субъекта само событийное свершение теоретической истины предстает как ничего не значащий «субъективный» осадок чувств и психологических переживаний, представляющих собой сложный сплав сомнения, вдохновения и отчаяния, попеременно владевших тем или иным историческим «субъектом». С позиции теоретического содержания закона тяготения не имеет ровным счетом никакого значения, открыл ли его Ньютон, Гук или кто-либо другой, поскольку само авторство в открытии этого закона низводится до случайного исторического обстоятельства.[4] Теоретическое сознание задним числом переписывает свою историю таким образом, что историчность событийного свершения предстает как случайный исторический факт в рамках общей истории науки.

---

[3] Как говорит сам Бахтин, «мир как предмет теоретического познания стремится выдать себя за весь мир в его целом..., т.е. теоретическое познание пытается построить первую философию (prima philosophia)». (*М. М. Бахтин*. Там же, с. 12)

[4] «Но для теоретической значимости суждения совершенно безразличен момент индивидуально-исторический, превращение суждения в ответственный поступок автора его. Меня, действительно мыслящего и ответственного за акт моего мышления, нет в теоретически значимом суждении»: *М. М. Бахтин.* Там же, с. 8.

Итак, событийное свершение, в котором происходит то *осуществление смысла*, которое Бахтин называет поступком, не может быть увидено и транскрибировано (если воспользоваться еще одним любимым термином Бахтина) изнутри теоретического знания. Смысл вообще не может быть уловлен в параметрах, заданных трансцендентальным субъектом, поскольку само понятие субъекта является продуктом сугубо теоретического представления. Именно поэтому Бахтин говорит о гносеологическом субъекте как об «исторически недействительном» порождении абстракции.[5] Следовательно, поступок как явление неописуем в рамках трансцендентальной метафизики, полагающей бытие мыслящего Я как первичный факт онтологии мира.

Открытие Кантом априорных источников знания явилось важным изменением *внутри* трансцендентальной метафизики, нисколько не поколебавшим самого ее основания. Формализм этического долженствования, который Бахтин подвергает самой суровой критике, продиктован самим характером трансцендентального *Ego*, которое в кантовской этике попросту приобретает ноуменальный статус. В конечном счете, ценой сохранения трансцендентальной предпосылки Я как субъекта оказывается отсутствие в кантовской этике Другого. Трансцендентальное сознание вообще не содержит в себе таких онтологических ограничений, которые вместе с тем очерчивали бы область Другого.[6] Поэтому трансцендентальная метафизика сталкивается со следующей дилеммой: *либо Другой находится вне поля трансцендентального сознания, являясь в этом случае невидимым, немыслимым, непредставимым, не имеющим к нам совершенно никакого отношения; либо Другой входит в трансцендентальное сознание, совершенно уничтожая в этом случае его трансцендентальный характер, так что я оказываюсь в ситуации «лицом к лицу»*, которую, как показал Э. Левинас, вообще нельзя

---

[5] «Обнаружение априорно трансцендентного элемента в нашем познании не открыло выхода изнутри познания, т.е. из его содержательно-смысловой стороны в исторически-индивидуальный действительный познавательный акт, не преодолело их разобщенности и взаимной непроницаемости, и для этой трансцендентной активности пришлось измыслить чисто теоретический, исторически недействительный субъект, сознание вообще, научное сознание, гносеологический субъект»: *М. М. Бахтин*. Там же, с. 11.

[6] В «Метафизических размышлениях» Декарта, произведении, являющемся каноном трансцендентальной метафизики, другие появляются только один раз, да и то, чтобы тут же быть заподозренными в том, что это вовсе не люди, а машины, одетые в плащи и шляпы.

описать в терминах сознания. «Другой» появляется в этике Канта как редупликация «Своего», что особенно заметно в самой формулировке категорического императива, в котором «другие» являются отдаленным эхом «своего собственного». Статус Другого у Канта исключительно формален, — это сама форма этического долженствования, не более того. Поэтому этическое долженствование не вытекает у Канта из действительности самого поступка, а как бы «извне пристегивается» к субъекту этического действия.[7] Мы не выходим здесь за границы «Своего», означающего формализм этического долженствования, который, подобно теоретическому сознанию, замкнут в самом себе, не имея никаких выходов вовне. В результате, как говорит Бахтин, «поступок отброшен в теоретический мир с пустым требованием законности».[8] Этический характер поступка не может быть раскрыт посредством автономии морального законодательства, как предписания *самому себе* формы этического долженствования, равно как и теоретическое сознание стирает всякий след своего собственного события.

Таким образом, поступок неописуем ни в качестве субъекта этического действия, ни как объект теоретического представления. Поэтому и сам поступок противится его разъятию на «объективное» смысловое содержание и «субъективный» (психический) процесс его осуществления.[9] Подчеркивая эту изначальную целостность поступка, Бахтин расходится не только с кантовским трансцендентализмом, но и с феноменологией Гуссерля, периода «Логических исследований» и «Идей к чистой феноменологии». Поступок не может быть представлен в ноэмо-ноэтической корреляции, которую Гуссерль рассматривал как универсальный способ раскрытия смысла предметности. Смысл поступка — это не ноэма,

---

[7] «Этическое долженствование извне пристегивается»: *М. М. Бахтин*. Там же, с. 25.

[8] Поступок отброшен в теоретический мир с пустым требованием законности. *М. М. Бахтин*. Там же, с. 27.

[9] «Поступок расколот на объективное смысловое содержание и субъективный процесс свершения. Из первого осколка создается единое и действительно великолепное в своей строгой ясности системное единство культуры, из второго, если он не выбрасывается за совершенной негодностью (за вычетом смыслового содержания чисто и полностью субъективный), можно в лучшем случае выжать и принять некое эстетическое и теоретическое нечто вроде Бергсона durée, единого elan vital [нрзб.]. Но ни в том, ни в другом мире нет места для действительного ответственного свершения-поступка»: *М. М. Бахтин*. Там же, с. 23.

с настраивающимися над ней ноэтическими слоями психической природы, конституирующими в своей совокупности предмет практического действия. Тем самым, поступок — это не действие, направленное на осуществление смысла, данного мне посредством эйдетической интуиции; по словам Бахтина, «поступок движется и живет не в психическом мире».[10] Смыслом поступка является только сам поступок. Другими словами, не существует a priori данного смысла поступка, так же как не существует и a priori данной формы этического долженствования, в соответствии с которой мое действие получало бы квалификацию поступка как *этически значимого* действия. В феноменологии, как и в «практическом разуме» Канта (который остается тем же самым «теоретическим разумом», только сбросившим с себя оковы рассудка), мы видим приоритет теоретического отношения, которое делает заведомо невозможным доступ событийному свершению, именуемому поступком.

Резюмируя сказанное, заметим, что в самом бытии теоретического мира обнаруживается «живая точка внутренней свободы» (Мамардашвили), в которой, однако, сконцентрирована вся тяжесть исторически ответственного поступка. Это воистину «тяжелая точка», которая только и придает теоретическому миру его подлинную весомость и значимость. Отрываясь от своего событийного истока, замыкаясь в мнимой автономии вневременных истин, теоретический мир *лишается смысла*. Именно в автономизации научной рациональности Гуссерль увидит главную причину кризиса европейских наук, преодолеть который он попытается обращением к «забытым» допредикативных очевидностям «жизненного мира». Вместе, с тем эта тяжелая точка находится по отношению к теоретическому миру в позиции «вненаходимости», поскольку, будучи втянута в бытие теоретического мира, она обретает там вещественную плотность *факта*, полностью детерминированного как прошлыми, так и будущими состояниями этого «бытия», из которого ей уже не выскочить. «Единственное исторически действительное бытие — пишет Бахтин — больше и тяжелее теоретического бытия науки, но эту разницу в весе, очевидную для живого, переживающего сознания, нельзя определить в теоретических категориях».[11] Мы подходим здесь к тому моменту, когда нам в полной мере открывается вся глубина и своеобразие «первой философии» Михаила Бахтина.

---

[10] *М. М. Бахтин*. Там же, с. 16.

[11] *М. М. Бахтин*. Там же, с. 12.

Антиномия «бытия-события», о которой у нас уже шла речь, заключается в онтологической несоизмеримости теоретической истины и смысла поступка как определенного событийного свершения. Смысл не может быть эксплицирован посредством теоретических категорий в силу того, что сами эти категории обретают смысл только в соотнесении их с «тяжелой точкой» поступка. Здесь мы и встречаемся с вопросом о *смысле факта*, который в горизонте теоретического сознания превращается в вопрос о том, *каким образом факт обретает смысл теоретического закона*. Так, факт падения яблока на землю остается просто фактом нашего повседневного опыта, пока он не *осмыслен* в качестве конкретного случая определенного теоретического утверждения. Однако при этом остается до конца неясным, каким образом происходит преобразование чистой фактичности в научный факт, каким образом падение тяжелого предмета на землю, которое я наблюдаю здесь и сейчас, в конкретном историческом времени моей жизни, становится точкой аппликации закона всемирного тяготения. Этот вопрос следует признать одной из главных проблем новоевропейской философии, которую она пытается решить то в рамках психологического генезиса (Локк, Юм), то путем допущения трансцендентальных оснований научного знания. Всю «Критику чистого разума» Канта можно, поэтому, рассматривать как философский ответ на проблемы, поставленные ньютоновским естествознанием. Поскольку Кант объявляет категориальный синтез априорным условием мышления, то в «синтетических основоположениях чистого рассудка» нам дана *метафизическая структура* научного знания. Тем самым, всякий факт *a priori* обладает теоретической значимостью, и, будучи включен в эту структуру, становится репрезентацией той или иной теоретической истины. «Ведь именно в априори заключена вся присущая факту рациональность»,[12] скажет впоследствии Эдмунд Гуссерль. Поэтому, несмотря на весь критицизм Гуссерля в отношении Канта, гуссерлевская идея феноменологии как априорной науки о сущностях целиком находится в границах новоевропейского трансцендентализма.

Вся первая глава «Идей к чистой феноменологии» посвящена анализу той *смысловой пропасти*, которая разверзается *между* фактом и сущностью. Как говорит сам Гуссерль, «из факта всегда следует

---

[12] *Эдмунд Гуссерль*. Картезианские размышления. Санкт-Петербург, 1998, с. 290.

только факт».¹³ Другими словами, двигаясь в эмпирическом ряду фактов, мы никогда не дойдем до такого момента, когда ряд фактов переходит в последовательность сущностей. Эмпирический ряд фактов не имеет завершения, вследствие чего сущность эмпирически не выводима из совокупности фактов, каким бы полным ни был их ряд. Более того, всякий факт абсолютно *случаен*, и эта случайность (фактичность) должна каким-то образом коррелироваться с необходимым характером сущности. «Смысл такой случайности, прозываемой тут фактичностью», — говорит Гуссерль — ограничивается тем, что коррелятивно сопрягается с *необходимостью*, каковая означает не простую фактичную наличность сохраняющего свою значимость правила соупорядочивания пространственно-временных фактов, но обладает характером *сущностной необходимости и тем самым сопряженностью с сущностной всеобщностью*».¹⁴ Поэтому, факт для Гуссерля является всего лишь точкой опоры для *идеации*, т.е. такого поворота сознания, которое поверх голой фактичности предмета позволяет «усмотреть» его строго необходимую, инвариантную сущность. Сущностью предмета является для Гуссерля сам предмет, данный в акте эйдетического созерцания.

Не вдаваясь в детальный анализ позиций Канта и Гуссерля, заметим, что решение проблемы *смысла факта* дается ими исключительно в контексте теоретического сознания, а именно, в плане категориального синтеза у Канта и категориального созерцания у Гуссерля. Неизбежным последствием такого сугубо теоретического подхода является то, что *смысл* факта свертывается в *сущность*, выступающую *идеальным предметом* теоретического умозрения. Вопрос о смысле оказывается, тем самым, смещен в сторону сущности, выступая в несобственной, превращенной форме. В полном соответствии с традиционной онтологией, критический идеализм Канта и трансцендентальная феноменология Гуссерля представляют собой λόγος τῆς οὐσίας, который, однако, понимается ими как априорная структура всякой предметности. Вместе с тем, теоретический контекст анализа проблемы смысла предмета, и вытекающий из него абсолютный приоритет сущности перед фактом, равным образом ставит Канта и Гуссерля перед проблемой, для решения которой

---

¹³ *Эдмунд Гуссерль.* Идеи к чистой феноменологии и феноменологической философии. Книга I. Общее введение в чистую феноменологию. М.; Дом интеллектуальной книги, 1999, с. 36.

¹⁴ *Эдмунд Гуссерль.* Там же, с. 27.

они не располагают никакими средствами, поскольку именно здесь трансцендентальная метафизика наталкивается на свои собственные пределы.

В силу случайности факта эмпирический ряд может быть начат в *любой* точке нашего опыта. Однако этот ряд не может быть завершен, поскольку, как говорит Гуссерль, «любое физическое свойство втягивает нас в бесконечность опыта».[15] С другой стороны, если смысл берется сам по себе, образуя априорную по отношению к факту сущность, то, в конечном счете, сущности замыкаются в полностью автономный мир, в котором невозможно никакое подлинное *начинание*. Бахтин прекрасно видит эту *немощь мысли*, оказавшейся в эфире чистого смысла. «Мир смыслового содержания — говорит он — бесконечен и себе довлеет...» Здесь нельзя начать, всякое начало будет случайно, оно потонет в мире смысла».[16] Никакое начало здесь невозможно, поскольку *мир сущностей как априорная структура предметности дан раз и навсегда в едином, объемлющем его оке трансцендентального Эго*. Поэтому трансцендентальная метафизика втягивается в следующую апорию, из которой она сама неспособна выбраться: с одной стороны, мы имеем мир дурной эмпирической нескончаемости, а с другой — бессилие мысли, которая не может ничего начать, поскольку для нее уже все закончилось. Другими словами, мысль оказывается *между* бесконечностью опыта и законченным, завершенным в себе самом миром «смыслов», т.е. *между* началом и концом, в ситуации, когда невозможен как конец, так и начало. Постулируемый трансцендентальной метафизикой приоритет сущностного мира, в котором невозможен никакой *initium*, и, следовательно, невозможно никакое подлинное *настоящее*, которое всегда *начинает*, а вовсе не является *бывшим будущим и будущим прошлым*, оборачивается пустотой времени как «формы внутреннего созерцания» у Канта, и парадоксами «конституирования» времени у Гуссерля.[17] При этом не существует никакой возможности решения этой проблемы в контексте теоретического сознания, поскольку сама эта проблема является порождением того теоретического отношения к миру, которое свойственно всей метафизике Нового времени, начиная с Декарта и вплоть до Гуссерля.

---

[15] *Эдмунд Гуссерль*. Там же, с. 28.

[16] *М. М. Бахтин*. Там же, с. 41.

[17] «Каждое мгновение — начало, рождение»: *Эмманюэль Левинас*. Тотальность и бесконечное. Москва-Санкт-Петербург, 2000, с. 47.

Очевидно, что выход из апории, в которой очутилось теоретическое сознание, невозможен до тех пор, пока не преодолена теоретическая установка, согласно которой тот или иной факт выражает собой ту или иную степень *объективности* как меры своего соответствия априори данному, *предустановленному* эйдосу, представляющему собой теоретически постигаемую сущность этого факта. Поэтому то, что Бахтин называет поступком никоим образом не является категорией этики, понимаемой в значении *априорной науки о должном*, тем более что любая категоризация такого рода сразу же растворяет поступок в теоретическом сознании. Напротив, слово «поступок» несет на себе главную смысловую нагрузку «первой философии» Бахтина, поскольку оно является индикатором радикальной смены метафизической парадигмы. По сути, незавершенный текст Бахтина «К философии поступка» является ничем иным, как попыткой построения онтологии на принципиально ином основании, нежели то, на котором она строилась, начиная с Аристотеля. Вместо θεωρία как способности постижения сущности вещи, ее «эйдоса», в основание онтологии должен быть положен πραξις. В свою очередь, это означает, что логос сущности (λόγος τῆς οὐσίας) вовсе не является *последним контекстом*, в котором нам даны вещи, поскольку в основании самого логоса сущности находится λόγος πρακτικός. Вместе с тем, необходимо вывести понятие поступка (πραξις) из-под власти его обиходного значения как того, что, так или иначе, *делает* человек.

Вновь обращаясь к известному апокрифу, повествующему об открытии закона всемирного тяготения Ньютоном, «увидевшем» этот закон в простом факте падения яблока на землю, заметим, что никакая индукция неспособна извлечь теоретический закон из сколь угодно большой серии эмпирических наблюдений. Сколь бы долго мы не наблюдали падение яблока, из этого факта всегда будет следовать только сам этот факт — падение яблока, и ничего более. Очевидно, что само открытие такого рода, как открытие закона всемирного тяготения, происходит не в реальном пространстве «фактов» и не в идеальном пространстве «сущностей», из которых, как это мечталось Декарту и Лейбницу, можно было бы вывести любой факт путем исключительно логической дедукции. Получается, что открытие мирового закона происходит в каком-то *другом* пространстве, трансгредиентном (если снова воспользоваться любимым термином Бахтина) как в отношении пространства фактов, так и в отношении пространства сущностей. Для того чтобы это открытие состоялось, падающее яблоко и я, увидевший в этом падении силу всемирного тяготения, должны соединиться в некоей точке, которую невозможно обрести простым актом мысли, ибо это точка моего собственного *присутствия* в мире.[18] Она аккумулирует в себе уникальную траекторию моего жизненного пути, который никто не может пройти взамен меня, равно как никто не может повторить, пройдя его заново. В ней — тяжелая поступь моего поступка как *дела* всей моей жизни. В этом смысле, поступок есть *делание*, но отнюдь не то, что делает человек, а скорее то, что *делает человека*. *Открытие* Ньютона есть, поэтому, не только, и не в первую очередь, открытие *Ньютоном* закона всемирного тяготения, а, прежде всего, открытие *Ньютона*, ибо Исаак Ньютон рождается как историческое *лицо* в самом этом открытии. Другими словами, не существует никакого Ньютона как *субъекта* этого открытия до самого открытия. Резюмируя, скажем, что поступок есть такое дело, *произведением* которого оказывается сам человек — это дело делающий.

Разумеется, действие силы, описываемой законом Ньютона, существовало до Ньютона, совершенно независимо от него.[19] Однако само открытие этой силы как закона *бытия* является *событием*, которое нельзя описать в терминах этого закона, нельзя теоретически представить, как явление в общей логической последовательности развития научного знания. Конечно, можно выстроить *логическую* последовательность, ведущую от гелиоцентрической системы мира Коперника и законов Кеплера к открытиям Ньютона. Собственно говоря, эпистемология и не занимается ничем другим, как превращением таких явлений в факты, которые затем размещаются в общем логическом пространстве «истории науки». Однако открытие Ньютона как событие, а не как факт, принадлежит совсем другой

---

[18] «Смерть, как говорит Пруст, — в высшей степени продуктивная сила. Ну, конечно, она продуктивная сила, если мы можем организовать свое сознание, пользуясь смертью как символом всякой встречи, к которой мы должны быть готовы. Если яблоко падает, то мы должны быть достойны этого падения, то есть быть там в полноте самого себя, и тогда из него в нас придет то, что из нас простой сообразительностью не могло быть получено». *Мераб Мамардашвили*. Психологическая топология пути. Санкт-Петербург, 1997, с. 502.

[19] «Законы Ньютона были в себе значимы и до их открытия Ньютоном, и не это открытие сделало их впервые значимыми, но не было этих истин как познанных, приобщенных единственному бытию-событию моментов, и это существенно важно, в этом смысл поступка, их познающего. Грубо неправильным было бы представление, что эти вечные в себе истины существовали раньше, до их открытия Ньютоном, так, как Америка существовала до ее открытия Колумбом»: *М. М. Бахтин*. Там же, с. 14.

топологии и, поэтому, не является конечным звеном этой последовательности. Событие научного открытия, будучи превращено в факт истории науки, стирает след своей событийности и задним числом выстраивает *ложный эпистемический ряд* в виде такой генеалогии, в которой это открытие выступает как результат чисто логического процесса.

Скажем еще раз, что подлинное своеобразие и глубина Бахтина как мыслителя состоит в предпринятой им попытке построения «первой философии» на принципиальном ином основании, что, в свою очередь, предполагает полную смену метафизической оптики.[20] В греческой философии бытие (или «сущее как сущее») понимается и мыслится в тех или иных теоретических модальностях; либо в платоновских «эйдосах», либо посредством аристотелевских «категорий». Эта теоретическая установка остается непоколебимой при всех тех изменениях, которые предмет «первой философии» претерпел на протяжении Средних веков и Нового времени.[21] Однако если бытие мыслится исключительно в актах теоретического полагания, то это означает полнейшую *безучастность* меня самого, мыслящего. Сама теоретическая установка вытесняет меня на периферию мною мыслимого, так что, со стороны *содержания* моей мысли я оказываюсь ее побочным, случайным обстоятельством. В рамках традиционной онтологии так и остается не проясненным вопрос, каким образом вечные теоретические истины могут быть даны в индивидуальных психологических актах, которые по природе своей случайны и зависят от множества побочных обстоятельств, не поддающихся точному учету.[22] Более того, человек оказывается *заложником* сконструированного им самим теоретического мира, в котором он «участвует» теперь как биологический вид, как

---

[20] «К философии поступка» до сих пор воспринимается как маргинальный текст по отношению к магистральным произведениям Бахтина, в которых излагается концепция диалога и карнавальной культуры. Однако этот текст, в котором Бахтин излагает свою «первую философию», является онтологическим обоснованием идеи диалога, в отрыве от которого эта идея впадает в ложное, культурно-историческое, истолкование.

[21] Даже осуществлённый Дунсом Скотом примат воли над интеллектом оставил в совершенной неприкосновенности этот, заложенный еще греческой философией, теоретический подход к бытию.

[22] Данная Гуссерлем критика психологизма сохраняет свою полную значимость равным образом и как попытка решить эту проблему, и как неудача этого решения, объясняемая тем, что трансцендентальный поворот Гуссерля не стал выходом за рамки трансцендентальной метафизики.

социальный индивид или как субъект физиологических и психологических состояний, короче, — выступает под той или иной теоретической рубрикацией. «Вследствие того, что теория оторвалась от поступка и развивается по своему внутреннему имманентному закону, — говорит Бахтин — поступок, отпустивший от себя теорию, сам начинает деградировать. Все силы ответственного свершения уходят в автономную область культуры, и отрешенный от них поступок ниспадает на степень элементарной биологической и экономической мотивировки, теряет все свои идеальные моменты: это-то и есть состояние цивилизации».[23]

Поэтому, согласно Бахтину, в основу «первой философии» должно быть положено не Слово, а Дело. Это означает, что человек не может быть увиден в своей подлинной ипостаси, исходя из теоретически постигаемого им «бытия»; напротив, теоретические истины должны быть поняты из того событийного свершения каковым является человек.[24] В этой метафизической оптике, человек — это не субъект теоретического знания, странным образом дублирующий себя в качестве его объекта, а *участник* бытия. С другой стороны, бытие, увиденное не глазами теоретического субъекта, а его участника, есть *событие*. Так, треки в камере Вильсона являются чисто физическим процессом, который может быть описан на языке физики как объективной науки. Однако *понимание* этих треков как следов траекторий микрочастиц нельзя описать ни на языке физики, ни на языке психологии, претендующей на объективное познание психических процессов. Другими словами, *смысл* ситуации, наблюдаемой нами в камере Вильсона, не относится ни к «объекту» теоретического описания, ни к его «субъекту». Смысл ситуации может быть увиден только *изнутри* самой ситуации, глазами ее *участника*, и выражен посредством *участного*, а не теоретического мышления. Смысл ситуации открыт мне в меру моего в ней участия, что с одной стороны выводит эту ситуацию за рамки всякой объективистской типики, а с другой — упраздняет позицию трансцендентального субъекта как универсального наблюдателя, не вовлеченного ни в одну из «созерцаемых» им ситуаций. Физические процессы, подобные тем,

---

[23] *М. М. Бахтин.* Там же, с. 50.

[24] «Только изнутри действительного поступка, единственного, целостного и единого в своей ответственности, есть подход и к единому и единственному бытию в его конкретной действительности, только на нем может ориентироваться первая философия»: *М. М. Бахтин.* Там же, с. 28.

которые мы наблюдаем в камере Вильсона, *существуют в мире*, поскольку они не зависят от человека и не являются прямым результатом его деятельности. Однако смысл этих процессов не существует в мире, и не может, поэтому, быть подведен под онтологическую рубрикацию «сущего». Смыслом является то, что *происходит в мире*, то, что, раз случившись, необратимо меняет сам мир, который уже не может вернуться в предыдущее состояние. Поэтому смыслом мы называем такую *онтологическую включенность человека в мир*, что все, что человек так или иначе говорит о мире, оказывается *событием мира*, а вовсе не психологическим состоянием человека.[25]

Таким образом, смысл и факт объединяются в одно целое не сущностью, как опорой объективирующего мышления, а поступком, в котором только и открывается смысл. Смысл факта дан самим «фактом» смысла, т.е. в живой, пульсирующей точке моего участия в мире. Именно в этой точке, в которой я собран настолько, что, по выражению Мамардашвили, оказываюсь достоин падения яблока (т.е. оказываюсь способен увидеть закон в простом факте), и происходит *рождение смысла*. Поэтому смысл не усматривается теоретизирующим взглядом, а созидается актом моего участия в мире. Совершенный Бахтиным онтологический поворот выводит нас, тем самым, из апории теоретического сознания, когда мы оказываемся между потенциально бесконечным эмпирическим рядом фактов с одной стороны, и *уже данным*, принципиально завершенным миром смыслов (сущностей), с другой. Так рассеивается иллюзия завершенного смыслового ряда. Смысл не вечен, он — *историчен*. Другими словами, смысл — это событие, никогда прежде не бывшее, не предопределенное никаким фактичным положением дел, событие, которое невозможно взять в теоретический расчет, которое *случается*, не будучи при этом случайным, но раз случившись, необратимо меняет траекторию мировых «событий». При этом историчность

---

[25] Ученый является частью, и тем самым, участником, той предельной ситуации, которая именуется миром. Поэтому между научным описанием мира и самим миром всегда будет существовать некий онтологический зазор, который объективистское мышление пытается если и не устранить, то, во всяком случае, нивелировать при помощи представления о научном познании как процессе бесконечного приближения к истине. При этом объективистское мышление не замечает таящегося здесь парадокса. Действительно, если научное познание бесконечно приближается к некоей объективной истине, или, к «истине в себе», то это означает, что на каждом этапе своего развития наука бесконечно далека от истины, что, в свою очередь, превращает само понятие развития научного знания в теоретический нонсенс.

смысла напрямую связана с той характеристикой поступка как *последней данности*, которую мы находим уже у Аристотеля.

Действительно, не θεωρία, а πραξις является *последним контекстом*, который держит на себе бытие теоретического мира. Как говорит Бахтин, «поступок—последний итог, всесторонний окончательный вывод; поступок стягивает, соотносит и разрешает в едином и единственном и *уже последнем контексте* и смысл, и факт, и общее, и индивидуальное, и реальное, и идеальное, ибо все входит в его ответственную мотивацию; в поступке выход из только возможности в *единственность раз и навсегда*».[26] Теоретическая контекстуальность всегда является *обобщением*, и в своем предельном, *идеальном*, выражении предстает как формула, связывающая множество единичных случаев в параметрах пространства и времени. Подобным образом закон всемирного тяготения является тем единым контекстом, который объединяет такие качественно разнородные явления как падение яблока и движение Луны вокруг Земли. Следовательно, теоретический контекст объединяет совокупность не только действительных, но и возможных случаев, т.е. таких событий, которые могут случиться в *любом* месте и в *любое* время. Практический контекст, или контекст, задаваемый поступком, является «последним» именно потому, что он принципиально *не обобщаем*. В поступке пространство и время сжимаются в *предел места* (hic) и в *предел времени* (nunc).[27] Мы имеем здесь *хронотоп*, т.е. не теоретическую, а практическую соотнесенность места и времени, которая и порождает *энергию* поступка. Поэтому поступок не может быть отвлечен от уникальности своего исторического исполнения, от единственности своего «здесь» и сейчас», а затем обобщен в теоретическую формулу или в этическую норму. Онтологическая тяжесть поступка измеряется не в весовых категориях теоретического знания, а только *изнутри* самого поступка, оценить действительную тяжесть которого я могу, если только приму *эту тяжесть на свои плечи*. Историчность поступка, и, следовательно, историчность созидаемого им смысла, можно выразить следующим образом: то, что происходит *здесь*, могло произойти только *сейчас* или никогда, и если это происходит, то *уже произошло раз и навсегда*. Поступок есть всегда *новое начало* в свете своих необратимых последствий.

---

[26] *М. М. Бахтин.* Там же, с. 29.

[27] «Сжимая пространство до образа мест// Где я пресмыкался от боли»: *Иосиф Бродский.* «Отказом от скорбного перечня...»

Я могу вернуться к тяжелой точке поступка только вместе с миром. Именно в невозможности возвращения в эту изначальную точку поступка, и, следовательно, в невозможности уклониться от его необратимых последствий, и заключается мое «не-алиби в бытии». Таким образом, «не-алиби в бытии» есть не что иное, как онтологический радикал моего *участия* в мире, которое не может выражаться в терминах самосознания, не может быть представлено в позиции картезианского *Ego cogito*. Позиция *участника* несовместима с позицией *субъекта*. В этом смысле, трансцендентальный субъект обладает полным алиби в бытии, поскольку он существует везде и *нигде*.

Итак, основанием теоретических, и вообще, умопостигаемых, истин является действительность решения-поступка. Другими словами, *бытие сбывается в событии*. Событие поступка есть смысловой исток того «бытия», которому теоретическое сознание незаконно присваивает статус полностью автономной сферы и, в конце концов, выдает его за единственный и подлинный мир. Поэтому, как пишет Бахтин, «вневременная значимость всего теоретического мира целиком вмещается в действительную историчность бытия-события».[28] В этом высказывании, однако, скрывается вопрос, ответа на который текст Бахтина нам не дает и дать не может. Действительно, каким образом объективность теоретического мира целиком и полностью включается в событийность поступка? В самом деле, если, как справедливо говорит Бахтин, «вечность истины не может быть противопоставлена нашей временности как бесконечная длительность, для которой все наше время является лишь моментом, отрезком»,[29] то каким образом время объективного мира сжимается в точку нашей временности, т.е. собственного времени события? Каким образом бесконечность объективного времени может быть представлена той бесконечно малой величиной, каковой выступает человек на шкале объективного времени? Ответить на эти вопросы — значит указать на тот предел теоретического мышления, за которым трансцендентальная метафизика переходит в этику, которая будет уже не этикой долженствования, а этикой поступка.

---

[28] *М. М. Бахтин*. Там же, с. 15.
[29] *М. М. Бахтин*. Там же.

Михаил Сергеев (США)

Михаил Юрьевич Сергеев родился в 1960 году в Москве. В 1982 году закончил Московский государственный институт международных отношений по специальности «международная журналистика». Работал корреспондентом международного отдела в еженедельнике «Собеседник», редактором в Гостелерадиофонде, заведующим литературной частью в московском театре-студии «Арлекин».

В 1990 году уехал в Соединенные Штаты на аспирантскую учебу на кафедре религиоведения в филадельфийском Университете Темпл. В 1993 году стал магистром искусств по специальности «история религии»; а в 1997 году, с отличием защитив диссертацию по русской софиологии, получил степень доктора философии по специальности «философия религии».

Преподавал в ряде университетов и колледжей Пенсильвании и Нью Джерси. Читал университетские курсы «Религии мира», «Восточные религии», «Введение в Библию», «Иудаизм, Христианство, Ислам», «Русская религиозная мысль», «Введение в модернизм XIX и XX веков», «Введение в религиоведение», «Текст и контекст: подходы к гуманитарным дисциплинам», «Религии в Америке», «Религия и общество», а также авторские курсы «Религия, искусство и апокалипсис», «Святая война», «Жизнь после смерти», и «В поисках мудрости». Его доклады и выступления по русской философии и православному богословию заслушивались на конференциях в Нью-Йорке, Принстоне, Бостоне, Нью-Орлеане, Чикаго, Филадельфии и Вашингтоне. Сейчас преподает историю религий и современного искусства в Университете искусств в Филадельфии, а также является зав. кафедрой религии, философии и теологии в Уилмет институте (2017–2018).

Автор многочисленных статей по истории религии, философии и современному искусству на русском и английском языках, опубликованных в российских и американских научных журналах, автор и составитель девяти книг — в их числе, монографии *Theory of Religious Cycles: Tradition, Modernity and the Bahá'í Faith,* (Brill, 2015) — а также двух сборников: стихов «Смех сквозь стоны» и пьес «Железный занавес».

В своих философских работах развивает теорию религиозных циклов, согласно которой большинство религий проходит через шесть общих фаз в своем развитии — формативную, ортодоксальную, классическую, реформистскую, критическую и пост-критическую. В ходе своей эволюции религии проходят также через два типа кризисов — структурный и системный. Структурный кризис религии подвергает сомнению священное предание, а системный кризис — священные писания религиозной системы. По мнению М. Ю. Сергеева, эпоха европейского Просвещения ознаменовала начало системного кризиса христианства, который в двадцатом веке перерос в кризис религиозного сознания как такового.

Сайт: **https://uarts.digication.com/msergeev/**

РЕЛИГИЯ И ГОСУДАРСТВО: О СООТНОШЕНИИ ВЕРЫ И НАРОДОВЛАСТИЯ[1]

Введение

Соотношение религии и политики, духовной и светской власти — тема поистине неисчерпаемая, порождавшая различные истолкования в разные культурные эпохи. Взаимоотношение религии и демократии — одно из ее современных проявлений, уходящее своими корнями в идеологию Просвещения. Ведь, как известно, именно европейские просветители в семнадцатом и восемнадцатом веках сформулировали принцип отделения религии от государства и тем самым положили начало стремительному распространению республиканской формы правления в последующих двух столетиях по всему миру.

В русской религиозной мысли Нового времени демократическая организация власти не нашла горячих сторонников. Ни Петр Чаадаев, ни ранние — а тем более поздние — славянофилы, ни даже Вл. Соловьев в итоговый пост-теократический период своего творчества не провозглашали республиканскую форму правления идеалом политического мироустройства. В двадцатом веке многие религиозные мыслители, воспитанные в традициях российского авторитаризма, подвергали резкой критике современные им европейские демократии.

С одной стороны, эти критические замечания были направлены против конкретного воплощения республиканских принципов в европейских странах и, особенно, против целесообразности их применения в России. Вот что писал, к примеру, один из российских мыслителей, Иван Ильин о перспективах отечественного народовластия:

> Демократия может быть уместна, целесообразна и политически оправдана в одних государствах, и может быть совершенно неподходяща, прямо гибельна в других... [Н]ет «единого государственного строя», который был бы «наилучшим» для всех стран и народов... «демократия» совсем не есть легко

---

[1] Статья впервые опубликована в журнале Библейско-богословского института св. апостола Андрея «Страницы», 11:4 (2006), с. 530–45.

> вводимый и легко устраняемый режим. Напротив — труднейший... Демократия предполагает **исторический навык**, приобретаемый народом в результате долгого опыта и борьбы; она предполагает в народе культуру законности, свободы и правосознания; она требует от человека — политической силы суждения и живого чувства ответственности. А что делать там, где всего этого **нет**?[2]

С другой стороны, некоторые из них, например, такой крупный религиозный философ, как Николай Бердяев, атаковали саму идею демократии. В одном из своих ранних этюдов под названием «Демократия, социализм и теократия» Бердяеев выдвинул следующие доводы против «духовных первооснов» народовластия. Во-первых, писал он, этот политический строй есть порождение критической, а не органической эпохи.[3] Он носит чисто формальный характер и равнодушен к добру и истине. Народовластие, развивал свой тезис Бердяев,

> знает только формальный принцип волеизъявления, которым дорожит превыше всего и который ничему не хочет подчинять. Демократия безразлична к направлению и содержанию народной воли и не имеет в себе никаких критериев для определения истинности или ложности направления, в котором изъявляется народная воля, для определения качества народной воли. Демократия... терпима, потому что она индиффирентна, потому что потеряла веру в истину, бессильна избрать истину.[4]

Всеобщее голосование, подсчет голосов, по мнению Бердяева, — чисто механическая процедура, вовсе не обеспечивающая владение истиной, поскольку люди, ратующие за правое дело, зачастую находятся в меньшинстве.

---

[2] *И.А. Ильин*, Наши задачи, в 2-х томах, Париж-Москва: МП «Рарог», 1992, т. 2, с. 270–272.

[3] Иван Ильин тоже критикует эту так называемую «неорганическую» природу европейских республик: «[М]еханическое, количественное и формальное понимание государства, которое осуществляется в западных демократиях... не блюдет органическую природу государства... оно не единит граждан в Общем, а утрясает в компромиссе их своекорыстные голоса». Там же, т. 1, с. 296.

[4] *Николай Бердяев*. «Демократия, социализм и теократия», Новое средневековье. Размышление о судьбе России и Европы, М.: Феникс—ХДС-пресс, 1991, с. 63.

Во-вторых, продолжал он, поскольку демократия равнодушна к истине, она носит секулярный характер, и, следовательно, противоположна

> всему сакральному обществу... Истина сакральна, и общество, обоснованное на истине, не может быть исключительно секулярным обществом. [Светская же демократия] хочет политически устроить человеческое общество так, как будто Истины не существовало бы, это основное предположение чистой демократии.[5]

Были мыслители в России, современники и оппоненты Бердяева, которые защищали идею демократии от подобной критики. Один из крупнейших русских философов двадцатого столетия, Николай Лосский, к примеру, написал ряд статей, в которых опровергал оба предположения, выдвинутые Бердяевым.[6] Будучи сам сторонником «органического мировоззрения» и развивая свою философскую систему «иерархического персонализма», Лосский отмечал:

> Иерархический персонализм есть учение о монархическом строении Вселенной. Однако этот онтологический монархизм совсем не похож на политический монархический строй человеческого общества.[7]

Наоборот, продолжал Лосский,

> По мере усложнения жизни и возрастания дифференциации общества, по мере усовершенствования техники государственного управления и законодательства верховная власть все более и более отчетливо принимает характер сверхчеловеческого единства, что и выражается или в ограничении власти монарха, или в установлении республиканской формы правления... именно чистота следования монархическому принципу строения вселенной требует в государственной жизни *соборного строя* власти.[8]

---

[5] Там же, с. 63.

[6] Николай Лосский развивает свои идеи о демократии в статьях «В защиту демократии», Современные записки, XXVII, Париж, 1926, с. 369–81, и «Органическое строение общества и демократия», Современные записки, XXV, Париж, 1925.

[7] *Лосский*. «Органическое строение общества и демократия», с. 350.

[8] Там же, с. 350–351.

Отвечая на критические замечания о несовместимости «формальной демократии» и «органического устроения общества», Лосский также не обходит стороной и другие доводы ее оппонентов — о нивелировании личности и преобладании релятивизма в демократическом обществе. Ведь, согласно бердяевской концепции, релятивизм демократии, выведение истины путем механического подсчета голосов напрямую связаны с нивелированием человеческой индивидуальности и засильем «формального равенства» или духовного усреднения. Вот, что пишет об этом сам Бердяев:

> Демократия индивидуалистична по своей основе, но по роковой своей диалектике она ведет к антииндивидуализму, к нивелированию человеческих индивидуальностей. Демократия — свободолюбива, но это свободолюбие возникает не из уважения к человеческому духу и человеческой индивидуальности, это — свободолюбие равнодушных к истине.[9]

Лосский в этом вопросе снова занимает противоположную позицию. На его взгляд, демократическая республика, не будучи абсолютным идеалом политического устройства, все же является такой формой правления, «которая в сложном дифференциированном обществе с высоко развитой человеческой личностью более совершенна, чем абсолютная монархия».[10] «Поскольку [же] демократия открывает поприще для свободной борьбы за истину, она облегчает выработку... гармонического синтеза»[11] различных точек зрения, приближая нас к отысканию и утверждению этой истины.

Спор этот между сторонниками и противниками демократии продолжается и поныне — в России, да и во всем мире. Нас в этом споре особенно интересует соотношение демократии и религии, уяснение взаимосвязи между которыми, на наш взгляд, нужно начинать с рассмотрения вопроса о существе самой религии.

Зачем нужна религия?

В девятнадцатом и двадцатом столетиях западные ученые предложили ряд гипотез, призванных объяснить сущность и происхождение религии. Многих из них не устраивало традиционное христианское

---

[9] *Бердяев*, Новое средневековье, с. 65.
[10] *Лосский*, «Органическое строение общества и демократия», с. 351.
[11] Там же, с. 353.

понимание религии как формы общения между Богом и человеком, в результате которого люди обретают духовное спасение. Действительно, обращение к таким транцендентным категориям, как Абсолют, бессмертие души, райское блаженство, хотя и давало ободряющие ответы на запросы человеческого духа, мало что проясняло в прагматической, посюсторонней пользе религиозного опыта. Новые теории стремились объяснить религию, исходя из общественной практики, а некоторые даже отказывали ей в собственном положительном содержании и сводили религиозную сферу к иным формам человеческой деятельности — экономической у Маркса, социальной у Дюркгейма, психологической у Фрейда, и т.д.

Существует, однако, еще один, не менее традиционный взгляд на веру, объясняющий ее неистребимость и практическую полезность в любом человеческом сообществе без отсылки к непонятным для людей сверхприродным силам. Согласно ему, прагматическая ценность религиозных верований — в том, что они воспитывают нравственные качества в человеке и таким образом стимулируют моральный прогресс человечества.

Связь между верой и моралью — очевидна и всем известна. Моральные нормы, кодекс нравственности — это то, что сближает все религии. Разумеется, каждая конкретная религия, поскольку она возникает в особой социально-культурной среде и адресована людям, находящимся на определенной стадии морального развития, имеет свое отличительное религиозно-моральное учение. Если мы учтем к тому же, что религии развиваются столетиями и даже тысячелетиями, а морально-этическое зерно религиозной доктрины за это время обрастает всевозможными дополнениями, объяснениями, толкованиями, богословскими теориями и философскими спекуляциями, то неудивительны и глубокие различия, объективно существующие между различными религиозными системами и проявляющиеся как в теории, так и на практике.

Взаимоотношения между религией и моралью, вообще, сложны и неоднозначны.[12] Мы знаем из истории, что сакральное устройство общества вовсе не гарантирует высокоморального поведения его членов, в том числе и религиозной элиты, которая призвана олицетворять его нравственные идеалы. Наиболее яркий тому

---

[12] См., к примеру, интересный очерк на тему о взаимоотношении религии и морали в книге Л. Н. Митрохина *Философия религии*. М.: «Республика», 1993, гл. IV, «Мораль», с. 223–356.

пример — католическая теократия в средневековой Европе — период в истории христианской церкви, который ассоциируется у людей с инквизицией, крестовыми походами, индульгенциями и тому подобными свидетельствами прямого отхода церковных иерархов от учения Христа.

Известно нам и то, что моральная сфера имеет свое собственное содержание, которое не сводится к религии и может быть выражено независимо от нее. В подтверждение данного положения сошлюсь на авторитет древнекитайского мыслителя Конфуция. Согласно учению этого, по выражению одного российского ученого, «отца философии»,[13] следование моральным нормам само по себе добродетельно вне зависимости от практических результатов, а также небесного поощрения или, наоборот, наказания. Из философов Нового времени наиболее последовательно схожий подход был развит Иммануилом Кантом, сформулировавшем принцип автономности и универсальности человеческой морали.

Парадоксальность во взаимоотношениях между религией и моралью наблюдаем мы и в повседневной жизни. Далеко не всякий верующий, увы, может служить образцом высокой нравственности. В то же самое время по-настоящему нравственный человек — особенно в наши запутанные дни — вовсе не обязательно состоит формальным членом той или иной конфессии. Скажу более — нравственный безбожник, на мой взгляд, предпочтительнее верующего имморалиста, поскольку приоритет веры над моралью значительно более опасен, нежели мораль, отделившая себя от религии. Религиозный фанатизм, полагающий, по удачному выражению Л. Н. Митрохина, что «если Бог есть, то все позволено», являет собой наиболее радикальную идеологию, разрушительную силу которой не в состоянии остановить ничто, ибо она взывает к религиозным чувствам и надежде на спасение в потустороннем мире. В этом смысле надо признать, что нынешняя конфронтация между цивилизацией Запада и мусульманским терроризмом, чревата бóльшими бедствиями, нежели противостояние между США и СССР во времена холодной войны.

Принимая во внимание все эти значительные оговорки, повторю все же, что религия и мораль нераздельны. Поясню, что я имею в виду, на простом примере. Религию можно сравнить с почвой, а мораль — с брошенными в нее семенами. Из семян вырастают цветы. Они бывают разные — с большими бутонами или поменьше,

---

[13] Ившин В. Д., «Кто „отец философии"?», Вестник РФО, 4 (2003), с. 123–24.

с красивыми лепестками или не очень. Если цветы срезать и поставить в наполненную водой вазу, то они все равно расцветут, но вскоре же и завянут. В любом случае, без изначальной почвы они никогда не появятся на свет, поскольку семя, брошенное, как говорится, на асфальт, побегов не даст.

Сходным образом обстоит дело и с религией. Религиозные верования служат почвой для произрастания семян нравственности, заложенных в душах людей. Духовные побеги, разумеется, будут неодинаковыми в различные периоды и у разных народов. Ничего удивительного нет и в том, что моральные нормы продолжают влиять на поведение людей и в случае гонений на религию или даже практически полного ее запрета, как это произошло в Советском Союзе. В подобном случае функции религии замещают другие структуры. В СССР эту роль выполняла коммунистическая партия, чья идеология включала знаменитый «моральный кодекс» строителя коммунизма. Однако предпринимаемые партократией усилия глубинного воздействия на народ не оказали. Поэтому весьма нетрудно было предположить, что произойдет в России после краха Советской диктатуры. В последовавшем «моральном одичании» и разграблении страны винить можно кого угодно. Смысл же происходящего — в том, что оторванный от религиозной почвы народ, как и поставленный в вазу с водой цветок, неминуемо зачахнет. Если у людей, особенно тех, что составляют элиту общества, нет духовно-нравственных ориентиров, то не поможет ничего — ни коммунизм, ни капитализм, ни монархия, ни демократия. Массовое же возрождение нравственности возможно только через обращение к вере. Однако обращение это должно быть реальным и глубоко прочувствованным, а не поверхностным и показным. Религия призвана быть не целью, а средством к духовно-нравственному подъему общества. В противном случае она превратится в очередной маскарад, скрывающий подлинные лица людей, и при надобности может быть легко отброшена, как это и случилось в Советский период российской истории.

Религия и государство

Одним из ключевых принципов современных западных демократий является постулат об отделении религии от государства. На практике он означает как минимум три вещи. Во-первых, религиозные организации не имеют права голоса в государственных законотворческих процедурах. Во-вторых, законодательные органы государства, со своей стороны, не имеют права издавать законы, поощряющие одни и запрещающие другие религии. И, в-третьих, государство не имеет права вмешиваться в частную жизнь граждан, а их религиозные верования (или отсутствие таковых) не должны служить препятствием или, наоборот, поводом к назначению на государственную должность.[14]

Размежевание между религией и государством, между частной и публичной сферами, несмотря на несомненную пользу, однако, никогда не может стать полным и окончательным по вполне очевидной причине. Частная жизнь индивидуума в определенной мере всегда является частью общественной сферы, поскольку общество из таких индивидуумов и состоит. Попытки свести личную сферу к минимуму и поставить ее под контроль государства приводят к крайностям тоталитаризма. Полная же изоляция частной сферы от влияния общества ведет к крайним проявлениям индивидуализма. Тут важно, на мой взгляд, найти некий срединный путь, а именно, сбалансировать общественный и частный интерес, и определить меру вторжения государства в частную жизнь граждан.

Показательно в этом смысле дело Рейнолдса против Соединенных Штатов, имевшее место в 1878 году и сформировавшее юридический прецедент во взаимотношениях государства и религии в США. Вот что пишет об этом Джулия Корбетт в своей книге *Религия в Америке*:

> В деле Рейнолдс против Соединенных Штатов (1878) Рейнолдс утверждал, что закон, запрещающий жениться более, чем на одной женщине, в то же самое время ограничивает его религиозную свободу, поскольку он является членом религиозной общины, которая эту практику отстаивает. Верховный суд не согласился с Рейнолдсом. В своем поворотном решении суд посчитал, что в поправке о свободе религии речь идет о религиозных верованиях, но не обязательно о действиях, которые вытекают из этих верований. Он постановил, что «действия,

---

[14] В американской правовой традиции эти ограничения зафиксированы в Первой и Четырнадцатой поправках к Конституции Соединенных Штатов, а также в Статье 6 основного закона страны. Первая попрака к Конституции предоставляет гражданам США свободу совести и вероисповедания, а также закрепляет другие, не менее важные права и свободы граждан — свободу слова, печати, собраний и обращений к правительству. В Статье 6 запрещено назначение лиц на государственные должности в зависимости от их религиозной принадлежности или предпочтений. Четырнадцатая поправка к Конституции ограничивает полномочия государственных органов на уровне штатов в отношении религиозных свобод граждан.

> которые являются нарушением общественных обязанностей или представляют угрозу для благопорядка» не могут быть признаны законными, даже если они предпринимаются во имя религии.[15]

Примечательно, что в деле Рейнолдса речь шла не о сектантских, антиобщественных действиях, не о насилии, которое представляет очевидную угрозу для общественного спокойствия и порядка, а о многоженстве — одной из форм семьи, до сих пор практикующейся в некоторых мусульманских странах. Вопросы семьи и брака, вообще, являются ключевой проблемой, подчеркивающей не разделение, а наоборот сопряжение религии и государства. С одной стороны, институт брака имеет религиозно-нравственную основу и призван регулировать взаимоотношения между супругами с позиций норм морали. С другой стороны, семья — это первичная ячейка общества, и юридические права супругов, включая наследование имущества, налогообложение, страхование и т.д., регулируются государством.

Именно когда дело касается семьи и брака, то выясняется, что формально отделенная от государства религия на самом деле неразрывно с ним связана. Взаимоотношения между религией и государством в определенном смысле схожи с взаимосвязью между пространством и временем. В повседневной жизни ею можно пренебречь, но при определенных условиях, а точнее скоростях, пространство и время непосредственно влияют друг на друга. Аналогичным образом дело обстоит и с религией и государством, истинная взаимосвязь между которыми обнажается при определенных (как правило, кризисных) состояниях общества.

Фактически проигнорировав формальное разделение между религией и государством и выступив в защиту христианской формы брака — моногамии, решение Верховного суда США в деле Рейнолдса в очередной раз это подтвердило. Во второй половине двадцатого столетия проблемы семьи и брака вновь оказались в центре внимания американцев — в этот раз в связи с требованиями гомосексуалистов. Сторонники гомосексуальной семьи, стремящиеся к ее узаконению, представляют свои цели как продолжение борьбы за права человека. Некоторые противники гомосексуальных браков призывают к тому, чтобы различать между религиозным супружеством

---

[15] *Julia M. Corbett.* Religion in America, Englewood Cliffs, NJ: Prentice Hall, 1994, с. 13.

и гражданским союзом. Они считают, что гомосексуальные партнерства, а не браки должны быть признаны государством наравне с гетеросексуальными. С одной стороны, эта мера успокоит верующих, большинство которых отрицательно относится к гомосексуализму. С другой, говорят они, — обеспечит равные права гомосексуальным и гетеросексуальным парам.

Позиция эта вполне в духе классического разделения между религией и государством, и она, как и дело Рейнолдса, обнажает всю опасность доведения его до логического финала. В иудео-христианской традиции гомосексуализм считался греховным и был запрещен. Однако, если религия с ее моральными установлениями отделена от государства, то почему бы не пересмотреть общепринятые, но, вполне возможно, устаревшие нормы поведения? Почему бы не узаконить различные «сексуальные ориентации» и не предоставить равные права наряду с гомосексуалистами многоженцам и членам «групповой семьи»? Почему бы не легализовать проституцию? Если последовательно проводить принцип отделения государства от религии и сопутствующей ей морали, то такому процессу моральной деконструкции не будет конца.

Однако, повторю, что полное их разделение в принципе невозможно. Мораль — это та точка пересечения, где религия и государство сходятся, где они имеют общий интерес. И религиозные законоположения, и государственные институты власти призваны обеспечить стабильное и прогрессивное развитие общества, которое невозможно без соблюдения членами этого общества определенных моральных норм. Религия выполняет эту задачу, воздействуя на душу человека, вселяя в него веру в потусторонний мир и побуждая добровольно подчиняться нормам нравственности. Государство же переводит язык морали в систему правовых норм и законов, которые вынуждают людей воздерживаться от нежелательных для общества поступков, поскольку те повлекут за собой наказание. Если государственные органы в своей законодательной деятельности будут игнорировать моральные правила и уравняют в правах законопослушных граждан с преступниками, то такое государство неминуемо и в скором времени развалится. Государство не может быть отделено от морали, а, следовательно, и, в конечном счете, от религии.

Более того, сила влияния религии на членов общества обратно пропорциональна мере воздействия на них со стороны государственных органов. Чем более люди проникаются верой и следуют религиозно-нравственным нормам поведения, тем меньше надобности в судах, тюрьмах, исправительно-трудовых колониях, и подобных им принудительных учреждениях. И наоборот, чем сильнее разочарование в религии, тем чаще будут возникать беспорядки, восстания, революции, войны, и т.д. Поэтому не так сложно было предположить, что атеистическое государство неизбежно превратиться в жесточайшую диктатуру. А как еще удержать людей в рамках порядка и законности? Когда Бертрана Рассела однажды спросили, почему к власти в СССР пришел Сталин, он посоветовал перечитать *Братьев Карамазовых* Достоевского и подумать, как можно управлять такими людьми.

Основатель коммунизма Карл Маркс был совершенно прав, когда утверждал, что религия обеспечивает общественный порядок, сдерживает социальный протест и недовольство, и что освобождение от «религиозных пут» высвободит революционную энергию масс. Неправ он был в том, что общество может быть высоконравственным, не прибегая к помощи религии. И втройне неправ был Маркс, полагая, что наступит эпоха в истории человечества, когда люди станут настолько морально дисциплинированы и сознательны, что смогут отказаться не только от религии, но и от государства. Бесклассовое коммунистическое общество будущего — очередная и очевидная утопия. Люди — не ангелы, и, как известно из истории, весьма немногим удается достичь святости. Причем, каждое последующее поколение начинает с нуля, и сталкивается с проблемой морального совершенствования заново. Так что и в грядущем на существенные перемены рассчитывать не приходится. А без религиозного воспитания и принуждения со стороны государства люди просто начнут преследовать свои личные интересы. Начнется «война всех против всех», и такое общество рано или поздно погрузится в хаос. Тут не поможет ни «отсутствие эксплуатации человека человеком», ни моральный кодекс строителя коммунизма, ни любые другие благие лозунги и призывы.

Государство и демократия

Теперь, когда мы определили наше понимание общественной функции религии и ее взаимоотношения с государством, можно вернуться к первоначальному вопросу о связи религии с демократией. В чем существо и непреходящее значение демократической формы правления? Заключается оно, на мой взгляд, в ограничении абсолютной власти правителя-автократа. Все остальные атрибуты современных демократий, а именно, выборность руководителей, разделение исполнительной, законодательной и судебной ветвей правления, отделение религии от государства — хотя и являются безусловно важными, однако служат лишь средством к достижению этой главной цели. Демократическая республика прогрессивнее абсолютной монархии не потому, что противопоставляет «волю народа» суверенной мощи государя, а потому что лишает претензий кого бы то ни было на абсолютную власть. В конце концов, как справедливо замечал Бердяев, мнение большинства не обязательно совпадает с истиной, которой может владеть всего лишь один человек. Но ограничение абсолютной власти само по себе не безразлично к достижению истины и торжеству добра, поскольку отражает моральный прогресс человечества и более справедливую организацию человеческого сообщества.

Надо сказать, что человек по природе своей двояк. В своих сознательных, разумных устремлениях он старается следовать нравственным нормам и согласовывать свои поступки с интересами общества. В жизни же подсознательной он отягощен эмоциями, полученными в наследство от животного мира, с которым его связывает общий эволюционный процесс. Подсознание тянет человека к удовлетворению эгоистических желаний, пусть даже и в ущерб остальным членам общества. Среди обильного многообразия этих примитивных страстей основатель психоанализа Зигмунд Фрейд различал два ключевых влечения — жажду сексуального наслаждения, ведущую к воспроизведению потомства и продолжению рода, и волю к власти, обеспечивающую выживание сильнейшего индивида. Бессознательным в человеке управляют порыв к наслаждению и насилию, Жизни и Смерти — две «первичные силы» во Вселенной, которые сам Фрейд вслед за греками определял, как Эрос и Танатос.[16]

---

[16] См., к примеру, *John Lechte*. Fifty Key Contemporary Thinkers: From Structuralism to Postmodernism, «Sigmund Freud», London & Ney York: Routledge, 1994, с. 20–23. Человеческое бессознательное, разумеется, — феномен сложный и до сих недостаточно хорошо изученный. Последователи Фрейда, в особенности Карл Густав Юнг, выдвинувший идею о «коллективном бессознательном», существенно расширили наши представления о нем. Интересные, на мой взгляд, мысли о природе бессознательного содержатся в книге современного российского ученого-биоэнергетика С. Н. Лазарева Диагностика кармы. Система полевой саморегуляции, С.-П., 2001. Идеи Лазарева перекликаются с теорией К. Г. Юнга о духовных слоях бессознательного и с его обращением к мистическому опыту и оккультным практикам. Лазарев, в свою очередь, утверждает, что «подсознание и биополе — это одно и то же» (с. 43) и что одной из важнейших задач подсознания является защита и выживание духовных структур в человеке (с. 89). В нашей статье, однако, мы ограничимся фрейдовским анализом, поскольку он имеет непосредственное отношение к заявленной теме.

Согласно венскому психоаналитику, творчество культуры неразрывно связано с трансформацией или «сублимацией» творческой личностью своих бессознательных импульсов-инстинктов. Иными словами, культурный прогресс человечества напрямую зависит от сознательного ограничения сексуальных и властолюбивых порывов. Первое достигается посредством института брака; второе — при помощи государства.

Можно сказать поэтому, что переход от многоженства к единобрачию, а также от автократии к демократическим формам правления свидетельствует о культурном возмужании человеческого рода. Демократия вовсе не равнодушна к добру и истине, как полагал Бердяев. Напротив, неуклонный рост демократических государств во всем мире за прошедшие несколько столетий означает, несмотря на сопряженные с ним многочисленные и неизбежные проблемы, продвижение вперед на пути к добру, а, значит, и к истине. Связана демократия и с религией, поскольку вера и культ закладывают основы для последующего культурного строительства, одним из зрелых достижений которого сама демократия и является.

Вовсе неудивительно поэтому, что одно из самых древних отвержений абсолютистской власти и монархии мы находим в Библии, — а точнее в Ветхом Завете, этом средоточии иудео-христианской веры и традиции единобожия. Надо заметить, что один из российских мыслителей-эмигрантов Георгий Федотов как раз и выводил идею демократии из ветхозаветного наследия, а не из ее воплощения в Древней Греции и Риме. В своей статье «Основы христианской демократии» Федотов противопоставляет наследственную власть монарха времен древнееврейского Царства и харизматическую силу народных вождей эпохи Судей. Неформальный авторитет этих духовных лидеров, по мнению Федотова, и лежит в основе народно-религиозной демократии, поскольку «смысл и призвание демократии [заключается] в высвобождении личностной харизмы власти».[17]

Как уже было отмечено, на наш взгляд, существо и значение демократии состоит в ограничении абсолютной власти правителя, и подтверждение этому можно найти, также обратившись к библейской эпохе Судей. По данным современной библеистики, длилась она около 150 лет, примерно с XII по X вв. до н.э. Эпоха Судей в истории

---

[17] *Георгий Федотов.* «Основы христианской демократии», *Полное собрание статей*, том III, Париж: YMCA-Пресс, с. 139, (обратный перевод с англ.).

древнееврейского народа началась с овладения иудеями, которых возглавлял преемник Моисея Иисус Навин, землей древнего Ханаана. А закончилась она созданием древнееврейской монархии и воцарением на трон Саула, а затем Давида, сделавшего Иерусалим столицей объединенного Царства (около 950 до н.э.).

На протяжение этих нескольких столетий власть у иудеев принадлежала племенным вождям, которых называли Судьями. Восставая из народной среды, они призваны были творить Божий суд, а именно, избавлять своих соплеменников от рук врагов.[18] Вот как описывает Библия этих духовных сподвижников:

> И воздвигал (им) Господь судей, которые спасали их от рук грабителей их; но и судей они не слушали, а ходили блудно вслед других богов и поклонялись им (и раздражали Господа), скоро уклонялись от пути, коим ходили отцы их, повинуясь заповедям Господним... Когда Господь воздвигал им судей, то Сам Господь был судьею и спасал их от врагов их во все дни судьи: ибо жалел их Господь, слыша стон их от угнетавших и притеснявших их. Но как скоро умирал судья, они опять делали хуже отцов своих, уклоняясь к другим богам, служа им и поклоняясь им.[19]

В то, весьма отдаленное от нас, время монархия была наиболее распространенной формой правления среди народов мира. Люди поклонялись монарху, как наместнику Бога на земле. В древнем Китае, например, считалось, что император правит своими подданными в согласии с «волей небес». А в древнем Египте фараоны были первосвященниками и почитались как сыновья бога солнца, т.е. соединяли в своем лице как светскую, так и религиозную власть. Поскольку монархия была повсеместно распространена, то, как свидетельствует Библия, пришло время, когда старейшины Израиля решили ввести эту форму правления и у себя. Они стали просить Судью Самуила, чтобы он рукоположил им на трон правителя. Самуил в ответ возразил, что по библейскому завету над Израилем есть только один царь — сам Бог. А, значит, никто из людей не может обладать

---

[18] См., к примеру, *Barry L. Bandstra*. Reading the Old Testament. An Introduction to the Hebrew Bible, Belmont, CA: Wadsworth Publishing, 1995, с. 231–247.

[19] Кн. Судей 2:16–19. Здесь и далее ссылки на бельгийское издание Библии: *Библия. Книги Священного писания Ветхого и Нового Завета,* Брюссель: изд-во «Жизнь с Богом», 1973, Кн. Судей 2:16–19.

абсолютной властью, т.е. соперничать со Всевышним. «И сказал Господь Самуилу: послушай голоса народа во всем, что они говорят тебе; ибо не тебя они отвергли, но отвергли Меня, чтоб Я не царствовал над ними».[20] Самуил снова попытался вразумить иудеев, описав «им права царя, который будет царствовать над ними»:

> [С]ыновей ваших он возьмет, и приставит их к колесницам своим и сделает всадниками своими... И дочерей ваших возьмет, чтоб они составляли масти, варили кушанье и пекли хлебы. И поля ваши и виноградные и масличные сады ваши лучшие возьмет, и отдаст слугам своим... И рабов ваших, и рабынь ваших, и юношей ваших лучших, и ослов ваших возьмет, и употребит на свои дела... и сами вы будете ему рабами. И восстенаете тогда от царя вашего, которого вы избрали себе; и не будет Господь отвечать им тогда.[21]

Закончилась история эта, как известно, помазанием на царство Саула. Однако, даже воцарившись на троне Саул не получил всю полноту власти, поскольку не мог быть первосвященником. Разграничение между религиозной и политической сферой позволяло сдерживать полномочия иудейского царя, который, как и прочие единоверцы, обязан был соблюдать Моисеев закон, а, значит, подчиняться служителям культа, этот закон охраняющим. Удержался на троне Саул недолго, поскольку правило это нарушил. Перед началом одной из битв, не дождавшись Самуила, он самолично вознес жертву всесожжения. Вот как описывает библейский автор последовавший конфликт между религиозной и светской властью:

> Но едва кончил он возношение всесожжения, вот, приходит Самуил; и вышел Саул к нему навстречу, чтобы приветствовать его. Но Самуил сказал: что ты сделал? Саул отвечал: я видел, что народ разбегается от меня, а ты не приходил к назначенному времени; Филистимляне же собрались в Михмасе; тогда подумал я: «теперь придут на меня Филистимляне в Галгал, а я еще не вопросил Господа»; и потому решился принести всесожжение. И сказал Самуил Саулу: худо поступил ты, что не исполнил повеления Господа, Бога твоего, которое было дано тебе; ибо ныне упрочил бы Господь царствование твое над Израилем навсегда. Но теперь

---

[20] 1 кн. Царств, 8:7.
[21] Там же, 8:9–17.

не устоять царствованию твоему; Господь найдет Себе мужа по сердцу Своему, и повелит ему Господь быть вождем народа Своего, так как ты не исполнил того, что было повелено тебе Господом.[22]

Заключение

Мы выяснили, что существует глубинная связь между религией и демократией, между иудейским единобожием и ограничением автократической власти. Должны были пройти тысячелетия, прежде чем эта связь проявилась бы в реальных политических преобразованиях. Именно поэтому, как справедливо замечал Бердяев, все сакральные общества древности были недемократическими. И поэтому же не случайно, что на долю христианства выпало осуществить демократизацию политической сферы. Демократии Нового времени вовсе не секулярны, как полагал Бердяев. Обратившись к опыту древнеримской республики, города-государства в Италии в эпоху Возрождения вовсе не отвергли христианскую веру, а напротив развили и укрепили ее. То же можно сказать и в отношении современных западных демократий. Как писал один из крупнейших русских мыслителей Серебряного века Сергей Булгаков:

> ...христианство утвердило непоколебимые основы всякого освободительного движения — идеал свободы личности [который] и должен быть руководящей нормой христианской политики в области отношений как политических, так и экономических.

И далее: «...христианской формой правления по преимуществу является... федеративная демократическая республика, как это хорошо понимали в свое время английские диссиденты, эмигрировавшие в Америку.[23] Современные христианские богословы в России, наследники «либерального православия» Вл. Соловьева и его продолжателей,[24] также указывают на проповеди Христа как на основу

---

[22] Там же, 13:10–14.

[23] *С. Н. Булгаков.* «Неотложная задача (*О Союзе христианской политики*)», Христианский социализм. Новосибирск: «Наука», 1991, с. 32–33.

[24] Подробнее об этом см. мою статью «Liberal Orthodoxy: From Vladimir Solov'ev to Fr. Alexander Men», опубликованную в журнале *Religion in Eastern Europe*, т. XXIV, 4 (2003), с. 43–50.

сформулированных в Новое время идей о неотъемлемых правах и свободах человека.[25]

В добавление к этому заметим, что нужно отличать демократию как таковую от разнообразных форм, в которые она может быть облечена. Так, существует демократия прямая и опосредованная, парламентская и президентская, светская и религиозная. Примером последней может служить административная система, выработанная последователями одного из новых религиозных движений, веры бахаи.

Вера бахаи была основана в середине девятнадцатого века персом Мирзой Хусейном Али (1817–1892), принявшим религиозное имя Бахаулла (по-арабски «Слава Божья»). Принципы этой религии отражают ее основную цель — глобальное объединение человечества. Основные черты грядущего миропорядка Бахаулла изложил в своих многочисленных сочинениях и, в особенности, в *Наисвятой Книге* — центральном своде законов нового откровения.

Организационная структура веры бахаи построена на демократическом фундаменте. Члены местных общин, достигшие 21 года, ежегодно выбирают девять представителей в местное Духовное собрание. Делегаты от местных округов — тоже раз в год — избирают девять членов национального Духовного собрания. Каждые пять лет члены национальных Духовных собраний всех стран выбирают очередной состав Всемирного дома справедливости. Всемирный дом справедливости расположен в городе Хайфа в Израиле и является верховным законодательным и административным органом религии. Он состоит тоже из девяти человек, которые принимают решения на основе консенсуса или, если таковой не достигнут, — простым большинством голосов.

Одно из значительных различий между Административной системой бахаи и современными западными демократиями заключается в иной процедуре выборов. В религии Бахауллы запрещены выдвижение кандидатов и политическая агитация. Таким образом становится невозможным оказывать давление на номинантов и влиять на результаты выборов путем лоббирования и политических интриг. Вместо этого каждый бахаи имеет право избрать любого члена общины, если он считает его достойным руководства. Каждый голосующий подает список из девяти таких кандидатов, и после подсчета

---

[25] Сошлюсь на книгу одного из них, о. Вениамина (Новика), *Православие. Христианство. Демократия*, С.-Пб: изд-во «Алетейя», 1999.

результатов голосования девять представителей, получившие наибольшее число голосов, избираются в Духовное собрание.

В одном из своих посланий, размышляя о преимуществах коллективного руководства над абсолютистским диктатом, основатель веры бахаи писал:

> Одним из признаков зрелости мира станет то, что никто не согласится возложить на себя бремя царской власти. Не останется желающих нести бремя царской власти в одиночку. Таковой день станет днем, когда мудрость воссияет среди человеков.[26]

Действительно, стремительное распространение республиканской формы правления за прошедшие двести лет свидетельствует вовсе не о кризисе религиозного сознания, а о его до сих пор скрытой мощи и влиянии. Несмотря на сегодняшние просчеты, потери и поражения, грядущий триумф демократии будет означать духовное возмужание человечества и станет основой для прекращения войн и установления долгожданного мира на планете.

---

[26] *Бахаулла, Китаб-и-Агдас*. Наисвятая Книга. С.-Пб: изд-во «Единение», 2001, Примечания, с. 263.

Николай Плотников (Германия)

Родился в 1966 году в Москве. Изучал философию на философском факультете Московского государственного университета М. В. Ломоносова (дипломная работа «Теория истины в философии Гегеля», 1988), а также в Институте философии Рурского университета в Бохуме (Ruhr-Universität Bochum, 1992–93) и в аспирантуре Университета в Хагене, Германия (FernUniversität in Hagen, 1994–2000). В 2001 г. защитил диссертацию по теме «Концепции практической рациональности у раннего Гегеля» в Университете в Хагене, где получил степень доктора философии.

Габилитационную работу (немецкий аналог докторской диссертации в России) защитил в 2015 г. на философском факультете Рурского университета на тему: «Лицо: Интеллектуальная история понятия. Исследования немецко-российских философских дискурсов».

Работал ассистентом кафедры социальной философии философского факультета МГУ им. М. В. Ломоносова, Института философии Рурского университета в Бохуме, а также на философских факультетах Университета в Хагене и Эссене. В настоящее время — приват-доцент Института русской культуры им. Лотмана в Рурском университете в Бохуме (Lotman-Institut für russische Kultur, Ruhr-Universität Bochum) и Директор Восточноевропейской коллегии земли Северный Рейн-Вестфалия (Osteuropa-Kolleg NRW).

Область научных интересов включает европейскую и русскую интеллектуальную историю XIX–XX вв., историю философских и политических понятий, феноменологию и герменевтику в немецкой и восточноевропейской философии, теоретические исследования культуры.

Член международного редакционного совета журнала «Studies in East European Thought» (Springer), издатель серии книг «Syneidos. Deutsch-russische Studien zur Philosophie und Ideengeschichte» (Lit-Verlag, Мюнстер)

АНТОЛОГИЯ СОВРЕМЕННОЙ ФИЛОСОФСКОЙ МЫСЛИ

Профессиональный сайт:
   http://www.slavistik.rub.de/index.php?plotnikov.
Избранные публикации:
   https://rub.academia.edu/NikolajPlotnikov

ПОНЯТИЯ «ГОСУДАРСТВА» И «ЛИЧНОСТИ» В РУССКОЙ ИНТЕЛЛЕКТУАЛЬНОЙ ИСТОРИИ[1]

В истории европейского политического сознания понятия «государство» и «личность» играют роль неких базовых констант и становятся, по крайней мере, с начала Нового времени центральной темой рефлексии в политической философии. По тому, какую функцию они выполняют в концептуальных построениях отдельных мыслителей или в понятийных порядках целых интеллектуальных направлений, определяются основные различия теоретических и идеологических позиций. Причем существенными факторами формирования предпосылок политической «картины мира» в рамках таких позиций оказываются не столько семантика отдельных понятий, но и тип отношений, устанавливаемых между ними — взаимоисключение, редукция одного к другому, совместимость, — а также спектр других понятий, с помощью которых дифференцируется и опосредуется это отношение («общество», «договор», «коммуникация» и т.п.). В силу этого в исследовании данных понятий оказывается важным анализировать не каждое из них по отдельности, но и их связки, и систему различий, задаваемую ими, а также дискурсивное поле, которое формируется вокруг них. В рамках такого дискурсивного поля складываются устойчивые практики употребления этих понятий, образующие со временем каркас политического сознания всего сообщества, подчас уже не попадающий в поле рефлексии отдельного индивидуума.

Понятийная пара «государство–личность» относится к числу главных болевых точек и, вместе с тем, наиболее часто обсуждаемых тем русской интеллектуальной и политической истории. Не только взгляд извне на центральные линии этой истории мотивирует критические суждения о чрезмерном преобладании государства и подавлении индивидуума — суждения, которые можно регулярно встретить в ежедневной западной прессе. Исторические самоописания и концептуализации политического в русской мысли также

---

[1] Приношу благодарность участникам обсуждения моего доклада на конференции «Человек и личность как предмет исторического исследования», результаты которого я постарался учесть в нижеследующем изложении.

выстраиваются вокруг этой понятийной пары,² обсуждение которой простирается от богословия и философии через политическую науку и юриспруденцию вплоть до литературы и искусства. По причине такой разветвленности и гетерогенности данной темы, представляется почти невозможным охватить все ее акценты и детали в рамках отдельного исследования.

Вместе с тем, при всем многообразии модификаций отношения государства и личности, будь то отношения верховной власти к гражданам, или отношения между тираном и «деятелями искусства», в формах их дискурсивного выражения явно проступают очертания некоей общей конструкции, сплавляющей разнородные аспекты этого отношения в единый континуум значений. Ниже я постараюсь показать составные части этой конструкции, проявляющейся в истории политического дискурса в России и фиксируемой в истории ключевых политических понятий. Такие понятия, как «государство», «личность», «гражданин» и т.д., предстают в этой истории своего рода кристаллизациями, или, по выражению историка понятий Р. Козеллека, «индикаторами» культурного опыта, формируя при этом основные направления его исторической динамики, т.е. оказываясь, одновременно, и «факторами» этого опыта.³ Причем, для понимания связи между понятиями «государство» и «личность» оказывается существенным, что они всякий раз оказываются зеркальным отображением друг друга, имея, однако, общую матрицу своей конструкции.

При этом важно понять, имеют ли в этом контексте понятия государства и личности ту же семантику, что и их западноевропейские аналоги, или нет. Очевидные сложности такого рода сравнений мотивировали французского историка Алена Блюма задаться вопросом «Следует ли забыть государство, чтобы понять Россию?».⁴

---

² См. *Иванов-Разумник*. История русской общественной мысли. Т. 1–3. М., 1997 (первое издание: 1907). Из современных примеров: *А. К. Голиков*. Личность и государство в русской социально-философской и политической мысли (XIX — начало XX в.). СПб., 2004. Этим не исключается, разумеется, необходимость учитывать в анализе также и семантику понятий «общество», «коллектив» и пр., но приходится также отдавать дань тому факту, что в историческом конструировании политического сознания в России эти понятия играют подчиненную роль. Даже понятие «общество» не имеет столь разветвленной и богатой традиции концептуализации, как понятие «государство».

³ *Reinhard Koselleck*. Einleitung // *Brunner, Otto, Conze, Werner, Koselleck, Reinhard* (Hg.). Geschichtliche Grundbegriffe. Bd. 1. Stuttgart, 1972, XIII–XXVII.

⁴ *Alain Blum*. Oublier l'État pour comprendre la Russie? // Revue des études slaves. Paris 66 (1994), N. 1, 135–145.

Традиционный взгляд на российскую историю, напротив, следовал, начиная с XIX в., теоретическому консенсусу, согласно которому в России всегда было «слишком много» государства. Этот образ самодержавной власти, подчиняющей себе всю страну и враждебной всяким попыткам реформирования, высказывал уже Гегель в своей «Философии права», говоря о том, что в России монарх господствует над всеми подданными как над крепостными.[5] А Токвиль резюмировал свое знаменитое исследование в виде противоположности американской демократии и русского самодержавия, общества и деспотического государства, свободы и рабства.[6]

Тот же взгляд мы встречаем и сегодня, например, в трудах американского историка Ричарда Пайпса, который объясняет преобладание государства в России господством древних византийских традиций, и даже находит некую, проистекающую из этих традиций, «склонность к самодержавию»[7] у русских. Поэтому все попытки европеизировать Россию были, по мысли Пайпса, обречены на провал. В ходе этих попыток сложилась абсолютная (или, в терминологии Пайпса «патримониальная») монархия, т.е. крайняя форма абсолютистской власти, которая распоряжается страной и населением как своей собственностью.[8] Аналогичный образ почти восточной деспотии рисует и немецкий историк Ганс-Ульрих Велер, подчеркивающий, что Россия никогда не принимала участия в политической культуре Европы, она не пережила ни Реформации, ни Просвещения, заложивших основы современного правового государства.[9]

В противоположность этому взгляду, современные исследования по истории российского государства, представленные в трудах Бориса Миронова или немецкого историка Йорга Баберовского, рисуют картину политического развития, которое с XVIII в. руководствуется исключительно лишь европейскими образцами, и терпит крушение в силу не недостатка, а избытка реформаторской активности, вызванной условиями догоняющей модернизации. Б. Миронов видит

---

[5] *Georg Wilhelm Friedrich Hegel*. Grundlinien der Philosophie des Rechts // ders. Werke. Bd. 7. Frankfurt am Main 1970, 464.

[6] *Alexis de Tocqueville*. De la Démocratie en Amérique. Tome second. Bruxelles, 1835, 490f.

[7] *Р. Пайпс*. Предисловие к русскому изданию // он же. Русский консерватизм и его критики. М., 2008. С. 7.

[8] Там же. С. 11.

[9] *Hans-Ulrich Wehler*. Laßt Amerika stark sein! Europa bleibt eine Mittelmacht: Eine Antwort auf Jürgen Habermas // Frankfurter Allgemeine Zeitung, 27.06.2003.

в имперском периоде русской истории переход от «правомерного», т.е. имеющего организованный порядок законов, государства к «правовому» государству, постепенно признающему права личности и законодательно их закрепляющему.[10] А Баберовский требует учитывать социокультурные условия политического развития России до революции, чтобы оценить объем реформаторских усилий, направленных на введение механизмов правового государства.[11] Он также использует образ «догоняющей» модернизации в качестве объяснительной модели.

Принимая во внимание результаты обоих направлений исторического исследования, целесообразнее говорить, в отличие от них, о заимствованной и «трансплантированной» модернизации.[12] Под этим подразумевается то, что процесс модернизации осуществляется в модусе сознательного заимствования и, тем самым, создает новые эффекты, отсутствовавшие, как в наличных культурных традициях, так и в заимствуемых культурных образцах. В силу этого объяснительные модели, прибегающие к редукции таких эффектов лишь к одному из факторов процесса, оказываются недостаточными, поскольку не учитывают характер и способ самого процесса заимствования и его механизмов, порождающих новые семантические и функциональные моменты. Именно такого рода эффекты можно наблюдать в ходе формирования дискурсивного поля вокруг понятий «государство» и «личность» в России, начиная с XVIII столетия.[13]

---

[10] *Борис Миронов*. Социальная история России периода империи. СПб., 1999. С. 109–116.

[11] *Jörg Baberowski*. Autokratie und Justiz. Zum Verhältnis von Rechtsstaatlichkeit und Rückständigkeit im ausgehenden Zarenreich, 1864–1914. Frankfurt am Main, 1996.

[12] Филолог Виктор Живов говорит, вслед за Ю. М. Лотманом, о «трансплантации» европейской культуры в России XVII–XVIII вв., подчеркивая новый эффект, возникающий в процессе заимствования. *В. М. Живов.* Государственный миф в эпоху Просвещения и его разрушение в России конца XVIII века // *он же*. Разыскания в области истории и предыстории русской культуры. М., 2002, 444 сл.

[13] Исследование более ранних периодов идейной истории (до XVIII в.) возможно лишь в смысле «предыстории», поскольку отсутствуют данные об употреблении исследуемых нами понятий. Вопрос о том, когда появляется впервые то или иное понятие, не является лишь вопросом о лексическом нововведении, но также и вопросом о том, с какого момента культурное сознание «испытывает потребность» в том или ином понятийном выражении. Напротив, то, что мы называем «проблемой» государства и личности, представляет собой продукт интерпретации задним числом, позволяющей, в зависимости от исходных предпосылок, говорить о «государстве» и «личности» и применительно к средневековой Руси или к античному миру. В этом заключается отличие

Их семантика и их функции в политическом дискурсе не являются ни продолжением каких-то прежних дискурсивных процессов средневековой Руси или некоего «византийского» наследия, ни простой копией европейских образцов, переносимых в новую культурную среду. Они, напротив, складываются под влиянием процессов, индуцируемых самим фактом заимствования.

1. Государство как чрезвычайное положение

Новоевропейское понимание государства, утвердившееся в Европе до Великой французской революции, включало в себя три базовых элемента — неограниченную власть государя, как выражение государственного суверенитета, «общее благо», как главную цель государственной политики, и договор, как принцип легитимации монополии государства на власть. Все эти три концептуальных элемента восходят, как известно, к естественно-правовым учениям Нового времени, в особенности к философии Гоббса, Гроция и Пуфендорфа. В эпоху Просвещения они трансформируются во влиятельную теорию «полицейского государства» абсолютизма и становятся основанием законодательства в империях континентальной Европы. Выражение «полицейское государство» как раз и означает в XVIII в. такую политическую конструкцию, которая регулирует («полицирует») социальную жизнь, обеспечивая гражданский порядок и безопасность. В центре этой конструкции находится идея «общего блага» или «благоденствия» подданных, которая формулирует основную цель политических действий властителя и его государственный резон (Staatsräson).[14]

Рецепция этой идеи в России, начинающаяся уже в XVII столетии, а в эпоху Петровских реформ вызывающая поток переводов западноевропейских политических трактатов на русский язык,[15]

«истории понятий» от «истории проблем». Ср.: *O. G. Oexle (Hg.)*. Das Problem der Problemgeschichte. Göttingen 2001.

[14] Ср. напр. концепцию Христиана Вольфа: «Общее благоденствие и безопасность суть высший и последний закон общежития». *Christian Wolff*. Vernünftige Gedanken von dem gesellschaftlichen Leben der Menschen... [Deutsche Politik]. Hrsg von Hasso Hofmann. München 2004, § 215. См. *М. Раев*. Регулярное полицейское государство и понятие модернизма в Европе XVII–XVIII веков: Попытка сравнительного подхода к проблеме // Американская русистика. Вехи историографии последних лет. Императорский период. Антология. Самара, 2000. С. 48–79.

[15] См. *М. А. Рейснер*. Общественное благо и абсолютное государство. // *Он же*. Государство и верующая личность. СПб., 1905. С. 278–389. Цит. С. 281 сл.

обусловливает трансформацию семантики понятия «государства». Вплоть до XVII в. история русского понятия «государство» развивалась под знаком происхождения его от термина «государь» («господарь»), т.е. властитель и владелец, в котором еще отсутствовало различие между правлением в смысле политического осуществления власти и владением страной и ее подданными.[16]

Напротив, с эпохи Петра I получает распространение конструкция «монарх — государство — подданные», подчиняющая власть государя цели общего блага. Даже такие решительные сторонники абсолютной монархии, к каковым относился советник Петра Феофан Прокопович, обосновывают необходимость неограниченного самодержавия с помощью идей общего блага и первоначального договора, восходящих к Гоббсу и Пуфендорфу.[17] В своем влиятельном трактате 1722 г. «Правда воли монаршей» Прокопович, опираясь на идею Гоббса о Левиафане — земном представителе божественной воли, представляет власть монарха как свободную от всяких ограничений. Высшая власть в государстве не подчиняется ни обычному праву, ни церковному авторитету. Только забота об «общем благе» вменяется монарху как высшая обязанность, определяющая и ограничивающая его полномочия. Аналогичным образом формулируется оправдание абсолютной монархии и в знаменитом «Наказе комиссии по составлению проекта нового уложения» Екатерины II 1767 г, теперь уже с опорой на политическую философию Просвещения, в особенности Монтескье (см., напр., § § 9–16). Ряд примеров того, что официальное (да и неофициальное) политическое сознание в России, а также семантика основных политических понятий постоянно были ориентированы на европейские прообразы, и более того формировались под их влиянием, можно продолжить до сегодняшнего дня. Характеризуя это положение дел, правовед Михаил Рейснер констатировал в 1904 г.: «Русское государство стоит на тех же нравственных и политических основах, на которых построено и новое государство западной Европы. И здесь оно является верным

---

[16] См. Понятие государства в четырех языках / Под ред. О. Хархордина. СПб., М., 2005. С. 165–189, а также: *А. Лаппо-Данилевский*. Идея государства и главнейшие моменты ее развития в России со времен Смуты до эпохи преобразований // Голоса минувшего. 1914. № 12. С. 5–38. Впрочем, еще в «Словаре церковно-славянского и русского языка» 1847 г. «государство» определяется как «страна, обладаемая Государем» (Т. 1. СПб, 1847. С. 83).

[17] См. *Г. Гурвич*. «Правда воли монаршей» и ее западноевропейские источники. Юрьев 1915.

питомцем «просвещенного» века, а не византийской традиции или азиатской культуры».[18]

Данную констатацию необходимо, однако, уточнить, поскольку она не учитывает *модуса заимствования*, в котором европейская идея государства претерпевает существенные изменения. В государствах Западной Европы эта идея выполняла важную легитимирующую функцию, состоявшую в том, чтобы оправдать и утвердить новый статус суверенного государства и его законодательно закрепленную монополию на власть в борьбе с традиционными институтами, властными группами и союзами Средневековья. Именно поэтому столь существенную роль играли в дискурсивной конструкции государства идеи общего блага и идеи общественного договора, предоставлявшие концептуальную рамку для установления баланса групповых интересов. Напротив, в России эта новая идея государства приобретала в ходе принудительной европеизации почти революционный смысл, становясь выражением разрыва с традицией и принимая черты политического творения из ничего. В духе такого политического сознания высказался канцлер граф Головкин, поднося в 1721 г. Петру I титул императора и возвещая, что благодаря гению Петра мы «из небытия в бытие произведены».[19]

Это сознание радикального разрыва с традицией основало государственный миф Российской империи, определивший семантику русского политического языка последующих эпох. Причем этот миф, запечатленный в целой традиции поэтической хвалы государю, вполне соответствовал и самосознанию власть предержащих, мнивших, что творят политическое бытие нации из ничего, подобно тому, как сам Петр замечал: «Я имею дело не с людьми, а с животными, которых хочу переделать в людей».[20]

Тут обнаруживается парадоксальное обстоятельство, что рационалистическая концепция государства со всеми ее составными элементами, как идея договора, суверенитета и общего блага, трансформируется в процессе ее заимствования таким образом, что ее смысловые составляющие оказываются вторичными и фиктивными эффектами какой-то другой политической конструкции. И эта

---

[18] *М. А. Рейснер.* Общественное благо и абсолютное государство. Цит. соч. С. 324.

[19] Цит. по: *С. Ф. Платонов.* Полный курс лекций по русской истории. М., 2004. С. 500.

[20] Цит. по: *М. А. Рейснер.* Общественное благо и абсолютное государство. Цит. соч. С. 361 прим.

последняя, в силу отсутствия дискурсивных средств для своего выражения, может проявиться лишь косвенным образом сквозь семантическую толщу заимствованных понятий. Уловить смысловые аспекты этой конструкции оказывается возможным лишь при учете того вороха коннотаций и метафор, которыми политические понятия обрастают в ходе их употребления. В случае с понятием «государство» можно проследить трансформацию его употребления на примере одной философской метафоры, которая, начиная с петровских времен, по сей день используется в дискурсах о государстве в России, выражая модус воздействия государства на общество и личность. Эта метафора — tabula rasa.

Истоки этой метафоры, в которой человеческая душа сравнивается с чистым листом бумаги (дословно, с восковой доской), где записываются воздействия внешнего мира, лежат в философии Платона и Аристотеля. Но особую популярность она приобретает в теориях познания Нового времени (у Гоббса, Локка и Декарта), описывающих сознание как пассивный воспреемник впечатлений внешнего мира. И уже у Гоббса мы встречаем перенесение этой метафоры из области теории познания и психологии в область политической философии, когда в 30-й главе «Левиафана» он замечает, что «умы простых людей <…> представляют собой чистую бумагу [tabula rasa], способную воспринимать все, что государственная власть запечатлеет на ней».[21]

Именно эту метафору мы встречаем в контексте дискурсов о европеизации России с начала XVIII столетия. Не кто иной, как Лейбниц, жестко критиковавший в своей теоретической философии учение о познании Локка и его представление о пассивном восприятии сознанием внешних впечатлений,[22] использует метафору tabula rasa в своих посланиях Петру I, восхваляя его миссию преобразователя России: «Ибо души людей в русских землях подобны tabula rasa и нераспаханному полю, на котором, следовательно, можно избежать

---

[21] *Т. Гоббс.* Избранные произведения в двух томах. Т. 2. М., 1965. С. 349. Данное представление Гоббса связано с его концепцией «персоны» как «представителя», — люди, еще не подчинившиеся власти суверена, не являются «персонами», т.е. не могут действовать от чьего-либо имени, и образуют лишь множество разрозненных индивидов. Только после объединения в политическое состояние, индивиды приобретают правовой статус лица. См. подробнее: *Quentin Skinner.* Hobbes on Representation // European Journal of Philosophy 13 (2005).

[22] *Г.В. Лейбниц.* Новые опыты о человеческом разумении // *Он же.* Сочинения. Т. 2. М., 1983. С. 48, 51, 56.

всех тех ошибок в науках, которые прочно укоренились в Европе и едва ли там могут быть преодолены, то русские могли бы извлечь пользу из ошибок других и правильным учреждением наук показать Европе блестящий пример».[23] Лейбниц, приложивший немалые усилия к созданию в России Академии наук, вдохновлялся открывшейся возможностью создать новые политические учреждения сугубо на принципах разума. Представляя себе Россию как полигон просвещенной утопии, он сравнивал ее преобразование со строительством нового здания, «которое может произвести нечто более совершенное, нежели улучшение и починка старого».[24] Столь оптимистическую картину политических реформ под знаком просвещенного разума, долженствующих создать образец политических институтов для всей Европы, Лейбниц рисует в убеждении, что у русских нет ни плохих, ни хороших понятий о государственном порядке, и что, поэтому, мудрый правитель может внедрить их в сознание подданных совершенно рациональным способом.

Меньше, чем столетие спустя, а именно, в 1803 г., государственный реформатор М. М. Сперанский связывает надежды на преобразования в России с идеями теперь уже другого философа — британского утилитариста Иеремии Бентама, которого он стремится привлечь к реформаторским проектам Александра I с аналогичными обоснованиями. Сперанский в письмах Бентаму говорит о России как о «стране, которая, в нынешних обстоятельствах, быть может всего способнее принять хорошее законодательство, — именно потому, что в ней меньше всего приходится рассеивать ложных понятий, меньше приходится бороться против рутины, и больше всего можно встретить послушной восприимчивости к благотворным действиям умного и рассудительного правительства».[25] Также и здесь образ «чистого листа» определяет самосознание политических акторов, хотя и обращающих свои взоры к Европе в поисках интеллектуальных «инноваций», но уже убежденных в уникальности политической

---

[23] Сборник писем и материалов Лейбница, относящихся к России и Петру Великому. Издал В. Герье. СПб., 1873. С. 175 (перевод наш). Эта метафора повторяется в посланиях Лейбница по поводу России неоднократно. См.: Там же. С. 64, 76, 95, 121, 176, 180. Ср. также: *В. Герье.* Лейбниц и его век. СПб., 2008. С. 639. По этому поводу см.: *В. А. Куренной.* Лейбниц и Петровские реформы // Отечественные записки. 2004. № 2. С. 437–440.

[24] Сборник писем и материалов Лейбница… Цит. соч. С. 176 сл.

[25] *А. Н. Пыпин.* Русские отношения Бентама. II // Вестник Европы. 1869, апрель. С. 734.

конструкции, сложившейся в России. Так и получилось, что Бентам, чьи произведения были сначала переведены и изданы в трех томах в 1805 г. по указанию Александра I, впоследствии совершенно безуспешно пытался донести свои предложения по реформе законодательства до сведения царя.

Этот рационалистический пафос власти, рассматривающей страну как чистый лист и стремящейся повсеместно исписать его самыми современными и самыми разумными порядками, кристаллизовался в семантике «государства» и связанных с ним русских политических понятий, сохраняясь при всех политических режимах и государственных устройствах. Представление о России как tabula rasa превращается с XIX в. в устойчивый топос нарождающейся философии русской истории. Этот топос успешно эксплуатировался и Пушкиным в его печально знаменитой фразе о «правительстве как единственном европейце», и его оппонентом Чаадаевым в его пессимистическом взгляде на историю России как страны без прошлого. А в труде ученика Чаадаева педагога и философа Ивана Максимовича Ястребцова «О системе наук, приличных в наше время детям» (1833) он кладется в основу целой философии истории, рисующей оптимистическую картину всемирно-исторической миссии России:

> Россия способна к великой силе просвещения <…> Россия может усвоить себе великие богатства, собранные стараниями веков прошедших у разных народов Европы. Россия молода сравнительно со старою Европою по многим отношениям. <…> Россия свободна от предубеждений, живых преданий для нее почти нет, а мертвые предания бессильны. <…> *Характер народа* совершенно этому благоприятствует. Терпеливый, почти бесстрастный, он готов без сопротивления слушать внушение разума и исполнять возложенные на него обязанности <…>. Он есть белая бумага; пишите на ней.[26]

Такая историософская схема становится легитимацией неограниченной власти, осуществляющей под знаком просвещенного разума цивилизирование собственного народа. Мы уже видели, как ближайший соратник Петра Феофан Прокопович обосновывает с опорой на Гоббса неограниченную власть монарха, осуществляющего великую миссию цивилизации, и даже вопрос о престолонаследнике

---

[26] *И. М. Ястребцов.* О системе наук, приличных в наше время детям, назначаемым к образованнейшему классу общества. М., 1833. С. 196, 198, 201, 202.

передает единоличному решению царя, отменяя все наследственные, родственные и прочие традиционные условия и ограничения при передаче власти.

Значимым следствием этой дискурсивной конструкции политического является то, что она оправдывает любые радикальные меры, которые кажутся необходимыми для цивилизирования страны. И чем сильнее оказывается сопротивление этим мерам, которые сами по себе могут быть рациональными и своевременными, тем жестче применяются репрессии, с помощью которых реализуются цивилизаторские действия, поскольку «рациональным» в этой конструкции оказывается лишь сами действия.

При этом субъекты государственной власти отдают себе отчет в том, что репрессивный характер их действий носит вынужденный и временный характер, допустимый лишь как исключительная мера в ситуации чрезвычайного положения. В этом смысле уже Екатерина II объясняла придворному обществу: «Я в душе республиканка, и деспотизма ненавижу, но для блага народа русского абсолютная власть необходима».[27]

Из такого сцепления радикальных мер, призванных установить в будущем цивилизованный и справедливый порядок, возникает политическое состояние, которое можно охарактеризовать парадоксальной формулой *перманентное чрезвычайное положение*. То, что правление в России осуществляется не по законам, а на основе исключений, внимательные наблюдатели политической реальности констатировали давно. Уже знаменитая книга маркиза де Кюстина «Россия в 1839 году» резюмирует это состояние в лапидарной формуле — задолго до Л. Троцкого Кюстин называет российское самодержавие «перманентной революцией»: «En Russie la tyrannie du despotisme est une révolution permanente» («Тирания деспотизма в России — это перманентная революция»).[28] И в наши дни французский политолог Мари Мендрас находит аналогичную метафору, чтобы охарактеризовать положение государства в России — «стабильное неравновесие» («déséquilibre stable»).[29] С помощью этой

---

[27] Цит. по: *В. Г. Щеглов*. Государственный совет в России в особенности в царствование Александра I. Том. I. Ярославль, 1891. С. 665.

[28] *Le Marquis de Custine*. La Russie en 1839. T. 2. 2e ed. Paris, 1843. P. 66.

[29] *Marie Mendras*. La préférence pour le flou: Pourquoi la construction d'un régime démocratique n'est pas la priorité des Russes // Débat. Paris 1999. P. 35–50. См. *В. В. Бибихин*. Крепостное право // Он же. Другое начало. СПб., 2003. С. 383–394.

метафоры она описывает тот статус государственного образования, в котором политические решения принимаются не на основе писаных законов и общих правовых норм, а с ориентацией на чрезвычайное положение, долженствующее еще только содействовать установлению будущего правового порядка. А такие действия в предвосхищении лучшего будущего цементируют в настоящем перманентное чрезвычайное положение. Впрочем, даже такой поклонник русского самодержавия, как Лев Тихомиров констатировал в 1905 г., что, начиная с Петра, право в России творится посредством увековечения подобных временных исключений,[30] которые, вдобавок, могут быть изменены внезапно и по произволу, и заменены другими временными исключениями.

Решение в ситуации чрезвычайного положения, возведенное в систему, образует тот основной принцип, который сцепляет в единство серию практик, дискурсивно артикулируемых в понятии «государство», независимо от того, идет ли речь об «абсолютной монархии», «диктатуре пролетариата» или «суверенной демократии». Этот принцип конструкции государства как раз и выражается метафорой tabula rasa. Отличительной чертой такой конструкции, для дискурсивного оформления которой всякий раз используются новейшие западные теории, является то, что в ней не предусмотрены условия ограничения и самоограничения властных компетенций. Напротив, постоянно индуцируемая этой конструкцией чрезвычайная ситуация заставляет рассматривать любое ограничение как препятствие к осуществлению самых просвещенных и самых цивилизованных идеалов. Но именно отсутствие ограничений делает государственную конструкцию все более нестабильной и все менее способной к внутренней трансформации в направлении правового государства. История русских революций начала и конца XX в. является наглядным тому свидетельством.

2. Личность как исключение

Если теперь рассмотреть семантическое поле отношения «государство–личность» из обратной перспективы, т.е. в контексте семантики персональности, то мы увидим, что это поле структурировано как будто в зеркальном отражении, воспроизводя одни и те же смысловые характеристики с противоположным знаком. С точки

---

[30] *Л. Тихомиров.* Монархическая государственность. Часть III. М., 1905. С. 105 сл.

зрения истории понятий это не кажется удивительным, если учесть, что понятия персональности (личность, лицо, индивидуум, субъект, индивидуальность) входят в философское и общекультурное употребление в 30–40-е гг. XIX в., т.е. в то время, когда политический и правовой дискурс постепенно уже приобрел четкую структуру, центрированную в понятии самодержавного государства. Из вышеописанных характеристик семантики политических понятий следовало, что государство в политическом дискурсе выступает единственным активным субъектом, замыкая на себя все остальные проявления субъектности. Гротескным примером такой дискурсивной ситуации является указ императора Павла I 1797 г. «Об улучшении русского языка». Согласно приведенному в указе списку, ряд слов подлежит полной отмене, другие следует заменить. Так, слово «общество» «повелено совсем не писать», слово «граждане» следует заменить на «жители или обыватели», а вместо слова «отечество» употреблять слово «государство».[31]

В этом поле понятий семантика персональности могла формироваться только как отклонение, нетождественность и протест. «Личность» входила в философский и политический дискурс как то, что ускользает от рационально-дисциплинирующего воздействия государства. А в сочетании с влиянием на формирующийся русский философский язык идей немецкого романтизма и идеализма, а также французских социальных учений, семантическое развитие понятий персональности приобретает отчетливую фокусировку в концепции «индивидуальности». Центральный мотив понимания личности заключается в представлении об уникальности и неповторимости индивида. Личность утверждается через отличие от других, через противопоставление анонимной среде, и это отличие полагается «творческим актом», в котором и через который личность достигает своего аутентичного существования. Таким образом, конституирующий принцип персонального — не общее свойство разумной природы, т.е. не автономная личность в смысле Канта и естественного права,[32] но нетождественность и неповторимое «своеобразие». В точном соответствии с этой семантической тенденцией основными областями,

---

[31] Распоряжение императора Павла об улучшении русского языка // Русская Старина. 1871. Т. III. С. 531–532.

[32] О типах семантики персональности см. подробнее: *Н. Плотников*. От «индивидуальности» к «идентичности» (история понятий персональности в русской культуре) // Новое литературное обозрение. 2008, № 91. С. 64–83.

в которых первоначально закрепляется узус новых понятий персональности, становятся эстетика и литературная критика, философия религии и истории, иными словами, те области, в которых момент индивидуального выражается наиболее явно.

Данная тенденция семантической эволюции приобретает отчетливые концептуальные очертания в публицистике В. Г. Белинского, М. А. Бакунина и А. И. Герцена, в которой перерабатываются гегельянские, романтические и социалистические влияния. И здесь формируется целый набор терминов и понятийных различий, организующих семантическое поле «персональности». У Белинского мы встречаем серию понятий, с помощью которых он на гегельянский манер характеризует эволюцию природы и духа. Этот процесс развития он описывает как прогрессирующую индивидуализацию бытия — от «особности» неорганической и растительной природы к «индивидуальности» (неделимости) в животном мире и далее к «личности» в мире человеческом. Личность в человеке — как раз то, что отличает его от других, как неповторимое лицо, выражающее черты индивидуальности и нетождественности. Личность, согласно Белинскому, это «чувственная форма разумного сознания»[33] или внесение момента высшей индивидуализации в разумную природу человека. Аналогичным образом и Герцен дополняет Гегеля, признавая высшей формой развития разума личность и ее индивидуальные поступки, которыми достигается «одействотворение» разума.[34] Для последующей истории понятий персональности существенно, что эта концептуальная матрица охватывает со второй половины XIX в. практически все поле употребления понятия «личность», независимо от философских или политических предпочтений. Она может быть позитивно акцентирована, когда понятие «личности» характеризует все аутентичное и оригинальное в человеке, или же негативно, когда «личность» связывается с изолированностью, обособлением и т.п. (богатый материал подобного словоупотребления дают в этой связи славянофилы[35]). Но структурно она остается центрированной в представлении

---

[33] *В. Г. Белинский.* Общий взгляд на народную поэзию и ее значение. Русская народная поэзия (1844) // *Он же.* Полное собрание сочинений. Т. 5. М., 1954. С. 654–656.

[34] *А. И. Герцен.* Дилетантизм в науке. Ст. 4. Буддизм в науке // *Он же.* Собр. соч. в 30 тт. Т. 3. М., 1954. С. 64–88.

[35] Ср. *А. И. Алешин.* Об особенностях словаря персональности ранних славянофилов // Персональность. Язык философии в русско-немецком диалоге / Под ред. Н. С. Плотникова и А. Хаардта. М., 2007. С. 278–293.

об индивидуальной неповторимости. Причем, эта семантика персонального как индивидуального воспроизводится даже в метафизике всеединства и служит, напр., Вл. Соловьеву основанием утверждать абсолютную ценность и богоподобность человека:

> <...> Каждая человеческая личность имеет в себе нечто совершенно особенное, совершенно неопределимое внешним образом, не поддающееся никакой формуле и несмотря на это налагающее определенный индивидуальный отпечаток на все действия и на все восприятия этой личности. <...> Этот внутренний индивидуальный характер личности является чем-то безусловным, и он-то составляет собственную сущность, особое личное содержание или особенную личную идею данного существа.[36]

К началу XX в. такая семантика персональности складывается в дискурсивную формацию, которая задает смысловые рамки для целого спектра философских и политических понятий в нарождающемся публичном дискурсе. В рассуждениях об «интеллигенции», «народе», «революции», «религии» мы повсюду встречаем термин «личность» с семантикой индивидуальности, усиленной эпитетами «живая», «конкретная», «творческая», «творящая культуру личность» и пр. Эта семантика проникает даже в философию права, трансформируя универсалистские концепции прав человека в социалистические и социал-либеральные теории прав «личности», что можно наблюдать в суждении теоретика «естественного права» П. Новгородцева:

> Личность, для которой мы требуем свободы, не есть только отвлеченная общечеловеческая сущность, она есть вместе с тем и особенность, индивидуальность, несходная с другими.[37]

В период перед революцией 1905 г. «личность» становится одной из ключевых идеологем политической дискуссии и становится одним из наиболее активных элементов словаря возникающих партий, прежде всего, левого спектра (эсеров, анархистов, кадетов). При этом, определяющие семантические признаки используемых понятий и типичные фигуры публичной аргументации, в которых

---

[36] *В. С. Соловьев*. Чтения о богочеловечестве. // Он же. Сочинения в двух томах. Т. 2. М., 1989. С. 54 сл.

[37] *П. И. Новгородцев*. Кризис современного правосознания. М., 1909. С. 310 сл.

они задействуются, явным образом обнаруживают господствующую тенденцию дискурса персональности, которая сохраняется на протяжении всего XX в. — «личность» фигурирует в нем не как родовая характеристика разумных существ, не как универсальная норма, а как исключение из правила, отклонение от нормы, неординарность. А там, где семантики «государства» и «личности» попадают в общее поле политического и философского дискурса, их отношение складывается как контрадикторная противоположность и *взаимоисключение*.

Уже в момент возникновения понятия «личность» мы видим, как формируется это отношение в публицистике молодого Бакунина. Когда Бакунин пропагандировал гегелевский тезис «все действительное разумно» и вместе с Белинским требовал «примирения с действительностью», выступавшей в виде русского самодержавия, понятие «личность» фигурировало у него как синоним «жалкой и бессильной индивидуальности».[38] С переходом на позиции левого гегельянства и признанием безусловной ценности человеческой личности это семантическое отношение меняется на противоположное. Действительность действующего индивида несовместима с существованием государства. Развивая кантовскую идею Просвещения как совершеннолетия, т.е. возможности пользоваться самостоятельно своим разумом, Бакунин приходит к убеждению, что государство по своей природе склонно рассматривать граждан как несовершеннолетних, поскольку основано на принуждении, насилии и авторитете. Государство — это «сумма отрицаний индивидуальных свобод всех его членов. <...> Там, где начинается Государство, кончается индивидуальная свобода, и наоборот».[39] Бакунин рассматривает государство как «самое вопиющее, самое циничное и самое полное отрицание человечности»,[40] препятствующее реализации свободы и справедливости в человеческом обществе. Аналогичную функцию имеет для него и религия, пропагандирующая зависимость от сверхъестественного, трансцендентного разуму порядка вещей. Поэтому требование безусловного признания человеческого

---

[38] *М. А. Бакунин*. Гимназические речи Гегеля (1838) // *Он же*. Собрание сочинений и писем. Т. 2. М., 1934. С. 167. См. об этом: *Н. С. Плотников*. «Все разумное действительно». Дискурс персональности в русской интеллектуальной истории // Исследования по истории русской мысли. Ежегодник 8 (2006/2007). М., 2009. С. 189–207.

[39] *М. А. Бакунин*. Философия. Социология. Политика. М., 1989. С. 88.

[40] Там же. С. 91.

достоинства с необходимостью включает в себя требование отмены государства и религии. Только таким путем возможна организация человеческого общества на принципах солидарности и реализация в нем индивидуальной свободы.

На этих тезисах основывается философия анархизма, разновидностями которого столь богата интеллектуальная истории России. Наряду с атеистическим анархизмом Бакунина мы встречаем в ней и морально-религиозный анархизм Л. Толстого, оказавший гигантское влияние на историю идей на рубеже XIX–XX вв. Толстой также не устает разоблачать «ложь» и «суеверие государства», в котором он усматривает организованное насилие над людьми в целях общего блага. Нет такого преступления, которое не было бы совершено государством во имя закона. Поэтому не установится мир, и не будет уважаться достоинство человека до тех пор, пока существуют государства — эти реликты архаического насилия. Правда, возражает Толстой социалистам, путь к преодолению государства и совершенствованию личности проходит не через насильственное свержение государственных институтов, но путем личного неучастия в насилии. Отсюда и знаменитое учение о «непротивлении злу насилием», выражающее христианский анархизм Толстого и ставшее одной из центральных тем философской и политической дискуссии о государстве и личности в России.

Но и в рамках тех позиций, которые относятся к совершенно другому идейному спектру, отношение государство–личность структурируется в виде аналогичного антагонизма. «Цель государства — сделать ненужною совесть»,[41] гласит формула славянофила Константина Аксакова, которую он развивает в 1855 г. в «Записке о внутреннем состоянии России» императору Александру II, по поводу реформ в целую политическую философию. Зло государства — не в той или иной форме правления, но в самой идее и принципе политического, в государственной власти как таковой. Поскольку, однако, это зло неизбежное, а русский народ «государствовать не хочет», постольку необходимо четкое разделение сфер власти и общества, государства и народа — государству отдается вся область политического, область правления и властвования, но оно не имеет права вторгаться в сферу общественного мнения. Обществу, напротив, предоставляется неограниченная свобода слова и печати, но оно не

---

[41] *К. С. Аксаков.* Полное собрание сочинений. Т. 1. Сочинения исторические. М., 1861. С. 625.

вправе вмешиваться в дела государственные. Итак: «Правительству (необходимо монархическому) — неограниченная власть государственная, политическая; народу — полная свобода нравственная, свобода жизни и духа (мысли, слова)» — таков идеал справедливого общества в представлении славянофилов.[42]

Наконец, следует упомянуть еще об одном сюжете интеллектуальной истории, которые оказал значительное влияние на семантику философских и политических понятий в России, и, в частности, наложил отпечаток на связку понятий «государство—личность». Этот сюжет — рецепция Ницше в России начала XX в.[43] При всем разнообразии восприятий Ницше в России, он в основном был прочтен и понят не как философ, проповедующий «волю к власти», мораль «господства» и «дисциплинирования» (Züchtung), а, совсем наоборот, как создатель нового морального идеала неординарной личности — «сверхчеловека», с одной стороны, и как ниспровергатель государства, с другой. Ницше принадлежат слова, ставшие среди русских оппозиционных интеллектуалов до революции 1917 г. почти крылатым выражением:

> Государством называется самое холодное из всех холодных чудовищ. <...> Там, где кончается государство, только и начинается человек, не являющийся лишним <...>. Туда, где кончается государство, — туда, смотрите, братья мои! Разве вы не видите радугу и мосты, ведущие к сверхчеловеку?[44]

На этих тезисах либеральные социалисты, подобно С. Л. Франку, строили идеал свободной личности, творящей новые ценности, а радикальные социалисты, подобно эсерам Н. Авксентьеву и Б. Савинкову, возводили этику индивидуального героизма, служившую оправданием революционного террора.[45]

---

[42] *К. С. Аксаков.* Дополнение к «Записке о внутреннем состоянии России» // Теория государства у славянофилов. СПб., 1898. С. 46.

[43] См. *Ю. Синеокая.* Три образа Ницше в русской культуре. М., 2008.

[44] *Ф. Ницше.* Сочинения в двух томах. Т. 2. М., 1990. С. 35, 37.

[45] Ср. *С. Л. Франк.* Фридрих Ницше и этика любви к дальнему // Проблемы идеализма (1902). М., 2002; *Н. Авксентьев.* Сверхчеловек. Культурно-этический идеал Ницше. СПб., 1906. См. подробнее: *Н. С. Плотников.* Кант или Ницше, или Автономная личность и сверхчеловек. Антиномии персональности в русском философском критицизме рубежа XIX–XX веков. // Неокантианство немецкое и русское между теорией познания и критикой культуры / под ред. И. Н. Грифцовой, Н. А. Дмитриевой. М., 2010. С. 363–378.

***

Перу Велимира Хлебникова принадлежит выразительная формулировка, заключающая в себе политическое кредо русского обывателя:

> Участок — великая вещь!
> Это — место свиданья
> Меня и государства.
> Государство напоминает,
> Что оно все еще существует![46]

Этот почти афоризм и в самом деле весьма точно описывает тот модус *отчуждения от государства,* который являлся определяющим в истории политической общественности России последних двух столетий. Причем он характеризует не только публичное пространство, но и повседневность, в которой безразличие к политической жизни сочетается с фундаментальным подозрением в отношении любых действий государства, доходящем в критических ситуациях до открытого протеста. Аналогичной формулой — «отщепенство от государства» философ и политик П. Струве выразил в 1909 г. эту политическую установку русской интеллигенции, предупреждая в сборнике «Вехи» против ее катастрофических последствий. Ибо эта установка проявлялась и тогда, когда самодержавная власть все же предпринимала шаги к законодательному закреплению основных политических прав и к конституционному ограничению власти.

Но парадоксальным образом и сам Струве рекомендовал для преодоления «отщепенства» те же самые понятия персональности, которые в русской политической общественности служили дискурсивной легитимацией именно этого «отщепенства от государства». Поколения интеллектуальных групп, действовавших на арене публичности в России с середины XIX в. — западники, славянофилы, народники, социалисты, либералы, анархисты, диссиденты, «прорабы перестройки», — выступали всякий раз со своим собственным идеалом «личности», так что история русской политической мысли вполне может быть описана как история альтернативных понятий «личности». Но все эти понятия «одействотворяющей», «критически мыслящей», «целостной», «совершенной», «гармонической»,

---

[46] *В. Хлебников.* Творения. М., 1986. С. 177.

«творческой», «соборной», «богочеловеческой» и т.п. «личности» сходятся в том, что выражают отчуждение от государства, доходящее до его отрицания и до отрицания всех правовых порядков, связанных с ним. Ибо в этом семантическом спектре практически отсутствует понятие «правовой личности», т.е. субъекта неотъемлемых прав, а также субъекта, действующего в рамках права.

В результате оба радикализма — государства и личности — обусловливают друг друга, увековечивая в дискурсивной форме ситуацию чрезвычайного положения. Вместе с тем они позволяют понять, что вечный конфликт власти и свободы, государства и личности не может быть разрешен исключением из рассмотрения одной из его сторон. В сущности, этот конфликт никогда не может быть разрешен, а лишь введен в цивилизованные рамки. И лишь правовое государство, превращающее права человека в принцип собственной легитимации и фактически их обеспечивающее, оказывается в состоянии создать условия для нейтрализации этого конфликта. Но, вместе с тем, оно в своем существовании зависит от ответственного действия индивидуумов, рассматривающих государство как поле реализации собственной свободы, а не как отчужденную сферу, контакта с которой следует по возможности избегать.

Владислав Златогоров (Германия)

Владислав Анатольевич Златогоров (Соскин), философ-неогностик, родился в 1974 году в Клайпеде Литовской ССР, изучал философию в аспирантуре Башкирского (Уфа), в Вюрцбургском, в докторантуре Уральского университета (Екатеринбург), с 2003 года постоянно живёт в Германии.

Основное поприще работы Владислава Златогорова — духовное самовосхождение человека и его пределы. Как раз в этом пункте и образуется соединение известных «с начала антропологических времён» и ещё не найденных человечеством многообразных «духовных практик», и характерных для философии с самого её возникновения глубинных раздумий над «последними вопросами».

Развёртывая панораму конструкций-видений «радости», вызванной победой духа над миром, о которой повествует, например, евангелие от Иоанна 16:33, Златогоров раскрывает онтологическую необеспеченность упований на *духовное преображение* человечества и утверждает, что возможно лишь *духовное преобразование* личности одного — и уже потому неизбежно фундаментально одинокого — человека, одерживающего «победу над миром». Это *духовный подвиг* — подвиг веры. Перед нами раскрывается мистерия — онтология и онтологическая антропология — духовного подвига как подвига веры-и-восхождения и мистерия — гносеология — как попытка вывести из веры всё содержание человеческого духовного опыта. Вера — это способность осуществления человека человеком.

Человек — это существо, способ бытия которого — движение, взнуздываемое его решимостью кем он хочет быть и стать. Человек либо *катится* вниз, либо *карабкается* вверх, и человек может переродиться в «низшее земное» существо, но может переродиться и в «высшее, небесное»… Высший мир ближе к нам, чем обыкновенно думают, мы уже здесь живём в нём. «Небесный» мир и «небесная» жизнь находятся внутри «этого» мира и «этой» жизни. Пантеистический Абсолют — «Всё» — имеет динамику, теистически делится, распадается на «верх» и «низ»: «Бога» и «мир»; «духовная высота» как антропологическая данность — часть духовной «глубины». Человек оказывается существом, которое одновременно порождено «снизу» и послано «сверху». Становится возможной «высота» как измерение духовного опыта человека — таково содержание, т.е. онтология, высоты в духовном опыте человечества.

Отталкиваясь от идей М. Штирнера, Ф. Ницше и, в особенности, С. Кьеркегора о вне- и надэтическом характере духовного восхождения, Златогоров указывает, что духовный подвиг свершается исключительно в «мире религии», который и есть мир собственно духа, проявляющегося «в миру». Все великие и величайшие события в мире духа — в мире религии. Философия — это не столько мышление, сколько преследование решающих жизненных проблем, и человечеству нужна *философия как созидание* — философия, чьи отражающие, преобразующие и создающие силы были бы благотворны, а не только лишь плодотворны. Подвиг духовного восхождения человека — здесь философия сливается с религией — это *философия религии*.

В духовном восхождении — пути человека из животного мира в божественный — три стадии: *обоготворение*, где человек может выступать в качестве гения, философа, поэта, *обожение* — пророка, мудреца, святого, *обожествление* — Человекобога, спасителя мира, человека выше Бога. Это три фундаментальные встречи человека и Бога, «горнего» и «дольнего», которые вместе с тем есть три типа взаимоотношений человека и Бога. Обоготворение — это становление человека Богом «по благодати», когда на человека изливается божественная энергия. Обожение — становление человека Богом «по субстанции»: единосущность человека и Бога. Обожествление — становление человека Богом «по природе», отождествление человека с Богом. Человека образующее устремление человека — ввысь. Подняться над Богом, т.е. над самим собой в качестве Человекобога-и-Богочеловека — вот к чему настойчиво — путь очеловечивания — стремится человек, и что составляет предельное смысложизненное содержание бытия человечества.

С «самополураспадом» пантеистического Абсолюта и появлением у него антропоизмерения (антропогенеза) возникает мировая коллизия, важнейший движитель которой — непримиримая война мира и духа... С рождением человека и последующего исторического человека — также ещё один сквозной сюжет мировой истории: внутри воинства духа — борьба человека духа и человека творческого духа... Одновременно возникает ещё один грандиозный сюжет — рост самосознания и повышение онтологического статуса человека: человек постигает Бога, и, постигая себя в Боге-Духе, «отвоёвывает» у Бога «себя», вплоть до того, что сам становится Богом и поднимается выше...

Согласно неогностической познавательной концепции Златогорова духовное знание даётся изначально, непосредственно-сразу, в качестве *откровения*, в «остывающем» пространстве которого не столь уже раскалённый дух ум-разум узревает в *умозрениях*, некоторые из которых в дальнейшем процессе «охлаждения» завершаются-застывают в *умозаключениях*. В откровении духовный опыт в его наивозможной чистоте, начале. Откровение — творчество духовного пространства, пространства мышления, в котором уже и умозрение, и умозаключение про-ис-ходят. Умозрение — это развёртывающееся(-емое) откровение. Откровение в силу только явленности в нём духа ничего не доказывает — то удел умозаключения — а только повествует. Откровение — предмет веры; это миф («миф» — рассказ). Умозрение, мышление, философия есть разработка изначального (начинающего его) рассказа.

Философия как дело обоснования — верхние слои — дело мыслящей, видящей — веры. Пытаясь рассматривать все более глубокие слои обоснованной веры, неизбежно приходишь к вере, в пользу которой невозможно привести никакого дальнейшего обоснования. На дне обоснованной веры лежит необоснованная вера. На дне необоснованной веры с предметом веры — изначальность: вера в саму веру. Роль философии — и быть посредником между религией, наукой, искусством на началах оразумливания религии и универсализации духовного опыта, и в прояснении смысла смысла: поскольку вера есть проявление действительности духовного как такового, смысл есть *уверение веры* как элемент переживания человеком своего пребывания в Боге, роль философии и в раскрытии индивидуальной и коллективной культурной идентичности, взаимопостижении многоразличных культур... Рассказывая о своей идентичности, развёртываемой из собственной «порождённости снизу», иными словами, из дольнего, мира, авто-*био*-графии, и понимаемой в качестве превращения-перехода *российского интеллигента с еврейскими корнями* в *русскоязычного европейца*, даже германца, обжигаясь о лютость мира и его безмолвие, Златогоров отдаёт дань философии и как работе не только самоизменения, но и самопознания.

Давая характеристику философских исканий современности и указывая на сходство нашей эпохи во многих чертах с эллинистической, Златогоров прогнозирует и ратует за обретение человечеством новой мировой религии, открывающей для будущих поколений людей возможность осмысленно и с достоинством прожить свою жизнь, предпринимает попытку обрисовать возможные основные черты способной творчески обновить человечность человека, гуманистической экологической космополитической интеллектуальной *антропотеистической религии*.

Златогоров выступил также и на ниве «мостостроительства» между немецкой и русской философской культурами: русскоязычным живописателем некоторых черт современного германского философского краеведения и живописцем кратких индивидуальных портретов мыслительных миров десяти, из числа своих собеседников-друзей-наставников-учителей, современных российских мыслителей. Портреты философа par excellence А. Ахутина, философо-филолога В. Бибихина, философо-богослова С. Хоружего, гуманиста и скептика В. Кувакина, философа-религиоведа Д. Пивоварова, философа антропомерности В. Кутырёва, философа русской самобытности Ф. Гиренка, философа-неостоика В. Финогентова, философа-неокиника и даоса А. Секацкого, философа-экстремала В. Красикова вырисовываются Златогоровым — поначалу в русском «оригинале», но затем в последующем немецком его «оттиске» — как целокупности каждый раз индивидуально прожитой соответствующим автором мысли, собственно мысли.

Ниже приводится «ФИЛОСОФИЯ РЕЛИГИИ» Златогорова, публикуемая с некоторыми сокращениями.

Наиболее изначально осмыслить
наиболее важное мы жаждем

ФИЛОСОФИЯ РЕЛИГИИ

во имя человека
трактат

§ 1

Вера есть то, что образует человека, творит человека. Человек таков, какова его вера. Человек невозможен без веры.

Когда вера раскрывается, говорит, становится она мыслью.

Пояснение. Вера не безосновна, а самоосновна.

Примечание. Вера — это самодостоверность человека в человеке, человеку Бога.

Добавление. Вера порождает человека и все иные изначальности.

§ 2

Мысль уже именно постольку, поскольку она есть мысль, именно в качестве мысли, есть по необходимости явление религиозного порядка, есть предмет веры. Лишь веря, мыслят.

Мысль есть смысл.

Пояснение 1. Мысль первично основывается на вере.

Следствие. Мысленная утрата веры ещё не есть утрата веры — утрата лишь её предмета.

Примечание. Мышление уже есть некое изначальное «опредмечивание».

Пояснение 2. Мысль — это смысл, облечённый плотью.

§ 3

Смысл есть включающийся в вере, верой элемент постижения, дающий определённость. Вера вносит смысл. Смысл есть уверение веры.

Смысл пребывает в духе.

Примечание. Осмысленными объекты становятся, исходя из веры, — не наоборот, не вера обретается исходя из данных мысли объектов.

Добавление. Смысл есть «сгущение» духа.

§ 4

Дух есть развёртывание веры. Это внутреннейшая сущностность человеческого в человеке. Дух — это обращённость человека к Богу, есть вопрос-и-ответ человека Богу.

Духом — в духе — человек постигает Бога.

Пояснение 1. Дух есть отношение человека и Бога. Сила духа — сила этого изначального отношения.

Пояснение 2. Дух — это открытие Бога в человеке, открытие Бога человеку.

§ 5

Постижение есть открываемый верой контакт человека и Бога. Постижение — всегда постижение в Боге.

Постичь Бога означает заворожить Его, расположить к себе, внутренне освоить Его. Это свершается словом, именем, которым именуют, призывают. Постижение претворяется в языке.

Добавление. Познание — это внешняя сторона процесса постижения и постижение в Боге внешнего, отстранённо-объектного, «мира»; понимание — это внутренняя сторона процесса постижения и постижение в Боге внутреннего, интимно-близкого, «духа». Понимание — это доведение до понятия открытого верой духа.

§ 6

Язык есть воплощение духа, основное деяние духа. Вера, лишённая языка, слепа, не направлена ни к какому содержанию, не постигает самое себя. В этом смысле только через язык человек становится вполне человеком.

Воплощает дух в языке любовь.

Примечание. Язык не заложен в человеке, но человек живёт в языке, говоря из него.

Пояснение. Языку не нужен звук, не нужен даже жест. Язык может быть лишён всех чувственных знаков и оставаться языком. Необходим дух. Язык выражает дух, речь выражает язык, слово выражает речь.

§ 7

Любовь — это вера, проявляющаяся в действии. Любовь ведёт человека к воссоединению с ближним. А в опыте безусловного любовь есть движение человека к Богу, есть религия и философия.

Добавление. Верить означает порождать действительность. «Действительность» есть взаимодействие человека и того, что не есть человек. Лишь тот, кто верит, взаимодействует. Предельная действительность есть там, где всё входит в действие, весь человек, это осуществляется в акте веры — любовью.

Примечание. Любовь образует самое существо человеческой жизни. Человек обитает в своей любви.

§ 8

Религия, освобождённая от всего внешнего, есть связь человека и Бога. Религия — манифестация Бога. Религиозное — самое глубокое измерение человеческой духовной жизни. Религия — фундаментальное осуществление веры.

Следствие. Религия не умрёт раньше человека. Человечность, humanitas, суть религиозность, человек есть animal religiosus.

§ 9

Философия есть явление духа в обретении смысла. Потребность философствовать коренится в основных условиях существования человека как существа духовного. Высшая точка философии есть всемогущество духа, всевластие его.

Философия ищет мудрость.

Пояснение 1. Философия свойственна «природе человека».

Следствие 1. Философию творит в духе человек, и она не может быть независимой от той или иной направленности духа.

Пояснение 2. Философский результат — новый смысл.

Следствие 2. Любая философия является религиозной философией, осознаёт ли она свою религиозность, или нет.

Примечание. Философия ищет Бога, находит и становится софией.

§ 10

Мудрость — это результат, исход философии, завершённое осуществление в мысли пути веры. Мудрость есть абсолютный судья, перед которым любая мысль изъясняется и оправдывается. Самодостаточность — необходимый признак мудрости. Мудрец есть философ, который решил в основе своей все стоящие, стоящие перед ним философские проблемы.

Философские проблемы решаются всегда на основе обретения Бога.

Примечание. Мудрость есть «своя философия».

Пояснение. Мудрость есть отыскание смысла, ответ на вопрос о Боге. Нельзя быть мудрым без Бога.

Добавление 1. Нельзя забывать, что «Афина родилась из головы Бога», но вместе с тем нельзя не видеть, что не всегда философия приходит к мудрости, не всегда она становится божественной. Философия может и не дойти до мудрости, может быть и любовью к любви к мудрости, т. е. иметь цель в самое себя; может и подойти к концу, когда человек возвращается к делам обычным.

Добавление 2. Споры философов не бессмысленны: ищут Смысл. Споры софосов не имеют смысла: нашли Смысл. Философ ищет и <пока ещё> не знает. Мудрец знает и <потому уже> не ищет.

Следствие. Религия — связь человека и Бога; софия — обретение Бога в этой связи; философия религии — поиск и обретение, осмысление этой связи.

§ 11

Бог — полнота духа и мира, неограниченное, безусловное. Бог есть основополагающее содержание веры. Это единство смысла, без чего смысла нет вовсе. Бог таит, собирает смысл. Основная мысль человечества есть мысль о Боге. Изобретение Бога — главное обретение человечества.

Пояснение. Бог — всеобщее объемлющее. Это не значит, что ничего, кроме Него, не существует, но всё «остальное» пребывает в Нём.

Примечание. «Неверие в Бога» в «традиционном» смысле — это почти всегда лишь то, что человек не разделяет принятые представления о Боге.

§ 12

Истина — это неистовость направленности человека к Богу, одержимость человека Богом. Истина правит человеком. Истина есть раскрытие, открытость, распахнутость Бога, духа. Истина всегда не более не менее — божественная человеческая истина.

Пояснение 1. Истина правит человеком: человек всегда живёт истинным, хоть и часто пропитывает его ложью.

Пояснение 2. Постичь Бога в человеке, человека в Боге значит постичь истину.

Следствие. Истина есть для человека то, во что он верит. Истинное предложение — это словесное свидетельство истины.

§ 13

Человек, открывая Бога, открывает себя. Идея человека не может быть образована вне идеи Бога. Человек — это духовное существо, это божественное животное.

Следствие. Какому Богу служит человек, таков он.

Примечание. Человек — слуга, соратник Бога. Человек, поскольку он человек, всегда в Боге. Бог — самоочевидность, как и всё, обнимаемое другими Основными Словами. Но «Бог» и, тем более, «что», «каков» Бог — не самоочевидно.

Добавление. Человек в человеке» начинается с богоискателя.

§ 14

Пантеизм — Бог есть всё, человек растворён в Боге, человек не различает себя в Боге.

Добавление 1. «Религия» — результат «отпадения» человека от Бога, вернее, обнаружения человеком себя в связи с Богом. Предельный пантеизм ещё не знает «религии».

Добавление 2. В эпоху господства теистической «ортодоксии» Спиноза осуществил великую в своей глубине и последовательности мудрость пантеизма — отдал свою жизнь за веру. За веру, отказывающую человеку в признании его свободным... Так свершалась эта жизнь — мистерия кабинетного уединения. Но стать свободным означает освободиться от веры в несвободу — верою высвободить себя.

§ 15

Теизм — Бог двоится, делится на Дух и мир, человек извлекает себя из Бога.

Примечание 1. «Трансцендентный» мир и «трансцендентная» жизнь находятся внутри нашего мира и нашей жизни.

Примечание 2. Теизм не глубже — теизм человечнее пантеизма.

Следствие. Переход от пантеизма к теизму — распад единства — человек обнаруживает своё самобытие. Появляется разрыв между «субъективностью» и «объективностью».

§ 16

Деизм — Бог устраняется из мира, человек осуществляется самостно в мире, лишь равняется на Бога.

Пояснение. Человек всё же имеет доступ — в духе, посредством мышления — к деистическому Богу, но так, что человек — полновластный хозяин обезбоженного мира и себя самого; господин в мире, но не господин над миром.

Добавление. Стремление показать божественное в самом человеке — по этому пути развивается деизм.

§ 17

Антропотеизм — Бог есть порождение, воплощение самого человека, духовность человека — единственное местожительство Бога.

Примечание. Человек наконец осознаёт, что он сам, и только он, является источником и целью своего существования.

Добавление. Над- и сверхчеловечность, таким образом, не необходимое свойство Бога.

§ 18

Гуманизм — крушение Бога, человек одолевает Бога, завершает тем самым себя. Гуманизм есть конец поискам человеком и человечеством самого себя.

Примечание. Последовательно развёртывающееся очеловечение Бога-Абсолюта ведёт к самоупразднению Абсолюта. Излагаемую здесь философию можно назвать крушением Абсолюта.

Добавление. Истина теологии — очеловечение Бога — это путь человека к себе, а не к Богу. Человек не может осмыслить себя извне, вне Абсолюта-Бога. И человек рождается в лоне Бога и открывает себя всё бо́льшим и бо́льшим в Боге — поднимается в Нём — повышает свой онтологический статус. Человек — самое близкое человеку и оттого «философски» почти всегда довольно далёкое.

§ 19

Теология (богословие) несёт ответы на вопросы, на которые ответила мудрость. Богословие возможно потому, что мудрости, религии свойственна способность к вербальному выражению. Мудрость в богословии выговаривает себя.

Богословие есть вечная необходимость. Необходимость донести решения веры.

Примечание. Философия является не служанкой теологии, а теология является результатом её результата (софии).

§ 20

Вера противостоит вере. В основе всех споров, которые ведёт с самим собой и с другими людьми человек, в основе борьбы «религии» и «науки», «знания» и «веры» лежат различия веры, различные веры.

Примечание 1. Конечно, вера может быть неуместна.

Примечание 2. Решения веры не только теоретические, но, прежде всего, духовные жизненные решения человека.

Пояснение. Жизнь веры богаче и разнообразнее «религиозной жизни», она тождественна жизни человеческого в человеке.

Следствие. Человек суть человек верою.

* * *

Не ради истины, счастья людей и не ради свободы живёт и умирает обретший себя человеком человек, но ради веры в «свободу», «счастье людей»… забрасывают человека камнями, идёт человек на костёр, на крест. Умирать имеет смысл только за веру.

www.ingramcontent.com/pod-product-compliance
Lightning Source LLC
Chambersburg PA
CBHW070733170426
43200CB00007B/518